KB143979

필요할 때 바로 써먹는

인디자인
실용테크닉

이용순 지음

BM (주)도서출판 성안당

Foreign Copyright:
Joonwon Lee
Address: 3F, 127, Yanghwa-ro, Mapo-gu, Seoul, Republic of Korea
          3rd Floor
Telephone: 82-2-3142-4151
E-mail: jwlee@cyber.co.kr

필요할 때 바로 써먹는

인디자인
실용테크닉

2016. 3. 24. 1판 1쇄 발행
2019. 12. 27. 1판 2쇄 발행
2021. 4. 23. 1판 3쇄 발행
2021. 11. 3. 1판 4쇄 발행

지은이 | 이용순
펴낸이 | 이종춘
펴낸곳 | BM (주)도서출판 성안당
주소 | 04032 서울시 마포구 양화로 127 첨단빌딩 3층(출판기획 R&D 센터)
       10881 경기도 파주시 문발로 112 파주 출판 문화도시(제작 및 물류)
전화 | 02) 3142-0036
       031) 950-6300
팩스 | 031) 955-0510
등록 | 1973. 2. 1. 제406-2005-000046호
출판사 홈페이지 | www.cyber.co.kr
ISBN | 978-89-315-5636-0 (13000)
정가 | 29,000원

이 책을 만든 사람들
책임 | 최옥현
진행 | 조혜란
기획·진행 | 앤미디어
표지 일러스트 | 마이자
본문·표지 디자인 | 앤미디어
홍보 | 김계향, 유미나, 서세원
국제부 | 이선민, 조혜란, 권수경
마케팅 | 구본철, 차정욱, 나진호, 이동후, 강호묵
마케팅 지원 | 장상범, 박지연
제작 | 김유석

이 책의 어느 부분도 저작권자나 BM (주)도서출판 성안당 발행인의 승인 문서 없이 일부 또는 전부를 사진 복사나 디스크 복사 및 기타 정보 재생 시스템을 비롯하여 현재 알려지거나 향후 발명될 어떤 전기적, 기계적 또는 다른 수단을 통해 복사하거나 재생하거나 이용할 수 없음.

■ 도서 A/S 안내

성안당에서 발행하는 모든 도서는 저자와 출판사, 그리고 독자가 함께 만들어 나갑니다.
좋은 책을 펴내기 위해 많은 노력을 기울이고 있습니다. 혹시라도 내용상의 오류나 오탈자 등이 발견되면 **"좋은 책은 나라의 보배"**로서 우리 모두가 함께 만들어 간다는 마음으로 연락주시기 바랍니다. 수정 보완하여 더 나은 책이 되도록 최선을 다하겠습니다.
성안당은 늘 독자 여러분들의 소중한 의견을 기다리고 있습니다. 좋은 의견을 보내주시는 분께는 성안당 쇼핑몰의 포인트(3,000포인트)를 적립해 드립니다.
잘못 만들어진 책이나 부록 등이 파손된 경우에는 교환해 드립니다.

머리말

편집 디자인은 건물을 짓는 것과 비슷합니다. 건물을 지을 때 뼈대를 세우고 시멘트를 바르고 벽돌을 쌓아 올리는 것처럼 편집에도 무게 중심을 잡아 주고 틀을 만들어 주는 그리드가 있어야 합니다. 집을 따뜻하게 하기 위해서 남동쪽에 창문을 만들고 동선을 생각하여 방과 문을 만드는 것처럼, 개체를 시각적 흐름에 따라서 배치해야 합니다. 정원에 꽃과 나무를 심고 집안에 고풍스러운 가구를 놓는 것처럼, 표지와 디자인으로 독자의 눈을 사로잡고 좋은 콘텐츠로 독자를 만족시켜야 합니다. 이처럼 편집 디자인은 사람과 책을 이어 주는 중요한 기술입니다.

편집 디자이너는 신경 써야 할 것이 많습니다. 지금 저는 편집 디자인을 할 때 디자인보다 독자와 제작 비용을 먼저 생각합니다. 교회 주보를 만들 때는 눈이 안 좋은 어르신들을 위해서 폰트 크기를 크게 합니다. 제작 비용이 여유롭지 않은 업체를 위해서는 흑백으로 만들거나 저렴한 종이를 사용합니다. 디자인 이외의 것이 디자인에 영향을 주는 경우가 생각보다 많습니다. 그래서 디자이너는 지혜를 가지고 디자인을 다루고, 상황과 싸우고, 클라이언트를 설득해야 합니다.

앞으로 디자이너로서 많은 일들이 있을 겁니다. 밤도 많이 새야 되고 돈은 적게 벌고 이리저리 움직이며 디자인을 해야 합니다. 또한 편집 디자인만 가지고 세상을 살기 힘듭니다. 웹 디자인도 하고, 포스터도 만들고, 책도 만들어야 세상을 살아갈 수 있습니다.

이 책이 디자인을 하는 분께 밥은 못 사 주더라도 편집을 하는데 도움이 되었으면 좋겠습니다. 누군가가 "내 청첩장 좀 만들어 줘!" 혹은 "카페를 오픈하는데 메뉴판 좀 만들어 줘!"라는 요청을 할 때 도움이 되었으면 좋겠다는 생각으로 제가 많이 작업해 오던 주제로 예제를 구성해 보았습니다. 어려운 세상에서 끝까지 살아남는 디자이너가 되세요.

저자 **이용순**

이 책의 구성

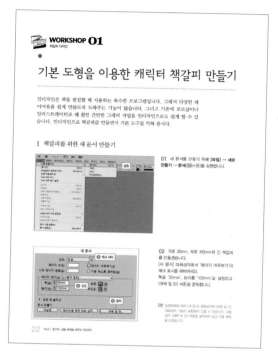

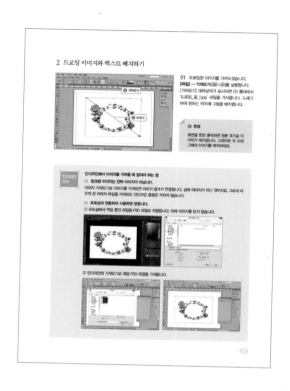

● 도입글

어떤 기능을 학습하고 무엇을 만들지 간략하게 알아봅니다.

● 예제 및 완성 파일

이 책에서는 예제별로 실습을 위한 예제 파일과 결과를 확인할 수 있는 완성 파일을 제공합니다. 결과 파일을 참고하여 자신이 만든 파일과 비교하며 공부하면 좋습니다.

● 실습

인디자인의 주요한 기능을 엄선해서 실습으로 구성했습니다. 눈으로 보기보다 컴퓨터 앞에서 직접 따라해 보는 것이 좋습니다.

● 지시선

작업 화면에 지시선과 짧은 설명을 넣어 예제를 분명하고 정확하게 따라할 수 있도록 돕습니다.

● 주의

실습 과정에서 주의할 점은 무엇인지 설명합니다. 잘못 따라하는 것을 방지하고 올바른 따라하기를 하도록 돕습니다.

● 인디자인 상식

예제에서 나오는 인디자인 기능에 대한 보충 설명입니다. 알면 좋은 세부 기능과 유익한 내용이 가득 담겨 있습니다.

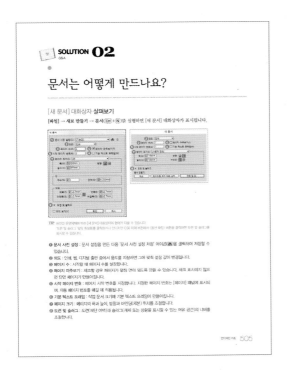

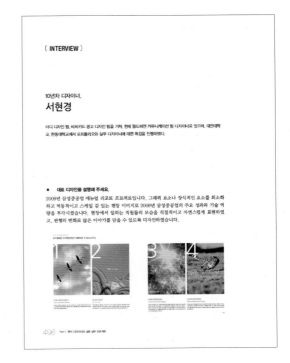

● 제목

배워야 할 핵심 내용입니다.

● 개념 설명

꼭 알아야 할 내용을 설명해 놓았습니다. 개념을 알아 두면 실습이 훨씬 쉽고 재미있습니다.

● TIP

개념에 대한 부연 설명 및 관련 정보가 있습니다.

● 인터뷰

실무자 인터뷰와 작품을 실었습니다. 다양한 분야의 실무자 생각과 유용한 노하우를 얻을 수 있습니다.

 목차

PART 01

즐기자, 실용!
예제로 배우는
인디자인

PART 02

인디자인 마스터를 위해 꼭 알아 두기

학습하기 전에

예제 · 완성 파일

성안당 홈페이지(http://www.cyber.co.kr/)에 접속하고 '회원가입'을 클릭하여 회원으로 가입한 다음 로그인하고 메인 화면에서 '자료실'을 클릭하세요. 여기서 다시 [자료실 바로가기 ▶] 버튼을 클릭하고 검색 창에 '인디자인 실용테크닉'을 입력한 다음 〈검색〉 버튼을 클릭하면 인디자인 실용테크닉 예제 파일 및 완성 파일이 검색됩니다.

검색된 목록을 클릭하고 [자료 다운로드 바로가기] 버튼을 클릭하여 예제 및 완성 파일을 다운로드한 다음 찾기 쉬운 위치에 압축을 풀어 사용하세요.

예제 및 완성 파일이 예제별로 구분되어 있습니다. 인디자인 CS6 이하 버전(CS4~CS6)의 경우 IDML 파일을 사용합니다.

시험 버전 설치

인디자인 시험 버전은 어도비 홈페이지(http://www.adobe.com/kr/)의 [지원]-[다운로드 및 설치]에서 제공합니다. 정품 프로그램이 없는 사용자는 시험 버전을 다운로드하여 사용해 보세요. 이 책에서는 15쪽에서 인디자인 다운로드 및 설치를 자세히 설명합니다.

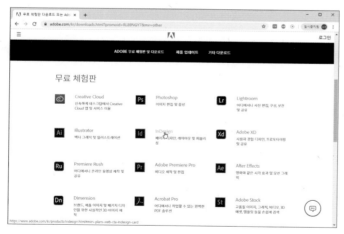

▲ 인디자인 무료 체험판 다운로드 페이지

인디자인 다운로드 및 설치하기

어도비 홈페이지에서 인디자인을 다운로드하여 7일 무료로 사용할 수 있습니다. Creative Cloud를 구매한 경우 구매 기간 동안 제한 없이 사용할 수 있습니다.

인디자인 최신 버전 설치하기

❶ 어도비 홈페이지(http://www.adobe.com/kr)에 접속하고 오른쪽 윗부분에서 [지원]-[다운로드 및 설치]를 클릭한 다음 'Indesign'을 클릭합니다.

> TIP 홈페이지 모습 및 제공하는 기능은 웹 사이트 정책에 따라 달라질 수 있습니다.

❷ 7일간 무료로 체험하기 위해 〈무료로 체험하기〉 버튼을 클릭합니다. 신규 사용자는 1회 무료 체험을 위해 이메일 입력한 다음 〈계속〉 버튼을 클릭합니다.

❸ 결제 방법을 추가하기 위해 본인의 신용카드 번호와 이름, 국가, 회사명을 입력하고 〈무료 체험기간 시작〉 버튼을 클릭합니다. 어도비 시작 화면에서 설정할 암호를 입력한 다음 계속 설치를 진행하여 인디자인 설치 과정을 완료합니다.

무료 체험판 설치 후 자동 카드 결제 취소하기

❶ 무료 체험판 설치 후 자동 결제를 방지하기 위해 어도비 홈페이지(http://adobe.com/kr)에 접속한 다음 〈계정 관리〉 버튼을 클릭합니다.

❷ 내 플랜에서 무료 체험판 이후 결제 플랜을 관리하기 위해 〈플랜 관리〉 버튼을 클릭하여 플랜 정보에서 〈플랜 취소〉 버튼을 클릭합니다.

❸ 어도비 ID 암호를 입력한 다음 〈로그인〉 버튼을 클릭합니다. 최소하려는 이유 항목이 표시되면 해당 항목을 체크하고 〈계속〉 버튼을 클릭합니다.

❹ 최종 플랜 취소 세부 정보를 확인한 다음 〈확인〉 버튼을 클릭합니다. 플랜이 취소되면 〈완료〉 버튼을 클릭합니다.

PART
01

즐기자, 실용!
예제로 배우는
인디자인

인디자인을 사용하여 작은 책갈피에서 시작하여 다양한 레이아웃을 가진 책까지, 다양한 실용·실무 프로젝트 예제를 따라 만들어 보겠습니다.

 **WORKSHOP 01**

책갈피 디자인

기본 도형을 이용한 캐릭터 책갈피 만들기

인디자인은 책을 편집할 때 사용하는 특수한 프로그램입니다. 그래서 다양한 레이아웃을 쉽게 만들도록 도와주는 기능이 많습니다. 그리고 기존에 포토샵이나 일러스트레이터로 해 왔던 간단한 그래픽 작업을 인디자인으로도 쉽게 할 수 있습니다. 인디자인으로 책갈피를 만들면서 기본 도구를 익혀 봅시다.

1 책갈피를 위한 새 문서 만들기

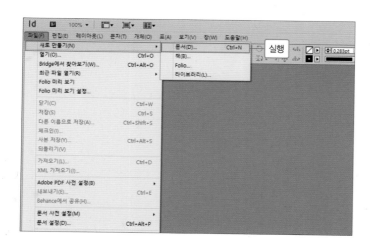

01 새 문서를 만들기 위해 **[파일] → 새로 만들기 → 문서**(Ctrl+N)를 실행합니다.

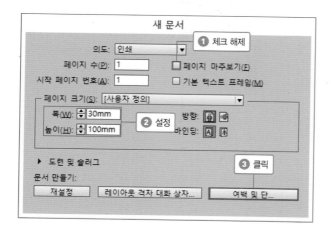

02 가로 30mm, 세로 100mm의 긴 책갈피를 만들겠습니다.
[새 문서] 대화상자에서 '페이지 마주보기'의 체크 표시를 해제하세요.
폭을 '30mm', 높이를 '100mm'로 설정하고 〈여백 및 단〉 버튼을 클릭합니다.

TIP 운영체제에 따라 [새 문서] 대화상자에 [여백 및 단] 대화상자 기능이 포함되어 있을 수 있습니다. 그럴 경우 〈여백 및 단〉 버튼을 클릭하지 않고 다음 과정을 진행합니다.

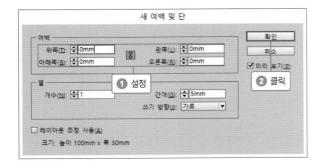

03 [새 여백 및 단] 대화상자에서 여백 (위쪽, 왼쪽, 아래쪽, 오른쪽)의 수치를 모두 '0mm'로 설정하고 〈확인〉 버튼을 클릭합니다.

TIP 작은 크기로 만들기 때문에 별도의 여백을 주지 않았지만 일반적으로 여백 너비를 설정합니다.

인디자인 상식

페이지 마주보기란?

일반적으로 책을 만들 때 왼쪽 면과 오른쪽 면이 필요합니다. 그래서 '페이지 마주보기'에 체크 표시하면 페이지 두 장이 붙어서 만들어집니다. 한 장짜리 페이지를 만든다면 '페이지 마주보기'의 체크 표시를 해제하고 만듭니다.

▲ '페이지 마주보기'에 체크 표시하여 페이지가 두 장씩 붙어서 생기는 모습

▲ '페이지 마주보기'에 체크 표시를 해제하여 페이지가 한 장씩 생기는 모습

**인디자인
상식**

도련이란?

도련은 인쇄 사고를 방지하기 위한 확장 부분입니다. 인쇄되는 부분보다 3mm 정도 길게 만들며 칼로 종이를 자를 때 흰색 종이 부분이 잘리지 않도록 도와주는 부분입니다.

[도련 및 슬러그] 화살표 부분을 누르면 도련 크기 설정 부분이 나옵니다.

도련을 각각 '10mm'로 설정하고 〈확인〉 버튼을 클릭하면 빨간색 선(도련 선)이 더 넓어진 것을 볼 수 있습니다.

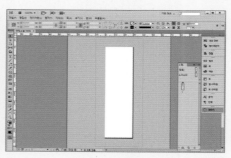

페이지를 다 만들고 다시 '도련'과 '페이지 크기'를 설정하고 싶다면 **[파일] → 문서 설정**(Ctrl + Alt + P)을 실행합니다. 그리고 [도련 및 슬러그] 옆 화살표를 눌러서 도련 부분을 활성화하고 '3mm'로 설정합니다.

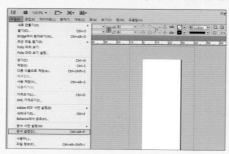

도련 부분이 축소된 것을 볼 수 있습니다.

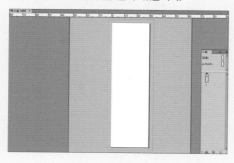

인디자인 상식

여백이란?

일반적으로 여백은 아무것도 없는 공간을 말하지만 인디자인에서는 개체와 페이지 사이의 공간을 말합니다. 다음 그림에서 화살표 부분 공간을 여백이라고 하고 여백 너비를 설정하면 보기처럼 박스로 여백이 지정됩니다.

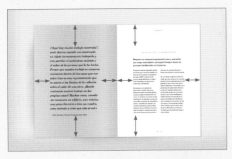

여백을 '40mm'로 설정하게 되면 다음 그림처럼 40mm의 간격을 두고 여백이 생깁니다.

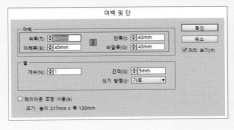

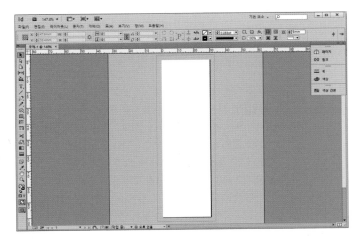

04 크기가 30×100mm인 페이지가 만들어집니다.

2 도형 도구와 펜 도구를 이용해 캐릭터 얼굴 그리기

01 캐릭터의 깻잎머리를 만들어 보겠습니다. [도구] 패널에서 사각형 도구(▣)를 오래 누르고 있으면 타원 도구(◯)가 표시됩니다. 타원 도구를 선택하세요. 그리고 왼쪽 위에서 오른쪽 아래로 드래그하여 그림과 같이 원을 두 개 그리세요. Shift 키를 누르면서 드래그하면 정원이 그려집니다.

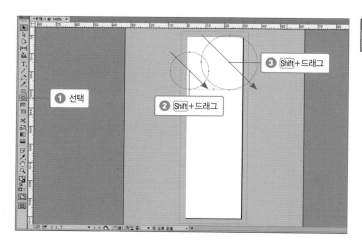

02 새로운 색상을 만들어 보겠습니다. 개체 선택을 해제하고 [색상 견본] 패널을 표시하세요.

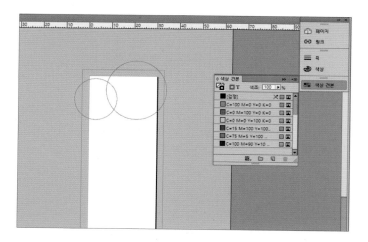

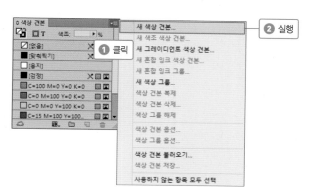

03 [색상 견본] 패널에서 오른쪽 윗부분 메뉴 아이콘(▾≣)을 클릭하여 메뉴를 표시하고 **새 색상 견본**을 실행합니다.

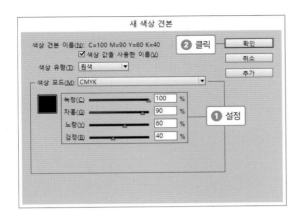

04 [새 색상 견본] 대화상자가 표시되면 녹청을 '100%', 자홍을 '90%', 노랑을 '60%', 검정을 '40%'로 설정하고 〈확인〉 버튼을 클릭하세요.

05 [컨트롤] 패널에서 칠의 오른쪽 화살표 버튼을 클릭했을 때 표시되는 색상 목록이나 [색상 견본] 패널에 방금 저장한 색상이 표시됩니다.

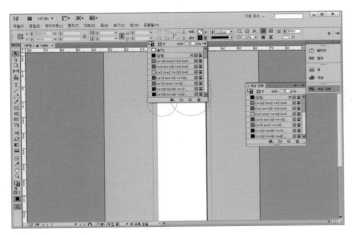

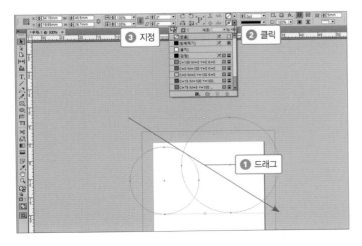

06 원에 테두리를 제거하고 색상을 칠하겠습니다.
두 도형을 드래그하여 같이 선택하고 [컨트롤] 패널에서 획을 '[없음]'으로 지정합니다.

TIP '획'은 테두리 색이고, '칠'은 내부 색입니다.

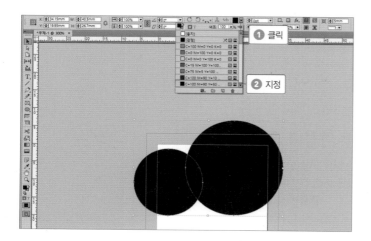

07 컨트롤 패널에서 칠을 이전에 만든 남색으로 지정합니다.

08 원형에 색이 채워집니다. 이 부분은 캐릭터의 머리카락이 될 것입니다.
깻잎머리를 드래그하면서 위치를 잘 조정해 주세요.

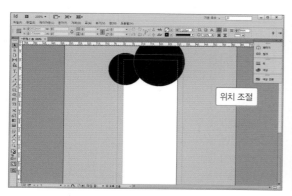
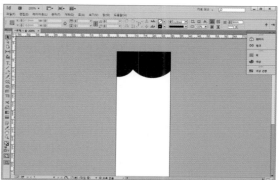

TIP 회색 면에 있는 붉은색 테두리 안쪽은 잘리는 부분(도련)입니다. 파란색 선과 진한 검은색 선 안에 있는 흰색 부분이 실제 인쇄되는 부분입니다.
W 키를 누르면 인쇄되는 부분만 깨끗하게 보여집니다.

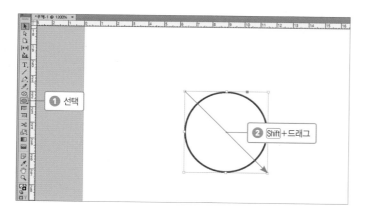

09 캐릭터 눈을 그려 보겠습니다. 타원 도구(◉)를 선택하고 Shift 키를 누른 채 드래그하여 원을 그리세요.

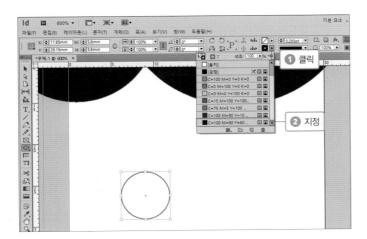

10 그린 원이 선택된 상태로 [컨트롤] 패널에서 획을 이전에 만든 남색으로 지정합니다.

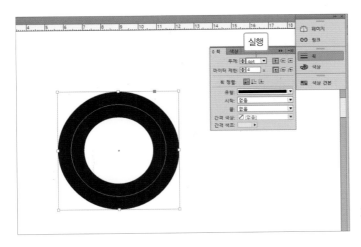

11 [획] 패널을 표시하고 두께를 '4pt'로 설정합니다.

TIP [획] 패널이 작업 화면에 없다면 [창] → 획((F10))을 실행하여 표시할 수 있습니다.

인디자인
상식

획을 조절할 수 있는 곳

① [도구] 패널 : 아랫부분에서 획과 칠 색상과 유무를 조절할 수 있습니다.
② [컨트롤] 패널 : 획과 칠 색상의 유무를 조절할 수 있습니다.
③ [획] 패널 : 선 굵기와 형태를 조절할 수 있습니다.

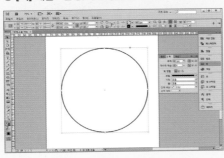

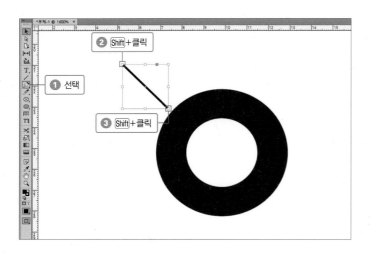

12 펜 도구(⬠)를 선택하고 Shift 키를 누른 채 클릭하여 그림과 같이 사선을 그립니다.

TIP Shift 키를 누르고 클릭하면 정확히 45도 각도로 선을 그릴 수 있습니다.

인디자인 상식

드래그를 하지 않고 꼭 클릭, 클릭하여 선을 그립니다. 드래그하여 선을 그리면 실제 선은 안 보이고 펜 도 구의 안내선만 표시됩니다.

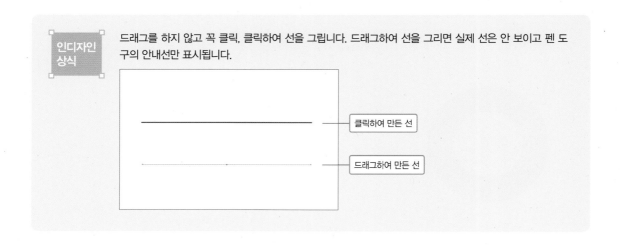

클릭하여 만든 선

드래그하여 만든 선

13 원형과 같은 스타일로 색상과 두께를 조절하겠습니다. [컨트롤] 패널에서 획을 남색으로 설정하고 두께를 '4pt'로 설정 합니다. 그리고 선 끝을 둥글게 하기 위해 [획] 패널 두께 오른쪽에서 '원형' 아이콘(⬠)을 클릭합니다.

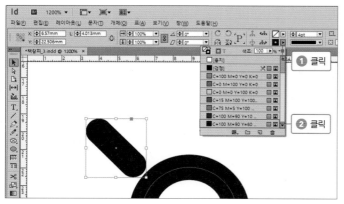

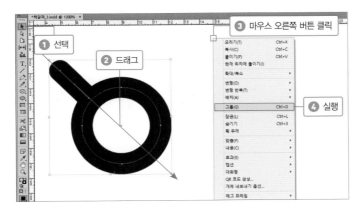

14 동그라미와 대각선을 묶겠습니다. 두 개체를 드래그하여 함께 선택하고 마우스 오른쪽 버튼을 클릭한 다음 **그룹**(Ctrl+G)을 실행합니다.

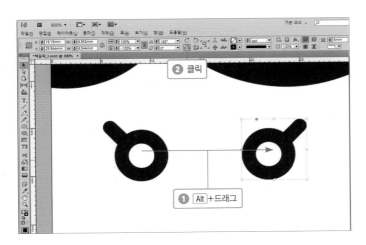

15 눈을 복제하겠습니다. Alt 키를 누르고 방금 만든 개체 위에 마우스 포인터를 올리면 포인터가 더블 포인터로 변하게 됩니다. 그 상태에서 개체를 움직이면 바로 복제됩니다.
눈을 대칭으로 만들겠습니다. [컨트롤] 패널에서 '가로로 뒤집기' 아이콘()을 클릭하세요.

TIP 참조점 위치에 따라 뒤집어지는 위치가 달라집니다.

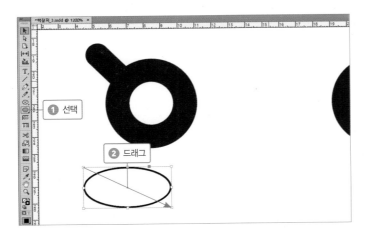

16 얼굴에 볼 터치를 만들겠습니다. 타원 도구(◯)를 선택하고 대각선 방향으로 드래그하여 타원을 그립니다.

TIP 타원을 그리는 것이기 때문에 Shift 키를 누르지 않았습니다.

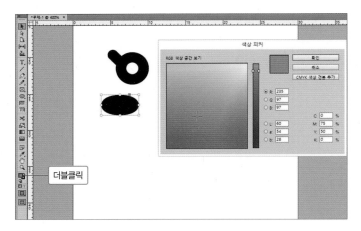

17 볼 터치 색을 채우겠습니다. 이번에는 색상 피커를 이용하여 새로운 색상을 만들어 보겠습니다.
[도구] 패널에서 '칠'을 더블클릭하여 [색상 피커] 대화상자를 표시합니다.

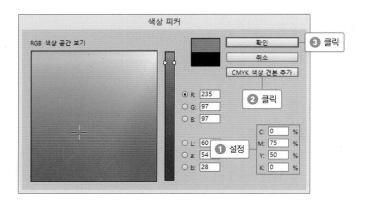

18 C를 '0%', M을 '75%', Y를 '50%', K를 '0%'로 설정하고 〈CMYK 색상 견본 추가〉 버튼을 클릭한 다음 〈확인〉 버튼을 클릭하세요. 만든 색상이 색상 견본으로 저장됩니다.

TIP 숫자를 입력하지 않고 왼쪽 색상에서 원하는 색을 클릭해도 색을 지정할 수 있습니다.

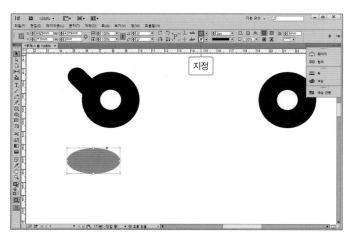

19 볼 터치가 선택된 상태에서 방금 만든 분홍색을 칠 색상으로 지정합니다. 볼 터치 색상이 변합니다. 크기와 위치를 적절히 조절해 주세요.

TIP 캐릭터 눈을 만들 때 설정한 획 두께가 볼 터치에 적용되어 새로 만든 볼 터치가 안 보일 수 있습니다. 그럴 때는 볼 터치가 선택된 상태에서 획을 '없음'으로 지정하면 됩니다.

인디자인
상식

크기 자유롭게 조절하기

선택 도구(▶)를 선택하고 개체를 클릭하면 4면에 꼭지점이 있는 상태의 사각형이 표시됩니다. 사각형을 드래그하면 원 크기를 조절할 수 있습니다. Ctrl+Z 키를 누르면 원래 상태로 되돌아갑니다.

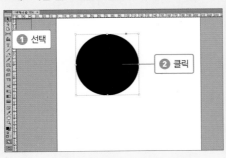

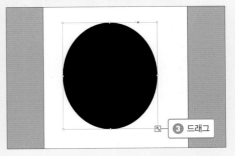

정비율로 크기 조절하기

Shift 키를 누르면서 사각형을 드래그해 봅니다. 비율을 유지한 채로 원 크기가 조절됩니다.

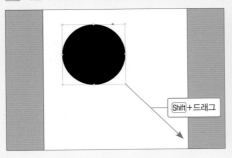

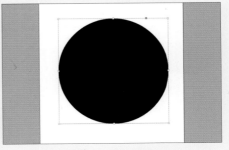

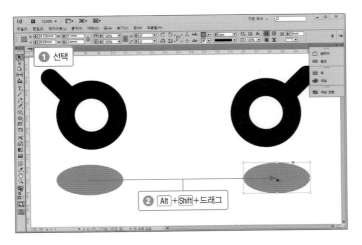

20 볼 터치를 양 볼에 만들겠습니다.
왼쪽 볼 터치를 Alt+Shift 키를 누른 채 오른쪽으로 드래그하여 복제합니다.

3 캐릭터 옷 그리기

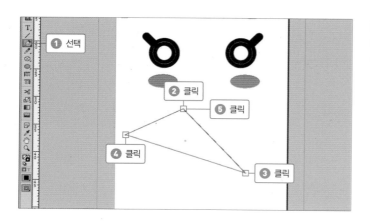

01 세라복 옷깃을 만들겠습니다.
펜 도구(✏️)를 선택하고 네 번 클릭하여 삼각형을 그립니다.

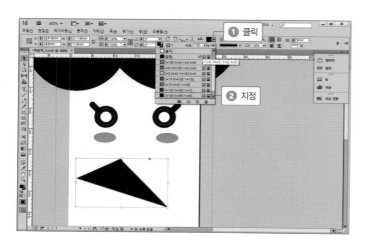

02 세라복 옷깃에 색을 채우겠습니다. 만든 도형이 선택된 상태로 [컨트롤] 패널에서 칠을 남색(머리카락 색)으로 지정합니다.

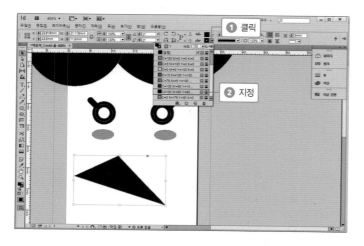

03 옷깃 모서리를 둥글게 만들어 보겠습니다. 옷깃 형태가 선택된 상태로 [컨트롤] 패널에서 획을 남색(머리카락 색)으로 지정합니다.

04 그리고 [획] 패널에서 두께를 '4pt'로 설정하고 '원형 연결' 아이콘()을 클릭합니다.

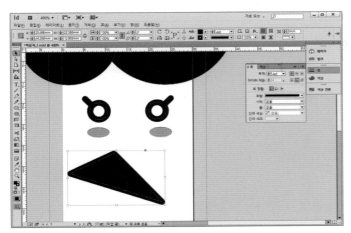

05 세라복 옷깃 줄무늬를 그리겠습니다. 펜 도구(✐)를 선택하고 그림과 같이 클릭하여 선을 만듭니다.

[컨트롤] 패널에서 획을 분홍색(볼 터치 색)으로 지정합니다.

[획] 패널에서 두께를 '2pt'로 설정합니다.

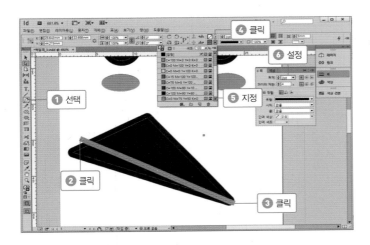

06 옷깃을 복사하겠습니다.

선택 도구(▶)로 옷깃 형태와 선을 함께 선택하고 Ctrl+G 키를 눌러 그룹으로 묶습니다.

Alt+Shift 키를 눌러 더블 포인터를 만든 다음 드래그하여 복제합니다.

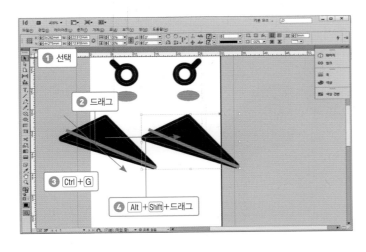

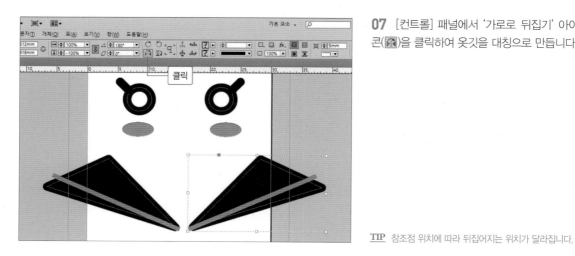

07 [컨트롤] 패널에서 '가로로 뒤집기' 아이콘()을 클릭하여 옷깃을 대칭으로 만듭니다.

TIP 참조점 위치에 따라 뒤집어지는 위치가 달라집니다.

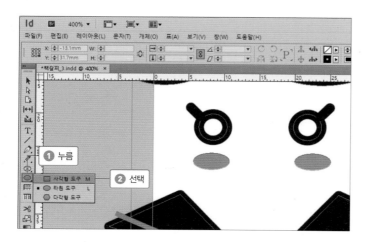

07 [도구] 패널에서 타원 도구(◯)를 계속 누르고 있으면 관련 도구 창이 표시됩니다. 사각형 도구(▢)를 선택합니다.

09 세라복의 리본을 만들겠습니다. 대각선 방향으로 드래그하여 직사각형을 그립니다. [컨트롤] 패널에서 칠과 획을 남색(머리카락 색)으로 지정합니다. 획 패널에서 두께를 '4p'로 설정하고 '원형 연결' 아이콘(▣)을 클릭하여 둥근 사각형을 만듭니다.

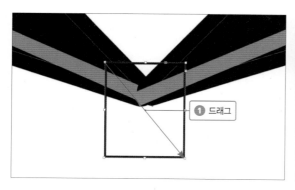

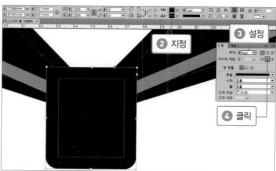

10 [도구] 패널에서 펜 도구(✐)를 선택합니다. ⓐ 부분을 클릭하고 ⓑ 부분을 마우스로 누르고 있는 상태에서 드래그합니다. ⓑ 부분에 펜을 갖다 대면 꺾임 표시가 뜹니다. 그 상태에서 ⓑ 부분을 한번 더 클릭하여 펜 선을 끊어 줍니다. 그리고 ⓐ 부분을 마우스로 누르고 있는 상태에서 드래그하여 동그랗게 만듭니다.

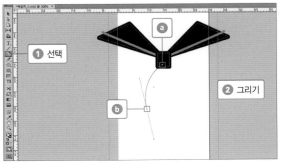

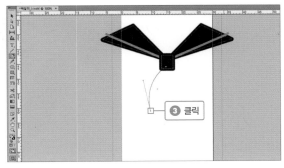

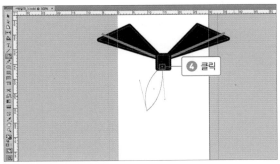

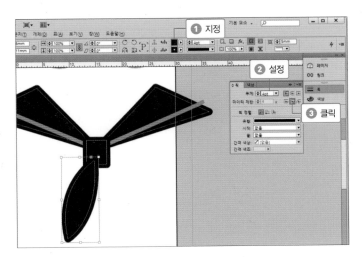

11 옷깃 끝(나뭇잎 모양) 부분의 색을 칠하겠습니다.

[컨트롤] 패널에서 칠과 획을 남색(머리카락 색)으로 지정하고 획 패널에서 두께를 '4pt'로 설정합니다.

'원형 연결' 아이콘(⌐)을 클릭하여 나뭇잎 모양 끝을 둥글게 만듭니다.

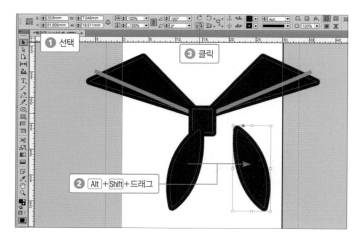

12 Alt+Shift 키를 누르고 나뭇잎 모양을 드래그하여 복제합니다. 그리고 [컨트롤] 패널에서 '가로로 뒤집기' 아이콘(⬌)을 클릭하여 도형(나뭇잎 모양)을 대칭으로 바꿔 준 다음 적절한 위치에 배치합니다.

TIP 참조점 위치에 따라 뒤집어지는 위치가 달라집니다.

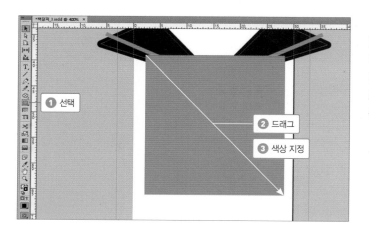

13 세라복 윗부분을 완성하겠습니다.
[도구] 패널에서 사각형 도구(▭)를 선택하고 대각선으로 드래그하여 사각형을 그립니다. [컨트롤] 패널에서 칠을 분홍색(볼 터치색)으로 지정하여 분홍색으로 칠합니다. 획을 '[없음]'으로 지정하여 테두리를 없애 줍니다.

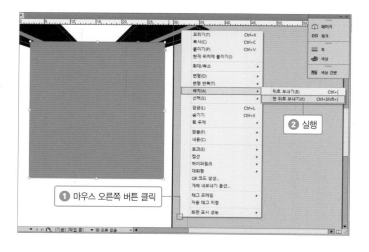

14 도형이 선택된 상태에서 마우스 오른쪽 버튼을 클릭하고 **배치 → 맨 뒤로 보내기**(Ctrl +Shift+[)를 실행합니다.

15 도형 크기를 적당히 조절합니다. 치마를 그리겠습니다. [도구] 패널에서 사각형 도구(▣)를 선택하고 대각선으로 드래그하면서 사각형을 그립니다. [컨트롤] 패널에서 칠을 남색으로 지정하고 획을 '[없음]'으로 지정하여 테두리를 없앱니다.

분홍색 선을 그리겠습니다. [도구] 패널에서 펜 도구(✐)를 선택하고 클릭으로 선을 만든 다음 [컨트롤] 패널에서 획을 분홍색(볼 터치 색)으로 지정합니다. [획] 패널에서 두께를 '2pt'로 설정합니다.

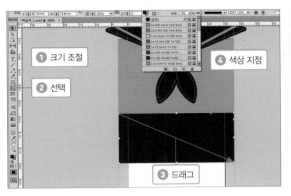
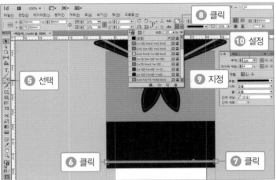

TIP Shift 키를 누르고 그리면 직선이 잘 그려집니다.

16 점선을 그리겠습니다. 개체 선택을 해제하고 왼쪽 [도구] 패널에서 펜 도구(✐)가 선택된 채로 클릭으로 선을 그립니다. [획] 패널에서 유형을 '파선(4:4)'으로 지정합니다.

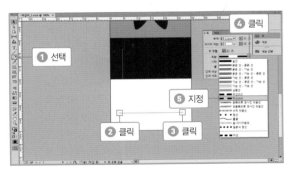

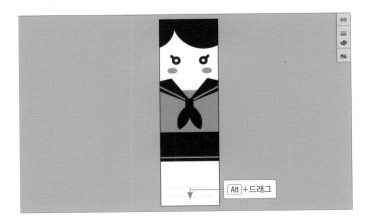

17 Alt 키를 누른 채 점선을 드래그하여 복제합니다. 책갈피가 완성되었습니다.

TIP 책갈피에 구멍을 뚫고 싶으면 따로 표시하세요. 구멍 뚫기가 편합니다.

4 인쇄 파일 만들어 인쇄하기

01 인쇄 파일을 만들겠습니다. **[파일]** → **내보내기**([Ctrl]+[E])를 실행하세요.
저장할 폴더를 지정한 다음 파일 이름을 입력하고 파일 형식을 'Adobe PDF(인쇄)'로 지정합니다.
〈저장〉 버튼을 클릭합니다.

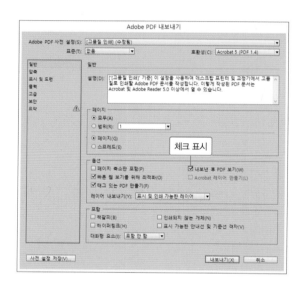

02 [PDF 내보내기] 대화상자에서 '내보낸 후 PDF 보기'에 체크 표시합니다.
저장한 다음 바로 PDF를 확인할 수 있습니다.

03 '표시 및 도련'에서 '재단선 표시'에 체크해 주세요. 칼질할 때 더 편합니다.
도련 및 슬러그 항목에서 '문서 도련 설정 사용'을 해제하고 위쪽, 왼쪽, 아래쪽, 오른쪽을 '3mm'로 설정합니다.
〈내보내기〉 버튼을 클릭합니다.

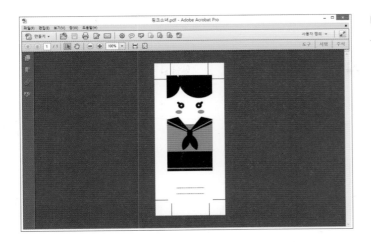

04 PDF 파일이 표시됩니다. 재단선을 따라서 자르면 됩니다.

05 재단선에 맞춰서 자르면 편하게 자를 수 있습니다. 자르고 남은 부분은 처음에 지정해 두었던 3mm 도련 부분입니다.

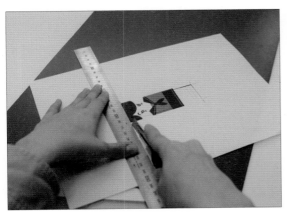

06 구멍도 뚫어 보고 핑크 소녀의 남자친구도 만들어 보세요.

디자인 사례

다양한 방법으로 책갈피를 만들 수 있습니다. 도형을 이용하여 책갈피를 꾸며도 좋지만 펜 도구를 이용하면 더 자유로운 느낌의 그래픽을 만들 수 있습니다.

▲ 펜 도구로 여우와 꽃을 그려서 만든 책갈피입니다. 알록달록한 색이 인상적입니다.

▶ 깃털 모양으로 디자인된 책갈피입니다. 청록색과 분홍색을 사용하여 색으로 포인트를 주었습니다. 깃털 모양에 좋아하는 책 구절을 넣어 자신만의 책갈피를 만들어도 좋습니다.

포스터 디자인

CC
5kmproject.com
Cafe - Book - Study
let's
2017. 07. 23
- 12. 20
책을
make
만들자
book
Cafe 5km
Saturday
5:00 -
7:00 pm
Indesign Program Study
참여자
류미현
김선희
윤지혜
민선정
경기도부천시
소사구심곡본동
541-1 / 28
5km

선을 이용한 A4 포스터 만들기

점, 선, 면, 텍스트를 사용하여 포스터를 만들어 보겠습니다. 이 포스터는 선과 텍스트가 많이 사용됩니다. 이 포스터를 만들면서 선과 텍스트 기능을 배워 보겠습니다.

1 새 문서 만들기

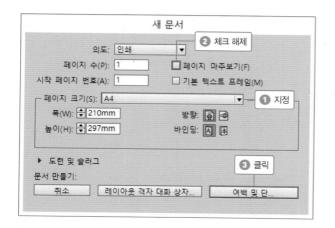

01 [파일] → 새로 만들기 → 문서(Ctrl+N)를 실행합니다.
A4 크기의 포스터를 만들겠습니다. 페이지 크기를 'A4'로 지정합니다.
'페이지 마주보기' 체크 표시를 해제합니다.
폭이 '210mm', 높이가 '297mm'가 된 것을 확인하고 〈여백 및 단〉 버튼을 클릭합니다.

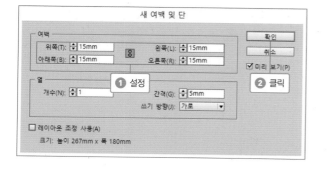

02 여백의 위쪽, 아래쪽, 왼쪽, 오른쪽 여백을 '15mm'로 설정하고 〈확인〉 버튼을 클릭합니다.

TIP 이 수치는 여백의 안내선을 보여주는 수치로, 인쇄할 때 보이는 선이 아닙니다.

2 접힌 책 형태 일러스트 그리기

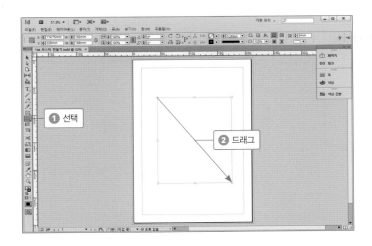

01 작업을 하려는 페이지가 완성되었습니다. 사각형 도구(◻)를 선택하세요. 드래그하여 사각형을 그립니다.

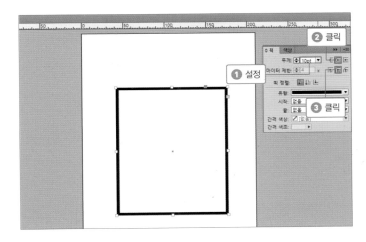

02 선 굵기를 굵게 조절하겠습니다. 방금 만든 사각형이 선택된 상태로 [획] 패널에서 두께를 '10pt'로 설정하고 '원형' 아이콘(◻)과 '원형 연결' 아이콘(◻)을 클릭합니다.

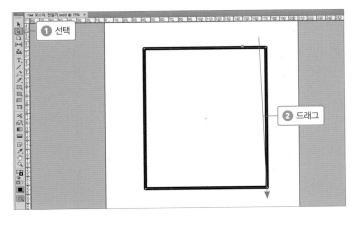

03 [도구] 패널에서 직접 선택 도구(◻)을 선택하고 사각형 오른쪽 위, 아래 모서리를 드래그하여 선택하세요.

TIP 선택된 모서리는 파란색 점으로, 선택이 안 된 모서리는 흰색 점으로 보입니다.

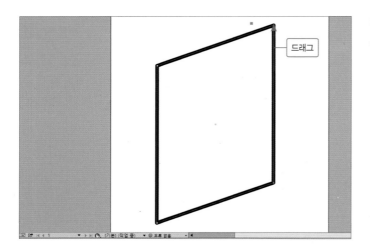

04 두 꼭짓점이 선택된 상태에서 위로 드래 그하여 올리면 오른쪽 면이 위로 올라갑니다.

05 이 포스터에 사용할 새 색상을 만들어 보겠습니다. 색상 견본 패널을 표시합니다. 색상 견본에서 오른쪽 끝에 있는 메뉴 아이콘 (▤)을 클릭하고 **새 색상 견본**을 실행합니다.

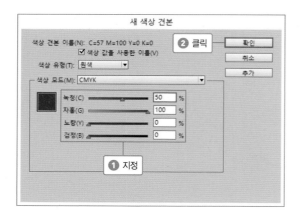

06 녹청을 '50%', 자홍을 '100%', 노랑을 '0%', 검정을 '0%'로 지정하고 〈확인〉 버튼을 클릭합니다.

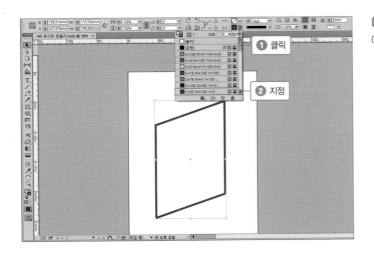

07 사각형이 선택된 상태로 [컨트롤] 패널에서 획을 만든 보라색으로 지정합니다.

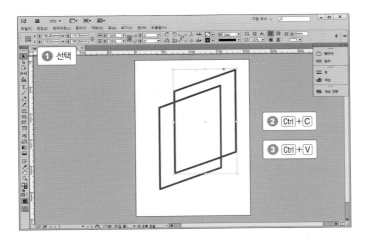

08 책이 펼쳐져 있는 것처럼 보이기 위해 대칭으로 사각형을 만들겠습니다.
기존에 만든 사각형을 선택하고 Ctrl+C 키를 눌러 복사한 다음 Ctrl+V 키를 눌러 붙입니다.

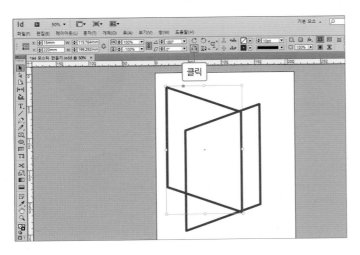

09 사각형을 대칭으로 움직이겠습니다. 복사한 사각형이 선택된 상태로 [컨트롤] 패널에서 '가로로 뒤집기' 아이콘(□)을 클릭합니다.
그러면 대칭으로 사각형이 돌려집니다.

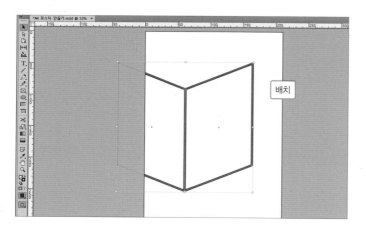

10 선택 도구(🔺)가 선택된 채로 드래그하여 대칭으로 만든 사각형을 알맞은 위치로 배치합니다.

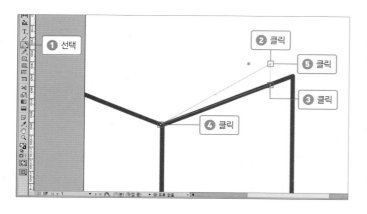

11 삼각형(책장)을 그리겠습니다. 펜 도구(🖋)를 선택하고 네 번 클릭하여 삼각형을 만듭니다.

TIP 수직 90도 직선을 그릴 때, Shift 키를 누르고 클릭하면 정확히 수직으로 그려집니다.

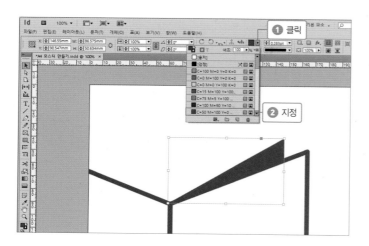

12 도형에 색을 칠하겠습니다. 삼각형(책장)이 선택된 상태로 [컨트롤] 패널에서 칠을 보라색으로 지정하세요.

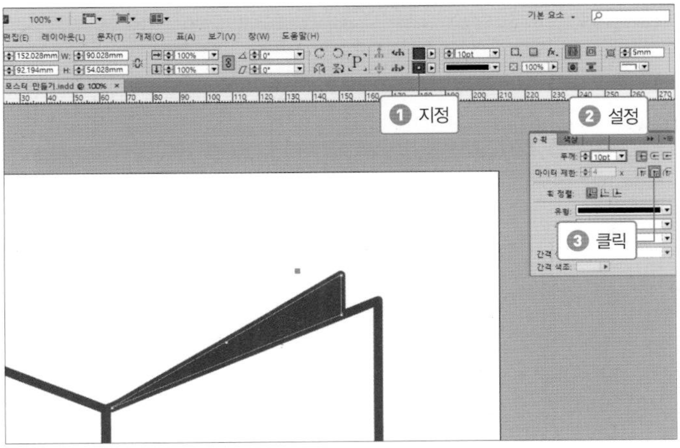

13 삼각형(책장)의 모서리를 둥글게 만들겠습니다. [컨트롤] 패널에서 획을 보라색으로 지정하고 [획] 패널에서 두께를 '10pt'로 조절한 다음 '원형 연결' 아이콘( )을 클릭합니다.

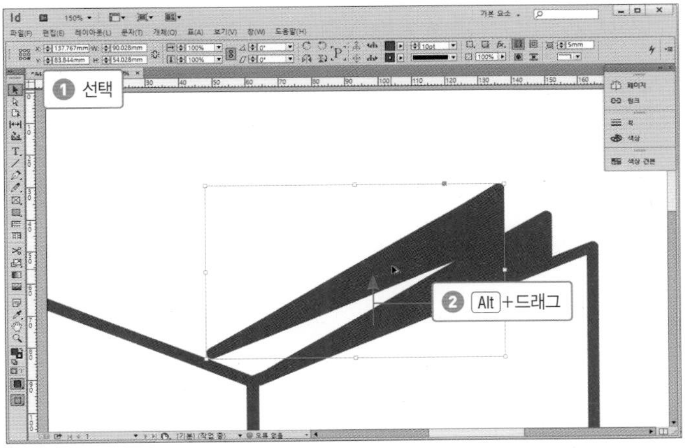

14 선택 도구( )를 선택합니다. Alt 키를 누르면서 마우스를 복사할 도형에 올려 놓으면 더블 마우스가 됩니다. 이 상태에서 드래그하면 복제됩니다.

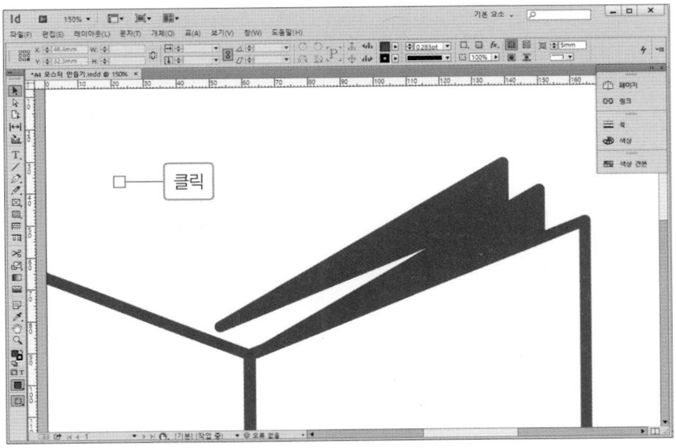

15 삼각형(책장)의 맨 왼쪽 끝 모서리 방향을 바꾸겠습니다. 흰색 배경을 클릭하여 선택을 해제합니다.

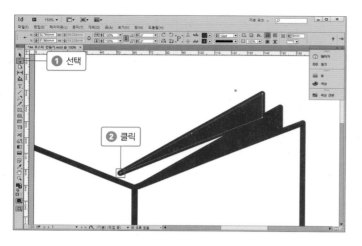

16 직접 선택 도구(🔧)를 선택하고 맨 왼쪽 모서리를 클릭합니다. 클릭을 하면 파란색 점으로 바뀌면서 모서리만 위치를 바꿀 수 있게 됩니다.

TIP 근처에 마우스 포인터를 가져가면 자동적으로 모서리가 보입니다.

17 클릭한 모서리를 드래그하여 책 표지 가운데로 움직입니다.

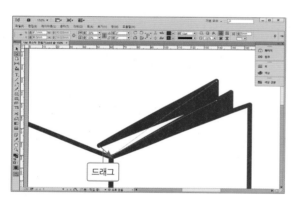
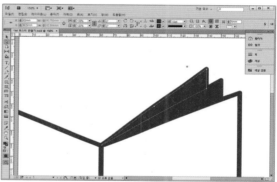

18 전체 책 이미지를 알맞게 늘리겠습니다. 선택 도구(🔧)를 선택하고 전체를 드래그하여 선택하세요. 안내선의 모서리 (사각형 점)를 잡고 드래그하면서 크기를 조절합니다.

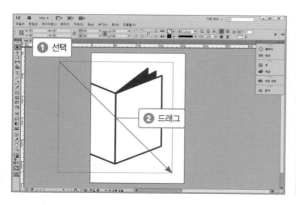
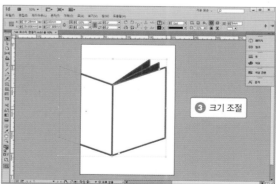

3 포스터 타이틀 입력하기

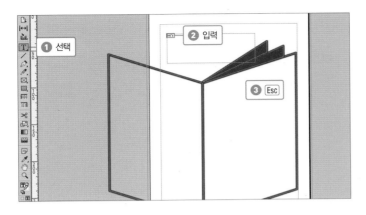

01 포스터에 들어가는 글씨를 입력하겠습니다. 문자 도구(**T**)를 선택하고 텍스트 프레임을 그립니다. 'let's'를 입력하고 **Esc** 키를 누릅니다.

TIP 키보드의 **W** 키를 누르면 보조선과 여백선을 껐다 켰다 할 수 있습니다.

02 글씨 폰트와 크기를 조절하겠습니다. [문자] 패널을 표시합니다. 패널이 안 보이면 **[창]** → **문자 및 표** → **문자**(**Ctrl**+**T**)를 실행하여 패널을 표시합니다.
문자 도구가 선택된 상태에서 텍스트 프레임을 더블클릭하면 글자가 활성화됩니다. 글자를 드래그하여 선택하고 글꼴과 글씨 크기를 [문자] 패널에서 조절하면 됩니다.
예제에서는 글꼴을 'Helvetica 65–Medium', 크기(**T**)를 '110pt'로 설정했습니다.

TIP 예제에서 사용한 글꼴이 없다면 원하는 글꼴을 지정하여 사용하세요.

! 주의

텍스트 프레임이 글씨보다 작으면 글씨가 안 보입니다. 텍스트 프레임을 드래그하여 늘리면 글씨가 보입니다.

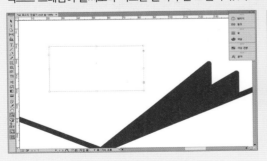
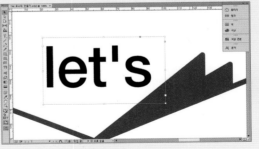

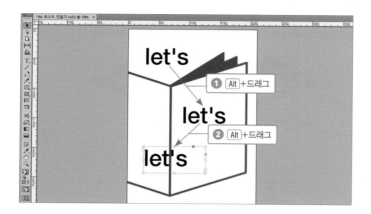

03 선택 도구(▶)를 선택합니다. Alt 키를 누르고 그림과 같이 텍스트를 드래그하여 복제합니다.

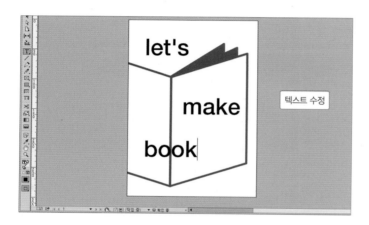

04 텍스트를 바꾸겠습니다. 텍스트 프레임을 더블클릭하여 텍스트 프레임을 활성화하고 그림과 같이 텍스트를 수정해 주세요.

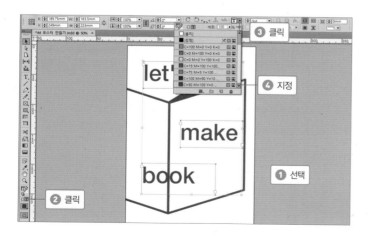

05 텍스트 색상을 바꾸겠습니다. 색상을 바꿀 텍스트 프레임을 선택하고 [도구] 패널 아랫부분에서 '텍스트에 서식 적용' 아이콘(**T**)을 클릭하세요. [컨트롤] 패널에서 칠을 보라색으로 지정합니다.

06 한글도 같은 방법으로 새로운 텍스트 프레임을 만들고 내용을 입력합니다.

TIP 한영 변환이 제대로 설정되었는지 확인하세요. 영문 서체에 한글을 입력하면 텍스트가 나타나지 않습니다.

⚠ 주의

글씨를 쓰기 위해 텍스트 프레임을 만들 때 뒷면 사각형(책 모양 사다리꼴) 위에 텍스트 박스를 만들면 이미지 같이 텍스트가 잘못 입력됩니다. 이럴 경우 Esc 키를 누르고 Ctrl + Z 키를 눌러서 되돌리기를 한 다음 다른 위치에서 텍스트 프레임을 만드세요.

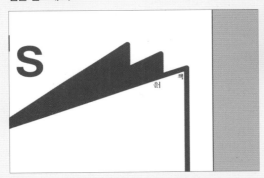
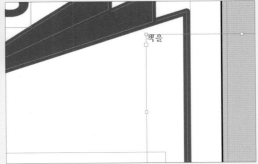

텍스트 프레임이 텍스트에 비해 크기가 클 경우에는 텍스트 프레임의 모서리를 더블클릭해 주세요. 적당한 크기로 텍스트 프레임을 조절할 수 있습니다.

07 글꼴과 크기를 지정해 줍니다. 예제에서는 글꼴을 '윤고딕700', 글꼴 스타일을 '70', 크기(**T**)를 '85pt'로 지정했습니다.

08 '책을' 텍스트 프레임을 선택하고 Alt 키누르면서 드래그하여 텍스트 프레임을 복사합니다. 그리고 텍스트 프레임을 더블클릭하여 텍스트를 활성화시키고 텍스트를 '만들자'로 수정합니다.

인디자인 상식

안내선 만들기

'만들자'와 'book' 두 가지 텍스트를 왼쪽으로 정렬할 때 안내선을 만들어서 사용하면 편합니다. 눈금자를 작업 영역 안쪽으로 드래그하면 안내선을 만들 수 있습니다.

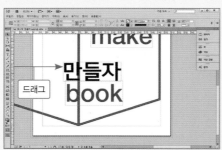

4 나머지 텍스트 입력하기

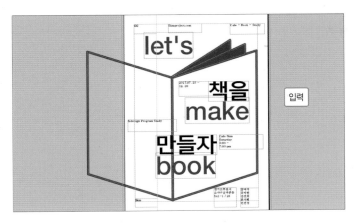

01 내부에 들어갈 텍스트를 모두 입력하겠습니다.

작은 글자도 같은 방법으로 입력해 보겠습니다. [도구] 패널에서 문자 도구(T)를 선택하고 텍스트 프레임을 만듭니다. 02 폴더에서 '포스터 텍스트.txt' 파일을 이용해 나머지 글자를 입력합니다. 그리고 적절한 위치에 텍스트 프레임을 배치합니다.

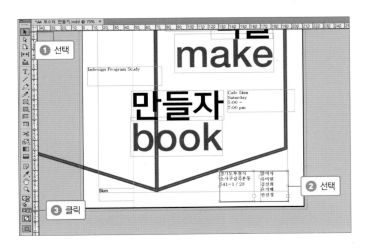

02 한꺼번에 새로 만든 텍스트의 서체와 크기를 조절하겠습니다.

서체와 크기를 조절할 텍스트 프레임을 선택하겠습니다. 선택 도구(▶)를 선택하고 [Shift] 키를 누른 상태에서 아랫부분 텍스트 프레임 두 개를 클릭하여 선택합니다.

[도구] 패널 아랫부분에서 '텍스트에 서식 적용' 아이콘(T)을 클릭하세요.

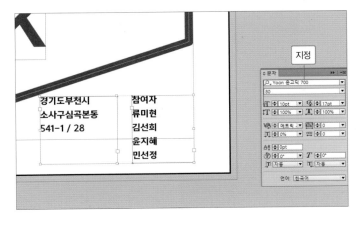

03 서체, 크기, 행간을 바꾸겠습니다. 글꼴을 'Yoon 윤고딕 700', 글꼴 스타일을 '80', 크기(T)를 '10pt', 행간(▲A)을 '17pt'로 지정합니다.

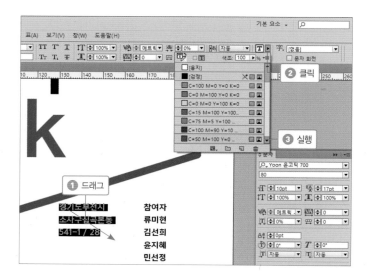

04 주소 부분을 더블클릭하여 활성화합니다. 주소를 다 드래그하여 선택하고 [컨트롤] 패널에서 칠을 보라색으로 지정합니다.

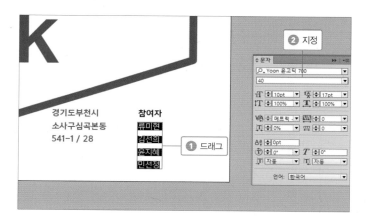

05 참여자 밑에 사람 이름들을 가는 글씨로 바꾸겠습니다. 이름들을 드래그하여 선택하고 [문자] 패널에서 글꼴 스타일을 '40'으로 변경합니다.

TIP 지정한 글꼴이 다를 경우 스타일이 다를 수 있습니다.

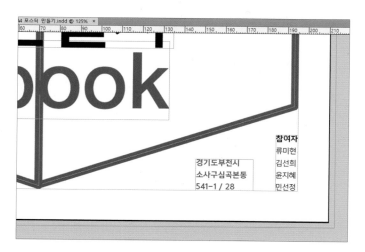

06 텍스트 프레임을 알맞은 위치로 옮기겠습니다. 여백 라인에 맞춰서 위치를 조절해 주세요.

인디자인
상식

텍스트 프레임 크기를 적절히 조절하는 방법

선택 도구(▶)를 선택하고 텍스트 프레임을 클릭하세요. 그리고 점을 더블클릭하여 텍스트 프레임 크기를
알맞게 조절하세요.

▲ 오른쪽 사각형 점을 더블클릭한 경우

▲ 오른쪽 밑점을 더블클릭한 경우

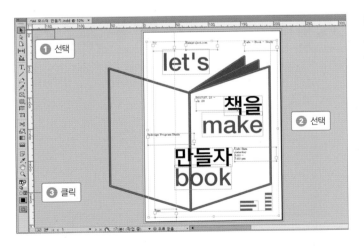

07 포스터 안의 작은 영문 글씨를 다 바꿔
보겠습니다.
선택 도구(▶)를 선택하고 Shift 키를 누른 상
태에서 영문 프레임들을 클릭하여 선택합니
다. 그리고 [도구] 패널에서 '텍스트에 서식 적
용' 아이콘(T)을 클릭하세요.

08 영문 서체와 크기를 바꾸겠습니다. 예제에서는 글꼴을 'Helvetica75', 글꼴 스타일을 'Bold', 크기(**Ｔ**)를 '12pt'로 설정했습니다.

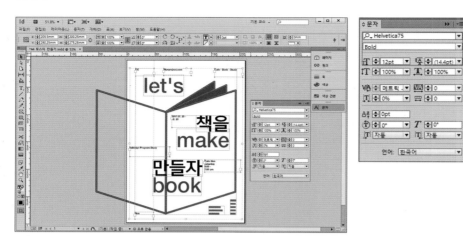

09 양 끝에 있는 폰트를 90도 회전하겠습니다. 텍스트 프레임을 더블클릭하여 적절하게 줄이세요.

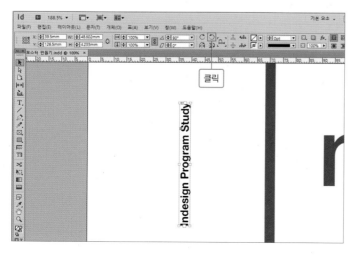

10 [컨트롤] 패널에서 '시계 반대 방향으로 90° 회전' 아이콘(⟳)을 클릭하면 텍스트 프레임이 90도 회전됩니다.

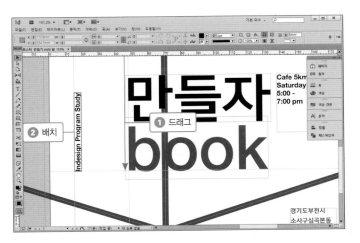

11 알맞은 위치로 텍스트를 움직이겠습니다. book 밑에 안내선을 만들고 그 선에 맞추어서 'Indesign Program Study'를 배치합니다.

12 텍스트를 드래그하여 크기를 키우겠습니다. 날짜가 있는 텍스트 프레임을 선택하고 Ctrl + Shift 키를 함께 누르면서 원하는 크기로 드래그하여 늘립니다. 그리고 적절한 위치로 옮기고 Spacebar 키를 눌러서 숫자를 적절한 위치에 배치합니다.

13 아랫부분 텍스트도 같은 방법으로 크기와 위치를 조절합니다.

5 디자인 요소 만들기

01 책 도형 가운데에 엑스 모양을 만들겠습니다. 펜 도구(✐)를 선택하고 클릭을 이용해 선을 그립니다. 그리고 [획] 패널에서 두께를 '10pt'로 설정하고 '원형' 아이콘(◉)을 클릭합니다.
획을 보라색으로 지정합니다.

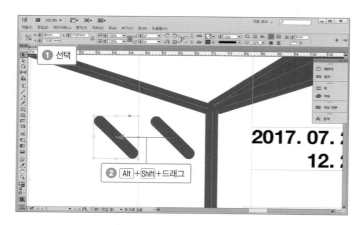

02 선택 도구(▶)를 선택하고 방금 만든 선을 선택합니다.
Alt + Shift 키를 누르면서 개체를 드래그하여 선을 복제합니다.

03 [컨트롤] 패널에서 '가로로 뒤집기' 아이콘(▨)을 클릭하여 선을 대칭으로 만들고 드래그하여 두 펜 선을 겹칩니다.
선택 도구(▶)로 두 선을 선택하고 Ctrl + G 키를 눌러 그룹으로 만듭니다.

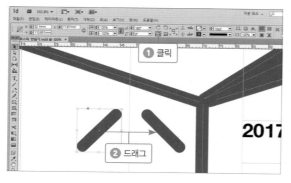

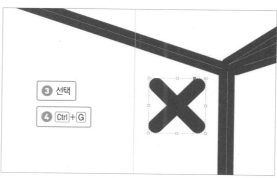

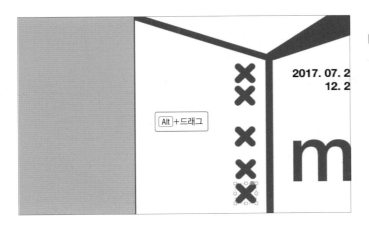

04 묶어진 두 선(엑스 선)이 선택된 상태로 [Alt] 키를 누르면서 드래그하여 복제합니다.

05 엑스 선을 일정한 크기로 위치시키겠습니다. 선택 도구(▶)로 모든 엑스 선을 선택하세요. [창] → 개체 및 레이아웃 → 정렬([Shift]+[F7])을 실행하여 [정렬] 패널을 표시합니다.

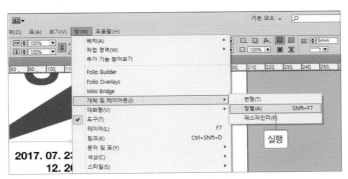

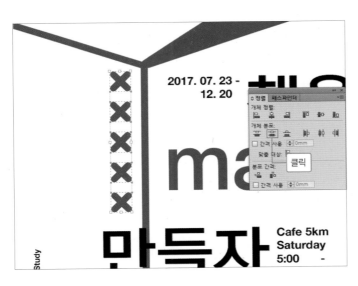

06 개체 분포에서 '수직 가운데 분포' 아이콘 (흡)을 클릭하세요. 그러면 일정한 간격으로 엑스 선이 배치됩니다.

07 가름 선을 그려 보겠습니다. 펜 도구()를 선택하고 ⓐ를 클릭합니다. ⓑ를 클릭하고 계속 누른 상태에서 드래그하여 곡선을 만듭니다. ⓒ 위치에서 클릭을 하고 드래그하여 곡선을 만듭니다.

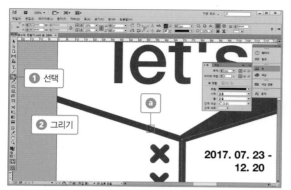

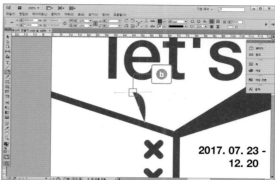

08 [도구] 패널에서 '칠과 획 교체' 화살표(Shift+X)를 클릭합니다. 획을 보라색으로 지정합니다. 획 패널에서 두께를 '10pt'로 설정하고 '원형' 아이콘(⊆)을 클릭합니다.

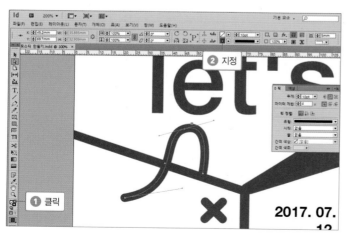

6 인쇄를 위한 PDF 파일 만들기

01 PDF로 파일을 전환하겠습니다. **[파일] → 내보내기**(`Ctrl`+`E`)를 실행하고 저장 위치와 파일 이름을 지정한 다음 파일 형식을 'Adobe PDF(인쇄)'로 지정합니다.

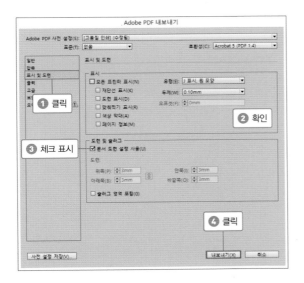

02 '표시 및 도련'에서 표시에 아무 선택이 안 되어 있는 것을 확인하고 도련 및 슬러그 항목에서 '문서 도련 설정 사용'에 체크 표시한 다음 〈내보내기〉 버튼을 클릭합니다.

03 PDF 파일을 확인하세요.

디자인 사례

이번 예제에서는 면, 선, 텍스트를 이용하여 포스터를 만들어 보았습니다. 면, 선, 텍스트만으로도 개성 있는 그래픽을 만들 수 있습니다.

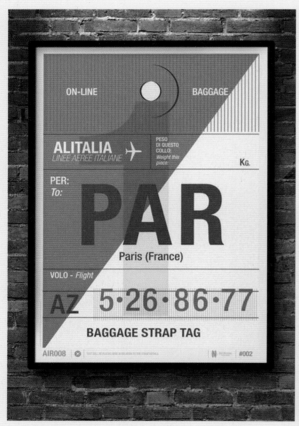

▲ 수화물 태그의 느낌이 나는 포스터입니다. 빨간색과 남색의 보색을 사용하여 프랑스 국기 느낌을 나타냈습니다.

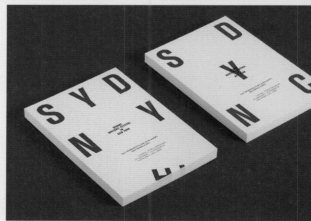

▶ 뉴욕에서 열린 페스티벌 포스터로, 파란색 글씨와 검은색 글씨가 잘 어울립니다.

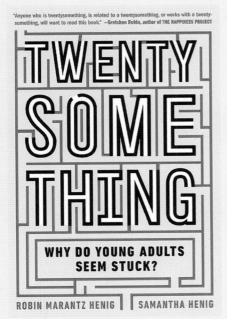

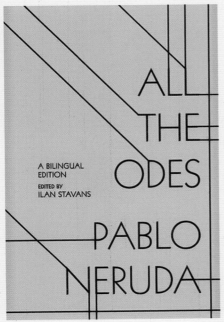

▲ 빨간색, 청록색, 검은색이 사용되었습니다. 단순한 선이지만 색이 화려하기 때문에 다채로운 느낌을 줍니다.

◀ 포스터가 아닌 책 표지입니다. 선과 텍스트를 이용하면 단순하면서 방향성을 보여주는 그래픽을 만들 수 있습니다.

WORKSHOP 03

엽서 디자인

이미지를 이용한 엽서 만들기

드로잉을 넣은 엽서를 만들어 보겠습니다. 종이에 그림을 그리고 스캔하면 디지털 이미지가 변환됩니다. 집에 스캐너가 없으면 그린 그림을 카메라로 사진을 찍거나 핸드폰으로 찍어서 만들어도 됩니다. JPG, PNG, GIF 등의 이미지 파일을 사용해 봅시다.

1 엽서 크기 확인하여 새 문서 만들기

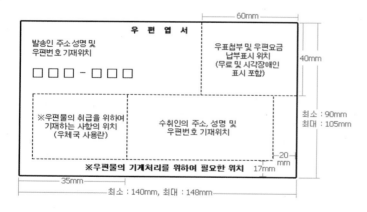

01 우체국의 우편엽서 크기를 보겠습니다. 우체국 홈페이지에 들어가면 규격 크기를 볼 수 있습니다. 이번에는 기재된 크기에서 최대 크기(가로 : 148mm, 세로 : 105mm)를 이용하여 엽서를 만들겠습니다.

02 [파일] → 새로 만들기 → 문서(Ctrl+N)를 실행하세요. 폭을 '148mm', 높이를 '105mm'로 설정하고 '페이지 마주보기'의 체크 표시를 해제하세요. 〈여백 및 단〉 버튼을 클릭합니다. 여백을 각각 '5mm'로 설정하고 〈확인〉 버튼을 클릭합니다.

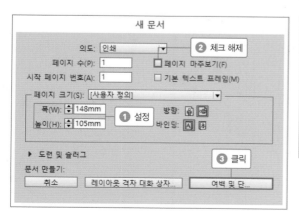

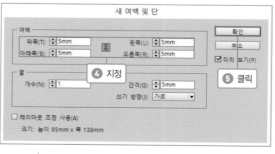

2 드로잉 이미지와 텍스트 배치하기

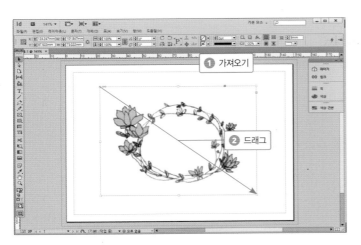

01 드로잉한 이미지를 가져오겠습니다. **[파일] → 가져오기**((Ctrl)+(D))를 실행합니다. [가져오기] 대화상자가 표시되면 03 폴더에서 '드로잉_꽃_1.jpg' 파일을 가져옵니다. 드래그하여 원하는 위치에 그림을 배치합니다.

> **! 주의**
>
> 화면을 한번 클릭하면 원본 크기로 이미지가 배치됩니다. 그러므로 꼭 드래그해서 이미지를 배치하세요.

인디자인 상식

인디자인에서 이미지를 가져올 때 알아야 하는 점

01 링크된 이미지는 진짜 이미지가 아닙니다.

이미지 가져오기로 이미지를 가져오면 이미지 링크가 연결됩니다. 실제 이미지가 아닌 것이지요. 그래서 아무리 큰 이미지 파일을 가져와도 인디자인 용량은 커지지 않습니다.

02 포토샵과 연동하여 사용하면 편합니다.

① 포토샵에서 작업 중인 파일을 PSD 파일로 저장합니다. 이때 이미지를 닫지 않습니다.

② 인디자인의 가져오기로 해당 PSD 파일을 가져옵니다.

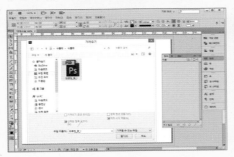
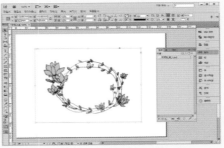

③ 포토샵에서 이미지를 수정하고 다시 저장합니다.

④ [링크] 패널에서 '링크 업데이트' 아이콘(🔄)을 클릭하면 수정된 이미지가 바로 적용됩니다.

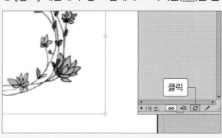

클릭

03 모든 이미지의 화면상 해상도와 실제 해상도는 다릅니다.

인디자인에 화면상 고해상도 이미지가 보일 경우 프로그램이 무거워져서 인디자인 프로그램이 꺼질 수 있습니다. 그래서 기본 화면 해상도는 '표준'으로 하여 작업하세요.

고해상도의 이미지를 보고 싶으면 **[보기] → 화면 표시 성능 → 고품질 표시(Ctrl+Alt+Shift+9)**를 실행하세요.

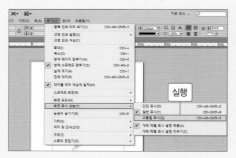

실행

04 인디자인으로 가져오는 모든 이미지는 자동으로 마스크가 적용됩니다.

인디자인에서 가장 많이 사용되는 기능은 이미지를 오리거나 크기에 변화를 주는 기능입니다. 그래서 모든 이미지는 자동적으로 마스크가 씌워져서 자유롭게 이미지를 수정할 수 있습니다.

(단, 이미지 색상, 형태 등 이미지 자체를 바꾸고 싶으면 포토샵에서 수정해야 합니다.)

인디자인 상식

이미지를 상자에 맞추는 방법

모든 이미지는 가져올 때 자동으로 마스크가 씌워집니다. 그래서 그냥 이미지를 늘리려고 하면 바깥의 파란색 선만 늘어납니다. 이미지 크기를 조절하는 방법을 보겠습니다.

01 [컨트롤] 패널의 버튼 누르기

이미지를 선택한 상태에서 아이콘을 눌러서 이미지 크기를 조절할 수 있습니다.

① ② ③ ④ ⑤

① 비율에 맞게 프레임 채우기
② 비율에 맞게 비율 맞추기
③ 프레임에 내용 맞추기
④ 내용에 프레임 맞추기
⑤ 내용 가운데 배치

02 마우스 오른쪽 버튼을 클릭하고 '맞춤'으로 이미지 맞추기

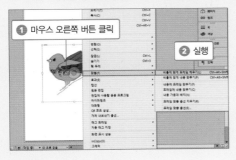

❶ 마우스 오른쪽 버튼 클릭

❷ 실행

03 단축키 누르기

비율에 맞게 프레임 채우기 : Ctrl + Alt + Shift + C
비율에 맞게 내용 맞추기 : Ctrl + Alt + Shift + E

이미지를 감싸는 파란색 박스와 빨간색 박스의 관계

01 파란색 선은 이미지를 자르는 선

파란색 선은 이미지 박스이고 빨간색 선은 실제 이미지 박스입니다. 파란색 선을 줄이게 되면 자동적으로
이미지가 잘립니다. 인쇄되는 부분은 파란색 선 안의 이미지입니다.

02 이미지 움직이기 1

실제 이미지(빨간색 박스)의 크기를 바꾸고 싶으면 마우스를 파란색 박스 위에 올리세요. 그리고 동그라미
가 뜨면 동그란 부분을 움직이세요.

03 이미지를 움직이기 2

선택 도구를 선택하고 이미지를 움직이면 움직입니다.

이미지를 파란 박스에 맞추기

이미지를 원하는 크기로 조절할 수 있습니다. 이미지 위에서 마우스 오른쪽 버튼을 클릭하고 **맞춤**에 들어
가면 이미지 크기를 조절할 수 있습니다.

▲ 원본 이미지

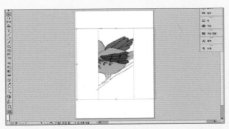

▲ 세로 기준으로 이미지 크기 조절하기 : 비율에 맞게 프레임 채우기([Ctrl]+[Alt]+[Shift]+[C])

▲ 가로 기준으로 이미지 크기 조절하기 : 비율에 맞게 내용 맞추기([Ctrl]+[Alt]+[Shift]+[E])

▲ 프레임 크기를 이미지에 맞추기 : 내용에 프레임 맞추기

▲ 이미지를 프레임 크기에 맞추기 : 프레임에 내용 맞추기

▲ 파란색 박스를 두고 이미지를 가운데로 배치 : 내용 가운데 배치

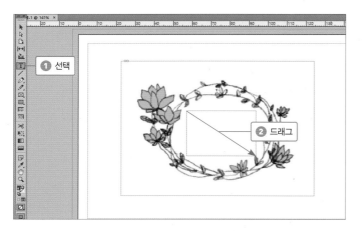

02 다시 예제를 만들어 보겠습니다. '향기로운 봄날에' 글씨를 넣어보겠습니다.
문자 도구(T.)를 선택하고 드래그해서 텍스트 프레임을 만드세요.

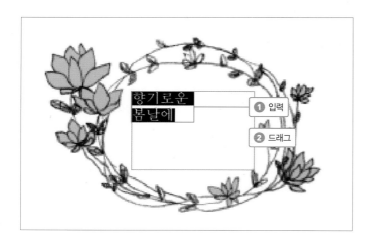

03 글씨를 입력합니다.
서체와 크기를 변경하겠습니다. 텍스트를 드래그하여 선택합니다.

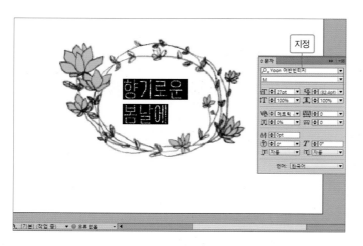

04 [문자] 패널을 표시하고 글꼴을 지정합니다. 예제에서는 글꼴을 'Yoon 어반빈티지', 크기(T)를 '27pt'로 지정했습니다.

<u>TIP</u> 예제에서 사용한 글꼴이 없다면 원하는 글꼴을 지정하여 사용하세요.

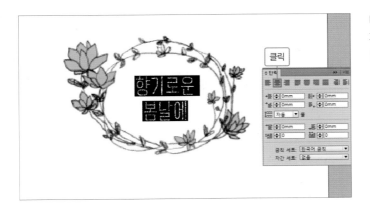

05 글자를 가운데 정렬하겠습니다. [컨트롤] 패널에서도 글자를 정렬할 수 있고 [단락] 패널(Ctrl+Alt+T)을 활용해도 됩니다.

06 가운데 꽃 드로잉을 다른 이미지로 바꾸겠습니다. **[창]** → **링크**(Ctrl+Shift+D)를 실행합니다. [링크] 패널에서 '드로잉_꽃_1.jpg'을 선택하고 '다시 연결' 아이콘(🔗)을 선택합니다.

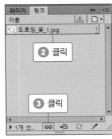

07 다른 이미지를 선택하면 이미지가 다른 이미지로 연결됩니다. Ctrl+Z 키를 눌러 다시 원래의 이미지로 바꿔 주세요.

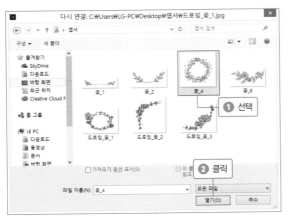

3 새 페이지에 엽서 뒷장 만들기

01 뒷장을 만들어 보겠습니다.
[페이지] 패널에서 '새 페이지 만들기' 아이콘
(📄)을 클릭하세요.

TIP [페이지] 패널이 작업 창에 없다면 [창] → 페이지
(F12)를 실행하세요.

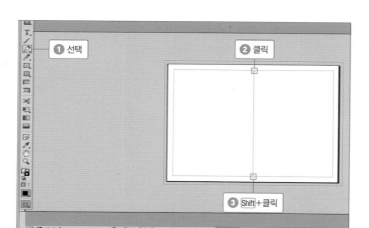

02 엽서 한 가운데에 선을 만들겠습니다.
펜 도구(✒)를 선택하고 Shift 키를 누르면서
클릭하여 선을 만듭니다. 그리고 안내선을 면
가운데에 잘 맞추어서 배치합니다.
선에 검은색이 적용이 된 걸 꼭 확인하세요.

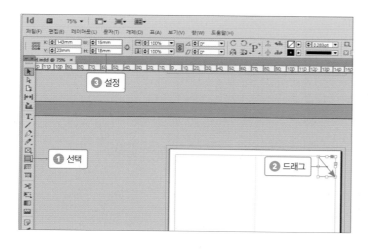

03 사각형을 만들겠습니다.
사각형 도구(▭)를 선택하고 사각형을 그리세
요. 사각형 크기는 [컨트롤] 패널에서 W(폭)와
H(높이)에 입력하면 됩니다. W를 '15mm', H
를 '18mm'로 설정합니다.

04 W 키를 눌러 안내선을 안 보이게 하면 완성된 파일을 볼 수 있습니다.

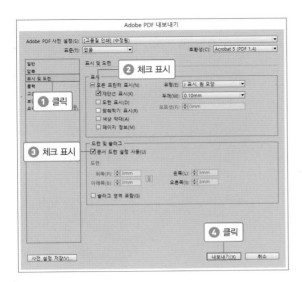

05 파일을 인쇄 PDF로 변환하겠습니다. **[파일] → 내보내기**(Ctrl+E)를 실행하고 'Adobe PDF(인쇄)' 형식으로 내보냅니다.
'표시 및 도련'에서 '재단선 표시'에 체크 표시하고 도련 및 슬러그 항목에서 '문서 도련 설정 사용'에 체크 표시한 다음 〈내보내기〉 버튼을 클릭합니다.

06 인쇄하고 재단선을 기준으로 잘라서 사용하세요.

디자인 사례

손 그림 이미지를 이용한 엽서 디자인을 살펴보겠습니다.

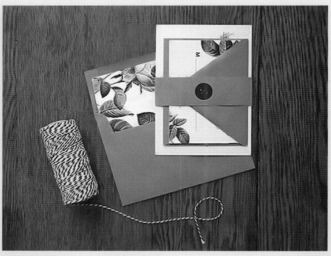

▲ 꽃 이미지를 엽서에 넣게 되면 축하, 화목, 행복의 느낌을 줄 수 있습니다.
특히 수채화 느낌으로 만들면 더 따뜻한 느낌이 듭니다.

▲ 엽서 그래픽을 이용하여 편지지, 편지 봉투 등을 만들 수 있습니다.
세밀한 그림을 이용하면 세련되고 정돈된 느낌을 줍니다.

카드 디자인

MERRY
CHRISTMAS

To._____

From ._____

2017

† MERRY †
CHRISTMAS

HAPPY NEW YEARS
2017

WORKSHOP 04
카드 디자인

페이지를 이용한 크리스마스카드 만들기

처음으로 '페이지'를 이용해 보겠습니다. 두 면을 마주 보게 만드는 형식은 인디 자인만 가지고 있는 기능입니다. 이 기능을 사용하여 작은 3단 브로슈어부터 수 백 페이지의 책도 만들 수 있습니다.

반으로 접히는 카드를 만들면서 페이지에 대해서 공부해 보겠습니다. 그리고 벡 터 이미지를 그리고, 선과 텍스트를 이용하여 크리스마스에 어울리는 그래픽을 만들어 보겠습니다.

1 카드를 위한 새 문서 만들기

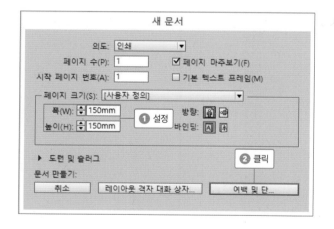

01 [파일] → 새로 만들기 → 문서(Ctrl+N) 를 실행합니다.
정사각형의 카드를 만들겠습니다. 폭을 '150mm', 높이를 '150mm'로 설정하고 〈여백 및 단〉 버튼을 클릭합니다.

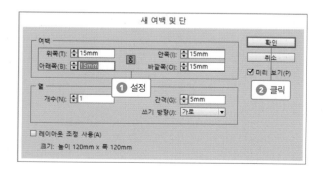

02 여백의 위쪽, 아래쪽, 왼쪽, 오른쪽을 각 각 '15mm'로 설정하고 〈확인〉 버튼을 클릭합 니다.

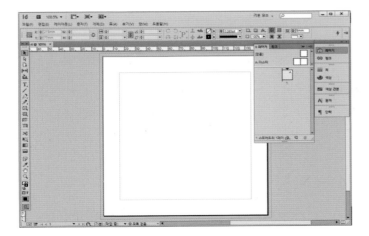

03 [페이지] 패널(F12)을 표시합니다.

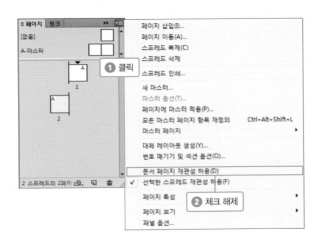

04 [페이지] 패널 아랫부분에서 '새 페이지 만들기' 아이콘(▣)을 클릭합니다.
패널 오른쪽 윗부분에서 메뉴 아이콘(▼≡)을 클릭하고 **문서 페이지 재편성 허용**의 체크 표시를 해제합니다.

TIP 문서 페이지 재편성 허용이 선택되어 있으면 첫 페이지 옆에 페이지가 붙지 않습니다.

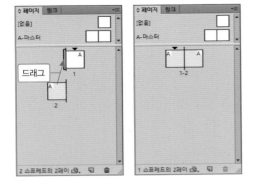

05 2페이지를 드래그하여 1페이지 옆에 붙입니다.

TIP 1페이지 바로 옆에 2페이지를 붙일 때는 이미지와 같이 꺾쇠 표시가 1페이지 바로 옆에 생깁니다. 만약에 페이지가 옆에 안 붙는다면 아주 천천히 드래그해 보세요.

2 그러데이션 배경 만들기

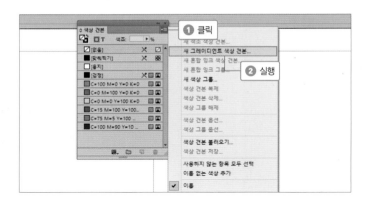

01 그러데이션 배경을 만들어 보겠습니다. [색상 견본] 패널(F5)을 표시합니다. 패널 오른쪽 윗부분에서 메뉴 아이콘(▼▤)을 클릭하고 **새 그레이디언트 색상 견본**을 실행합니다.

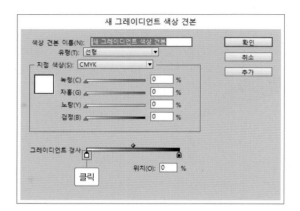

02 그레이디언트 경사에서 흰색 물감을 클릭합니다. 클릭하면 색상 바가 활성화됩니다.

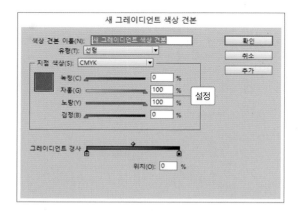

03 CMYK 수치를 입력하여 빨간색을 만들겠습니다. 자홍과 노랑을 '100%'로 설정합니다.

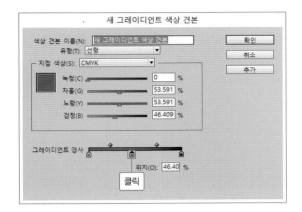

04 새로운 색상을 추가하겠습니다.
그레이디언트 경사 색상 라인 한가운데를 클릭하면 물감 아이콘이 만들어집니다.

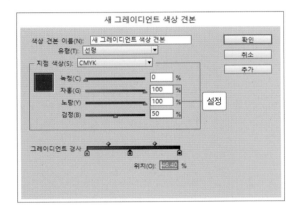

05 방금 만든 물감 아이콘 색을 바꾸겠습니다. 물감 아이콘이 클릭된 상태에서 자홍을 '100%', 노랑을 '100%', 검정을 '50%'로 설정합니다.

TIP 슬라이더를 드래그하여 색을 조절해도 됩니다.

06 검은색 물감 아이콘을 빼겠습니다.
검은색 물감 아이콘을 클릭하고 마우스를 떼지 않은 상태에서 아래로 드래그하면 색상이 사라집니다.

07 방금 만든 물감 아이콘 위치를 마우스로 드래그하여 맨 끝에 배치합니다. 그리고 윗부분 유형을 '방사형'으로 지정합니다. 이제 〈추가〉 버튼을 클릭하고 〈완료〉 버튼을 클릭하세요.

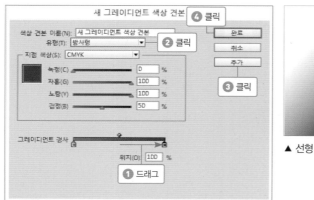

▲ 선형

▲ 방사형

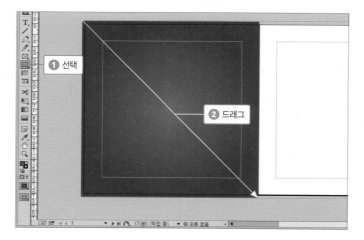

08 방금 만든 그러데이션 색을 [색상 견본] 패널에서 확인할 수 있습니다.

09 배경에 그러데이션 색이 들어있는 박스를 만들겠습니다.
사각형 도구(▣)를 선택하고 도련 부분까지 다 덮도록 드래그하여 사각형을 만듭니다.
1페이지씩 나눠서 만들겠습니다.

TIP 만약 그러데이션 박스가 제대로 적용되지 않는다면 선에 그러데이션이 적용되었을 거예요. 그럴 경우 [도구] 패널에서 '칠과 획 교체' 화살표(Shift+X)를 클릭하세요.

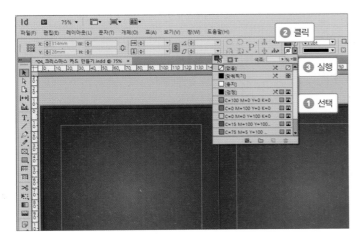

10 반대쪽 페이지도 그라데이션 배경을 만드세요. 방금 만든 그라데이션 박스에 검은색 테두리가 있다면 배경을 선택하고 획을 '[없음]'으로 지정합니다.

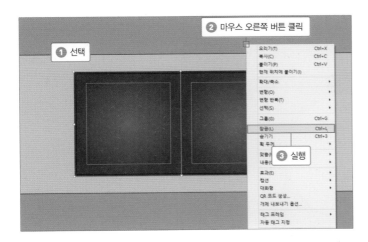

11 배경을 먼저 잠그겠습니다. 내부 그래픽을 만들 때 클릭이 되지 않게 만들겠습니다. 두 배경을 선택하고 마우스 오른쪽 버튼을 클릭한 다음 **잠금**(Ctrl+L)을 실행합니다.

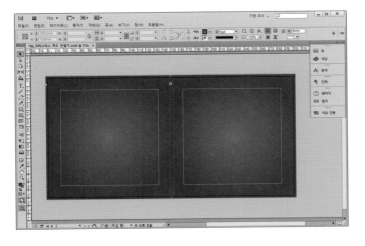

12 왼쪽 윗부분에 자물쇠 모양 아이콘이 생깁니다.

TIP 잠금을 풀기 위해서는 자물쇠 아이콘을 클릭하거나 Ctrl + Alt + L 키를 눌러서 풀어 줍니다.

3 기본 형태와 나무 그리기

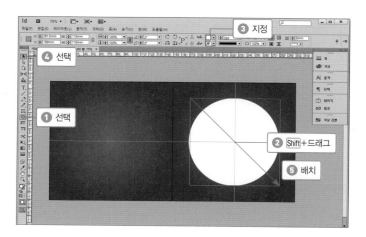

01 흰색 동그라미를 그리겠습니다.
타원 도구(◯)를 선택하고 드래그하여 원을 만듭니다. [컨트롤] 패널에서 칠을 '용지', 획을 '없음'으로 지정합니다.
도형을 천천히 움직여 보면 자동으로 고급 안내선이 보입니다. 안내선을 따라 페이지 가운데에 잘 맞춥니다.

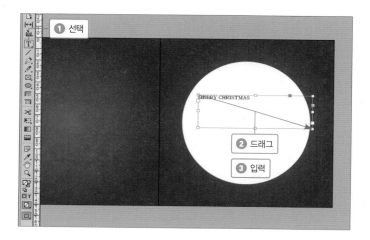

02 글씨를 써 보겠습니다. 문자 도구(T)를 선택하고 드래그하여 텍스트 프레임을 만듭니다. 'MERRY CHRISTMAS'를 입력합니다.

03 서체와 크기를 바꾸겠습니다. 서체를 드래그하여 선택해 주고 [문자] 패널에서 글꼴을 'Helvetica85-Heavy', 글꼴 스타일을 'Heavy', 크기(T)를 '44pt'로 지정합니다.
[단락] 패널(Ctrl+Alt+T)에서 '가운데 정렬' 아이콘(▤)을 클릭합니다.

TIP 예제에서 사용한 글꼴이 없다면 원하는 글꼴을 지정하여 사용하세요.

04 빨간색을 만들고 서체에 적용하겠습니다. [색상 견본] 패널([F5]) 오른쪽 윗부분에서 메뉴 아이콘(◼)을 클릭하고 **새 색상 견본**을 실행합니다.

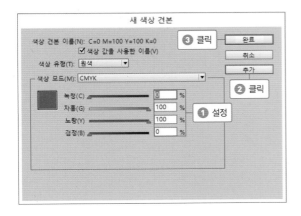

05 녹청을 '0%', 자홍을 '100%', 노랑을 '100%', 검정을 '0%'로 설정하고 〈추가〉 버튼을 누른 다음 〈완료〉 버튼을 클릭하세요.

06 텍스트 프레임을 더블클릭하여 커서를 활성화하세요. 그리고 드래그하여 텍스트를 선택합니다.
칠을 빨간색으로 지정하여 글씨를 빨갛게 만듭니다.

TIP 만약 색이 테두리에만 적용이 되었다면 [도구] 패널 아랫부분에서 '칠과 획 교체' 화살표([Shift]+[X])를 클릭하세요.

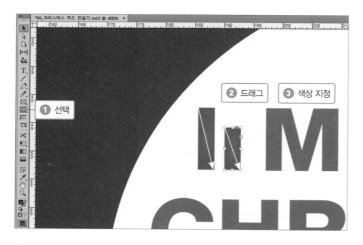

07 MERRY 앞에 십자 형태를 만들겠습니다. 사각형 도구(■)를 선택하고 그림과 같이 빨간색 직사각형 두 개를 만듭니다.
만든 직사각형을 선택하고 칠을 빨간색, 획을 '[없음]'으로 지정합니다.

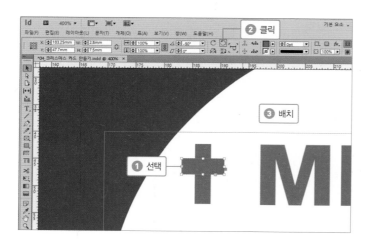

08 짧은 직사각형을 90도로 돌리겠습니다. 짧은 직사각형을 선택하고 [컨트롤] 패널에서 '시계 반대 방향으로 90° 회전' 아이콘(↺)을 클릭하세요.
짧은 직사각형을 그림과 같이 배치합니다.

09 십자 형태를 이루는 직사각형 두 개를 Shift 키를 이용해 함께 선택하고 Ctrl+G 키를 눌러 그룹으로 만듭니다.
Alt+Shift 키를 누른 채 십자 형태를 오른쪽으로 드래그하여 복제합니다. Shift 키를 이용해 양 끝에 있는 두 개의 십자 형태를 선택하고 Ctrl+G 키를 눌러 그룹으로 만듭니다.

10 펜 도구(✏️)를 선택하고 그림과 같이 선을 그린 다음 [컨트롤] 패널에서 획을 '빨간색'으로 지정합니다.

[획] 패널에서 두께를 '4pt'로 설정하고 '원형' 아이콘(🔘)을 클릭하여 선 끝을 원형으로 만듭니다.

11 트리를 만들겠습니다.

사각형 도구(⬜)를 누르고 있으면 도형 선택 창이 표시됩니다. 그 상태에서 다각형 도구(🔷)를 선택합니다.

페이지 안쪽 아무 데나 한 번 클릭하면 [다각형] 대화상자가 표시됩니다.

[다각형] 대화상자에서 다각형 폭을 '0mm', 다각형 높이를 '0mm', 면 수를 '3'으로 설정하여 3면을 가진 삼각형을 만듭니다.

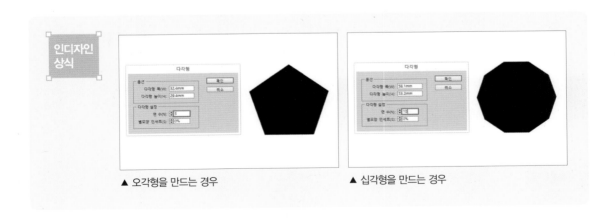

▲ 오각형을 만드는 경우　　　　　　　▲ 십각형을 만드는 경우

12 드래그하면 삼각형이 그려집니다. 세 개의 삼각형을 크기를 점점 크게 만듭니다. 만약 삼각형이 빨간색으로 나오지 않는다면 Shift 키를 누르면서 클릭하여 삼각형을 모두 선택하고 칠을 빨간색으로 지정합니다. 획은 '[없음]'으로 지정해야 합니다.

13 세 개의 삼각형을 선 가운데에 그림과 같이 배치합니다. 사각형 도구(■)를 사용하여 긴 직사각형의 소나무 줄기를 만들어 주고 칠을 빨간색, 획을 '[없음]'으로 지정합니다. Shift 키를 누른 상태에서 삼각형 세 개와 직사각형(줄기)을 클릭한 다음 Ctrl+G 키를 눌러 그룹으로 만듭니다.

 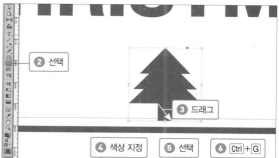

TIP 고급 안내선을 이용하세요. 마우스를 움직이면 나오는 선이 고급 안내선입니다.

14 소나무 크기가 작아 보이면 Shift+Ctrl 키를 누르면서 드래그하여 크기를 적당히 조절합니다.

이미지 크기 조절하기

① 원본 이미지입니다.

② 아무 키도 안 누르고 드래그하여 줄이면 비율 유지 없이 줄어듭니다.

③ Shift 키를 누른 상태로 줄이면 같은 비율로 줄어듭니다.

④ Shift + Ctrl + Alt 키를 누르면서 줄이면 같은 비율로 가운데를 향하여 줄어듭니다.

4 사슴 형태 그리고 사용하기

01 [파일] → 새로 만들기 → 문서(Ctrl+N)를 실행하여 새로운 페이지를 만듭니다.
[파일] → 가져오기(Ctrl+D)를 실행하고 04 폴더에서 '사슴.jpg' 파일을 가져와 배치합니다.

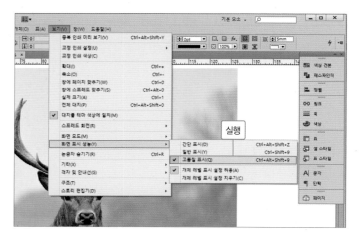

02 화면 이미지를 더 뚜렷하게 만들어 보겠습니다.
[보기] → 화면 표시 성능 → 고품질 표시(Ctrl+Alt+Shift+9)를 실행하면 고해상도 이미지를 볼 수 있습니다.

TIP 컴퓨터 사양이 낮을 경우 프로그램이 느려지거나 꺼질 수 있습니다.

▲ 일반 표시

▲ 고품질 표시

03 사슴 라인을 따 보겠습니다. 펜 도구(✐)를 선택하고 사슴 테두리를 따라서 클릭합니다.

① 선택

② 테두리 그리기

⚠ 주의

펜 도구로 이미지를 딸 때 선이 아닌 면으로 나온다면 [도구] 패널 아랫부분에 있는 '칠과 획 교체' 화살표(Shift+X)를 클릭하세요.

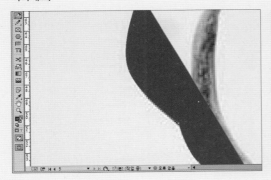 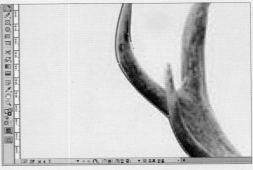

04 펜 도구로 형태를 따기 시작하면 처음 시작한 선에 딱 맞춰서 이어야 합니다. 완전히 선이 이어지게 되면 펜 모양에 동그라미가 생깁니다.

05 이미지를 다 땄으면 선을 면으로 바꿔 주겠습니다. 선이 선택된 상태로 [도구] 패널 아랫부분에서 '칠과 획 교체' 화살표(Shift+X)를 클릭하세요. 이미지를 따기 어려운 분들은 소스에 있는 사슴 벡터 이미지를 사용해도 됩니다. 펜 도구로 새 페이지에 그린 사슴을 복사(Ctrl+C)합니다.

06 카드 만들기 페이지에 붙이고(Ctrl+V) 소나무 옆에 사슴을 배치하세요. 그리고 반대쪽 사슴을 넣을 때는 Alt 키를 누르고 마우스로 드래그하여 사슴을 복사하고 [컨트롤] 패널에서 '가로로 뒤집기' 아이콘(图)을 클릭하여 사슴을 대칭으로 만듭니다.

07 사슴 두 마리를 Shift 키를 누른 상태에서 클릭을 이용해 선택하고 Ctrl+G 키를 눌러 그룹을 만듭니다.

<u>TIP</u> 나무는 그룹으로 묶지 않습니다.

5 눈꽃 형태 만들어 활용하기

01 펜 도구(📝)로 선을 만듭니다. [획] 패널에서 두께를 '3pt'로 설정하고 '원형' 아이콘(⬜)을 클릭하여 선 끝을 둥글게 만듭니다.

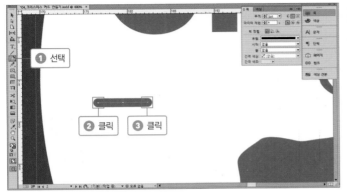

02 획을 빨간색으로 지정합니다.
[Alt] 키를 누른 채 드래그하여 복제하고 [컨트롤] 패널에서 회전 각도(◿)를 60°로 설정하면 선이 기울어집니다.

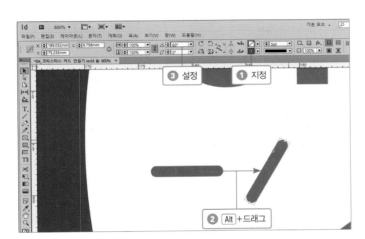

03 회전한 선을 복제하고 [컨트롤] 패널에서 '가로로 뒤집기' 아이콘(🔁)을 클릭하여 대칭되는 선을 만듭니다.

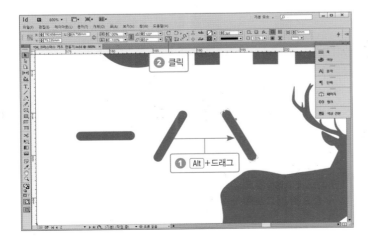

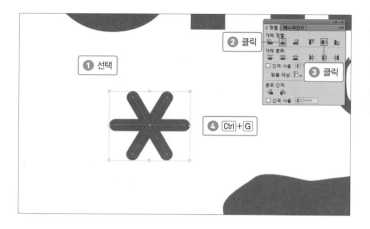

04 세 개의 선을 가운데로 모아 보겠습니다. Shift 키를 이용해 선 세 개를 클릭하여 모든 선을 선택하고 [정렬] 패널에서 '수평 가운데 정렬' 아이콘(🔳)과 '수직 가운데 정렬' 아이콘(🔳)을 클릭하여 선을 가운데로 모읍니다. Ctrl+G 키를 눌러 그룹으로 만듭니다.

05 Alt 키를 누른 채 드래그하여 눈꽃을 여러 개 복제합니다. 모은 선(눈꽃)을 Shift 키를 이용해 함께 선택하고 Ctrl+G 키를 눌러 그룹을 만듭니다.

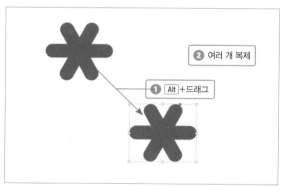

06 Alt 키를 누르면서 마우스로 드래그하여 눈꽃들을 복제합니다. [컨트롤] 패널에서 '가로로 뒤집기' 아이콘(🔳)을 클릭하여 대칭으로 만들고 오른쪽 사슴 옆에 눈꽃을 배치합니다. 양쪽 눈꽃을 선택하고 Ctrl+G 키를 눌러 그룹으로 만듭니다.

6 패스파인더를 이용하여 장식 요소 추가하기

01 동그라미 아랫부분 텍스트 프레임을 따로 만들어 글자를 넣겠습니다.

문자 도구(**T**)를 선택하고 텍스트 프레임을 만든 다음 'HAPPY NEW YEARS'를 입력합니다. 그리고 글자를 드래그하여 선택하고 [문자] 패널에서 글꼴과 크기를 조절합니다. 같은 방법으로 '2017'도 입력합니다.

영문 · 글꼴 : Helvetica85-Heavy, 글꼴 스타일 : Heavy,
크기 : 24pt

숫자 · 글꼴 : Helvetica85-Heavy, 글꼴 스타일 : Heavy,
크기 : 56pt

02 흰색 동그라미 윗부분을 꾸미겠습니다. 중간 크기 동그라미 세 개를 만들겠습니다. 타원 도구(◯)를 선택하여 중간 동그라미 한 개를 만들고 선택 도구(▶)를 선택하고 만든 원형을 **Alt** 키를 누른 채 드래그하여 두 개를 복사합니다. 그리고 양끝 동그라미를 살짝 올리겠습니다.

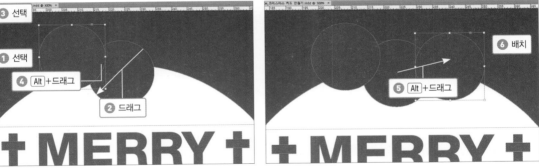

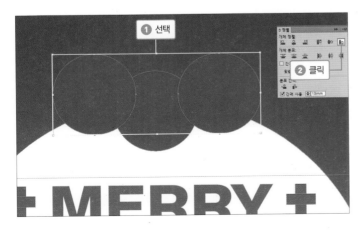

03 **Shift** 키를 누른 상태에서 양옆 동그라미 두 개를 클릭하여 같이 선택합니다. 이제 양 끝에 있는 동그라미의 수평을 맞춥니다. [정렬] 패널에서 '아래쪽 가장자리 정렬' 아이콘(▣)을 클릭합니다.

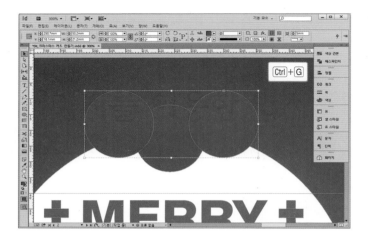

04 Ctrl+G 키를 눌러 그룹으로 만듭니다. 가운데 동그라미 빼고 선택하여 그룹을 만들어야 합니다.

05 작은 동그라미도 두 개를 만들겠습니다. 타원 도구(◯)를 선택하고 드래그하여 작은 동그라미를 만듭니다. 그리고 Alt 키를 이용하여 복제하고 중간 동그라미 사이에 동그라미를 배치합니다.

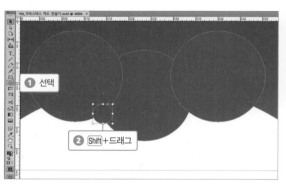
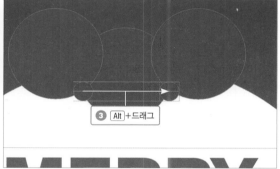

TIP 작은 동그라미가 수평이 맞으면 자동으로 고급 안내선이 보입니다. 고급 안내선을 확인하며 위치를 맞춥니다.

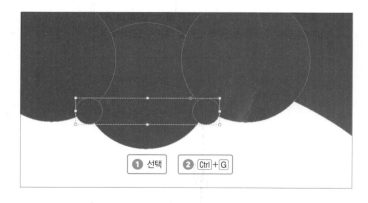

06 Shift 키를 이용하여 작은 동그라미 두 개도 클릭하여 같이 선택하고 Ctrl+G 키를 눌러 그룹으로 만듭니다.

07 모든 동그라미를 가운데 맞게 배치하겠습니다.

Shift 키를 이용해 동그라미를 모두 선택하고 (중간 동그라미 세 개, 작은 동그라미 두 개, 흰색 큰 동그라미 한 개) [정렬] 패널에서 '수평 가운데 정렬' 아이콘(🔳)을 클릭합니다.

08 우선 선택된 개체를 풀겠습니다. 배경을 클릭합니다.

<u>**TIP**</u> 빨간색 동그라미(중간 동그라미 세 개, 작은 동그라미 두 개)를 한 개로 도형으로 합칠 것입니다.

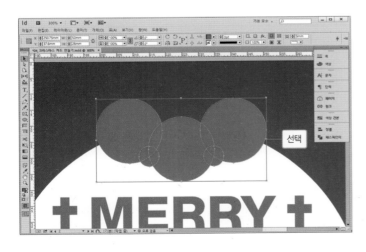

09 빨간색 동그라미(중간 동그라미 세 개, 작은 동그라미 두 개)를 다 선택하겠습니다. Shift 키를 누른 상태에서 빨간색 동그라미만 선택합니다.

그룹이 되어 있어서 더 편하게 선택할 수 있습니다.

10 그룹을 모두 해제하겠습니다. 그룹이 되어있으면 도형을 합칠 수 없습니다. 빨간색 동그라미가 모두 선택된 상태에서 마우스 오른쪽 버튼을 클릭하고 **그룹 해제**(Ctrl+Shift+G)를 실행합니다.

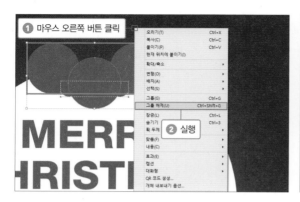

11 **[창]** → **개체 및 레이아웃** → **패스파인더**를 실행합니다. 빨간색 동그라미가 다 선택된 상태로 [패스파인더] 패널에서 '더하기' 아이콘(🔳)을 클릭하면 도형이 하나로 합쳐집니다.

12 합쳐진 동그라미를 큰 흰색 동그라미에 맞게 자르겠습니다. 큰 흰색 동그라미를 선택하고 Ctrl+C 키를 눌러 복사합니다. **[편집]** → **현재 위치에 붙이기**를 실행하면 같은 자리에 동그라미가 복제됩니다.

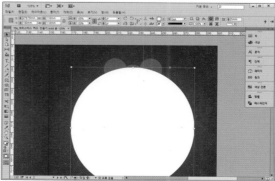

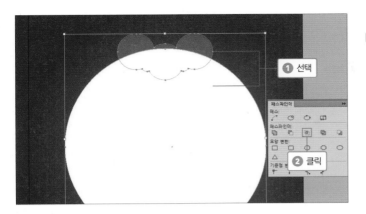

13 흰색 동그라미와 합쳐진 빨간 동그라미를 Shift 키를 이용해 함께 선택합니다. [패스파인더] 패널에서 '교차' 아이콘(⬛)을 클릭합니다.

14 교차된 부분의 도형이 잘려집니다. 흰색으로 잘려졌기 때문에 도형이 보이지 않습니다.

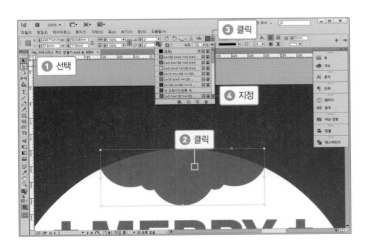

15 직접 선택 도구(▷)를 선택하고 흰색 동그라미 윗부분을 클릭하면 잘려진 무늬가 선택됩니다. [컨트롤] 패널의 칠을 빨간색으로 바꿉니다.

16 흰색 동그라미 위에 매달려 있는 실과 이음새를 만들겠습니다. 타원 도구(◯)를 선택하고 동그라미를 만든 다음 [컨트롤] 패널에서 칠을 '[용지]'로 지정합니다. 펜 도구(✎)로 선을 그리고 색상과 굵기를 지정합니다.

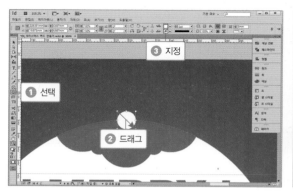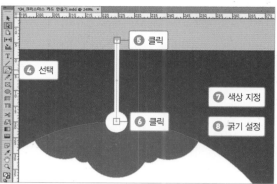

17 배경 그러데이션을 더 밝게 수정하겠습니다.
[색상 견본] 패널에서 '새 그레이디언트 색상'을 더블클릭하세요. [그레이디언트 옵션] 대화상자가 표시됩니다.

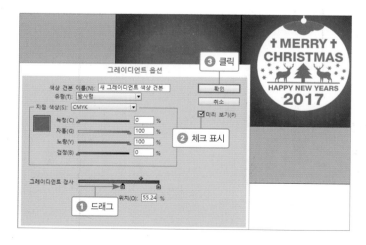

18 [그레이디언트 옵션] 대화상자에서 밝은 빨간색을 움직여보세요. 〈취소〉 버튼 밑에 있는 '미리 보기'에 체크 표시하면 배경 그러데이션 색이 바뀌는 것을 바로 볼 수 있습니다. 그리고 〈확인〉 버튼을 클릭하세요.

7 카드 뒷면 만들기

01 카드 뒷면을 만들겠습니다. Shift 키를 누르면서 '사슴', '눈꽃', '소나무', '선', '2017'을 선택합니다. 그리고 Alt 키를 눌러 개체를 왼쪽으로 드래그하여 뒷면으로 옮깁니다.

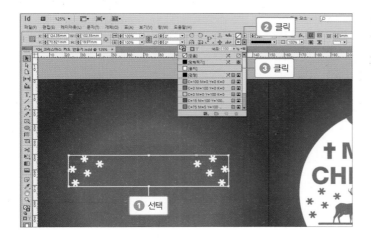

02 옮긴 개체를 흰색으로 바꾸겠습니다. 눈꽃만 선택하고 [컨트롤] 패널에서 획을 '[용지]'로 지정합니다.

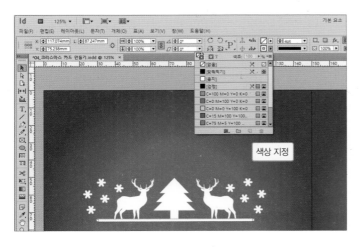

03 사슴, 소나무, 선의 색을 [용지]'로 지정합니다.

04 텍스트는 드래그하여 선택해 주고 칠을 '[용지]'로 지정합니다.

05 '2017' 텍스트만 크게 바꾸겠습니다.
Ctrl+Shift 키를 누르면서 텍스트 프레임 모서리를 드래그하여 텍스트를 키웁니다. 그러면 2017 텍스트가 비율에 맞게 커집니다. 적당한 위치로 옮깁니다.

06 뒷면으로 옮긴 개체의 크기를 줄이겠습니다.
뒷면의 모든 개체(눈꽃, 사슴, 나무, 선, 2017)를 드래그하여 선택하고 Ctrl+G 키를 눌러 그룹으로 만듭니다.
이미지를 줄이겠습니다. Ctrl+Shift 키를 누르면서 드래그하여 개체들의 크기를 줄입니다. 그 후에 크기를 줄인 개체들을 페이지 가운데로 옮깁니다.
표지가 완성되었습니다.

8 안쪽 페이지 만들기

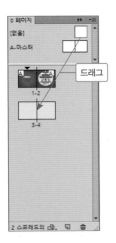

01 안쪽 페이지를 만들겠습니다.
[페이지] 패널에서 윗부분 '[없음]'을 드래그하여 1-2 페이지 아래에 놓습니다. 그러면 3-4 페이지가 생깁니다.

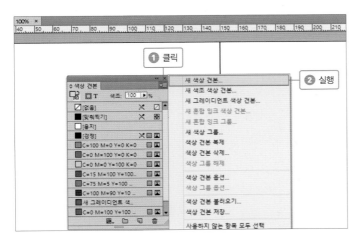

02 눈밭 배경을 만들겠습니다.
새 색상을 만들기 위해 [색상 견본] 패널에서 오른쪽 윗부분 메뉴 아이콘(▼▤)을 클릭하고 **새 색상 견본**을 실행합니다.

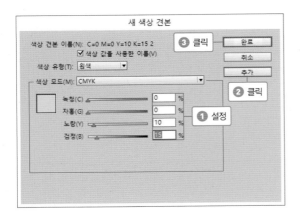

03 녹청을 '0%', 자홍을 '0%', 노랑을 '10%', 검정을 '15%'로 설정하고 〈추가〉 버튼과 〈완료〉 버튼을 클릭합니다.

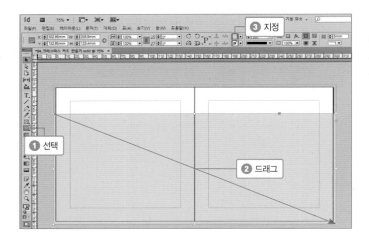

04 사각형 도구(▣)를 선택하고 도련 3mm 부분까지 드래그하여 큰 사각형을 만듭니다. 그리고 [컨트롤] 패널에서 칠을 방금 만든 회색으로 지정합니다.

05 앞면에 있는 사슴, 눈꽃, 소나무를 복사해서 붙입니다.

06 눈꽃부터 색을 회색으로 바꾸겠습니다. 눈꽃을 선택하고 [컨트롤] 패널에서 획을 회색으로 지정합니다.

07 마우스 오른쪽 버튼을 클릭한 다음 **그룹 해제**([Ctrl]+[Shift]+[G])를 실행하여 그룹을 해제합니다.

08 사슴과 나무를 회색으로 바꾸겠습니다. 드래그하여 사슴과 나무를 함께 선택합니다. 칠을 회색으로 지정하고 마우스로 배경을 클릭해서 모든 선택을 해제합니다. 사슴을 클릭하고 마우스 오른쪽 버튼을 클릭한 다음 **그룹 해제**([Ctrl]+[Shift]+[G])를 실행하여 그룹을 해제합니다.

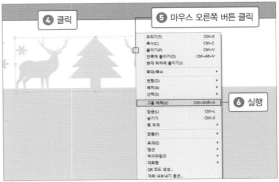

09 오른쪽 페이지 개체들을 적절히 배치하겠습니다. [Shift] 키를 이용해 나무와 한쪽 눈꽃을 선택합니다. [Alt]+[Shift] 키를 누른 채 오른쪽 페이지로 드래그하여 복제합니다.

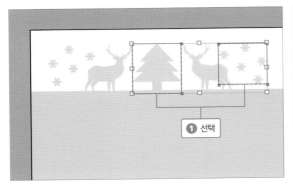
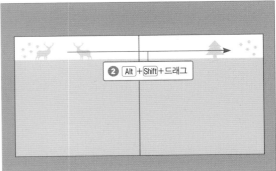

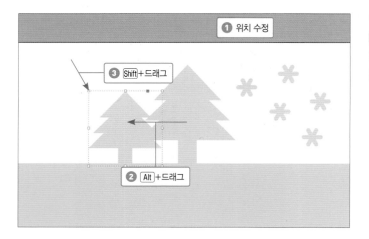

10 나무와 눈꽃 위치를 가깝게 조절합니다. Alt 키를 누르면서 나무를 드래그하여 복제한 다음 Shift 키를 누르면서 드래그하여 크기를 줄입니다.

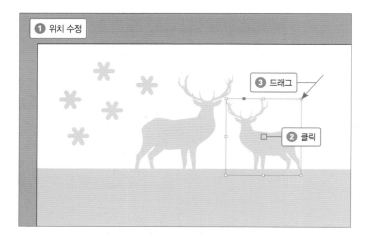

11 왼쪽 페이지 개체들도 적절히 배치하겠습니다.
사슴을 클릭하고 Shift 키를 누르면서 드래그하면서 크기를 줄입니다.

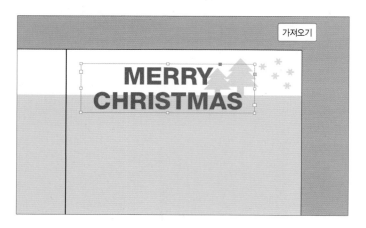

12 텍스트를 넣겠습니다.
'MERRY CHRISTMAS'를 표지에서 복사(Ctrl +C)하고 4페이지에 붙입니다(Ctrl+V).

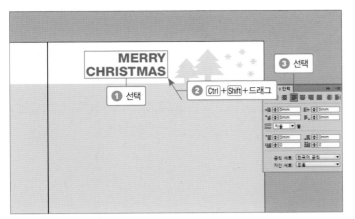

13 글자 더블클릭하여 활성화하고 글자를 드래그하여 선택합니다.
[단락] 패널에서 '오른쪽 정렬' 아이콘(▤)을 클릭하여 정렬을 바꾸고 Ctrl+Shift 키를 누르면서 드래그하여 텍스트 크기를 줄입니다.

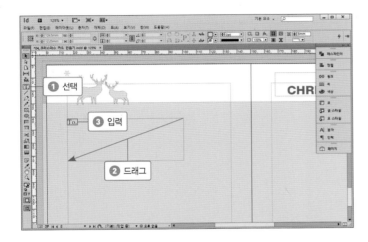

14 'To'와 'From'을 넣어 보겠습니다.
문자 도구(T.)를 선택하고 텍스트 프레임을 만듭니다. 'To.'를 입력합니다.

TIP 만약 텍스트 프레임이 안 만들어지거나 커서가 이상한 데 붙는다면 바깥 회색 면에서 텍스트 프레임을 만들고 가져옵니다.

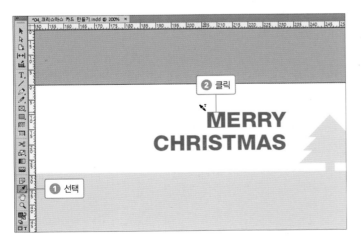

15 왼쪽 윗부분 'MERRY CHRISTMAS' 스타일을 'To'에도 적용하겠습니다.
스포이드 도구(✐)를 선택합니다. 아직 스포이드 색은 흰색입니다.
'MERRY CHRISTMAS'를 클릭합니다. 클릭하면 스포이드 색은 검은색으로 변합니다.

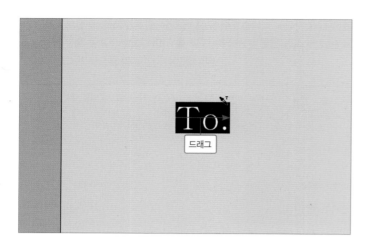

16 검은색으로 변한 스포이드로 'TO.'를 드래그합니다.

17 'TO.' 글씨가 'MERRY CHRISTMAS' 글씨체와 동일하게 적용됩니다. [단락] 패널에서 '왼쪽 정렬' 아이콘(▤)을 클릭합니다.

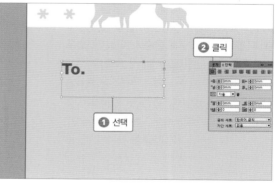

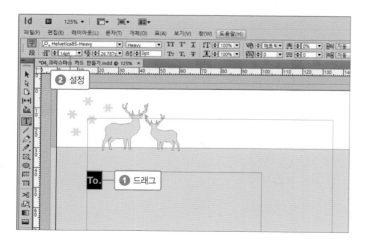

18 문자 도구(T)를 선택하고 'To.'를 드래그하여 선택합니다. [문자] 패널에서 크기(T)를 '14pt'로 바꿉니다.

19 글자 옆에 밑줄을 넣겠습니다. 'To.' 글자 옆에서 [Spacebar] 키를 눌러 띄어쓰기를 합니다. 그리고 띈 공간을 드래그하여 선택하고 [컨트롤] 패널에서 '밑줄' 아이콘(**T**)을 클릭하면 밑줄이 그려집니다.

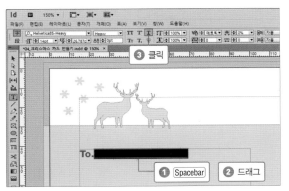
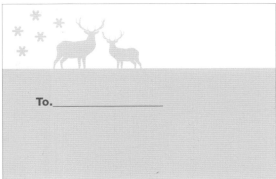

20 'To.' 텍스트 프레임을 복사하겠습니다. 선택 도구(▶)를 선택하고 [Alt] 키를 누른 상태에서 드래그하여 복제합니다. 그리고 텍스트 프레임을 더블클릭하여 활성화하고 'To' 글자를 'From'으로 수정합니다.

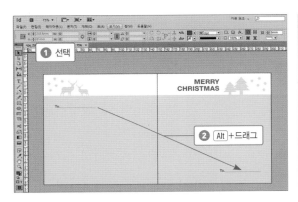

21 작업이 완성되었습니다.

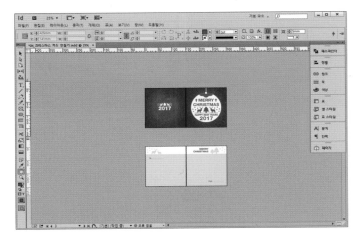

9 인쇄 파일 만들기

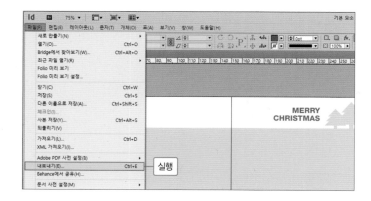

01 인쇄 파일로 만들겠습니다.
[파일] → 내보내기($\boxed{\text{Ctrl}}$+$\boxed{\text{E}}$)를 실행합니다.

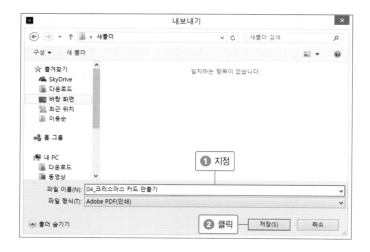

02 저장 위치와 파일 이름을 지정하고 파일
형식을 'Adobe PDF(인쇄)'로 지정합니다.

03 '일반'의 페이지 항목에서 '스프레드'를
선택합니다.

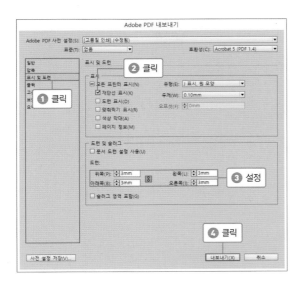

04 '표시 및 도련'의 표시 항목에서 '재단선 표시'에 체크 표시하고 도련 및 슬러그 항목에서 도련을 각각 '3mm'로 설정합니다. 〈내보내기〉 버튼을 클릭합니다.

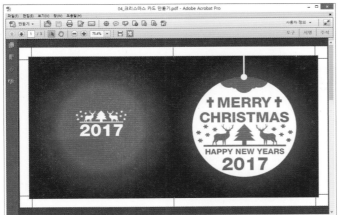

05 출력용 PDF 파일이 만들어집니다.

디자인 사례

타이포와 벡터 이미지를 사용한 카드는 현대적이고 젊은 느낌을 줍니다. 이러한 느낌의 그래픽을 만들 때는 다양한 색을 사용하는 것보다 두세 가지 색상만을 사용하는 것이 더 좋습니다.

▲ 타이포를 중심으로 일러스트를 그리면 타이포가 더 돋보입니다.

▲ 패턴을 이용한 책 표지입니다. 패턴을 이용한 그래픽은 단조롭지만 화려하고 세련된 느낌을 줍니다.

사진집 디자인

여러 페이지의 사진집 만들기

사진을 이용하여 사진집을 만들겠습니다. 안내선과 사각형 프레임 도구를 이용하면 쉽고 빠르게 사진집을 만들 수 있습니다. 예제에서 만드는 책은 중철 제본의 A6 크기 사진집입니다. 이 책 만들면서 책을 만들 때 필요한 도구를 배워 보겠습니다.

1 책을 만들 때 알아야 할 상식 살펴보기

01 제본 방식

제본 방식에 따라서 페이지 수가 결정됩니다. 그래서 책을 만들면서 제본 방식을 미리 생각해 두어야 합니다.

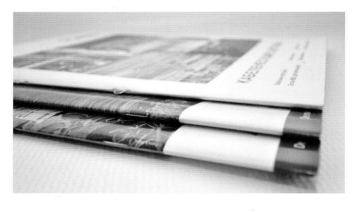

중철 제본

종이를 반으로 접어서 스테이플러로 가운데를 고정하는 방식이며 리플릿, 잡지, 브로슈어 등에 많이 쓰이는 제본 방식입니다. 4의 배수로 페이지를 만들어야 하며 종이 두께에 따라서 16쪽부터 50쪽까지 적은 페이지 책자에 사용합니다.

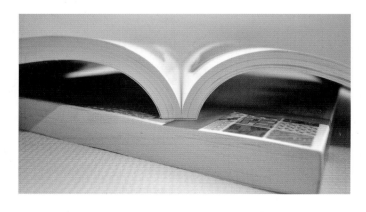

떡 제본

낱장의 종이를 모아 한쪽을 본드로 고정하는 일반적인 제본 방식입니다. 2의 배수로 페이지를 만들어야 하며 주로 참고서나 두꺼운 책등에 사용됩니다. 페이지 수가 많아지면 안쪽 면이 잘 보이지 않아서 여백을 많이 줘야 합니다.

실 제본

실로 엮어서 제본하는 방식으로 주로 손으로 제본합니다. 실 제본 방식은 다양하기 때문에 책의 성격, 가격, 일정 등을 고려하여 제본해야 합니다.

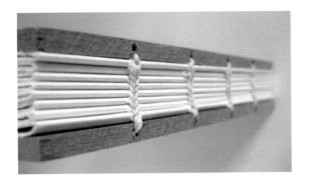

링 제본

철이나 플라스틱으로 된 링으로 제본을 하는 방식입니다. 2의 배수로 제본을 해야 하며 주로 노트나 학원 책자 등에 사용됩니다. 종이가 잘 뜯어질 수 있으므로 장기간 보관해야 되는 책에는 기피해야 합니다.

02 색상 결정

인쇄 색상에 따라 금액 차이가 많이 납니다. 흑백으로 인쇄할지 컬러로 인쇄할지 결정하고 책을 만들어야 합니다. 또한 금색, 형광색 등 별색을 쓰면 제작 비용이 올라가니 확인하고 만들어야 합니다.

03 종이 선택

종이의 텍스처나 두께에 따라서 편집물의 성격이 달라집니다. 또한 종이 두께에 따라 적합한 제본 방식이 있습니다. 디자인이 다 된 다음에 꼭 종이 재질을 확인하고 진행해야 합니다.

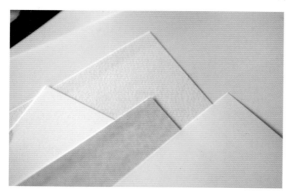 

Helvetica / Garamond
Caslon / Univers
Futura / **Bodoni**
Garamond / **Futura**
Gills Sans / **Caslon**
Minion / Gill Sans
Myriad / Minion
Caslon / **Franklin Gothic**
Trade Gothic / **Clarendon**
Franklin Gothic / Baskerville

04 폰트 선택

요즘엔 무료 폰트가 많이 있습니다. 하지만 인터넷에 떠돌아 다니는 유료 폰트를 사용하다 걸리면 벌금을 낼 가능성이 있습니다. 특히 상업적인 출판을 할 때는 폰트를 확인하세요.

05 디지털 인쇄

디지털 인쇄는 쉽게 말해서 전문가용 대형 레이저 프린터로 소량 인쇄하는 방식이라고 할 수 있습니다. 기존 인쇄는 인쇄판을 만들고 CMYK별로 잉크를 부어서 찍어내는 방식입니다. 그래서 판을 만드는 가격이 추가되고 대량 인쇄만 가능하여 쉽게 인쇄하기 어려웠습니다. 하지만 요즘에는 디지털 인쇄기가 보급됨에 따라서 소량을 저렴하게 인쇄할 수 있습니다.

2 다양한 사진집 레이아웃 살펴보기

사진첩의 가장 중요한 요소는 사진을 어떤 식으로 보여주느냐 입니다. 레이아웃에 가장 많은 영향을 받기 때문에 사진을 어떤 크기로, 어떤 방식으로 배치하느냐가 가장 중요합니다. 사진을 올려놓기 전에 다양한 레이아웃을 참고하여 틀을 만들어 보세요.

3 사진집을 위한 새 문서 만들기

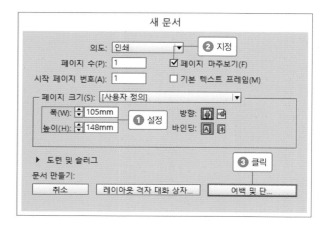

01 [파일] → 새로 만들기 → 문서(Ctrl+N)를 실행합니다. A6 크기의 작은 책을 만들겠습니다.

폭을 '105mm', 높이를 '148mm'로 설정하고 '페이지 마주보기'에 체크 표시한 다음 〈여백 및 단〉 버튼을 클릭합니다.

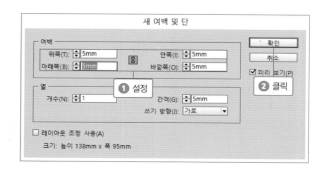

02 여백 안내선을 만들겠습니다. 여백을 각각 '5mm'로 설정하고 〈확인〉 버튼을 클릭합니다.

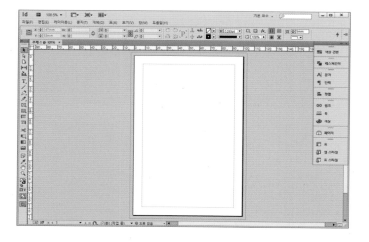

03 사진첩 작업을 할 페이지가 만들어집니다.

4 표지 만들기

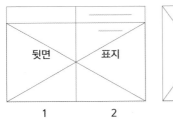

뒷면　표지　표지 뒤　뒷면 뒤

1　2　3　4

01 표지를 만들 때는 내지와 표지를 따로 파일을 만들어서 인쇄소에 보내야 합니다. 일반적으로 표지는 내지와는 다른 재질과 다른 두께의 종이를 사용하기 때문에 인쇄소에서 따로 인쇄를 합니다. 쉬운 이해를 위해서 표지와 내지를 따로 만들어 보겠습니다.

표지는 바깥 면(표지, 뒷면)과 안쪽 면(표지 뒤, 뒷면 뒤)으로 이루어집니다. 양면으로 된 한 장을 만든다고 보면 됩니다. 표지를 단면으로 인쇄한다면 안쪽 면(표지 뒤, 뒷면 뒤) 페이지를 안 만들어도 됩니다.

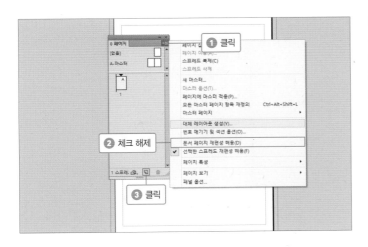

02 [페이지] 패널 오른쪽 윗부분 메뉴 아이콘(▼≡)을 클릭하고 **문서 페이지 재편성 허용**에 체크 표시를 해제합니다.

패널 아랫부분에서 '새 페이지 만들기' 아이콘(⬚)을 클릭하여 새 페이지를 만듭니다.

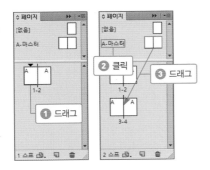

03 드래그하여 페이지를 옆으로 붙입니다. 'A–마스터'를 같이 선택한 다음 아랫부분으로 드래그하여 페이지를 만듭니다.

04 이미지를 가져와서 표지를 만들겠습니다. **[파일] → 가져오기**(Ctrl+D)를 실행하고 05 폴더에서 '17.jpg' 파일을 불러와 1-2페이지에 배치합니다.

책 제목을 넣겠습니다. 문자 도구(T)를 선택하고 제목을 입력합니다.

상위 제목 • 글꼴 : Yoon 연꽃, 글꼴 스타일 : B, 크기 : 19pt, 가운데 정렬
하위 제목 • 글꼴 : Yoon 연꽃, 글꼴 스타일 : B, 크기 : 16pt, 가운데 정렬, 흰색

TIP 텍스트는 '사진집 텍스트.txt'에서 복사해서 가져오면 됩니다.

05 윗부분 제목 색상을 스포이드로 찍어서 만들겠습니다.

제목을 드래그하여 선택한 상태로 스포이드 도구(🖉)를 선택하고 마음에 드는 색이 있는 부분을 클릭합니다.

06 **[파일] → 가져오기**(Ctrl+D)를 실행하고 05 폴더에서 'color_1.jpg' 파일을 3-4페이지에 드래그하여 가져옵니다.

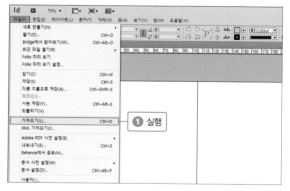

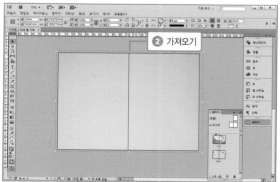

5 표지 PDF 만들기

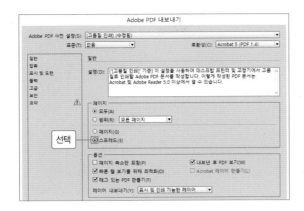

01 표지를 PDF 파일로 만들겠습니다. **[파일] → Adobe PDF 사전 설정 → [고품질 인쇄]**를 실행합니다.
저장 위치와 파일 이름을 지정하고 〈저장〉 버튼을 클릭합니다.
페이지 항목에서 '스프레드'를 선택합니다.

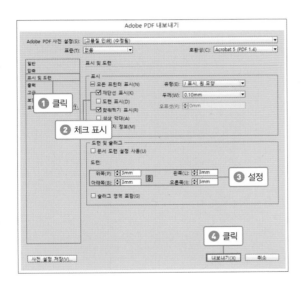

02 왼쪽에서 '표시 및 도련'을 선택하고 '재단선 표시'와 '맞춰찍기 표시'에 체크 표시합니다. 도련을 각각 '3mm'로 설정하고 〈내보내기〉 버튼을 클릭합니다.

03 표지 파일이 완성됩니다.

6 내지 만들기

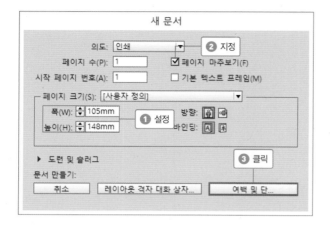

01 내지용 파일을 새로 만들겠습니다. **[파일] → 새로 만들기 → 문서**(Ctrl+N)를 실행합니다.
폭을 '105mm', 높이를 '148mm'로 설정하고 '페이지 마주보기'에 체크 표시한 다음 〈여백 및 단〉 버튼을 클릭합니다.

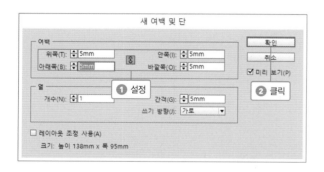

02 여백 안내선을 만들겠습니다. 여백을 각각 '5mm'로 설정하고 〈확인〉 버튼을 클릭합니다.

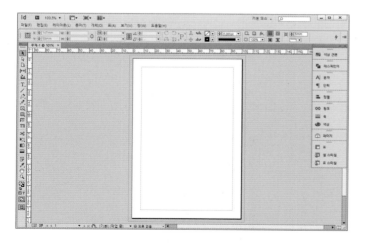

03 사진첩 내지 작업을 할 페이지가 만들어집니다.

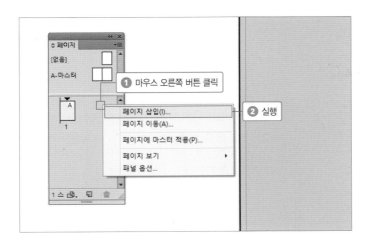

04 내지 열한 장을 미리 만들겠습니다.
[페이지] 패널에서 마우스 오른쪽 버튼을 클릭하고 **페이지 삽입**을 실행합니다.

05 [페이지 삽입] 대화상자가 표시되면 페이지를 '11', 삽입을 '문서 끝 위치', 마스터를 'A-마스터'로 지정하고 〈확인〉 버튼을 클릭합니다.

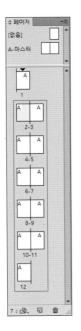

06 열한 장의 페이지가 새로 만들어집니다.

7 마스터 페이지를 활용해 안내선 만들기

01 마스터 페이지에 안내선을 만들어서 페이지에 적용하겠습니다.

[페이지] 패널에서 'A-마스터'를 더블클릭하여 마스터 페이지에 들어갑니다. 마스터 페이지와 일반 페이지의 차이가 많이 나지 않기 때문에 아랫부분 페이지 위치를 확인하면서 작업하세요.

인디자인 상식

마스터 페이지란?

마스터 페이지 작업을 간단하게 생각하면 페이지 배경을 만드는 작업이라고 볼 수 있습니다. 마스터 페이지를 이용하면 그리드, 쪽 번호 등을 쉽게 삽입하고 수정할 수 있습니다. 또한 마스터 페이지를 여러 개를 만들어서 챕터마다 색상이나 형식을 다르게 만들 수 있습니다.

마스터 페이지의 특징

① 동일한 위치, 같은 모양을 넣을 때 사용합니다.
② 일반 페이지에서는 클릭이 안 되며 개체를 풀어야 편집할 수 있습니다.
③ 마스터 페이지에 있는 개체를 수정하면 일반 페이지에 적용된 마스터 페이지 개체가 한 번에 수정됩니다.

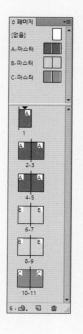

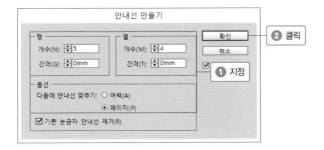

02 안내선을 마스터 페이지에 만들겠습니다. **[레이아웃] → 안내선 만들기**를 실행합니다. 가로 네 개, 세로 다섯 개의 선을 만들고 간격은 없애겠습니다. 행 항목에서 개수를 '5', 간격을 '0mm', 열 항목에서 개수를 '4', 간격을 '0mm'로 설정하고 옵션 항목에서 '페이지'를 선택한 다음 〈확인〉 버튼을 클릭합니다.

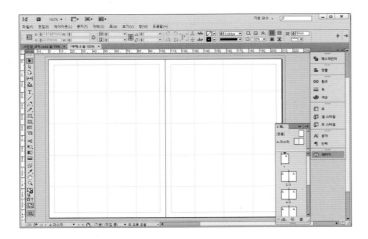

03 여백이 아닌 페이지 기준으로 안내선이 생깁니다.

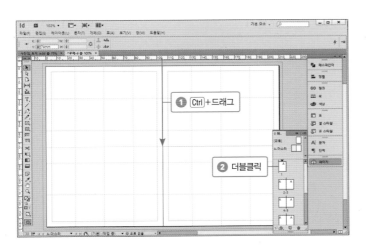

04 가로로 그리드를 하나 더 만들겠습니다. 위에 있는 눈금자를 아래로 드래그하고 [Ctrl] 키를 누른 채 74mm라고 표시되는 지점에 가로 안내선을 만드세요. 그 후에 일반 페이지를 더블클릭하여 마스터 페이지에서 빠져 나옵니다.

TIP 마스터 페이지를 해지하려면 '[없음]' 부분을 해당 페이지로 드래그하면 됩니다.

❗ 주의

만약에 모든 페이지에 그리드가 적용이 안 되었다면 마스터 페이지에서 만들지 않았기 때문입니다. 그리드를 마스터 페이지 안에서 만들었는지 꼭 확인하세요.

8 프레임을 이용하여 이미지와 텍스트 넣기

01 다음 레이아웃을 따라서 사각형 프레임을 만들겠습니다.

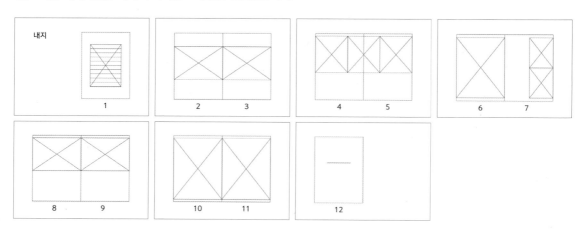

02 사각형 프레임 도구(☒)를 선택하고 안내선을 따라서 1페이지부터 11페이지까지 사각형 프레임을 만들어 보세요. 12페이지에는 텍스트만 한 줄 들어가서 사각형 프레임을 만들지 않겠습니다.

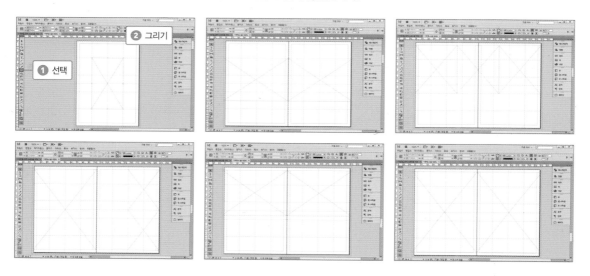

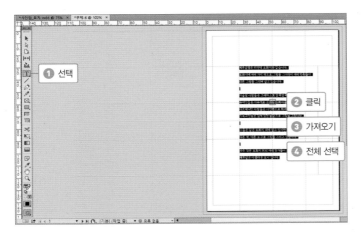

03 1페이지에 텍스트를 입력하겠습니다. 문자 도구(T)를 선택하고 클릭하면 프레임이 텍스트 프레임으로 바뀌면서 포인터가 활성화됩니다. 05 폴더의 '사진집 텍스트.txt'에서 텍스트를 복사하여 가져옵니다.

프레임이 작아서 텍스트가 넘어가면 프레임을 늘립니다. 텍스트를 드래그하여 선택합니다.

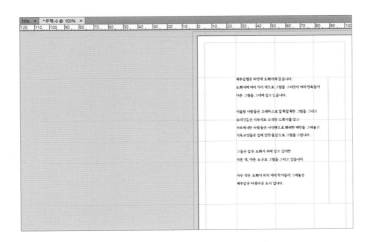

04 [문자] 패널에서 글꼴을 조절합니다. 예제에서는 글꼴을 'Yoon 연꽃', 글꼴 스타일을 'M', 크기(T)를 '7.5pt', 행간(A)을 '16pt'로 지정했습니다.

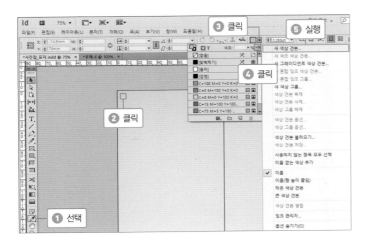

05 이 페이지는 표지 뒤와 이어지는 부분입니다. 표지 뒤에서 사용된 하늘색을 가져오겠습니다.

이전에 만든 '표지' 파일에서 스포이드 도구(🖋)로 가장 진한 하늘색 부분을 클릭합니다. 그 다음 [컨트롤] 패널에서 칠 오른쪽 메뉴 아이콘을 클릭한 다음 **새 색상 견본**을 실행합니다.

06 만약에 색상 모드가 RGB로 되어있다면 'CMYK'로 바꾸고 〈추가〉 버튼을 클릭한 다음 〈완료〉 버튼을 클릭합니다. 색상 견본에 새로 만든 색상이 들어간 것을 확인할 수 있습니다.

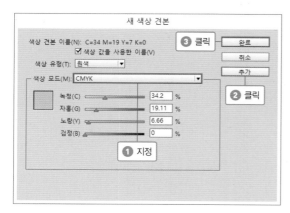
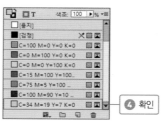

07 이제 이 색상을 저장하겠습니다. [컨트롤] 패널의 칠에서 마우스 오른쪽 버튼을 클릭하여 색상 견본을 표시하고 오른쪽 윗부분 메뉴 아이콘을 클릭한 다음 **색상 견본 저장**을 실행하여 저장합니다.

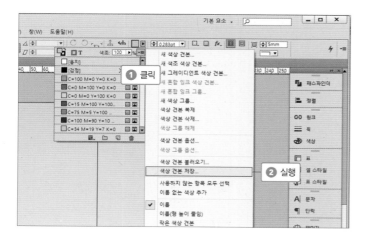

08 윗부분에서 '무제' 페이지를 누릅니다. 만들고 있던 내지가 보입니다.
색상 견본을 표시하고 오른쪽 윗부분 메뉴 아이콘을 클릭한 다음 **색상 견본 불러오기**를 실행하여 방금 저장한 색상을 가져옵니다.

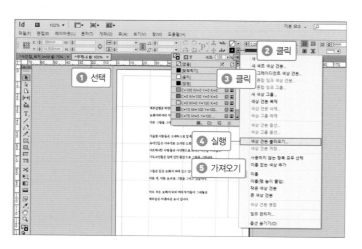

09 새로운 색상이 추가된 것을 볼 수 있습니다.

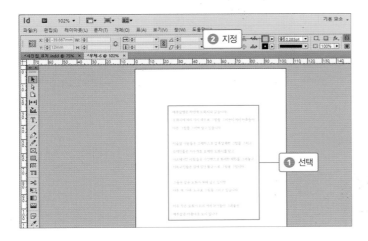

10 더블클릭하여 박스를 활성화하고 드래그하여 텍스트를 선택합니다. [컨트롤] 패널의 칠을 가져온 하늘색으로 지정합니다.
하늘색 글씨를 볼 수 있습니다.

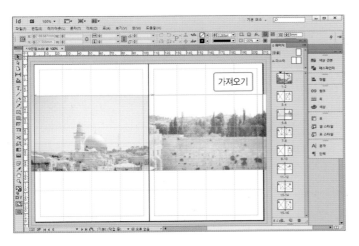

11 이후 페이지 프레임에 이미지를 넣겠습니다. 이미지가 들어갈 프레임을 선택하고 **[파일] → 가져오기**(Ctrl+D)를 실행합니다. 해당 이미지를 클릭하면 프레임에 이미지가 들어갑니다.

12 예제 소스를 활용해 가로형 사진과 세로형 사진을 잘 분간하여 넣습니다. [Shift] 키와 직접 선택 도구([↖])를 이용하여 프레임 안에 사진이 적절한 크기로 들어가도록 조절합니다.

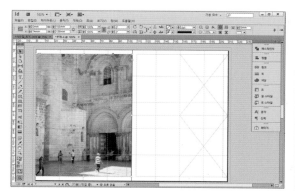

13 크기가 안 맞을 경우 이미지를 마우스 오른쪽 버튼으로 클릭하고 **맞춤 → 비율에 맞게 프레임 채우기**([Ctrl]+[Alt]+[Shift]+[C])를 실행하여 이미지를 프레임 크기에 맞추세요.

14 마지막 페이지에는 사진 찍은 날짜를 넣겠습니다. 문자 도구([T])를 선택하고 텍스트 프레임을 드래그하여 만든 다음 '2017. 07 From. Jerusalem in Islael'을 입력합니다. 드래그하여 텍스트를 선택하고 글꼴을 지정합니다. 예제에서는 글꼴 스타일을 'M', 크기([T])를 '13pt', 행간([A])을 '16pt', 가운데 정렬([■]), 색상을 하늘색으로 지정했습니다.

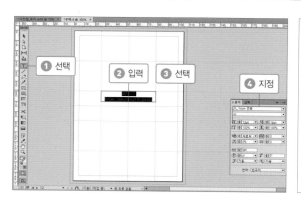

2017. 7
From. Jerusalem in Israel

9 인쇄를 위한 PDF 만들기

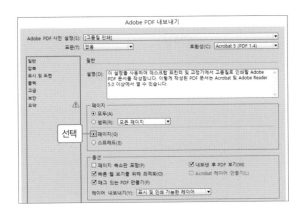

01 [파일] → Adobe PDF 사전 설정 → [고품질 인쇄]를 실행합니다.

저장 위치와 파일 이름을 지정하고 〈저장〉 버튼을 클릭합니다.

표지와 다르게 페이지 항목에서 '페이지'를 선택합니다.

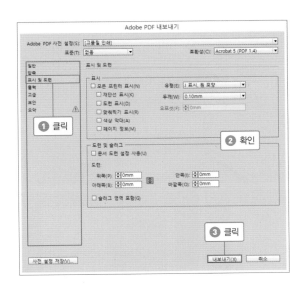

02 '표시 및 도련'에서 표시 항목과 도련 및 슬러그 항목에 체크 표시를 하지 않은 채로 〈내보내기〉 버튼을 클릭합니다.

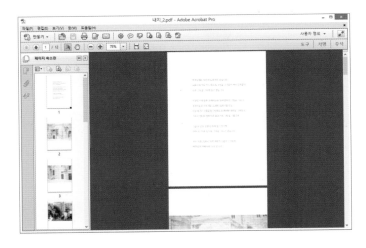

03 내지의 경우 인쇄소에서 하리꼬미(페이지 재배열)가 자동으로 표시됩니다. 그래서 재단선 표시와 도련을 넣지 않았습니다.

디자인 사례

사진집은 레이아웃을 어떻게 하느냐에 따라서 느낌이 달라집니다. 사진의 색감과 콘셉트에 따라서 레이아웃을 잡는 것이 좋습니다.

▲ 사진집은 텍스트보다 사진이 더 커야 합니다. 많은 글보다는 짧은 글이 사진의 느낌을 더 잘 전달합니다.

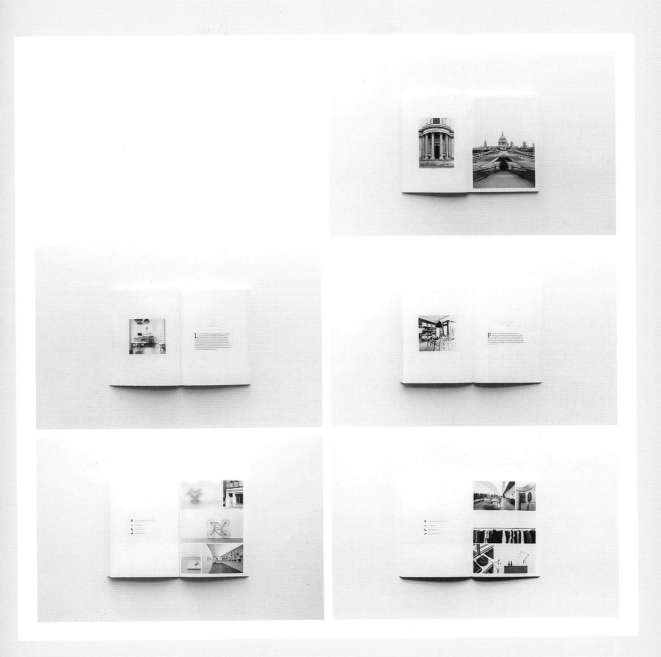

독립잡지 《The Kooh》 편집장
고성배(물고기머리)

십만덕후양병프로젝트 본격 덕질 장려 잡지 《The Kooh》를 제작 중에 있다.
.TXT(닷텍스트)라는 출판 레이블을 만들어 '꿈수집가'라는 책을 제작하였으며
잊힌 기억과 기록들을 재생하는 작업을 하고 있다.

〔 홈페이지 〕 MOOLGOGIMORI.COM

● **편집 디자인을 할 때 가장 중요하게 생각하는 것은 무엇인가요?**

편집 디자인을 할 때 꼼꼼히 작업하는 편입니다. 줄 맞춤이나 레이아웃별 간격도 세세히 체크하는 편이에요. 가장 중요하게 생각하는 부분은 어떻게 전달할 것인가입니다. 십만덕후양병프로젝트 본격 덕질 장려 잡지 The Kooh는 매 호마다 편집 형태나 주제가 달라지는데요. 그 주제들을 어떻게 표현하는 것이 좋을지 매번 고민하게 됩니다. 고민 후에는 빠르게 그리는 편이죠. 물론 매 호마다 편집 레이아웃은 호불호를 타게 되는데요. 제 나름대로의 색깔을 유지하기 위해 좋은 이야기만 골라 듣고 있습니다.

● **편집 디자인을 할 때 디자인적인 아이디어 발상을 어떻게 하나요?**

따로 디자인 아이디어를 얻지는 않아요. 그냥 일단은 내키는 대로 하는 편이죠. 다만 제가 옛날 키치한 잡지들을 좋아하다 보니 레이아웃에서 레트로한 느낌이 묻어 나는 경우가 많아요. 물론 의도를 하고 만드는 경우도 있지만 저도 모르게 뿜어져 나올 때가 있습니다. The Kooh의 2호나 3호가 그런 경우죠. 아마 옛날에 재밌게 읽었던 책들이 무의식중에 영향을 끼치는 것이 아닌가 생각됩니다. 앞으로도 이런 느낌은 계속 가져가려고 하고 있어요.

● **독창적인 편집 디자인을 위해 따로 노력하는 것이 있나요?**

잡생각을 매일합니다. 혼자 낙서도 많이 해 보고요. The Kooh의 1호 표지 같은 경우도 '아침 먹고 땡, 점심 먹고 땡, 저녁 먹고 땡, 창문을 열어 보니 비가 오네요.'라는 노래를 부르며 그리다가 급하게 완성된 거예요. 우연으로 생긴 낙서나 디자인들을 최대한 활용하고 있습니다. 혹은 우연히 찍힌 사진을 페이지에 삽입할 때도 있어요.

03
THE KOOH
HIDE KIT BOOK

五

▲ 5,000원을 내야 입장이 가능하다. 기구들은 모두 움직이지 않는다.

아무도 없는 놀이동산에 을씨년스러운 느낌만이 감돈다. ▼

37.594915 127.1046025

갑자기 사라진 㑩(아이)들

아이들은 어디로 사라진 걸까?

망우동에 위치한 용마랜드. 이곳은 현재 운영하고 있지 않는 폐 놀이동산이다. 1986년 개장하여 90년대 초반까지 호황을 누리던 이곳이 왜 갑자기 폐장을 하게 된 것일까. 한 제보자에 의하면 90년대 중반 어느 여름 아이들이 통째로 사라지는 일이 있었다고. 과연 이 아이들은 어디로 사라진 것일까. 마치 버뮤다 삼각지대처럼 용마랜드도 차원의 문이 위치해 있는 것은 아닐까? 현재는 5,000원의 요금으로 입장, 촬영할 수 있으니 꼭꼭 숨겨진 차원의 문을 찾아보길 바란다.

SPACE FIGHTER

MEMO

MYSTERY POINT

● 작업을 진행할 때 가장 힘든 부분이 무엇인가요?

정기적으로 발행되는 잡지지만 주제마다 형태가 달라지니 레이아웃도 매번 바뀝니다. 하지만 모아 놓고 보면 모두 같은 잡지라는 걸 인식하게 할 통일성도 필요하죠. 따로 또 같이. 이 부분이 가장 어려운 것 같습니다. 다른 주제와 레이아웃으로 모든 호에 통일성을 주는 것은 매번 디자인을 할 때 고민하는 부분입니다.

● 프로젝트 하나당 기간이 얼마나 걸리나요?

독립 잡지라는 특성상 혼자서 작업을 해야 하니 책 한 권이 나오기까지 길게는 한 달, 짧게는 3주 정도 걸리는 편입니다. 실은 그렇게 하루 종일 매달리지는 않아서요. 이 기간은 매일 두세 시간 정도를 작업한다고 봤을 때 기간인 것이죠. 하루에 많은 양을 작업하는 것이 결코 가장 좋은 것은 아니라고 생각합니다. 귀찮을 때는 땡땡이도 치고, 하기 싫을 때는 게임도 하는 것이 좋다고 생각해요. 오히려 계속 매진하면 억지스러운 것이 많이 나옵니다.

● 인디자인을 사용할 때 함께 연동해서 사용하는 프로그램이 있나요?

누구나 그렇듯이 포토샵, 일러스트레이터 등을 활용합니다. 디자인이 필요한 경우에는 인디자인 자체에서 디자인을 하는 것이 아니라 포토샵이나 일러스트레이터에서 시트 디자인을 해요. 그리고 인디자인에서 배경으로 깔아 버리고 글씨만 삽입하는 거죠. 인디자인을 그렇게 잘 하지 못하기에 저만의 방법으로 작업을 하고 있습니다. 그래도 이렇게 벌써 일곱 권의 책을 만들었으니 야매의 달인이라고 할 수 있겠죠? 아마 이렇게 비효율적으로 작업하는 사람은 저 하나뿐일 거예요.

● 디자인 소스는 주로 어디에서 얻나요?

집에서 촬영하거나 스스로 그리는 편입니다. 주로 사진이 소스로 들어가게 되니까요. 전문적인 디자이너가 아니기 때문에 소스를 많이 보유하고 있지 않으며, 그때그때 만들고 있습니다. 스튜디오도 따로 없어 방에 있는 책상 위에 두고 촬영을 해요. 이미지는 보정을 심하게 해서 원본 자체를 훼손하는 경우가 많습니다. 훼손하여 어설픈 구도나 주변의 티들을 안 보이게 하는 거죠. 주로 명도나 대비를 조절하여 작업합니다.

● 자주 사용하는 서체가 있다면?

저는 명조체를 좋아하는 편입니다. 그래서 잡지 내용 대부분이 애플명조로 이루어져 있어요. 물론 간간히 애플고딕도 사용하지만 주 서체는 명조죠. 명조가 주는 깔끔한 매력이 마음에 듭니다. 표지에는 저작권에서 자유로운 서체들을 간간히 사용하기도 합니다. 제목 타이포의 경우는 명조로 쓰기 애매한 경우가 많아서요. 아무래도 명조 덕후인 것 같네요.

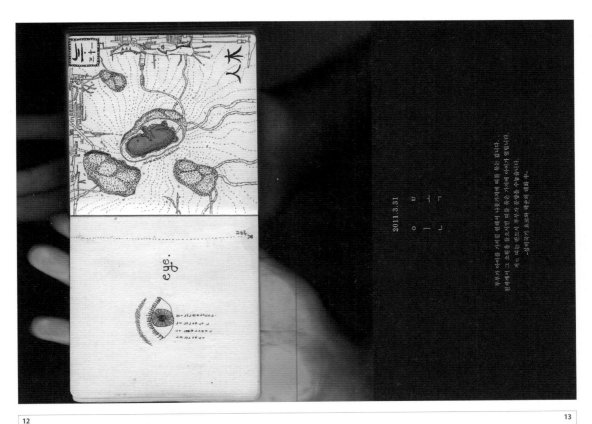

부부가 아이를 가지기 위해서 나중거나에게 마음 먹는 겁니다. 낯소렘을 움직이면 마음 먹는 가게에 아이가 생겨납니다. 세이터가 오료에 없은 병합니다.

마음
언
약

2011.3.31

고독함을 즐겨라. 당신의 발밑에 있는 모든 것이 친구이니

혼자였기에 더 처량했던 청소부 놀이

EDITOR : 물고기 머리
PHOTO : 물고기 머리

아침에 일어나니 어느새 꽉 찬 11시. 오후에 약속이 없는 것을 깨닫고 다시 이불을 말며 자리에 누웠다. 뒤척 뒤척 거려봤지만 한번 깬 잠이 다시 올 리 있으랴. 아무리 혼자 놀기의 달인이라지만 더 이상 놀 것도 연락할 사람도 없다. 아- 일요일이 이렇게 야속할 수 있을까? 덕후의 가슴을 후벼 파는 이 쓸쓸함과 고독감. 하지만 결심했다. 이제 더 이상은 외롭다고 말하지 않으리. 껴야 껴야 할 꺼야- 혼자서도 잘할 꺼야!

카메라 하나를 들고 길을 나섰다. 무언가 재미난 거리가 있을까 해서다. 대문 앞을 나서다 발에 걸리는 전단지를 보았다. 뜀미 이 쓰레기는- 하던 찰나 머리를 스쳐 간 잉여로운 생각. "그때 쓰레기를 한 번 찍어보자!" 이런 병신같은 생각이 떠오른 내가 갑자기 대견스러워진다. 아직 내 덕력은 죽지 않았어 따위의 말을 중얼거리며 집부터 버스 정류장까지 버려진 쓰레기를 다 찍어보기로 했다. 찍고 주워 봉투에 넣는다. 사람들이 쳐다본다. 창피하다. 하지만 창피함에 은근한 희열을 느낀다. 결국, 48개의 풍초, 캔, 귤 껍질, 401본드 등을 주워 정류장까지 가는 골목길이 깨끗해진 것을 확인 후 난 이 미친 짓을 그만두기로 했다. 비록 쓰레기로 버려졌지만 전생에는 탐, 베티, 닉 등의 존재였을 가엾은 그들(?)에게 이 리포트를 바친다.

TRASH REPORT

JENY	JOEL	MARK	STARK
WALTER	ANDREW	JIM	HOWARD
JOHN	ELEN	JAMIE	IAN
BILLY	HONDA	LYN	FRANK

전단지 디자인

Bakery Plus

재료부터 제작 공정까지 정성을 다해 직접 만든 수제 와플 입니다.
와플의 크기나 모양이 조금씩 다른 것이 바로 수제 와플의 증거!
신선한 버터와 고급 딸기에산 펄 슈가의 달콤함이 와플을 더욱 맛있게 만듭니
진 발효과정을 거쳐서 맛과 향이 풍부한 배틀와플은 여러분께 좋은 선물이
되도록 항상 노력하겠습니다.

바삭하고 부드럽고
쫀득한 리에주식
와플

레이아웃을 이용한 전단지 만들기

전단지를 만들면서 이미지와 텍스트를 조화롭게 배치하는 법을 배우겠습니다. 무작정 이미지를 배치하게 되면 종이 가운데가 안 맞거나 일정하지 않은 간격으로 배치하게 됩니다. 그리드 선을 미리 만들어 놓으면 쉽고 빠르게 개체를 배치할 수 있습니다. 이번에는 그리드 선을 효율적으로 이용해 보겠습니다.

1 전단지를 위한 새 문서 만들고 안내선 활용하기

01 [파일] → 새로 만들기 → 문서(Ctrl+N)를 실행합니다.

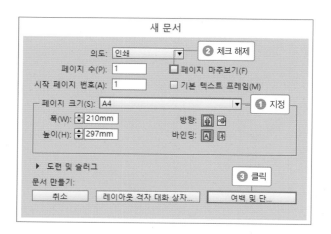

02 A4 크기의 전단지를 만들겠습니다. 페이지 크기를 'A4'로 지정하고 '페이지 마주보기'에 체크 표시를 해제합니다. 〈여백 및 단〉 버튼을 클릭합니다.

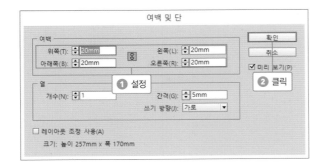

03 여백에서 위쪽, 아래쪽, 왼쪽, 오른쪽을 각각 '20mm'로 설정하고 〈확인〉 버튼을 클릭합니다.
이 수치는 여백의 안내선을 보여주는 수치입니다.

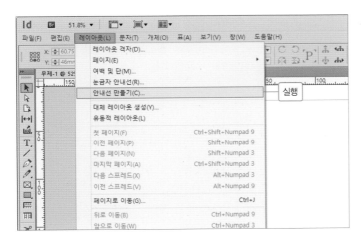

04 작업할 페이지가 만들어집니다.
안내선을 만들겠습니다. 안내선은 실제로 인쇄되는 선이 아닌 텍스트나 이미지를 넣을 때 적절한 크기로 적절한 위치에 배치되도록 돕는 선입니다.
[레이아웃] → 안내선 만들기를 실행합니다.

안내선의 역할

모든 편집물은 정보 전달의 목적을 가지고 있습니다. 그래서 독자가 읽었을 때 쉽고 잘 읽히면 좋은 편집물이라고 할 수 있습니다. 안내선은 정보들을 카테고리화하고 시각적인 방향을 제시합니다. 예를 들어 만화책을 보면 알 수 있습니다. 그림과 글씨를 같이 읽으면서 다음 정보로 이끌어 줍니다. 또한 그리드는 글과 사진의 시작점과 끝점을 맞추어 주는 기준선으로, 시각적으로 편집물을 안정적으로 보여줍니다. 인디자인에서는 이런 안내선을 넣을 수 있습니다.

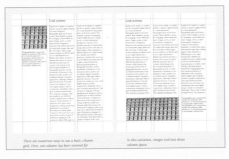

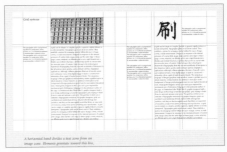

05 안내선 행과 열의 선을 넣겠습니다. 행(세로)에 여덟 개의 칸을 2mm 간격으로 만듭니다. 그리고 열(가로)에 세 개의 칸을 3mm의 간격으로 만들겠습니다. 그리고 옵션 항목의 다음에 안내선 맞추기를 '여백'으로 지정하고 〈확인〉 버튼을 클릭합니다.

행 여덟 칸, 열 세 칸으로 안내선이 만들어집니다.

인디자인 상식

[안내선 만들기] 대화상자 살펴보기

행 개수 '8', 간격 '2mm'는 세로로 여덟 개의 칸을 2mm씩 띄어서 만든다는 의미입니다. 같은 의미로 열 개수 '3', 간격 '3mm'는 가로로 세 개의 칸을 3mm씩 띄어서 만든다는 의미입니다.

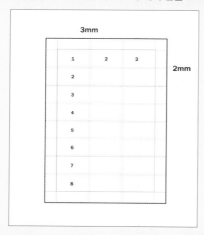

옵션 항목의 '다음에 안내선 맞추기'는 여백을 기준으로 칸을 나눌지, 페이지를 기준으로 칸을 나눌지를 지정하는 옵션입니다.

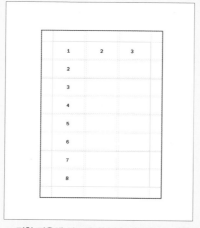
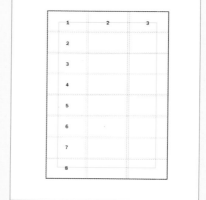

▲ 진한 검은색 선 : 페이지 선, 노란색 선 : 여백 선

2 그림과 장식 박스 삽입하기

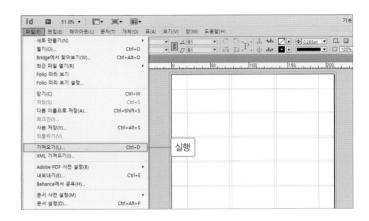

01 그림을 넣어보겠습니다.
[파일] → 가져오기((Ctrl)+(D))를 실행하고 06 폴더에서 '전단지_앞면이미지.jpg' 파일을 가져옵니다.

02 크게 드래그하여 이미지를 넣으세요.

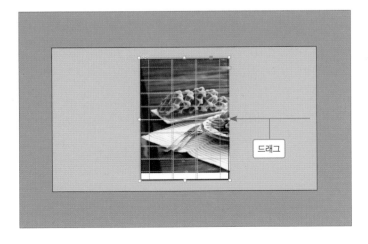

03 선택 도구(▶)를 선택하고 파란색 이미지 박스를 줄입니다.

04 직접 선택 도구()를 선택하고 이미지를 드래그하여 움직여 원하는 부분을 보이게 합니다.

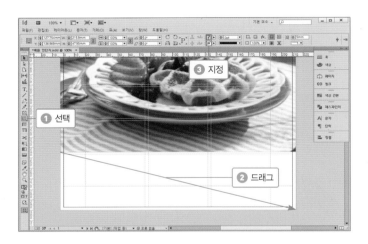

05 전단지 아랫부분에 흰색 박스를 만들겠습니다. 사각형 도구(▢)를 선택하고 드래그하여 흰색 박스를 만드세요. 안내선에 맞추어서 만들면 더 좋습니다.

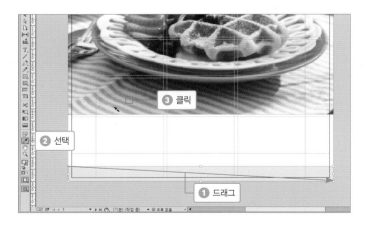

06 전단지 아랫부분에 하늘색 박스를 만들겠습니다. 사각형 도구(▢)가 선택된 채로 드래그하여 아랫부분에 박스를 만드세요. 스포이드 도구(⬚)를 선택하고 배경에 있는 테이블 보의 하늘색을 클릭하세요. 클릭하면 그 부분의 색상이 박스에 적용됩니다.

TIP 색이 획 색상에 적용될 경우 칠 색상과 획 색상을 바꿔 줍니다.

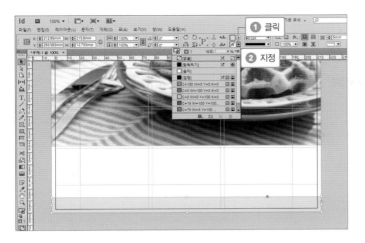

07 박스에 테두리가 있다면 [컨트롤] 패널에서 획을 '[없음]'으로 지정하여 테두리를 없애주세요.

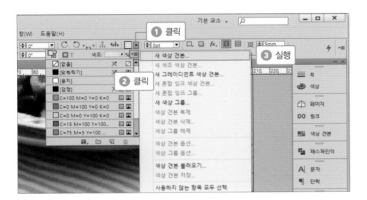

08 방금 만든 하늘색을 저장하기 위해 색상 견본 패널에서 메뉴 아이콘을 클릭하고 **새 색상 견본**을 실행합니다.

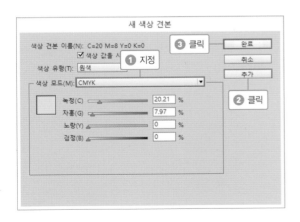

09 색상 모드를 'CMYK'로 지정하고 〈추가〉 버튼을 클릭한 다음 〈완료〉 버튼을 클릭합니다.

3 텍스트 입력하기

01 텍스트를 넣겠습니다. 06 폴더에 있는 '전단지 텍스트.txt' 메모장을 열어서 그림에서 사용한 텍스트를 복사(Ctrl+C) 합니다. 인디자인에서 문자 도구(T)를 선택하고 텍스트 프레임을 만든 다음 복사한 텍스트를 붙입니다. 글꼴을 지정합니다. 예제에서는 글꼴을 'Yoon 연꽃', 글꼴 스타일을 'B', 크기(T)를 '20pt', 행간(A)을 '28pt'로 지정했습니다.

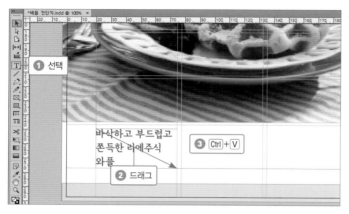

TIP 예제에서 사용한 글꼴이 없다면 원하는 글꼴을 지정하여 사용하세요.

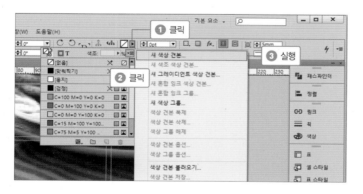

02 텍스트에 어울리는 진회색을 만들겠습니다. [컨트롤] 패널에서 칠의 메뉴 버튼을 누른 다음 **새 색상 견본**을 실행합니다.

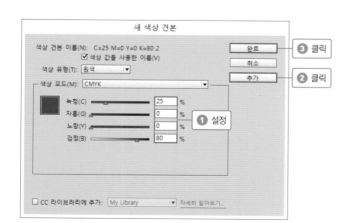

03 녹청을 '25%', 자홍을 '0%', 노랑을 '0%', 검정을 '80%'로 설정합니다.
〈추가〉 버튼을 클릭하고 〈완료〉 버튼을 클릭합니다.

04 제목 글씨를 더블클릭하여 활성화하고 드래그하여 선택합니다.

[컨트롤] 패널에서 칠을 만든 회색으로 지정합니다.

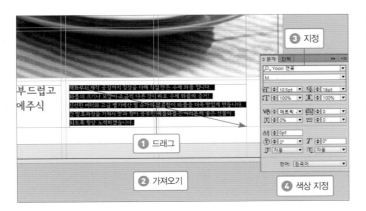

05 내용을 입력하겠습니다. 문자 도구(T)가 선택된 채로 드래그하여 텍스트 프레임을 만듭니다. '전단지 텍스트.txt'에서 내용을 복사(Ctrl+C)해서 붙입니다(Ctrl+V). 문자 패널에서 글꼴을 지정합니다. 예제에서는 'Yoon 연꽃', 글꼴 스타일을 'M', 크기(T)를 '10.5pt', 행간(A)을 '16pt'로 지정했습니다. 문자 색상을 이전에 만든 회색으로 지정합니다.

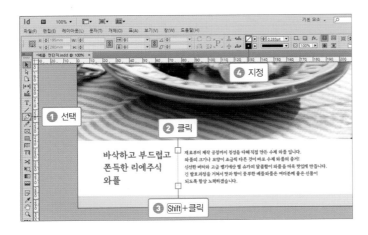

06 제목과 내용 사이에 선을 넣겠습니다. 펜 도구(✐)로 선을 만들고 선 색을 진회색으로 지정합니다.
텍스트와 선을 적절히 배치합니다.

4 로고 추가하고 효과 적용하기

01 로고를 넣겠습니다. 06 폴더에 있는 '베 플로고.indd(CS6 이하 : idml)' 파일을 열고 세 로형 로고를 복사(Ctrl+C)합니다.

02 작업 창에 붙입니다(Ctrl+V).

03 로고에 그림자를 넣겠습니다. [컨트롤] 패널에서 '선택한 대상에 개체 효과 추가' 아 이콘(fx.)을 클릭하고 **그림자**를 실행합니다.

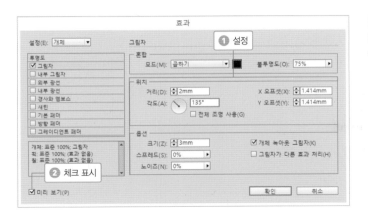

04 [효과] 대화상자가 표시되면 위치 항목에서 거리를 '2mm', 옵션 항목에서 크기를 '3mm'로 설정합니다.

05 오른쪽 아랫부분 '미리 보기'에 체크 표시하면 바로 조정된 그림자를 확인할 수 있습니다. 〈확인〉 버튼을 클릭합니다.

06 아랫부분에 만들었던 하늘색 박스를 복사(Ctrl+C)하여 윗부분에 붙이고(Ctrl+V) 크기를 조절해 주세요.

5 뒷면 디자인하기

01 뒷면을 만들겠습니다. [페이지] 패널 아랫부분에서 '새 페이지 만들기' 아이콘(🗔)을 클릭하여 새 페이지를 만듭니다.

02 다음 페이지에도 동일한 안내선을 넣겠습니다. **[레이아웃] → 안내선 만들기**를 실행하세요. 행(세로)에 여덟 개의 칸을 2mm 간격으로 만들고 열(가로)에 세 개의 칸에 3mm의 간격을 만들겠습니다. 행 항목의 개수를 '8', 간격을 '2mm', 열 항목의 개수를 '3', 간격을 '3mm'로 설정합니다. 옵션 항목의 다음에 안내선 맞추기를 '여백'으로 선택하고 〈확인〉 버튼을 클릭합니다.

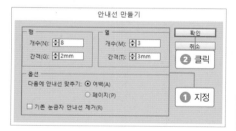 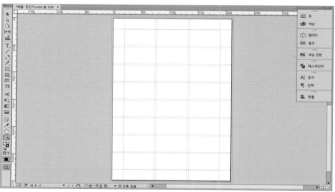

03 윗부분에 이미지를 넣겠습니다. **[파일] → 가져오기**(Ctrl+D)를 실행하고 06 폴더에서 '전단지_뒷면이미지.jpg' 파일을 가져옵니다. 앞면과 동일한 방법으로 이미지 크기를 조절하겠습니다. 그림과 같이 이미지를 적절하게 채우세요.

6 뒷면 텍스트 입력하기

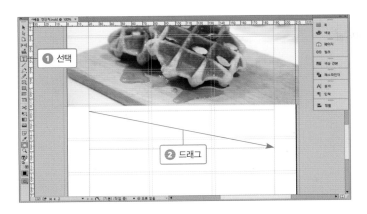

01 내용을 입력하겠습니다. 문자 도구(T.)를 선택하고 텍스트 프레임을 만듭니다.

02 '전단지 텍스트.txt'에서 뒷면 내용을 복사해서 붙이세요. 글꼴을 'Yoon 연꽃', 글꼴 스타일을 'B', 크기(T)를 '27pt', 행간(T)을 '35pt'로 지정하고 [단락] 패널에서 '가운데 정렬' 아이콘(T)을 클릭합니다. 색상은 이전에 만든 짙은 회색으로 지정합니다.

03 전단지 뒷면의 와플 설명 부분을 만들겠습니다. 먼저 타이틀을 만들겠습니다. 문자 도구(T)를 선택하고 텍스트 프레임을 그리드에 맞추어서 만든 다음 와플 이름을 가져옵니다. 예제에서는 글꼴을 'Yoon 연꽃', 글꼴 스타일을 'B', 크기(T)를 '12pt'로 지정하고 [단락] 패널에서 '가운데 정렬' 아이콘(T)을 클릭하여 정렬했습니다.

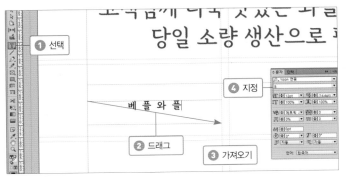

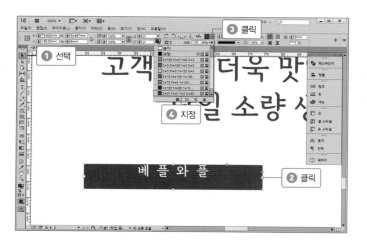

04 프레임에 색상을 넣겠습니다.
선택 도구(▶)로 텍스트 프레임을 선택하고
[컨트롤] 패널에서 '칠'을 클릭합니다. 미리 만
들어 놓은 진회색을 클릭하면 박스에만 색상
이 들어갑니다.

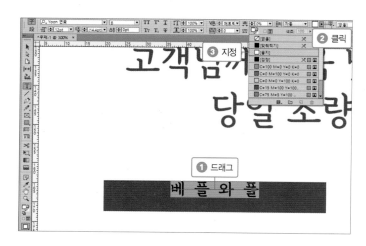

05 프레임 높이를 적당히 조절하고 텍스트
를 드래그하여 선택한 다음 [컨트롤] 패널에서
칠을 [용지]로 지정합니다.

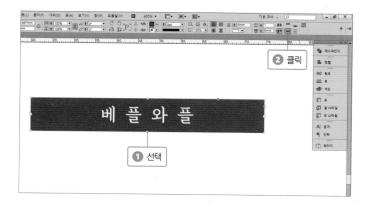

06 텍스트를 프레임 수직 가운데로 옮기겠
습니다. [컨트롤] 패널에서 '가운데 정렬' 아이
콘(▤)을 클릭하세요.

7 테두리 만들고 복제하기

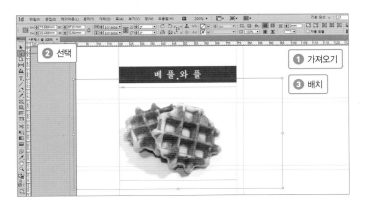

01 이미지를 넣고 이미지에 테두리를 넣겠습니다. **[파일] → 가져오기**(Ctrl+D)를 실행하고 안내선에 맞추어서 이미지를 드래그하여 가져옵니다. 크기가 잘 안 맞으면 직접 선택 도구(◀)를 이용하여 이미지 위치나 크기를 조절합니다.

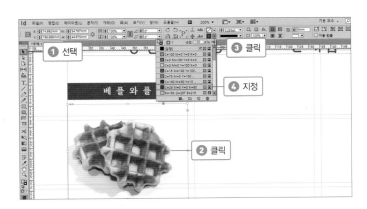

02 선택 도구(▶)로 박스를 다시 선택합니다. [컨트롤] 패널의 획에서 기존에 만들어 놓은 색을 진회색을 적용시켜 테두리를 만듭니다.

03 아랫부분 텍스트를 넣겠습니다. 텍스트 프레임을 만들고 '전단지 텍스트.txt'에서 내용을 복사(Ctrl+C)한 다음 문서에 붙여 넣습니다(Ctrl+V). 텍스트 길이도 알맞게 끊어서 읽기 쉽게 만듭니다. 예제에서는 글꼴을 'Yoon 연꽃', 크기(↕T)를 '10pt', 행간(⬚A)을 '14pt'로 지정하였습니다.

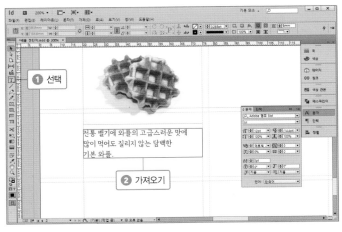

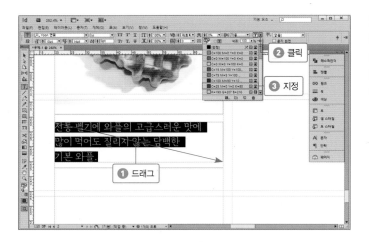

04 텍스트 색상도 기존에 만들어 놓은 색으로 바꾸겠습니다. 텍스트 프레임을 더블클릭하여 활성화하고 드래그하여 텍스트를 선택합니다. [컨트롤] 패널에서 칠을 진회색으로 지정합니다.

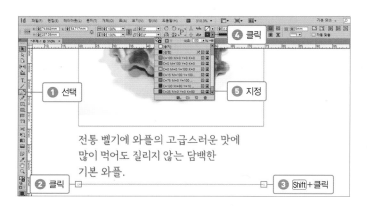

05 텍스트 밑에 선을 넣습니다. 펜 도구(✐)를 이용하여 선을 만들고 선 색을 기존에 만든 진회색으로 지정합니다.

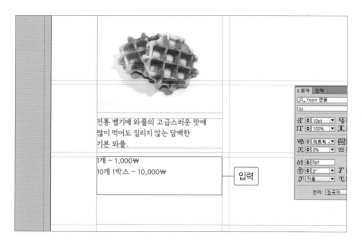

06 아랫부분에 와플 수와 가격 텍스트도 같은 방식으로 입력합니다.

07 제목 단, 이미지, 텍스트, 선을 동일한 간격을 주겠습니다. [정렬] 패널(Shift + F7)을 표시합니다.

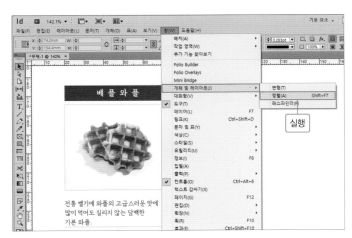

08 드래그하여 제목, 와플 이미지, 아랫부분 텍스트, 라인, 가격을 선택합니다. 그리고 [정렬] 패널의 분포 간격 항목에서 '간격 사용'에 체크 표시하여 활성화하고 간격을 '2mm'로 설정합니다. '수직 공간 분포' 아이콘(圖)을 클릭하면 2mm 간격으로 띄어집니다.

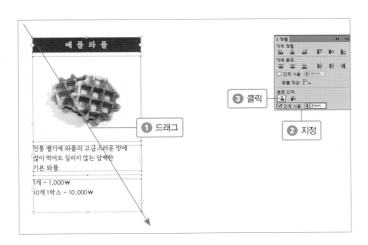

09 만든 제목, 와플 이미지, 아랫부분 텍스트, 라인, 가격이 선택된 채로 Ctrl + G 키를 눌러 그룹을 만듭니다. Alt 키를 누른 채 드래그하여 두 개를 더 만듭니다.

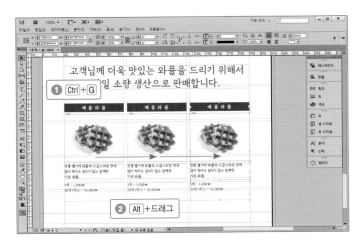

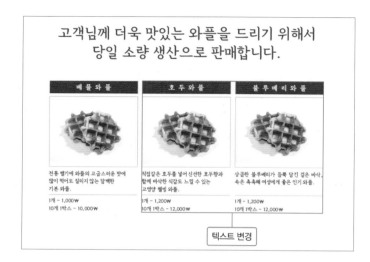

10 '전단지 텍스트.txt'에서 텍스트를 가져와 바꿔 줍니다.

11 [링크] 패널을 이용하여 와플 이미지를 바꿔 주겠습니다. 직접 선택 도구(↖)를 선택하고 호두 와플에 있는 이미지를 클릭합니다. 그리고 [링크] 패널 아랫부분에 있는 '다시 연결' 아이콘(🔗)을 클릭하고 06 폴더에서 '와플_호두.jpg'를 엽니다. 그러면 이미지가 바뀝니다. 블루베리 와플 사진도 같은 방법으로 바꿔 주세요.

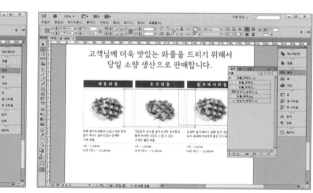

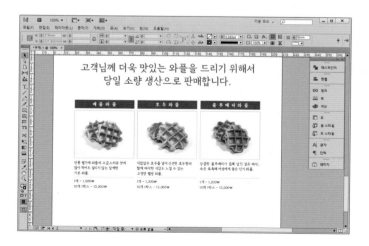

12 전단지 아랫부분에 주소와 아이콘을 넣기 위해 만든 와플 소개 부분을 적당히 위로 올립니다.

8 도형 넣고 로고와 아이콘 배치하기

01 도형 두 개를 만들겠습니다. 사각형 도구(▢)를 선택하고 드래그하여 사각형을 두 개를 만들겠습니다. 위에 사각형을 그리고 클릭한 다음 [컨트롤] 패널에서 칠을 진회색으로 지정합니다. 아랫부분 사각형을 그리고 클릭한 다음 [컨트롤] 패널에서 칠을 하늘색으로 지정합니다.

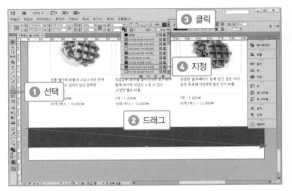 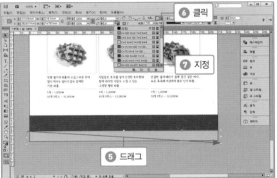

TIP 두 사각형에 테두리가 있다면 드래그하여 선택하고 윗부분 획을 '없음'으로 지정합니다.

02 진회색 도형에 와플 로고와 아이콘을 넣겠습니다.
[파일] → 열기(Ctrl+O)를 실행하고 06 폴더에서 '베플 로고.indd(CS6 이하 : idml)' 파일을 실행합니다.
가로형 로고를 복사(Ctrl+C)합니다.

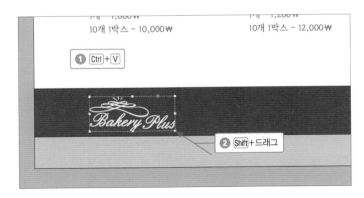

03 작업창에 붙입니다(Ctrl+V).
Shift 키를 누르면서 드래그하여 크기를 조절하고 왼쪽 아랫부분에 그림과 같이 배치합니다.

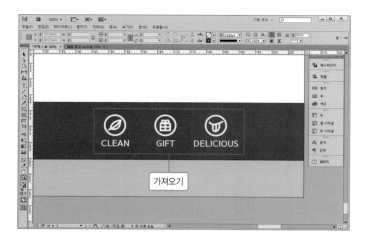

04 아이콘도 넣어주세요. '베플 로고.indd (CS6 이하 : idml)' 파일에서 아이콘을 복사(Ctrl+C)하고 붙입니다(Ctrl+V).

TIP 타원 도구(⬤)와 펜 도구(✎)를 이용해 색다른 형태의 아이콘을 만들어 보세요.

05 아랫부분에 '고객센터', '제조원', '홈페이지 주소'를 넣겠습니다.
문자 도구(T.)로 텍스트 프레임을 만들고 '전단지 텍스트.txt'에서 내용을 복사하여 넣습니다. 양끝을 맞추기 위해 '고객센터', '제조원' 텍스트 프레임과 '홈페이지 주소' 텍스트 프레임을 따로 만들어서 양 끝에 맞추어 줍니다.

06 마지막으로 뒷면 윗부분에도 앞면과 동일하게 진회색 띠를 넣겠습니다. [페이지] 패널에서 1페이지를 더블클릭하면 1페이지로 이동합니다.

앞면 윗부분에 있는 하늘색 띠를 선택하고 복사합니다(Ctrl+C).

07 [페이지] 패널에서 2페이지를 더블클릭하여 이동합니다.

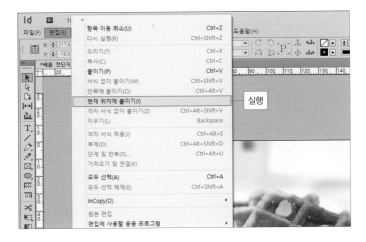

08 [편집] → 현재 위치에 붙이기를 실행합니다.

09 페이지 하늘색 띠의 동일한 위치에 붙게
됩니다.

10 하늘색 띠가 선택된 상태로 칠을 진회색
으로 지정합니다.

① 클릭

② 지정

11 완성되었습니다.

9 인쇄를 위한 PDF 파일 만들기

01 인쇄 파일로 만들겠습니다.
[파일] → 내보내기(Ctrl+E)를 실행합니다.
저장 경로와 파일 이름을 지정한 다음 파일 형식을 'Adobe PDF(인쇄)'로 지정하고 〈저장〉 버튼을 클릭합니다.

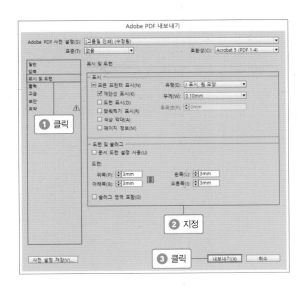

02 왼쪽에서 '표시 및 도련'을 선택하고 '재단선 표시'에 체크 표시한 다음 도련 및 슬러그 항목에서 도련을 각각 '3mm'로 설정합니다. 〈내보내기〉 버튼을 클릭합니다.

03 인쇄를 위한 PDF 파일이 만들어졌습니다.

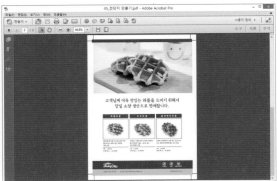

디자인 사례

가게나 행사를 홍보하는 전단지는 많은 사람들의 이목을 집중하게 해야 합니다. 그래서 큰
이미지를 사용한 과감한 디자인이 좋습니다.

▲ 로고를 크게 넣어야 소비자에게 브랜드를 강하게 어필
할 수 있습니다. 어떤 가게인지, 어떤 행사인지 알리는 전
단지는 많은 글씨보다 짧은 문장을 사용해야 합니다.

▶ 회사나 업체를 홍보하는 전단지 디자인에서는 아이콘을 사용하면 정보 전달을 빠르고 효과적으로 할 수 있습니다. 긴 글보다 작은 아이콘의 전달력이 더 큽니다.

메뉴판 디자인

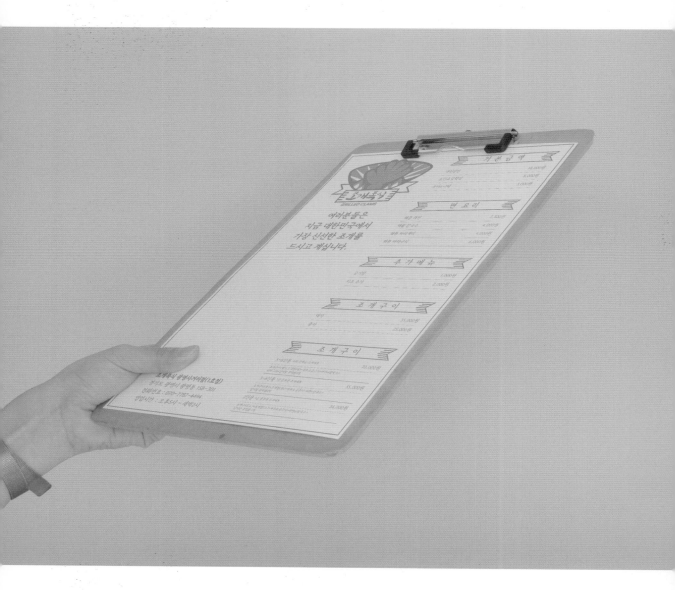

GRILLED CLAMS

여러분들은
지금 대한민국에서
가장 신선한 조개를
드시고 계십니다.

조개폭식 광명사거리점(1호점)
경기도 광명시 광명동 158-301
전화번호 : 070-7787-4494
영업시간 : 오후5시 ~ 새벽2시

기 본 금 액

대인성인	18,000원
소인초등학생	8,000원
유아5~7세	3,000원

면 요 리

해물 라면	3,500원
해물 칼국수	4,000원
해물 짜파게티	4,000원
해물 짜파구리	6,000원

추 가 메 뉴

공기밥	1,000원
치즈 추가	2,000원

조 개 구 이

대자	35,000원
중자	25,000원

조 개 구 이

5~6인용 교외 간부급 조개세트	70,000원
조개구이(대)+조개찜(대)+새우소금구이+라면or칼국수+ 싸파구리+날치알 추먹밥2개	
3~6인용 7급 공무원 조개세트	55,000원
조개구이(중)+조개찜(중)+새우소금구이+라면+칼국수+ 날치알 추먹밥2개	
2인용 9급 공무원 조개세트	34,000원
조개구이(소)+조개찜(소)+새우소금구이+라면or칼국수+ 날치알 추먹밥 1개	

표를 이용한 음식점 메뉴판 만들기

표를 이용하여 메뉴판을 만들어 보겠습니다. 인디자인에서는 표의 간격, 선, 정렬 등을 자유롭고 간편하게 조절할 수 있습니다. 워드 프로세서에서 표를 만드는 방법과 유사하지만 더 정확하게 수치를 설정하여 완성도 높은 표를 만들 수 있습니다. 간단한 메뉴판을 만들면서 표 만들기를 배우겠습니다.

1 메뉴판을 위한 새 문서 만들기

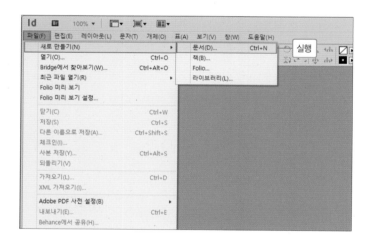

01 [파일] → 새로 만들기 → 문서(Ctrl+N)를 실행합니다.

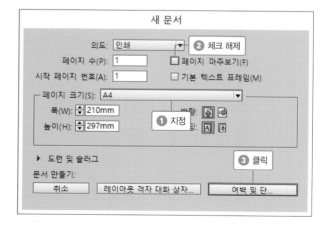

02 A4 크기의 포스터를 만들겠습니다. 페이지 크기를 'A4'로 지정하고 '페이지 마주보기'의 체크 표시를 해제하세요.
〈여백 및 단〉 버튼을 클릭합니다.

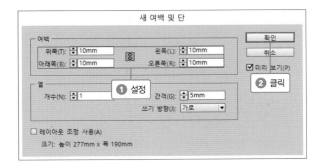

03 여백을 각각 '10mm'로 설정하고 〈확인〉 버튼을 클릭합니다.

TIP 이 수치는 여백의 가이드라인을 보여주는 수치입니다.

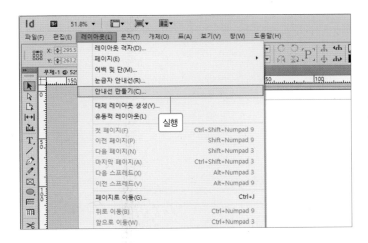

04 안내선을 만들겠습니다. **[레이아웃]** → **안내선 만들기**를 실행합니다.

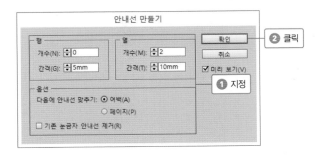

05 열(가로)에 두 개의 칸을 10mm의 간격 으로 만들겠습니다.
열 항목에서 개수를 '2', 간격을 '10mm'로 설 정하고 옵션 항목에서 다음에 안내선 맞추기 를 '여백'으로 지정한 다음 〈확인〉 버튼을 클 릭합니다.

2 제목 만들기

01 제목 부분을 만들겠습니다. 사각형 도구(▣)를 선택하고 오른쪽 단 윗부분에 드래그하여 사각형을 그립니다. 칠을 '[없음]'으로 지정하고 [획] 패널에서 두께를 '2pt'로 설정합니다.

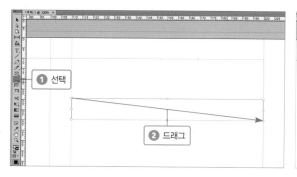 

02 색상을 만들겠습니다. [컨트롤] 패널에서 획의 메뉴 아이콘을 클릭합니다. **새 색상 견본**을 실행하고 녹청을 '100%', 자홍을 '25%', 노랑을 '0%', 검정을 '5%'로 설정한 다음 〈확인〉 버튼을 클릭하여 저장합니다.

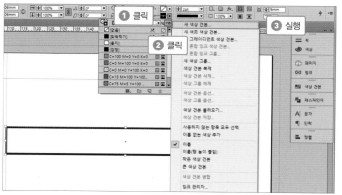 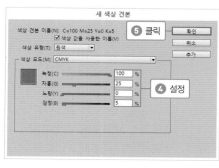

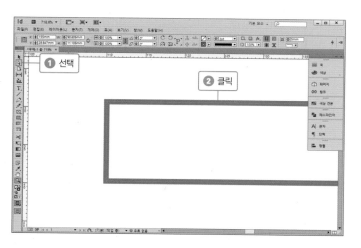

03 제목 상자를 리본 모양으로 만들겠습니다. 직접 선택 도구(▷)를 선택하고 사각형을 클릭합니다. 그러면 사각형의 실제 선이 보입니다.

04 펜 도구(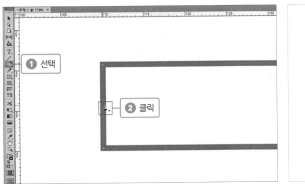)를 선택하고 선 위에 마우스 포인터(펜 모양)를 올립니다. 그러면 펜 모양 옆에 '+'가 붙습니다. 그때 클릭하면 사각형 선 안에 점이 생깁니다.

05 직접 선택 도구(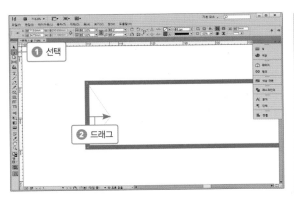)를 선택하고 만든 사각형 안쪽으로 점을 드래그하여 뾰족하게 만듭니다.

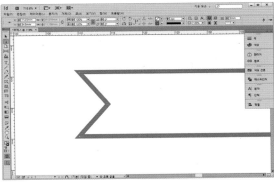

06 반대도 똑같이 만듭니다.

07 펜 도구(✏️)를 선택하고 리본 안에 선을 만든 다음 Alt 키를 이용하여 그림과 같이 빗살을 만들어 주세요. 자동으로 뜨는 녹색 안내선을 이용하면 일정한 간격으로 배치할 수 있습니다.

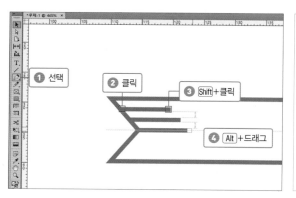

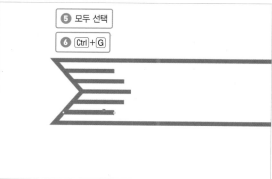

08 리본 안에 제목 글씨를 넣겠습니다. 문자 도구(T)를 선택하고 사각형 위에 마우스 포인터를 올리면 마우스 포인터가 텍스트를 입력할 수 있도록 변합니다. 클릭하면 리본 안에 텍스트를 삽입할 수 있습니다. '기본금액'을 입력합니다.

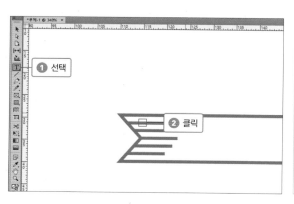

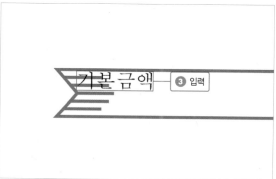

TIP 더블클릭해도 안 되면 세네 번 클릭하면 포인터가 생깁니다.

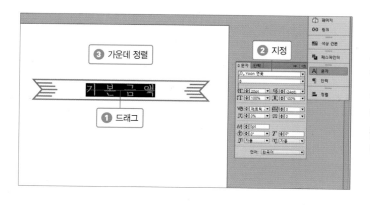

09 텍스트를 드래그하여 선택하고 글꼴, 크기, 정렬, 색상을 지정합니다. 예제에서는 글꼴을 'Yoon 연꽃', 글꼴 스타일을 'B', 크기(T)를 '20pt'으로 지정하였습니다. '가운데 정렬' 아이콘(▤)을 클릭하고 사각형 프레임을 선택한 채로 [컨트롤] 패널에서 '가운데 정렬' 아이콘(▤)을 클릭하여 수직수평 가운데로 정렬합니다.

3 표를 이용하여 메뉴 만들기

01 표를 이용하여 메뉴를 만들겠습니다. 문자 도구([T])를 선택하고 드래그하여 텍스트 프레임을 만드세요. **[표] → 표 삽입**([Ctrl]+[Alt]+[Shift]+[T])을 실행합니다.

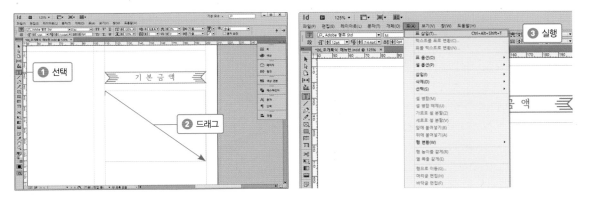

02 가로 두 칸, 세로 세 칸의 표를 만들어 보겠습니다. [표 삽입] 대화상자에서 본문 행을 '3', 열을 '2'로 설정하고 〈확인〉 버튼을 클릭합니다.

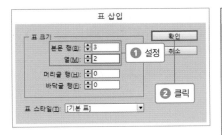

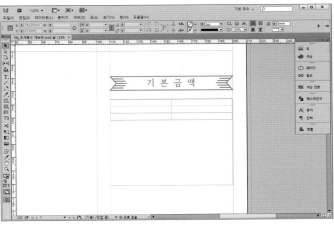

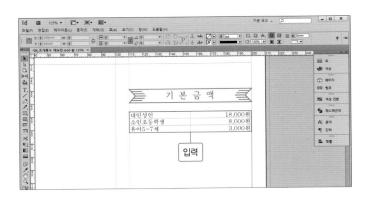

03 표 내부에 텍스트를 입력하겠습니다. 07 폴더에서 '메뉴판 텍스트.txt'를 실행합니다. 문서의 텍스트를 복사([Ctrl]+[C])하고 인디자인 문서에 붙입니다([Ctrl]+[V]).
왼쪽 칸에 텍스트를 입력하고 왼쪽 정렬해 주세요. 오른쪽 칸에는 금액을 입력하고 오른쪽 정렬하세요.

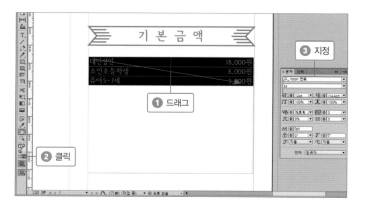

04 표 안에 있는 텍스트를 모두 드래그합니다. [도구] 패널 아랫부분에 '텍스트에 서식 적용' 아이콘(**T**)을 클릭하세요. 그 다음 글꼴, 색상, 크기를 조절합니다.

예제에서는 글꼴을 'Yoon 연꽃', 글꼴 스타일을 'M', 크기(**T**)를 '12pt', 색상을 미리 만든 파란색으로 지정했습니다.

05 표 높이를 조절하겠습니다. 표 내부가 선택된 채로 [컨트롤] 패널 행 높이(**▥**)가 '최소'로 되어있다면 '정확하게'로 바꾸세요. 행 높이를 '9mm'로 설정합니다.

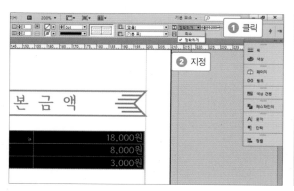

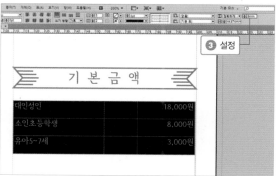

TIP [표] 패널에서도 동일하게 수정할 수 있습니다.

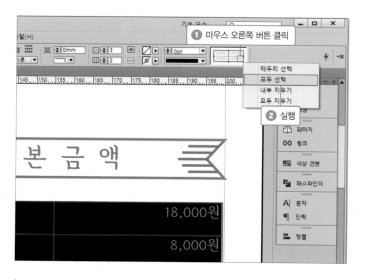

06 표 테두리를 먼저 다 없애겠습니다. 표가 다 선택되어있는 상태에서 [컨트롤] 패널의 표 획 선택 창을 마우스 오른쪽 버튼으로 클릭하고 **모두 선택**을 실행합니다.

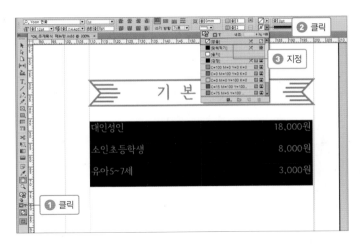

07 [도구] 패널 아랫부분에서 '컨테이너에 서식 적용' 아이콘(▢)을 클릭합니다.
획을 '[없음]'으로 지정하세요.
테두리가 다 없어집니다.

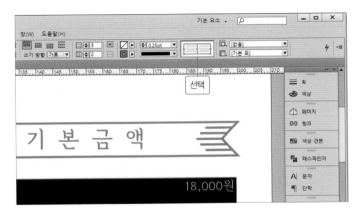

08 표 아래 테두리를 만들겠습니다. [컨트롤] 패널의 표 획 선택 창에서 가운데와 맨 아래의 가로 밑줄을 클릭하여 선택합니다.

09 획을 이전에 만든 파란색으로 지정하고 획 패널에서 굵기를 '0.25pt'로 설정합니다.

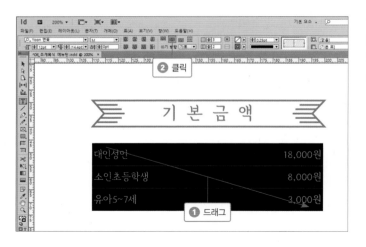

10 텍스트를 표 가운데로 옮기겠습니다. 표 내부를 드래그하여 다 선택한 다음 [컨트롤] 패널에서 '가운데 정렬' 아이콘(▦)을 클릭하여 가운데로 맞춥니다.

11 선택 도구(▶)를 선택합니다. 텍스트 프레임의 맨 아랫부분 조절점을 더블클릭하여 텍스트 프레임을 알맞게 줄여 줍니다.

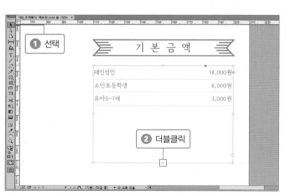

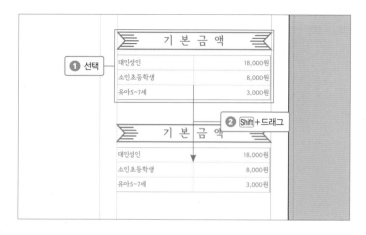

12 표의 칸을 늘려 보겠습니다. '기본금액'의 제목과 내용을 Shift 키를 이용해 선택합니다. 그리고 Alt 키를 누르면서 아래로 드래그하면 두 개체가 같이 복제됩니다.

13 텍스트 프레임을 드래그하여 밑으로 넓 히세요.

TIP 텍스트 프레임을 넓혀 두지 않는다면 행을 늘렸을 때 추가된 행이 보이지 않습니다.

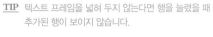

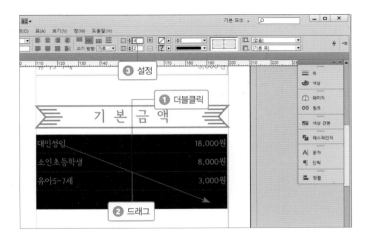

14 표를 더블클릭하여 활성화하고 드래그 하여 선택하세요.
[컨트롤] 패널에서 행 수(目)를 '4'로 설정합니 다. 한 줄 더 생깁니다.

15 내용을 '면 요리'로 바꿔 주세요.

4 표 복제하여 활용하기

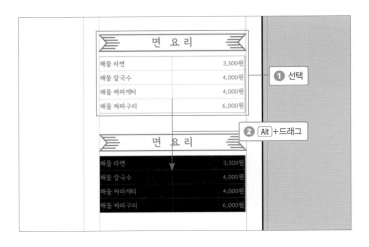

01 표의 칸 수를 줄여보겠습니다. '면 요리' 부분의 제목과 내용을 (Shift) 키를 이용해 같이 선택합니다. (Alt) 키를 누르면서 드래그하여 아랫부분에 복제합니다.

02 복제한 표를 더블클릭하여 활성화하고 드래그하여 표를 선택합니다.
[컨트롤] 패널에서 행 수(▤)를 '2'로 설정합니다. 표에서 행을 삭제할지 묻는 대화상자가 표시되고 〈확인〉 버튼을 클릭하면 표의 행이 줄어듭니다.

03 복제된 표의 내용을 '추가메뉴' 내용으로 수정해 주세요. 같은 방법으로 '조개구이' 표를 넣어 주세요.

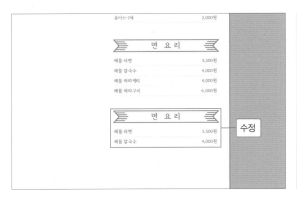

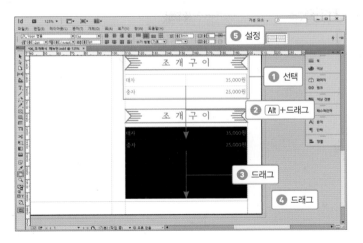

04 공무원 세트 부분을 만들겠습니다. '조개구이'의 제목과 내용을 Shift 키를 누른 채로 클릭하여 같이 선택하고 Alt 키를 누르면서 드래그하여 복제합니다. 표가 있는 텍스트 프레임을 드래그하여 넓힙니다.
표 내부를 드래그하여 모두 선택하고 [컨트롤] 패널에서 행 수(目)를 '6'으로 설정합니다.

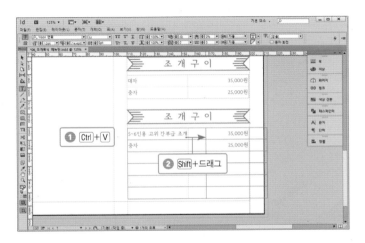

05 메뉴 설명을 제외한 텍스트를 문서에서 복사(Ctrl+C)하여 붙입니다(Ctrl+V).
텍스트가 길어서 글씨 뒷부분이 안 보이면 Shift 키를 누른 채 표의 가운데 세로 선을 드래그하여 표 크기를 조절합니다.

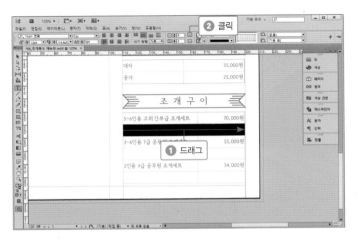

06 칸을 합치고 메뉴 설명 텍스트를 넣겠습니다. 두 개의 칸을 선택하고 [컨트롤] 패널의 '셀 병합' 아이콘(⊠)을 클릭하여 합칩니다.

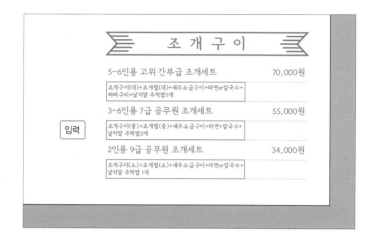

07 크기(**T**)를 '8pt'로 작게 조절하고 나머지 텍스트를 입력해 줍니다.

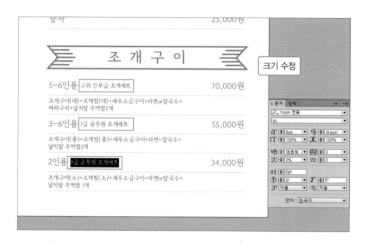

08 5~6, 3~6, 2인용 뒤의 텍스트 크기도 '8pt'로 작게 고칩니다.

09 선 굵기를 조절하겠습니다. 선을 조절할 칸을 선택하고 획 선택 창에서 아래 선만 선택한 다음 다 해제합니다. 굵기를 '0.75pt'로 변경하고 나머지 부분도 같은 방법으로 선 굵기를 조절합니다.

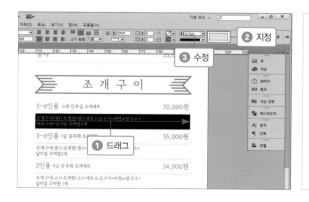

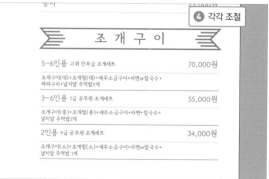

10 간격을 조절하겠습니다. 제목과 내용을 드래그하여 같이 선택합니다. [정렬] 패널의 분포 간격 항목에서 '간격 사용'에 체크 표시하고 분포 간격을 '3mm'로 설정한 다음 '수직 공간 분포' 아이콘()을 클릭합니다. Ctrl+G 키를 눌러 그룹으로 만듭니다. 밑에 있는 제목과 내용들도 같은 방법으로 간격을 넣고 그룹으로 만듭니다.

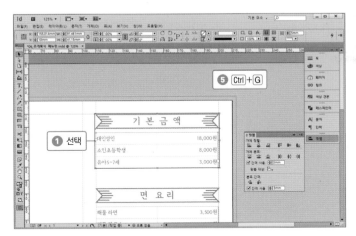

11 각각의 그룹으로 지정되어 있는 제목과 내용 간격을 일정하게 조절하겠습니다. 표를 모두 선택하고 [정렬] 패널에서 분포 간격을 '13mm'로 설정합니다. 그 다음 '수직 공간 분포' 아이콘()을 클릭하면 13mm 간격으로 떨어집니다.

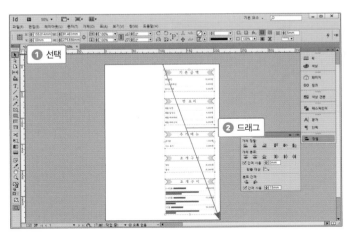

TIP 내용과 제목 크기에 따라서 예제와는 달라질 수 있습니다.

5 로고와 주소 삽입하여 꾸미기

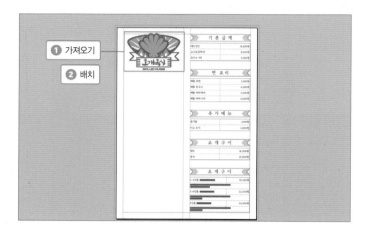

01 로고를 붙이겠습니다. **[파일] → 열기**([Ctrl]+[O])를 실행하고 07 폴더에서 '조개폭식 로고.indd(CS6 이하 : idml)' 파일을 불러옵니다.
로고를 복사([Ctrl]+[C])합니다.
왼쪽 안내선에 맞게 붙입니다([Ctrl]+[V]).

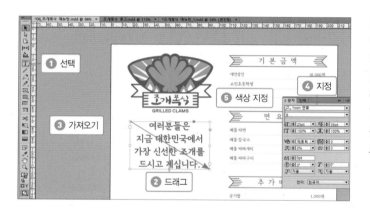

02 문자 도구([T])를 선택하고 드래그하여 텍스트 프레임을 만듭니다. 07 폴더의 '메뉴판 텍스트.txt'에서 내용을 복사([Ctrl]+[C])해 붙여 넣고([Ctrl]+[V]) 글꼴과 색상을 지정합니다.
예제에서는 글꼴을 'Yoon 연꽃', 크기([T])를 '25pt', 행간([A])을 '35pt'로 지정하고 가운데 정렬([≡])한 다음 색상을 미리 만든 파란색으로 지정했습니다.

03 나머지 텍스트를 텍스트 파일에서 복사([Ctrl]+[C])하고 붙인 다음([Ctrl]+[V]) 크기를 조절하세요. 예제에서는 글꼴을 'Yoon 연꽃', 글꼴 스타일을 'B', 크기([T])를 '15pt', 행간([A])을 '22pt'로 지정하고 왼쪽 정렬한 다음 색상을 미리 만든 파란색으로 지정했습니다.

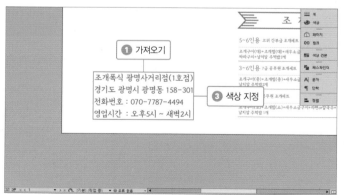

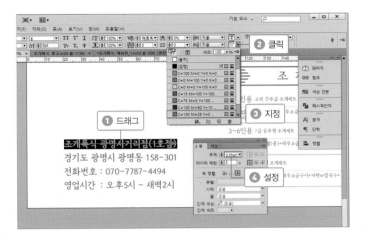

04 텍스트를 테두리를 이용하여 굵게 만들 겠습니다.

굵게 할 텍스트를 드래그하여 선택하고 획을 파란색으로 지정합니다.

[획] 패널에서 두께를 '0.35pt'로 설정합니다.

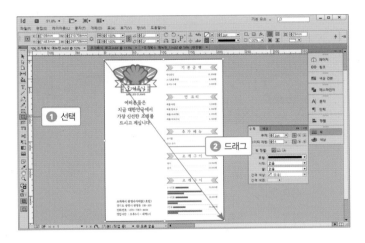

05 페이지 테두리를 따라서 라인을 만들겠 습니다.

사각형 도구(■)를 선택하고 페이지 전체를 드래그하여 테두리에 맞게 선을 만드세요.

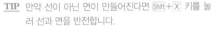

TIP 만약 선이 아닌 면이 만들어진다면 Shift+X 키를 눌러 선과 면을 반전합니다.

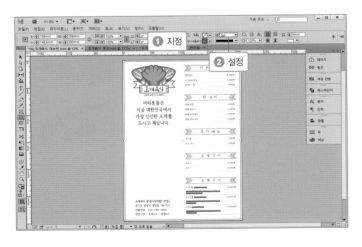

06 획을 파란색으로 두께를 '2pt'로 설정합니다.

[컨트롤] 패널에서 참조점을 가운데로 설정한 다음 W를 '206mm', H를 '293mm'로 설정하여 사방 2mm 작게 테두리를 만듭니다.

완성된 작업 문서를 PDF로 내보내고 출력하여 활용하면 됩니다.

디자인 사례

메뉴판은 음식명, 가격 등이 적혀 있습니다. 음식명과 가격이 매치가 잘 되어야 하며 분야별로 잘 구분되어야 소비자가 주문할 때 헛갈리지 않습니다.

▲ 큰 텍스트와 음식 이미지가 잘 어울립니다.

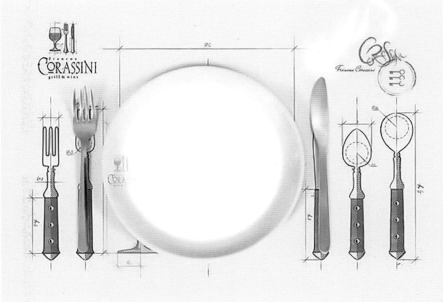

▲ 한 장짜리 메뉴판이 여러 장 있는 것보다 두 장으로 된 메뉴판이 훨씬 고급스러워 보입니다. 많은 메뉴가 있을 때는 낱장보다는 책 형식이 더 좋아 보입니다.

청첩장 디자인

정답이 보이는
켈리 쌤의 지텔프

QR코드를 통해
모바일에서
샘플 강의를
볼 수 있습니다.

최근 2년 간 수강후기 1,500건 돌파! G-TELP 관련 포털 및 유튜브 랭킹 1위 석권

성안당 이러닝 동영상 강의

"목표 점수 달성 성공 로드맵"

2021년 최신 G -TELP
기출 문제 7회분 수록!
G-TELP KOREA 문제 제공
지텔프
기출 문제 해설집
Level 2
2022년 대비 최신 유형 경향 완전 분석
역대급 최고 적중 7회분

01
지텔프 기출

켈리 쌤의 기출 분석_
최신 기출 7회분 문제풀이

단기완성반 | 30일/59,000원
정 규 반 | 60일/99,000원

생애 첫 지텔프 응시료 할인 쿠폰
50% 할인

[기출 강좌 구매자 선착순 제공]
생애 첫 지텔프 응시료 50% 할인 쿠폰
응시료 60,300원 >> **30,000원**

2021년 최신 G -TELP
기출 문제 수록!
2022년 대비
지텔프
최신 기출 문법
Level 2
2022년 대비 최신 기출 문제
7회분 수록

켈리 쌤의 출제 공식_
문법 이론+기출문제 풀이

학습기간 | 30일
수 강 료 | 45,000원

02
지텔프 문법

03
지텔프 독해

켈리 쌤의 출제 공식_
독해 이론+기출문제 풀이

학습기간 | 30일
수 강 료 | 45,000원

2021년 최신 G -TELP
기출 문제 수록!
2022년 대비
지텔프
최신 기출 독해
Level 2
2022년 대비 최신 기출 문제
7회분 수록

※ 강좌 구성 및 가격은 시즌별 상이할 수 있습니다.

동영상 강의 | bm.cyber.co.kr

교육문의 031-950-6332

성안당 e 러닝

| 함께 보면 좋은 책 |

케임브리지 대학 출판부의 베스트셀러 영문법 교재 <GRAMMAR IN USE> 시리즈

초급 Basic Grammar in use 4/e

전 세계 수백만 명의 학습자가 사용하는 영문법 교재입니다. 이 책의 가장 새로운 4판은 자습서 형태의 교재로 설계되었습니다. 한 페이지에는 문법을 설명하고, 이어서 반대편 쪽에는 연습문제를 풀 수 있도록 구성했습니다. 그리고 간결한 자습서 형식으로 Self-Study를 원하는 학습자가 쉽게 사용할 수 있도록 고안되어 있습니다.

■ Book with answers and interactive eBook 978-1-316-64673-1
196×264 | 318쪽 | 30,000원
■ Book with answers 978-1-316-64674-8 | 196×264 | 318쪽 | 21,000원

초급 Basic Grammar in use 3/e 한국어판

한국의 학습자들을 위하여 2단 편집하고 해설을 2페이지 대응 가장으로 이해하기 쉽습니다. 미국식 영어를 학습하는 초급 단계인 영어 학습자를 대상으로 합니다. 문법 기본 다지기 같이 쉽게 알 수 있는 연습문제가 편성되어 있습니다. 듣기와 따라 말하기를 통해 연습할 수도 있게 해설되어 놓여 있습니다. 또 교재로 활용할 경우 수업용 교재로 활용이 가능합니다.

■ Book with answers 978-0-521-26959-9 | 196×264 | 318쪽 | 21,000원

초급 Essential Grammar in use 4/e

영어 초급 학습자를 위한 참고 영문법교재입니다. 학습기초이론과 연습문제를 제공하며 Self-Study가 가능하도록 놀기쉽게이 가능되어 있습니다.

■ Book with answers and interactive eBook 978-1-107-48053-7
196×264 | 320쪽 | 30,000원
■ Book with answers 978-1-107-48055-1 | 196×264 | 320쪽 | 21,000원

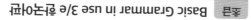

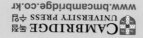

공무원 영어 검정시험은 지텔프가 대세입니다!

지텔프 활용 현황

시험 성적은 3년간 유효합니다.

대한민국 정부

국가공무원 5급	지텔프 Level 2, 65점
외교관 후보자	지텔프 Level 2, 88점
국가공무원 7급	지텔프 Level 2, 65점
국가공무원 7급 (외무영사직렬)	지텔프 Level 2, 77점
국가공무원 7급 (지역인재)	지텔프 Level 2, 65점

대한민국 국회

입법고시	지텔프 Level 2, 65점

대한민국 법원

법원 행정고시	지텔프 Level 2, 65점

국민안전처

2023년 예정

소방간부 후보생	지텔프 Level 2, 50점
소방공무원	지텔프 Level 2, 43점

경찰청

2022년부터 적용

경찰공무원(순경)	지텔프 Level 2, 43점
경찰간부 후보생	지텔프 Level 2, 50점

대한민국 국방부

군무원 5급	지텔프 Level 2, 65점
군무원 7급	지텔프 Level 2, 47점
군무원 9급	지텔프 Level 2, 32점

병무청

카투사	지텔프 Level 2, 73점

기상청

기상직	지텔프 Level 2, 65점

국가정보원

지텔프 성적제출 가능

특허청

일반직공무원 (6급, 심사관 등)	지텔프 Level 2, 65점 이상
특허심판원 심판장 (상표분야, 화학분야 등)	지텔프 Level 2, 88점 이상

한국산업인력공단

변리사	지텔프 Level 2, 77점
세무사	지텔프 Level 2, 65점
공인노무사	지텔프 Level 2, 65점
외국어번역 행정사	지텔프라이팅 3급
관광통역안내사	지텔프 Level 2, 74점
박물관 및 미술관 준학예사	지텔프 Level 2, 50점
호텔경영사	지텔프 Level 2, 79점
호텔관리사	지텔프 Level 2, 66점
호텔서비스사	지텔프 Level 2, 39점
감정평가사	지텔프 Level 2, 65점
국제의료관광코디네이터	지텔프 Level 2, 65점

금융감독원

공인회계사	지텔프 Level 2, 65점

지텔프 Level 2 시험 구성

· 문법	26문항
· 청취	26문항
· 독해 및 어휘	28문항
총	80문항 (약 90분)

※ 자세한 문의사항은 지텔프코리아(www.gtelp.co.kr / 1588-0589)에 문의하시기 바랍니다.

경찰·소방공무원, 군무원 수험생을 위한 최고의 선택!

2021년도
최신 기출 문제 7회분 독점 수록!

리스닝(기출) MP3 제공!
(QR코드로 듣고 다운로드도 가능)

MP3 다운로드

G-TELP KOREA 독점 제공
지텔프 기출 문제 해설집
(Level 2)

성안당 지텔프 연구소 저 | 188×257 | 616쪽(부록 2권 포함) | 22,000원

최신 지텔프 기출 문제 해설집 (Level 2)은
본책+분책+별책 **3**권이 한 세트!

G-TELP KOREA 독점 제공
지텔프 최신 기출 **문법**
(Level 2)

G-TELP KOREA 독점 제공
지텔프 최신 기출 **독해**
(Level 2)

최신 지텔프 기출 문법 (Level 2)은
본책+별책 **2**권이 한 세트!

최신 지텔프 기출 독해 (Level 2)는
본책+별책 **2**권이 한 세트!

188×257 | 184쪽(별책 1권 포함) | 12,800원

188×257 | 256쪽(별책 1권 포함) | 15,000원

---

www.cyber.co.kr | BM ㈜도서출판 성안당

페이지를 활용한 세로형 청첩장 만들기

4단 리플릿을 만들겠습니다. 이번에서는 표지를 들어서 보는 세로형 리플릿을 만들겠습니다. 페이지를 90도 회전하여 만들고 크기도 조절하여 크기가 다른 페이지를 결합해 보겠습니다.

1 청첩장을 위한 새 문서 만들기

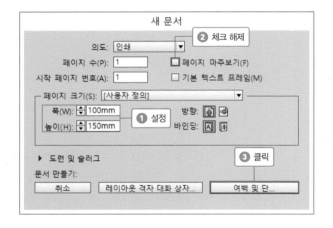

01 [파일] → 새로 만들기([Ctrl]+[N])를 실행합니다.
[파일] → 새로 만들기 → 문서([Ctrl]+[N])를 실행하고 폭을 '100mm', 높이를 '150mm'로 설정한 다음 '페이지 마주보기'에 체크 표시를 해제합니다. 〈여백 및 단〉 버튼을 클릭합니다.

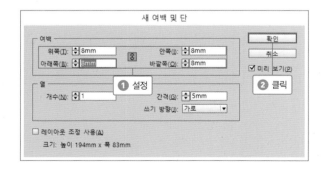

02 여백 가이드를 만들겠습니다. 여백을 각각 '8mm'로 설정하고 〈확인〉 버튼을 클릭합니다.

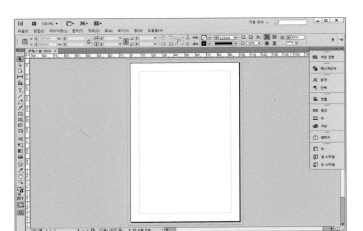

03 예제와 같은 페이지가 완성됩니다.

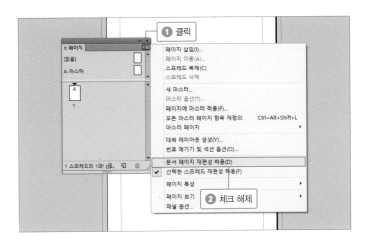

04 페이지를 네 개로 만들겠습니다. [페이지] 패널에서 오른쪽 윗부분 메뉴 아이콘(▼)을 클릭하고 **문서 페이지 재편성 허용**에 체크 표시를 해제합니다.

05 '새 페이지 만들기' 아이콘(🗋)을 세 번 클릭하여 새로운 페이지 세 장을 만듭니다. 그 다음 아래 페이지 두 장을 천천히 드래그하여 윗 페이지 옆에 붙입니다.
천천히 움직이면 예시와 같이 페이지 옆에 꺽쇠 ']' 모양 무늬가 생깁니다. 그때 마우스를 놓으면 옆에 붙습니다.

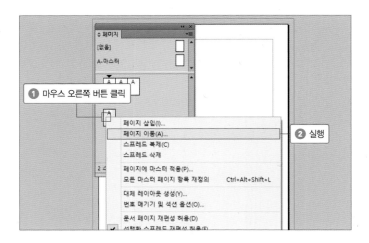

06 다른 방법으로 페이지를 붙여 보겠습니다. 이동할 페이지를 클릭하고 마우스 오른쪽 버튼을 클릭한 다음 **페이지 이동**을 실행합니다.

07 [페이지 이동] 대화상자에서 4페이지를 3페이지 앞으로 이동하도록 설정한 다음 〈확인〉 버튼을 클릭합니다.

08 페이지 네 개가 붙습니다.

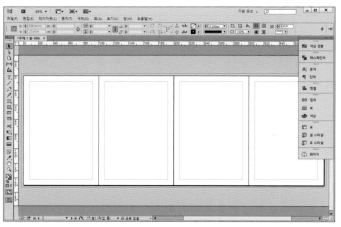

2 페이지 크기와 방향 변경하기

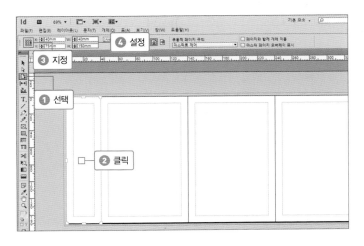

01 페이지 도구(□)를 선택하고 크기를 변경할 페이지를 클릭하세요. 페이지를 누르면 안내선으로 선택 지점이 표시됩니다.
[컨트롤] 패널에서 '참조점'을 오른쪽으로 변경한 다음 변경할 크기를 입력합니다. W를 '40mm', H를 '150mm'로 설정합니다. 페이지 크기가 변경됩니다.

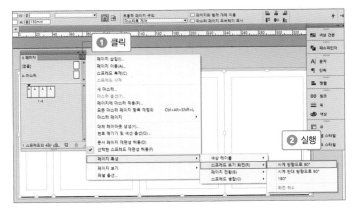

02 페이지를 90도 회전하겠습니다. [페이지] 패널에서 오른쪽 윗부분 메뉴 아이콘(≡)을 클릭하고 **페이지 특성 → 스프레드 보기 회전 → 시계 방향으로 90°**를 실행하면 페이지가 90도로 회전합니다.
90도 회전된 페이지가 만들어졌습니다.

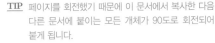

TIP 페이지를 회전했기 때문에 이 문서에서 복사한 다음 다른 문서에 붙이는 모든 개체가 90도로 회전되어 붙게 됩니다.

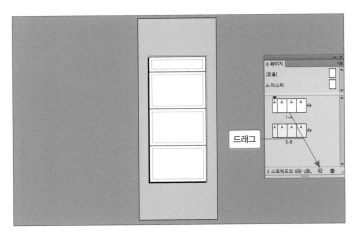

03 뒷면을 만들기 위해 만든 페이지를 모두 선택한 채로 '새 페이지 만들기' 아이콘(□)으로 드래그합니다. 같은 형식의 페이지가 그대로 복제됩니다.

3 주요 개체 배치하여 앞면 디자인하기

01 이미지를 배경으로 배치하겠습니다.
[파일] → 가져오기(Ctrl+D)를 실행하고 08 폴더에서 '청첩장_back.jpg' 파일을 가져와 1-4 페이지에 그림과 같이 배치합니다.

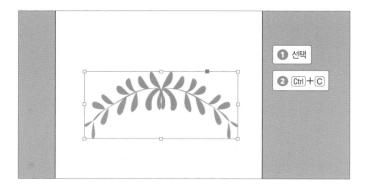

02 맨 위에 장식할 나뭇잎 파일을 가져오겠습니다.
[파일] → 열기(Ctrl+O)를 실행하고 08 폴더에서 '청첩장_나뭇잎.indd(CS6 이하 : idml)' 파일을 불러옵니다.
나뭇잎을 선택한 다음 복사(Ctrl+C)합니다.

03 기존 작업창에 붙입니다(Ctrl+V). 페이지가 90도로 회전되어 있어서 이미지를 복사하여 붙이면 그래픽이 회전되어 붙여집니다. 나뭇잎 그래픽을 90도로 회전하겠습니다. 나뭇잎 그래픽이 선택된 상태에서 [컨트롤] 패널에서 '시계 반대 방향으로 90° 회전' 아이콘(⟲)을 클릭합니다. 나뭇잎 그래픽 크기를 키우고 적절히 배치합니다.

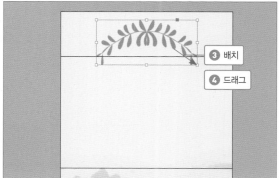

TIP 나뭇잎 그래픽이 들어오면서 나뭇잎 색(갈색)이 색상 견본에 추가됩니다.

04 텍스트를 입력하겠습니다. 문자 도구(T)를 선택하고 텍스트 프레임을 만들어 텍스트를 입력한 다음 글꼴을 지정합니다.

TIP 텍스트는 08 폴더의 '청첩장 텍스트.txt'에서 복사해서 가져오면 됩니다.

윗부분 작은 영문 • 글꼴 : Yoon 고딕 700, 글꼴 스타일 : 40, 크기 : 10pt, 가운데 정렬
서브 타이틀 • 글꼴 : Yoon 고딕 700, 글꼴 스타일 : 40, 크기 : 14pt, 가운데 정렬
타이틀(이름) • 글꼴 : Bodoni Bk Bt, 크기 : 51pt, 행간 : 38pt, 가운데 정렬

05 Shift 키를 이용하여 텍스트를 모두 선택하고 [도구] 패널 아랫부분에서 '텍스트에 서식 적용' 아이콘(T)을 클릭합니다. [컨트롤] 패널에서 칠을 갈색으로 지정하여 색상을 한 번에 변경합니다.

06 영문 사람 이름 가운데 있는 '&'의 위치를 내리겠습니다. '&'만 선택하고 기준선 이동($A^a_\rightarrow$)을 '-4pt'로 설정합니다.

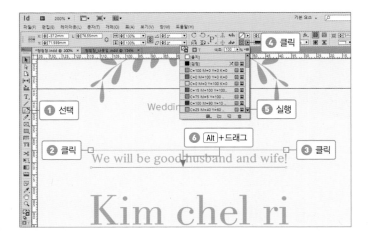

07 펜 도구(✐)를 선택하고 그림과 같이 선을 만든 다음 [컨트롤] 패널에서 획을 갈색으로 지정합니다. 굵기를 '0.5pt'로 설정하고 [Alt] 키를 누른 채 만든 선을 드래그하여 서브 타이틀 아래에 붙입니다.

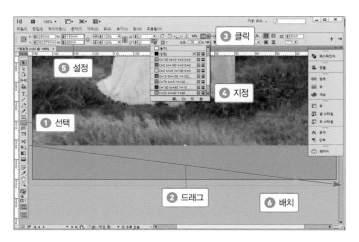

08 아랫부분에 결혼식 날짜와 장소를 넣겠습니다. 사각형 도구(▭)로 아랫부분에 사각형을 만들고 [컨트롤] 패널에서 칠을 갈색, 선을 '[없음]'으로 지정합니다. W를 '155mm', H를 '20mm'로 설정하고 아랫부분 도련선에 맞추어 박스를 배치합니다.

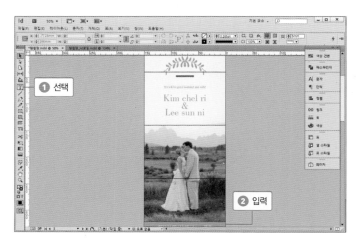

09 문자 도구(T)로 텍스트 프레임을 만들고 결혼식 날짜, 시간, 장소를 입력한 다음 글꼴을 설정합니다. 예제에서는 글꼴을 'Bodoni Bk Bt', 크기(T)를 '21pt', 가운데 정렬(▤), 색상을 흰색으로 지정했습니다. 앞면이 완성됩니다.

4 내용 넣어 뒷면 디자인하기

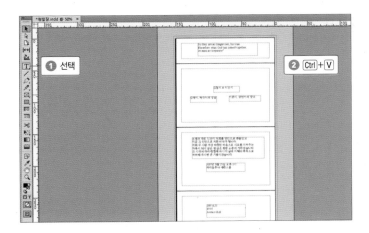

01 문자 도구(T)를 선택하고 5–8페이지에 각각의 텍스트를 프레임을 만들어 넣습니다. 텍스트는 '청첩장 텍스트.txt' 파일에서 복사한 다음(Ctrl+C) 붙여서(Ctrl+V) 사용하면 됩니다.

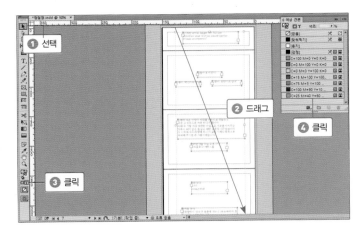

02 모든 텍스트의 색상과 정렬을 동시에 바꾸겠습니다. 텍스트 프레임을 드래그하여 모두 선택하고 [도구] 패널 밑에 있는 '텍스트에 서식 적용' 아이콘(T)을 클릭합니다.
칠을 연갈색으로 지정하여 모든 텍스트 색상을 바꿉니다.

03 [단락] 패널(Ctrl+Alt+T)에서 '가운데 정렬' 아이콘()을 클릭하면 모두 가운데 정렬이 됩니다.

5 텍스트 세부 조절하기

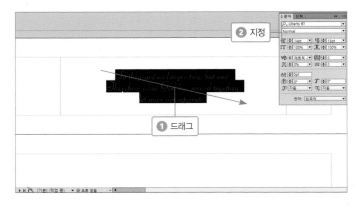

01 텍스트 세부 조절을 하겠습니다. 맨 위에 있는 영문 글씨를 드래그하여 선택하고 글꼴을 조절합니다.

예제에서는 글꼴을 'Liberty BT', 크기(**IT**)를 '14pt'로 지정했습니다.

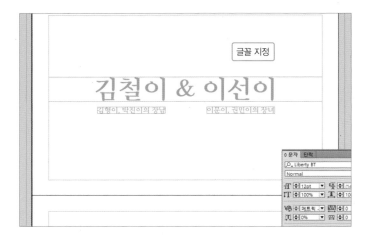

02 다른 텍스트도 세부 조절합니다.

이름 • 글꼴 : 윤명조 700, 글꼴 스타일 : 50, 크기 : 35pt
설명 • 글꼴 : 윤명조 700, 글꼴 스타일 : 30, 크기 : 10pt

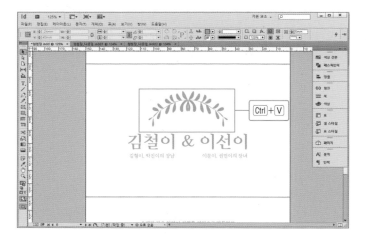

03 '청첩장_나뭇잎.indd(CS6 이하 : idml)' 파일에서 나뭇잎을 복사(Ctrl+C)하고 붙입니다(Ctrl+V).

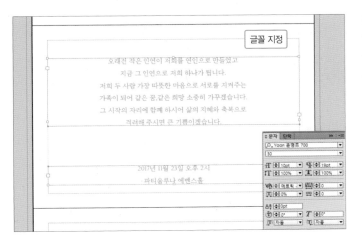

04 본문 텍스트 세부 조절을 하겠습니다. 예제에서는 글꼴을 '윤명조 700', 글꼴 스타일을 '30', 크기(🆃)를 '10pt', 행간(🔠)을 '19pt', 로 지정했습니다.

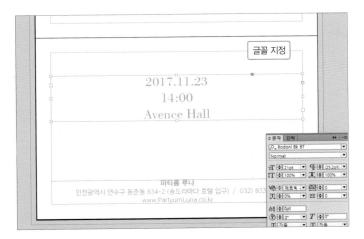

05 날짜와 주소 텍스트 세부 조절을 하겠습니다.

날짜 • 글꼴 : Bodoni Bk Bt, 크기 : 21pt, 행간 : 26pt
장소 • 글꼴 : 윤명조 700, 글꼴 스타일 : 70, 크기 : 10pt, 행간 : 13pt
주소 • 글꼴 : 윤명조 700, 글꼴 스타일 : 30, 크기 : 10pt, 행간 : 13pt

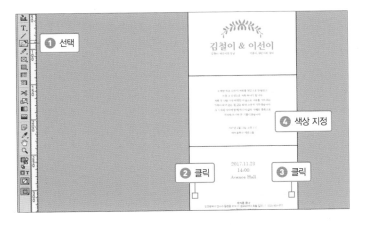

06 펜 도구(✒)를 선택하고 그림과 같이 선을 그립니다. 윗부분 획에서 갈색을 선택하여 갈색 선을 만듭니다.
뒷면이 완성되었습니다.

6 청첩장에 넣을 지도 만들기

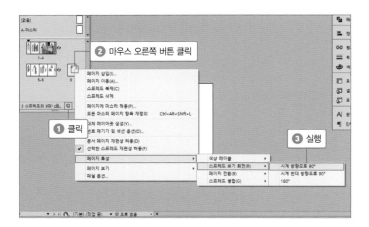

01 [페이지] 패널에서 '새 페이지 만들기' 아이콘(□)을 클릭하여 새 페이지를 만들고, 새 페이지를 마우스 오른쪽 버튼으로 클릭한 다음 **페이지 특성 → 스프레드 보기 회전 → 시계 방향으로 90°**를 실행합니다.

02 기존에 있었던 지도를 이용해 새로운 지도를 만들겠습니다. 사각형 도구(■)로 박스를 만들고 [컨트롤] 패널의 칠을 갈색, 획을 '[없음]'으로 지정합니다. 그 후에 배경을 잠그겠습니다. 마우스 오른쪽 버튼을 클릭하고 **잠금(Ctrl+L)**을 실행하여 잠그세요.

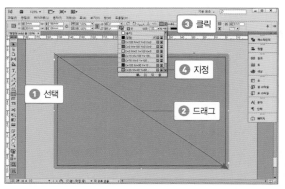

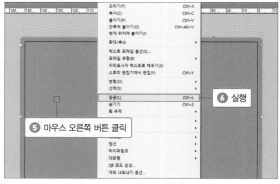

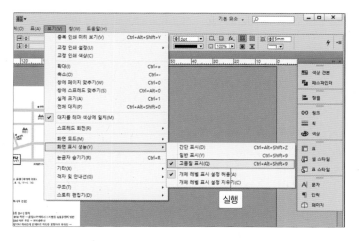

03 지도를 가져오겠습니다. **[파일] → 가져오기(Ctrl+D)**를 실행하고 'map.jpg' 파일을 가져와 왼쪽에 배치합니다.

지도가 잘 안 보이면 **[보기] → 화면 표시 성능 → 고품질 표시(Ctrl+Alt+Shift+9)**를 실행하여 고품질 표시로 바꿉니다. 고품질로 계속 사용하면 컴퓨터가 버벅대거나 꺼질 수 있으므로 다른 작업을 할 때는 일반 표시로 변경하는 것이 좋습니다.

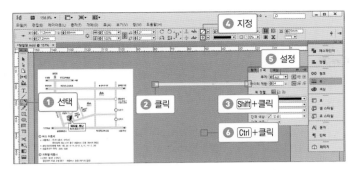

04 펜 도구(🖊)를 선택하고 Shift 키를 누르면서 수평선을 그립니다. [컨트롤] 패널에서 칠을 '[없음]', 획을 '[용지]'로 지정하여 선을 흰색으로 만듭니다. [획] 패널에서 두께를 '4pt'로 설정합니다. Ctrl 키를 누른 채 다른 부분을 클릭하여 선택을 해제합니다.

TIP 만약에 선택을 해제하지 않으면 그림처럼 선이 끊어지지 않고 계속 그려집니다.

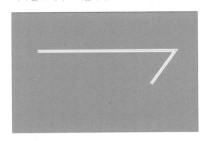

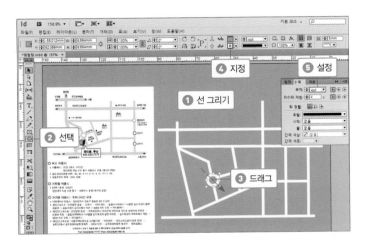

05 지도를 보고 나머지 선을 그립니다. 그다음 타원 도구(⬭)를 선택하고 원을 그리세요. 칠을 연갈색, 획을 '[용지]'로 지정하고 획 패널에서 두께를 '4pt'로 설정합니다.

TIP 08 폴더의 '청첩장_지도.indd(CS6 이하 : idml)' 파일을 활용해도 됩니다.

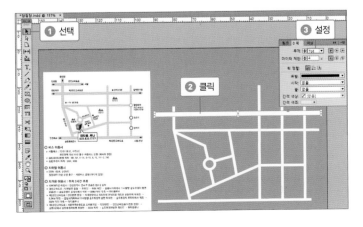

06 고속도로 부분은 더 굵은 선으로 만들겠습니다. 선택 도구(▶)로 고속도로를 나타낼 선을 선택하고 [획] 패널에서 두께를 '7pt'로 설정합니다.

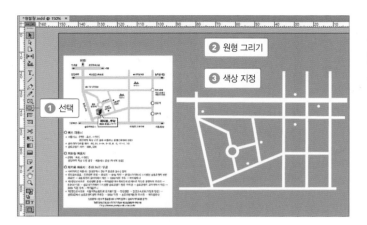

07 타원 도구(◉)를 선택하고 Shift 키를 누른 채 주요 지역과 역을 표시합니다.
[컨트롤] 패널에서 칠을 '[용지]', 획을 '[없음]'으로 지정합니다.

08 칠 오른쪽 메뉴 아이콘(▼≡)을 클릭하여 메뉴를 표시하고 **새 색상 견본**을 실행합니다. 녹청을 '0%', 자홍을 '60%', 노랑을 '100%', 검정을 '0%'로 설정하여 주황색을 만들고 〈추가〉 버튼을 클릭합니다. 녹청을 '100%', 자홍을 '65%', 노랑을 '0%', 검정을 '0%'로 설정하고 〈추가〉 버튼을 클릭한 다음 〈완료〉 버튼을 클릭합니다.

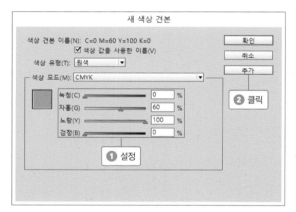

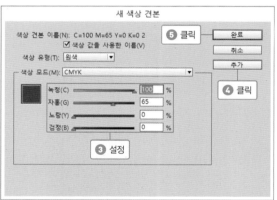

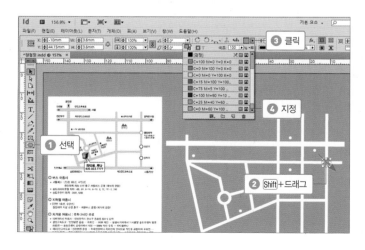

09 지하철 노선 색을 동그라미에 넣어서 표시하겠습니다. 타원 도구(◉)를 선택하고 Shift 키를 누르면서 드래그하여 원을 만듭니다. 획을 '[없음]', 칠을 만든 주황색으로 지정하여 색을 바꿉니다.

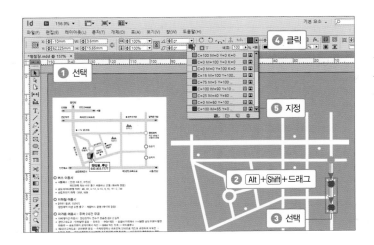

10 선택 도구(↖)를 선택합니다. Alt + Shift 키를 누르면서 마우스로 드래그하여 주황색 원을 두 개 복제하고 Shift 키를 누른 채 복제한 동그라미를 함께 선택합니다.
칠을 파란색으로 지정합니다.

11 문자 도구(T)를 선택하고 지역별로 텍스트 프레임을 만들어서 입력해 주세요. 선택 도구(↖)로 텍스트 프레임을 모두 드래그하여 선택하고 [도구] 패널에서 '텍스트에 서식 적용' 아이콘(T)을 클릭합니다. [문자] 패널에서 글꼴을 지정합니다. 예제에서는 'Yoon 윤고딕 700', 글꼴 스타일을 '70', 크기(T)를 '6pt', 색상을 '[용지]'로 지정하였습니다. 텍스트 프레임의 꼭짓점을 더블클릭하여 텍스트 프레임의 크기를 조절하고 적절한 위치에 텍스트를 배치하세요.

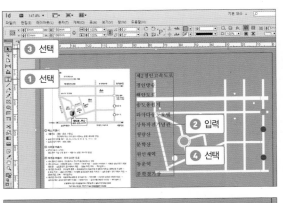

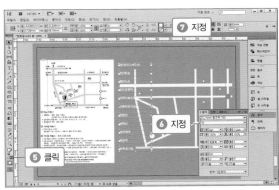

12 도착지 표시를 해 보겠습니다. 타원 도구(◯)를 선택하고 Shift 키를 누르면서 드래그하여 원을 그립니다. 스포이드 도구(✐)를 선택하고 위에 있는 원형을 클릭하여 같은 획과 색을 입힙니다.

13 사각형 도구(▢)를 눌러 다각형 도구(◯)를 선택합니다.
배경을 클릭하여 [다각형] 대화상자를 표시합니다. 면수를 '3'으로 설정하고 〈확인〉 버튼을 클릭합니다.

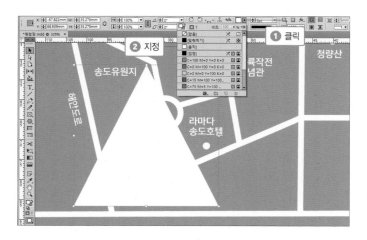

14 삼각형이 선택된 상태로 [컨트롤] 패널에서 칠을 '[용지]'로 지정하여 삼각형에 흰색을 채웁니다.

15 드래그하여 삼각형 크기를 조절하고 도착지에 배치합니다.

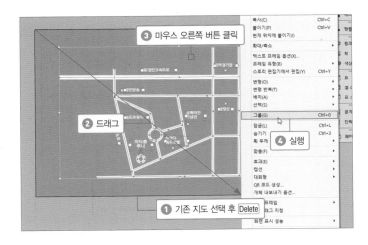

16 기존 지도를 지우고 선택 도구(▶)로 드래그하여 모두 선택한 다음 마우스 오른쪽 버튼을 클릭합니다. **그룹**(Ctrl+G)을 실행합니다.

17 모서리를 드래그하여 회전합니다. 직접 선택 도구(▶)로 지도 끝부분 선 길이를 드래그하여 끝이 안 보이게 늘립니다. 나머지 텍스트를 추가하고 글꼴을 지정합니다.

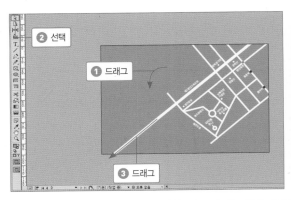

대제목 • 글꼴 : Yoon 윤고딕 700, 글꼴 스타일 : 70, 크기 : 12pt, 행간 : 13pt, 흰색
제목 • 글꼴 : Yoon 윤고딕 700, 글꼴 스타일 : 70, 크기 : 9pt, 행간 : 13pt, 흰색
본문 • 글꼴 : Yoon 윤고딕 700, 글꼴 스타일 : 30, 크기 : 9pt, 행간 : 13pt, 흰색

7 인쇄를 위한 PDF 파일 만들기

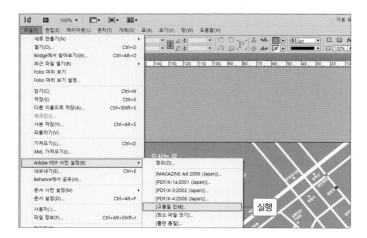

01 [파일] → Adobe PDF 사전 설정 → [고품질 인쇄]를 실행합니다.
저장 위치와 파일 이름을 지정하고 〈저장〉 버튼을 클릭합니다.

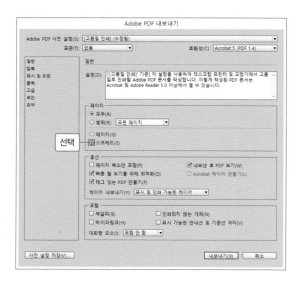

02 페이지 항목에서 '스프레드'를 선택하세요.

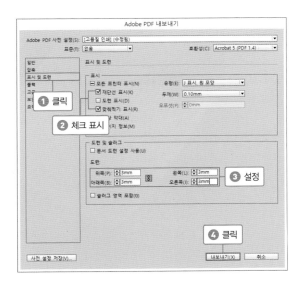

03 왼쪽에서 '표시 및 도련'을 선택하고 '재단선 표시'와 '맞춰찍기 표시'에 체크 표시합니다. 도련을 각각 '3mm'로 설정하고 〈내보내기〉 버튼을 클릭합니다.

04 완성한 PDF를 확인합니다.

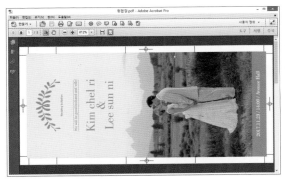

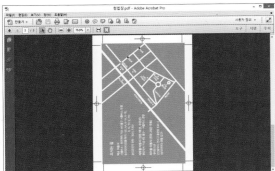

디자인 사례

청첩장에는 신랑, 신부를 나타내는 그래픽이 필요합니다. 일반적인 초대 카드와 다른 느낌을 보여줘야 사람들이 청첩장인 것을 인식할 수 있습니다.

▲ 사진을 이용한 카드도 좋지만 드로잉을 이용한다면 더 재미있는 청첩장을 만들 수 있습니다.

▲ 사진을 이용한 청첩장 디자인은 고급스러우면서 청순한 느낌이 듭니다.
결혼 사진을 이용한다면 사진첩이자 초대장으로도 사용할 수 있습니다.

다이어리 디자인

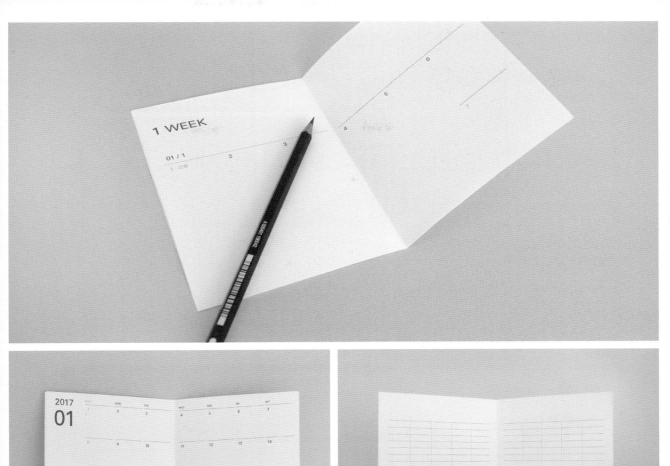

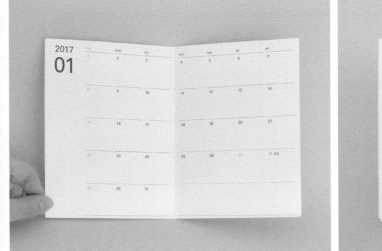

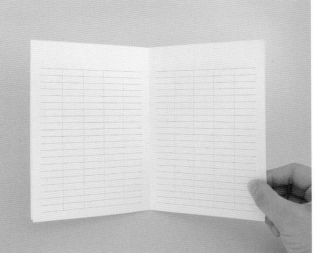

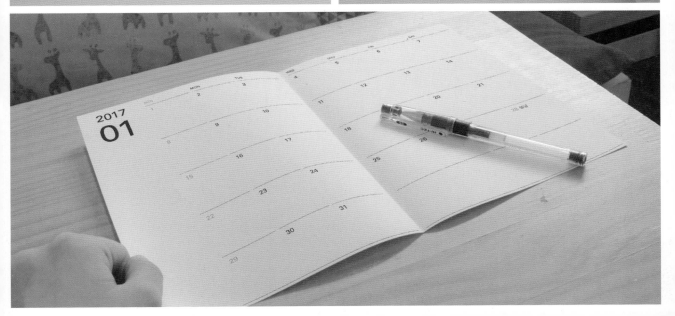

다양한 용도의 다이어리 만들기

표를 이용하여 다이어리를 만들겠습니다. 표를 이용하면 월간, 주간 달력을 쉽게 만들 수 있으며 자신에게 필요한 노트도 만들 수 있습니다. 원하는 용도에 따라 자신만을 위한 노트를 만들어 보세요.

1 다이어리를 위한 새 문서 만들기

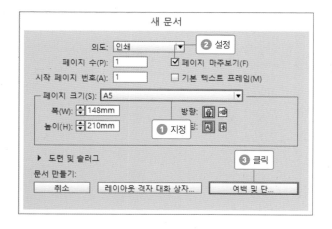

01 [파일] → 새로 만들기 → 문서(Ctrl+N)를 실행합니다.
A5 크기의 메뉴판을 만들겠습니다. 페이지 크기를 'A5'로 지정하고 '페이지 마주보기'에 체크 표시한 다음 〈여백 및 단〉 버튼을 클릭합니다.

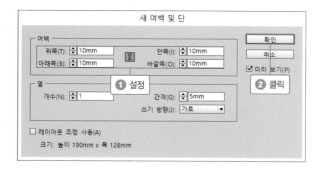

02 모든 여백을 '10mm'로 설정하고 〈확인〉 버튼을 클릭합니다.
작업을 위한 페이지가 만들어집니다.

2 표지 만들기

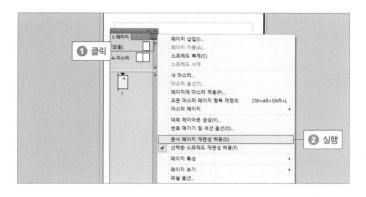

01 표지를 만들겠습니다. [페이지] 패널에서 오른쪽 윗부분 메뉴 아이콘(▾≣)을 클릭하고 **문서 페이지 재편성 허용**의 선택을 해제합니다.

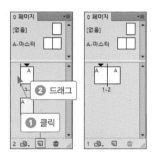

02 패널 아랫부분에서 '새 페이지 만들기' 아이콘(🗔)을 클릭하여 페이지를 만들고 1페이지 옆으로 드래그하여 붙여주세요.

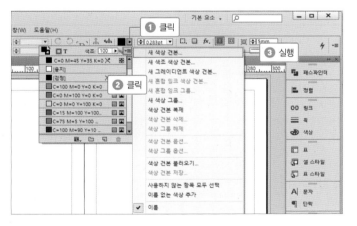

03 분홍색 표지를 만들겠습니다. 칠 오른쪽 버튼을 클릭하여 색상 견본을 표시하고 메뉴를 표시한 다음 **새 색상 견본**을 실행합니다.

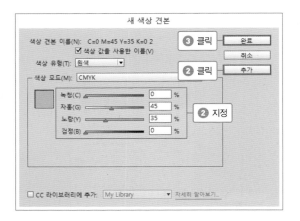

04 녹청을 '0%', 자홍을 '45%', 노랑을 '35%', 검정을 '0%'로 지정하고 〈추가〉 버튼을 클릭한 다음 〈완료〉 버튼을 클릭합니다.

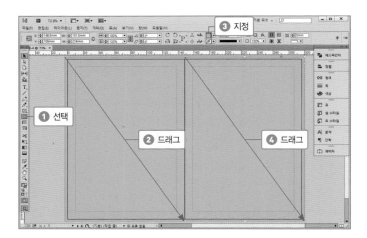

05 사각형 도구(■)를 선택하고 1페이지에 드래그하여 사각형을 만듭니다. 칠을 분홍색, 획을 '[없음]'으로 지정합니다. 2페이지도 같은 방법으로 배경을 따로 만듭니다.

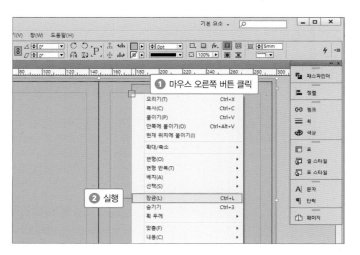

06 2페이지를 마우스 오른쪽 버튼으로 클릭하고 **잠금**(Ctrl+L)을 실행하여 잠급니다.

07 문자 도구(T)를 선택한 다음 오른쪽 페이지를 드래그하여 텍스트 프레임을 만들고 '2017'을 입력합니다. 글꼴을 지정합니다. 예제에서는 글꼴을 'Univers LT Std', 글꼴 스타일을 '55 Roman', 크기(T)를 '55pt', 색상을 '[용지]'로 지정했습니다.

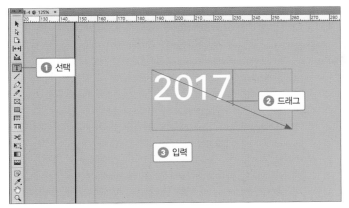

08 문자 도구(T)로 2017 아랫부분에 텍스트 프레임을 만들고 'JANUARY'를 입력한 다음 글꼴을 지정합니다.

09 표지가 완성되었습니다.

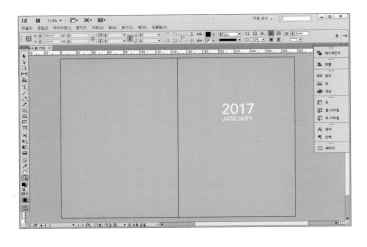

3 월별 내지 만들기

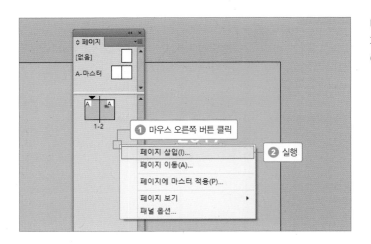

01 내지 여덟 장을 만들겠습니다. [페이지] 패널에서 마우스 오른쪽 버튼을 클릭하고 **페이지 삽입**을 실행합니다.

02 페이지를 '8', 삽입을 '문서 끝 위치'로 지정하고 〈확인〉 버튼을 클릭합니다.

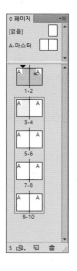

03 문서 끝에 새로운 페이지가 생깁니다.

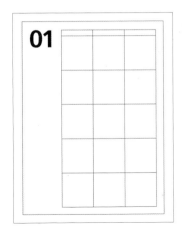 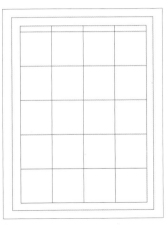

04 월별 다이어리 속지를 만들겠습니다. 왼쪽 페이지는 행은 여섯 개, 열은 세 개, 오른쪽 페이지는 행은 여섯 개, 열은 네 개로 만들 것이기 때문에 표를 따로따로 만들어야 합니다.

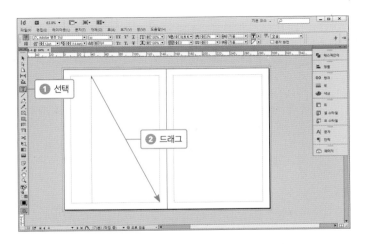

05 왼쪽 페이지에 표를 만들겠습니다. 문자 도구(T)를 선택하고 드래그하여 텍스트 프레임을 만듭니다.

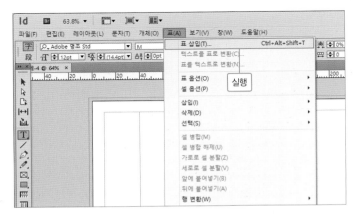

06 [표] → 표 삽입(Ctrl + Alt + Shift + T)을 실행합니다.

07 본문 행을 '6', 열을 '3'으로 설정하고 〈확인〉 버튼을 클릭합니다.

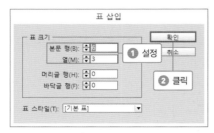

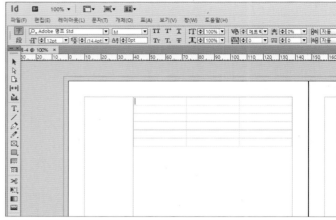

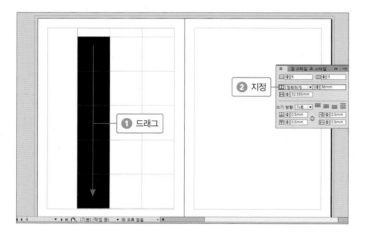

08 표를 상세 수정할 [표] 패널을 표시하겠습니다. **[창] → 문자 및 표 → 표**((Shift)+(F9))를 실행하여 [표] 패널을 표시합니다.

더블클릭하여 표를 활성화한 다음 맨 위 칸(요일)을 빼고 아래 칸부터 맨 아래 칸까지 드래그하여 선택합니다. 그리고 [표] 패널에서 행 높이(囯)를 '정확하게', 높이를 '36mm'로 설정합니다.

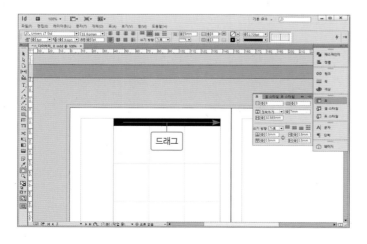

09 맨 위 칸(요일 넣는 부분)을 드래그하여 선택합니다.

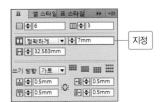
지정

10 행 높이()를 '정확하게', 높이를 '7mm'
로 설정합니다.

11 오른쪽 페이지도 같은 방식으로 만들어 보겠습니다. 문자 도구(**T**)로 텍스트 프레임을 만들고 [**표**] → **표 삽입**([Ctrl]
+[Alt]+[Shift]+[T])을 실행합니다. [표 삽입] 대화상자에서 본문 행을 '6', 열을 '4'로 설정하고 〈확인〉 버튼을 클릭하여 표를 만듭
니다.

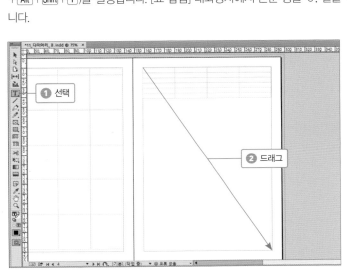

❶ 선택
❷ 드래그

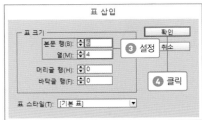

❸ 설정
❹ 클릭

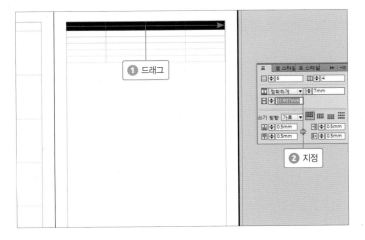

❶ 드래그
❷ 지정

12 맨 위 칸(요일) 행 높이()를 '정확하
게', 높이를 '7mm'로 설정합니다.

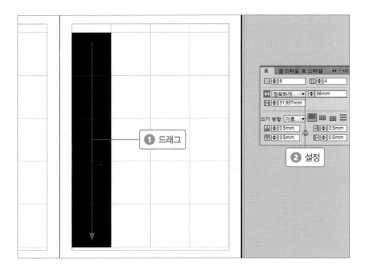

13 맨 위 칸을 제외한 아래 칸을 드래그하여 선택하고 행 높이(▤)를 '정확하게', 높이를 '36mm'로 설정합니다.

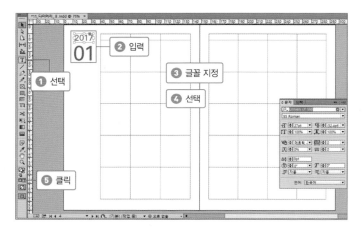

14 2017년 1월을 나타내는 숫자와 글자를 넣겠습니다. 문자 도구(T.)를 선택하고 텍스트 프레임을 만든 다음 숫자를 입력합니다. [문자] 패널에서 글꼴을 조절합니다. 숫자를 모두 선택하고 [도구] 패널 아랫부분에서 '텍스트에 서식 적용' 아이콘(T)을 클릭합니다.

2017 • 글꼴 : Univers LT Std, 글꼴 스타일 : 55 Roman, 크기 : 27pt
01 • 글꼴 : Univers LT Std, 글꼴 스타일 : 55 Roman, 크기 : 66pt

15 [컨트롤] 패널에서 칠을 [검정], 색조를 '70%'로 지정하여 회색으로 바꿉니다.

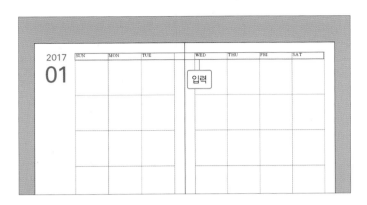

16 표를 더블클릭하여 활성화한 다음 요일을 입력합니다.

17 요일 부분을 드래그하여 선택하고 글꼴을 변경합니다. 예제에서는 글꼴을 'Univers LT Std', 글꼴 스타일을 '55 Roman', 크기(**T**)를 '8pt'로 지정했습니다. 그 다음 [컨트롤] 패널에서 '가운데 정렬' 아이콘(**Ⅲ**)을 클릭하여 요일을 표 가운데 배치합니다.

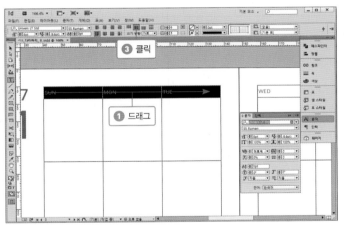

18 글씨 색상을 바꾸겠습니다. 칸이 선택된 상태로 [도구] 패널 아랫부분에서 '텍스트에 서식 적용' 아이콘(**T**)을 클릭하고 [컨트롤] 패널에서 색조를 '70%'로 설정하여 바꿉니다.

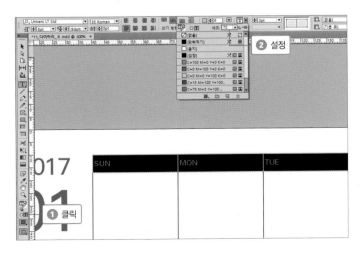

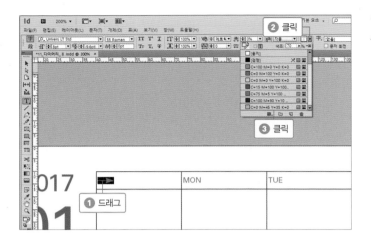

19 'SUN'을 따로 드래그하여 선택하고 칠 색상을 분홍색으로 지정합니다.

20 오른쪽 페이지도 같은 방법으로 텍스트를 조정하겠습니다. 복습해 보세요.

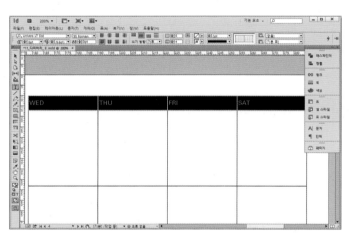

TIP 스포이드 도구로 기존에 변경한 텍스트를 선택하고 새 텍스트에 적용시키면 쉽게 폰트와 색상을 바꿀 수 있습니다.

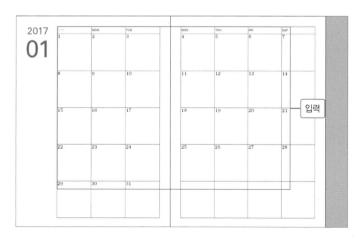

21 표 내부에 날짜를 입력하겠습니다. 표를 더블클릭하여 활성화하고 1부터 31일까지 텍스트를 입력합니다.

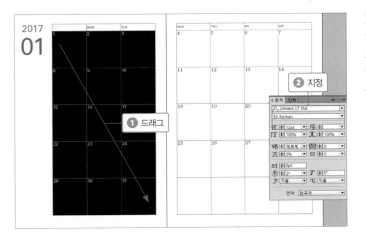

22 날짜가 있는 표를 모두 드래그하여 선택하고 [문자] 패널에서 글꼴을 지정합니다. 예제에서는 글꼴을 'Univers LT Std', 글꼴 스타일을 '55 Roman', 크기(🔠)를 '12pt'로 지정했습니다.

23 글씨 색을 바꾸겠습니다. 칸이 선택되어 있는 상태에서 [도구] 패널 아랫부분에 있는 '텍스트에 서식 적용' 아이콘(**T**)을 클릭하고 칠을 [검정], 색조를 '70%'로 지정하여 회색으로 바꿉니다.

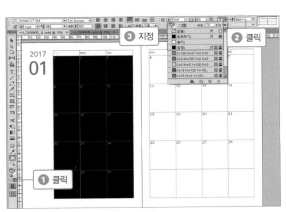

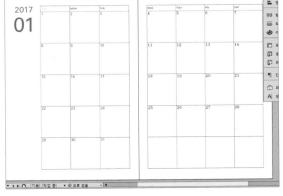

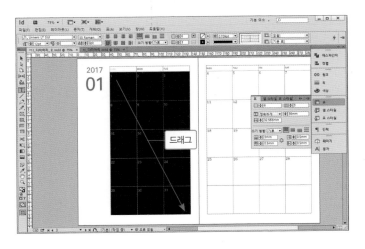

24 글씨가 너무 선에 붙어있습니다. 선과 간격을 주겠습니다. 표를 드래그하여 선택하세요.

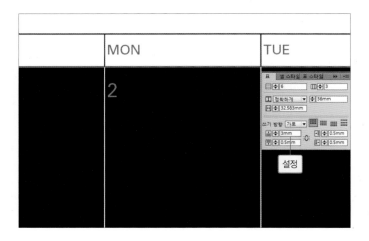

25 [표] 패널에서 위쪽 셀 인센트(▣)를 '3mm'로 설정합니다.

TIP '모든 설정 동일하게 만들기' 아이콘(⑧)을 선택하지 않아야 위쪽 간격을 별도로 조절할 수 있습니다.

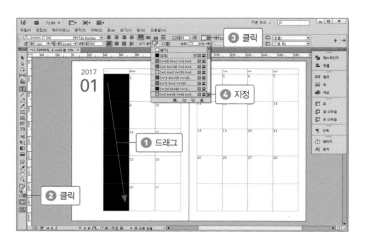

26 일요일 날짜만 빨간색으로 바꾸겠습니다. 더블클릭하여 표를 활성화하고 일요일 부분의 칸을 드래그하여 선택하세요.
[도구] 패널 아랫부분에서 '텍스트에 서식 적용' 아이콘(T)을 클릭하고 칠을 분홍색으로 지정하면 일요일만 글씨 색이 바뀝니다.

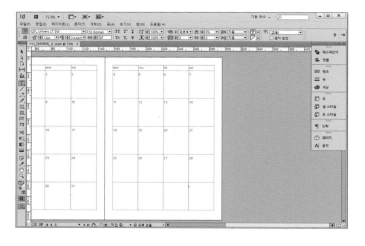

27 오른쪽 페이지도 같은 방법으로 수정하세요.

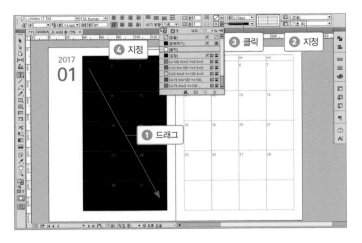

28 세로 선을 모두 없애고 가로 선 굵기와 색을 조절하겠습니다. 표를 더블클릭하여 활성화하고 드래그하여 오른쪽 표를 다 선택합니다. 그리고 표 획 선택 창에서 세로 선만 클릭하여 선택합니다. 그 다음 획을 '[용지]'로 지정합니다.

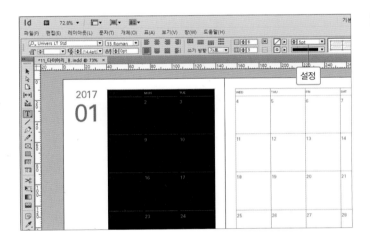

29 선 두께를 '5pt'로 설정합니다.

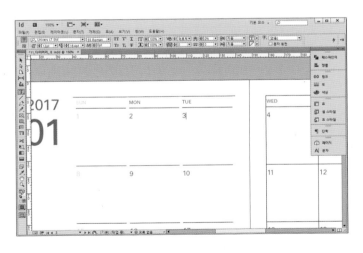

30 가로 선이 띄어져서 보입니다.

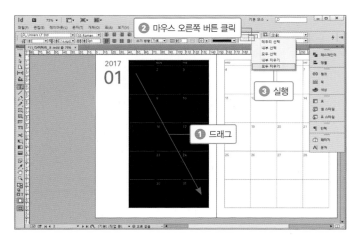

31 가로 선 굵기와 색상을 조절하겠습니다. 더블클릭하여 표를 활성화하고 드래그하여 칸을 모두 선택합니다.

표 획 선택 창에서 마우스 오른쪽 버튼을 클릭하고 **모두 지우기**를 실행하여 선택한 선을 다 지웁니다.

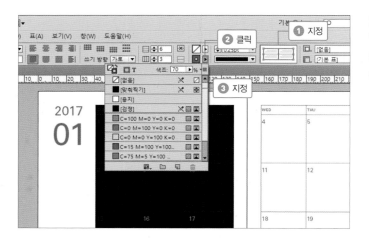

32 가로 선만 클릭하여 다 선택하고 굵기를 '0.25pt'로 설정합니다.

획을 '[검정]', 색조를 '70%'로 지정합니다. 왼쪽 페이지가 완성되었습니다.

33 오른쪽도 같은 방법으로 조절하여 페이지를 완성합니다. 특별한 날이나 행사를 적어 보세요.

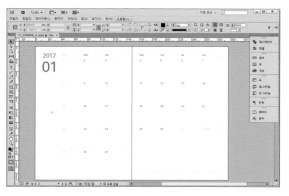

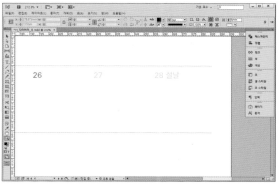

4 주별 내지 만들기

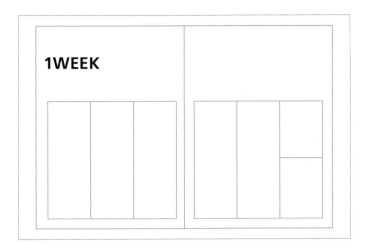

01 주별 다이어리 속지도 만들어 보겠습니다. 세 개의 칸이 세로로 나눠지는 주별 다이어리입니다. 월별 다이어리 속지와 같이 왼쪽과 오른쪽 표를 따로 만들어야 합니다.

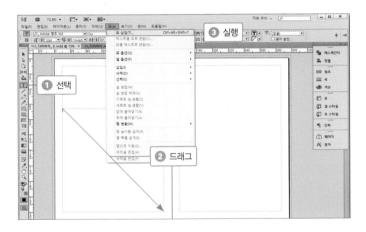

02 새로운 페이지에 표를 만들겠습니다. 문자 도구(**T.**)를 선택하고 드래그하여 그림과 같이 텍스트 프레임을 만듭니다.
[표] → 표 삽입(Ctrl+Alt+Shift+T)을 실행합니다.

03 본문 행을 '1', 열을 '3'으로 설정하고 〈확인〉 버튼을 클릭합니다. 가로 3칸의 표가 만들어집니다.

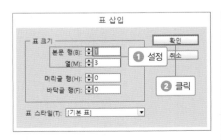

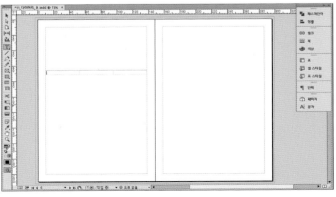

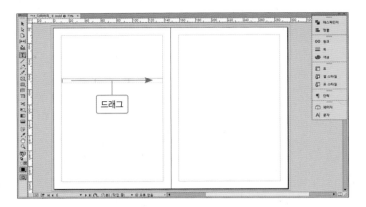

04 표의 세로 높이를 늘리겠습니다. 표를 드래그하여 선택합니다.

05 [표] 패널에서 행 높이(▥)를 '정확하게', 높이를 '125mm'로 설정합니다.

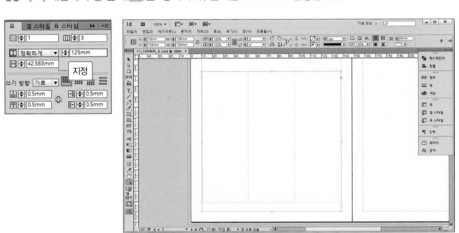

06 표 아랫부분을 더블클릭하여 텍스트 프레임 크기를 알맞게 조절하고 아랫부분 여백 선에 맞추어 표를 내립니다.

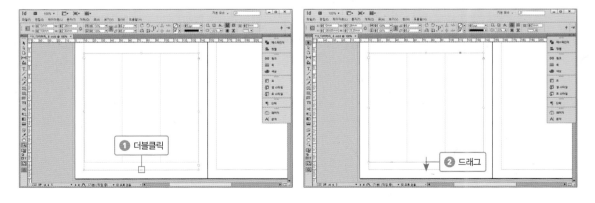

07 날짜를 입력하고 표를 드래그하여 칸을 선택한 다음 글꼴을 지정합니다. 예제에서는 글꼴을 'Univers LT Std', 글꼴 스타일을 '55 Roman', 크기(🇹)를 '12pt'로 지정했습니다.

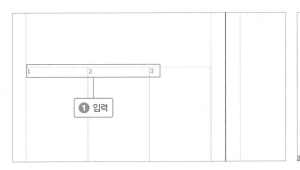
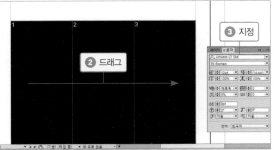

08 서체 색상을 조절하겠습니다. 표가 선택 되어있는 상태로 [도구] 패널의 '텍스트에 서식 적용' 아이콘(**T**)을 클릭하고 칠을 '[검정]', 색조를 '70%'로 지정합니다.

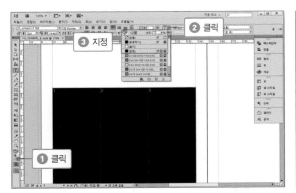
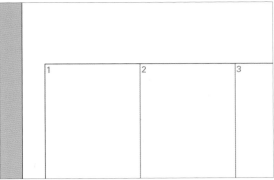

09 표 내부 여백을 조절하여 선과 글씨에 간격을 주겠습니다. 더블클릭하여 표를 활성화하고 드래그하여 선택하세요. [표] 패널에서 위쪽 셀 인세트(🖾)를 '3mm'로 설정합니다.

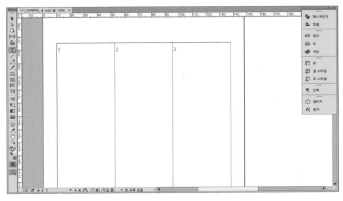

TIP '모든 설정 동일하게 만들기' 아이콘(🔘)을 클릭하여 선택을 해제해야 위쪽 간격을 별도로 조절할 수 있습니다.

10 세로 선을 조절하겠습니다. 표를 더블클릭하여 활성화하고 드래그하여 표 전체를 선택합니다. 표 획 선택 창을 마우스 오른쪽 버튼으로 클릭하고 **모두 지우기**를 실행하여 선을 지운 다음 클릭하여 세로 선만 선택합니다. 선 색상을 '[없음]'으로 지정하여 선을 없앱니다.

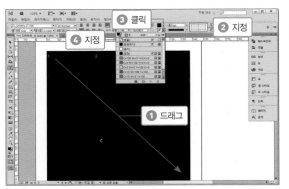 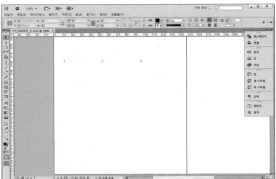

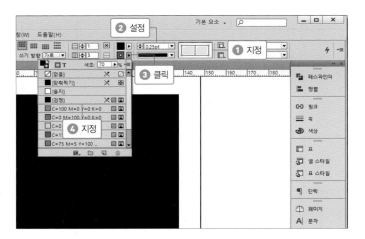

11 가로 선을 조절하겠습니다. 모두 선택된 상태로 표 획 선택 창에서 가로 선만 클릭하여 선택하고 선 굵기를 '0.25pt, 색상을 '[검정]' 색조를 '70%'로 설정합니다.

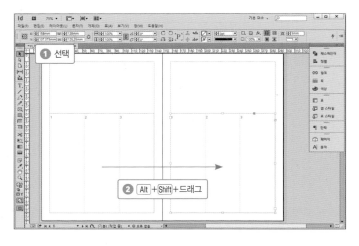

12 왼쪽 표가 완성됩니다.
오른쪽 표는 조금 더 쉽게 만들어 보겠습니다. 선택 도구(▶)를 선택하고 표를 선택한 다음 Alt + Shift 키 누른 채 오른쪽 페이지로 드래그 하여 복제합니다.

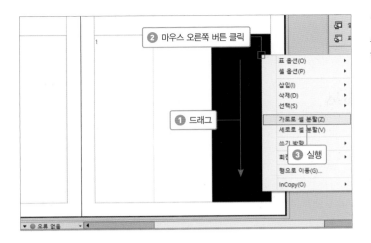

13 세 번째 칸을 드래그하여 선택하고 마우스 오른쪽 버튼을 클릭한 다음 **가로로 셀 분할**을 실행합니다.

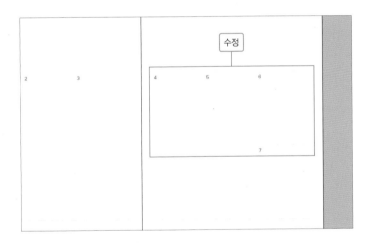

14 왼쪽 표의 날짜를 수정합니다.

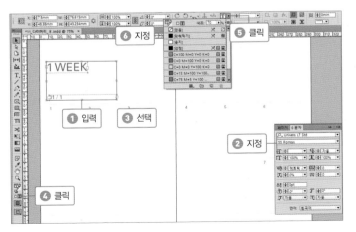

15 '1 WEEK' 텍스트와 '01 / 1'(1월의 첫 번째 주 표시)을 입력하고 글꼴을 지정합니다. 두 텍스트 프레임을 선택합니다. [도구] 패널의 '텍스트에 서식 적용' 아이콘(**T**)을 클릭하고 칠을 [검정], 색조를 '70%'로 설정합니다.

1WEEK • 글꼴 : Univers LT Std, 글꼴 스타일 : 55 Roman,
크기 : 35pt
01 / 1 • 글꼴 : Univers LT Std, 글꼴 스타일 : 55 Roman,
크기 : 17pt

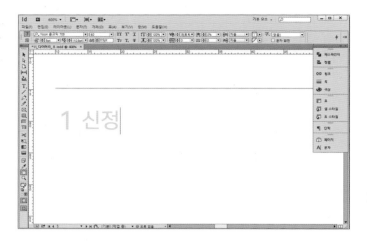

16 공휴일이나 특별한 날이 있으면 색을 수
정하거나 글씨를 삽입합니다.

TIP 영문 서체와 한글 서체를 같이 사용하면 한글 글씨가
커 보이거나 내려가 보입니다. 기준선 위치와 크기를
조절해서 사용하세요.

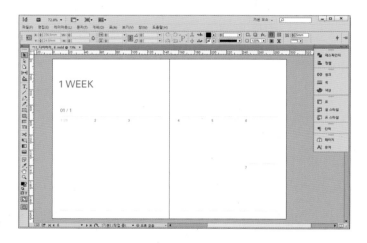

17 주별 다이어리가 완성되었습니다.

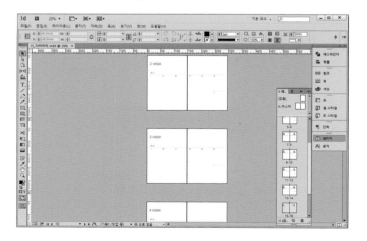

18 날짜를 수정하여 1주, 2주, 3주, 4주, 5주
를 주별로 만들어 보세요.

5 단어 노트 만들기

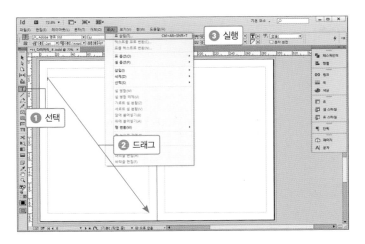

01 새로운 페이지에 단어 노트 부분을 만들 겠습니다.

문자 도구(T)를 선택하고 드래그하여 텍스트 프레임을 만듭니다. **[표] → 표 삽입**(Ctrl+Alt +Shift+T)을 실행합니다.

02 본문 행을 '21', 열을 '5'로 설정하고 〈확인〉 버튼을 클릭합니다.

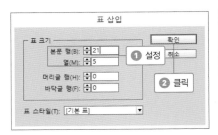

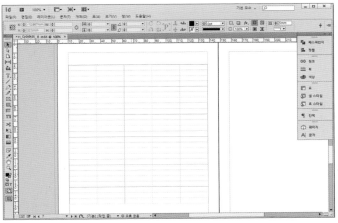

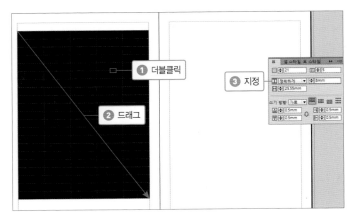

03 표 높이를 조절하겠습니다. 표를 더블클 릭하여 활성화하고 드래그하여 표 전체를 선 택합니다.

[표] 패널에서 행 높이(□)를 '정확하게', 높이 를 '8mm'로 만듭니다.

04 만약 텍스트 프레임이 표보다 작으면 오류 표시가 뜹니다. 텍스트 프레임의 아랫부분을 더블클릭하여 크기를 적절하게 조절하세요.

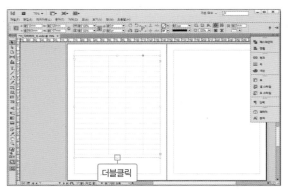
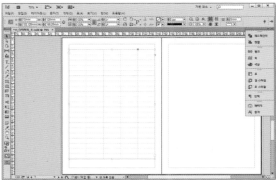

05 단어 노트의 선을 조절하겠습니다. 더블 클릭하여 표를 활성화하고 드래그하여 표 전체를 선택합니다. 표 획 선택 창을 마우스 오른쪽 버튼으로 클릭하고 **모두 지우기**를 실행합니다.

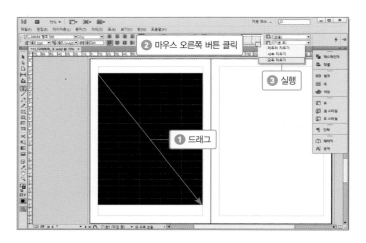

06 표 획 선택 창에서 가로 선을 모두 선택합니다. 두께를 '0.25pt'로 설정하고 획을 '[검정]', 색조를 '70%'로 지정합니다.

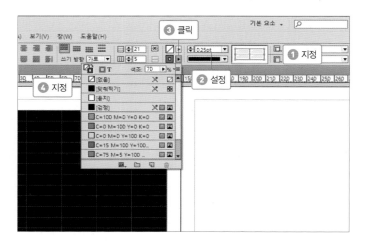

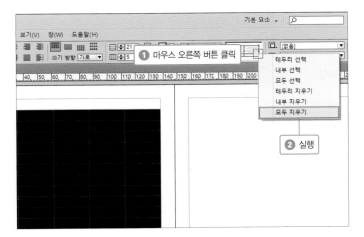

07 표 획 선택 창을 마우스 오른쪽 버튼으로 클릭하고 **모두 지우기**를 실행합니다.

08 양옆 선을 선택하고 선을 '[없음]'으로 지정하여 양끝 선을 없앱니다.

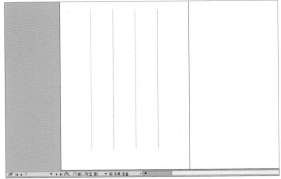

09 세로 선도 조절하겠습니다. 다시 표를 드래그하여 선택하고 컨트롤 패널의 표 획 선택 창에서 마우스 오른쪽 버튼을 클릭한 다음 **모두 지우기**를 실행합니다.

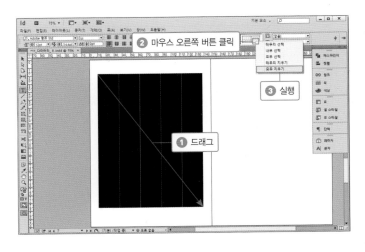

10 가운데 세로 선 한 개만 선택합니다. 그 다음에 선 두께를 '0.25pt'로 지정하고 획을 분홍색으로 지정하여 선 색을 바꿉니다.

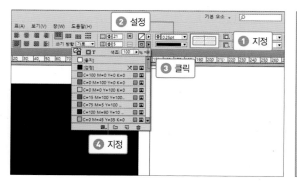

11 단어 노트 위치를 적절히 내리고 복사하여 옆에 붙여 줍니다. 단어 노트가 완성됩니다.

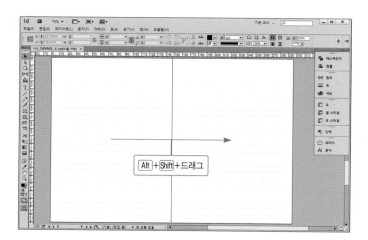

12 정사각형 칸으로 이루어진 노트를 만들겠습니다. 새로운 페이지로 이동합니다. 문자 도구(T)를 선택하고 드래그하여 텍스트 프레임을 만듭니다.

[표] → 표 삽입(Ctrl+Alt+Shift+T)을 실행합니다.

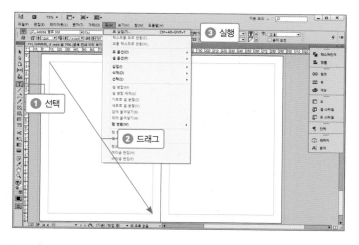

13 [표 삽입] 대화상자가 표시되면 본문 행을 '10', 열을 '10'으로 설정하고 〈확인〉 버튼을 클릭합니다. 표가 만들어집니다.

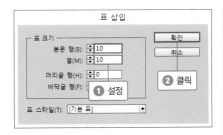

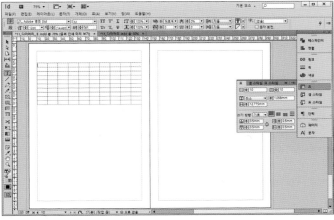

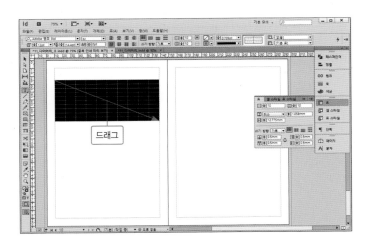

14 표의 가로세로 크기를 10mm로 맞추겠습니다. 드래그하여 표를 모두 선택합니다.

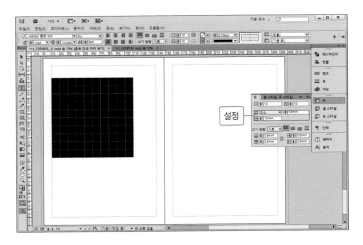

15 [표] 패널에서 행 높이(□)를 '정확하게', '10mm', 열 폭(□)을 '10mm'로 설정하세요.

16 페이지 크기에 맞게 칸을 늘려보겠습니다. [표] 패널에서 행 수와 열 수를 조절하면서 텍스트 프레임 크기에 맞게 조절하세요.

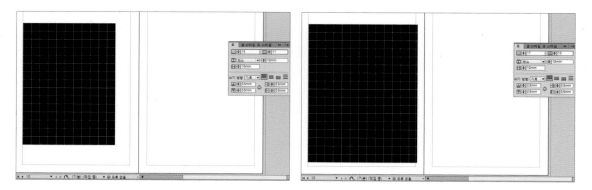

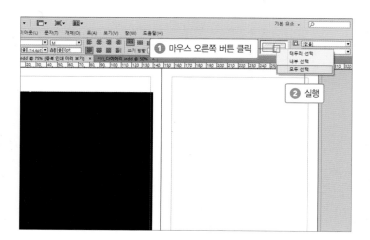

17 칸의 선을 조절하겠습니다. 표 획 선택 창을 마우스 오른쪽 버튼으로 클릭하고 **모두 선택**을 실행합니다.

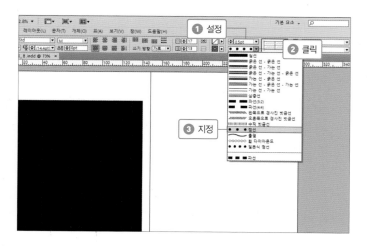

18 선 굵기를 '0.5pt', 선 모양을 '점선'으로 지정합니다.

19 획을 [검정], 색조를 '70%'로 설정합니다.

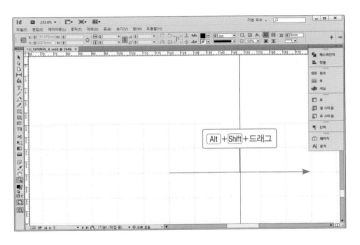

20 표 위치를 적절히 배치하고 Alt + Shift 키를 누르면서 드래그하여 오른쪽 페이지에 복제합니다.

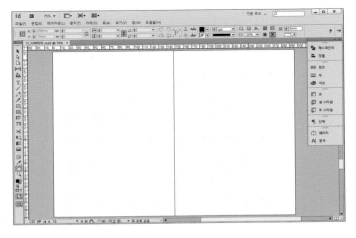

21 정사각형으로 만든 노트가 완성되었습니다.

6 인쇄를 위한 PDF 만들기

01 인쇄용 파일을 정리하기 전에 페이지 정리부터 하겠습니다. 표지는 맨 앞에 위치하고 뒷면은 맨 뒤로 가야 합니다. 인쇄 파일을 만들기 전에 뒷면 파일을 맨 뒤로 보내겠습니다.

이 다이어리 만들기는 표지와 내지를 같은 종이로 만들려고 합니다. 만약에 표지를 더 두꺼운 종이로 하고 싶으면 표지와 내지를 따로 PDF로 만들어야 하고 내지 페이지 수가 4의 배수가 되어야 합니다. 하지만 이 챕터에서는 표지와 내지가 같은 종이로 만들어 표지와 내지 페이지 수를 합쳐서 4의 배수가 되도록 합니다.

1페이지를 마우스 오른쪽 버튼으로 클릭하고 메뉴에서 **페이지 이동**을 실행합니다. 대화상자가 표시되면 대상을 '문서 끝 위치'로 지정하고 〈확인〉 버튼을 클릭합니다.

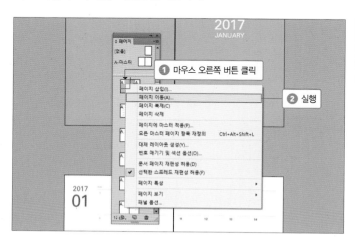

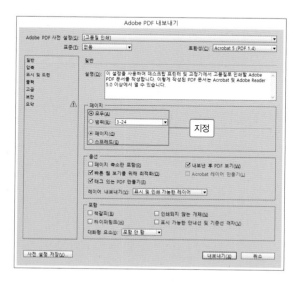

02 표지를 PDF로 먼저 만들겠습니다.
[파일] → Adobe PDF 사전 설정 → [고품질 인쇄]를 실행합니다.
저장 경로와 파일 이름을 지정하고 〈저장〉 버튼을 클릭합니다.
페이지 항목에서 '페이지'를 선택합니다.

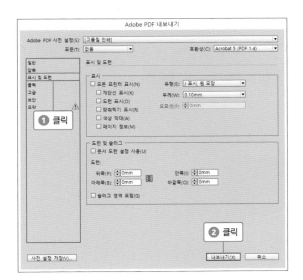

03 왼쪽에서 '표시 및 도련'을 선택하고 확인한 다음 〈내보내기〉 버튼을 클릭합니다.

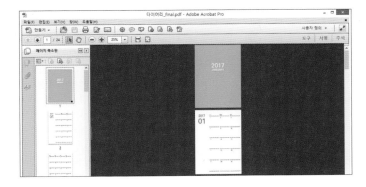

04 인쇄를 위한 PDF가 만들어집니다.

05 집에서 인쇄하려면 PDF에 '소책자' 버튼이 있는 경우가 있습니다. 이 버튼을 누르면 자동으로 하리꼬미가 되어서 출력됩니다. 집에서 프린트할 때는 자동 양면 프린트되는 프린터에서 출력하거나 '앞면만', '뒷면만'의 설정을 통해서 수작업으로 양면 프린트를 하면 됩니다.

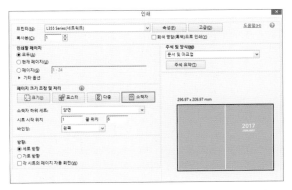
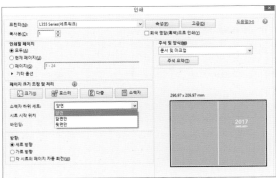

TIP 프린터 기종과 드라이버에 따라 설정 옵션이 다를 수 있습니다.

디자인 사례

다이어리를 만들 때는 꼭 표를 사용해야 합니다. 표 만들기에 익숙해진다면 쉽게 자신만의
다이어리를 만들 수 있습니다.

◀ 다이어리는 스케줄을 정리해야 하기 때문에 표를
이용하는 것이 좋습니다. 표 칸을 이용하여 월, 주, 일
을 명확하게 나타내는 것이 중요합니다.

◀ 달력을 만들 수 있다면 다양한 항목으로 자신만의
다이어리를 만들어도 좋습니다. 일정을 기입하는 다
이어리도 좋지만 용돈 기입 공간이나 칼로리 기입 공
간 등을 추가하여 새로운 종류의 다이어리를 만들어
도 좋습니다.

the WEEKLY
PLANNER

Date:

| Monday | Tuesday | Wednesday | Thursday |
| Friday | Saturday | Sunday | Notes |

the MONTHLY PLANNER

Month:

| MONDAY | TUESDAY | WEDNESDAY | THURSDAY | FRIDAY | SATURDAY | SUNDAY |

the YEARLY PLANNER

January

February

March

April

사진 리플릿 디자인

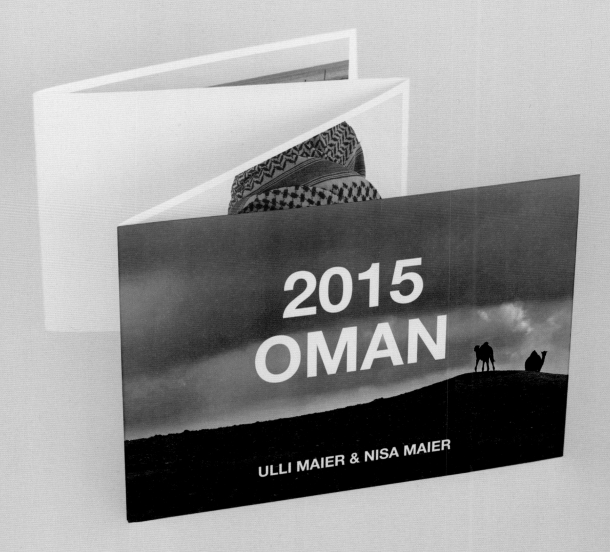

TOWARDS THE BEACH AL KHABAH.

PORTRAIT OF A BOY IN SOUTHERN OMAN.

AT THE BEACH IN AL ASHKHARAH.

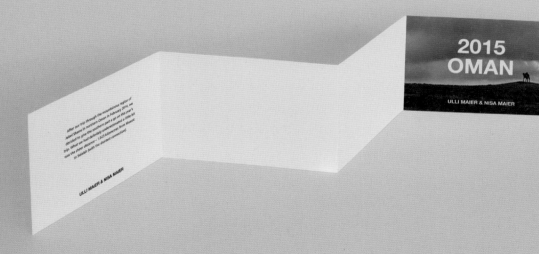

2015 OMAN

ULLI MAIER & NISA MAIER

After our trip through the mountainous region of Jabal Shams in northern Oman in February 2014, we decided to give the southern part a go on this year's trip. What we had definitely underestimated a little bit was the sheer distance – 1,013 kilometres from Muscat to Salalah (with the shortest connection).

ULLI MAIER & NISA MAIER

4단 여행 사진 리플릿 만들기

여행 사진을 이용하여 사진 리플릿을 만들겠습니다.
네 장의 사진을 이용하여 4단으로 접히는 사진 카드입니다. 여행을 다녀 온 후에
주위 친구들이나 가족에게 선물하기 좋습니다.

1 레이아웃 확인하기

01 먼저 봉투를 고르겠습니다. 기존 봉투 크기에 따라서 카드 크기를 결정하겠습니다. 4단으로 접히는 두꺼운 사진 리플릿이기 때문에 봉투 크기보다 8mm 작게 만들겠습니다.

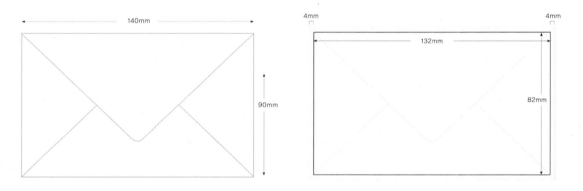

02 모두 동일한 레이아웃을 사용하는 카드입니다. 그래서 마스터 페이지를 이용하면 빠르고 쉽게 이미지와 텍스트를 넣을 수 있습니다.

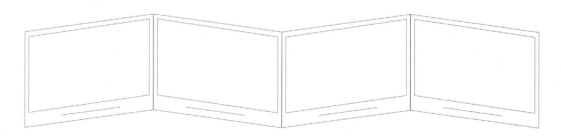

2 리플릿을 위한 새 문서 만들기

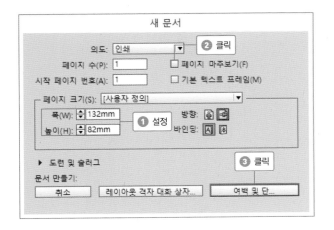

01 **[파일] → 새로 만들기 → 문서([Ctrl]+[N])**
를 실행합니다.
앞에서 계산한 카드 크기로 문서를 만들겠습니다. 페이지 크기에서 폭을 '132mm', 세로를 '82mm'로 설정하고 '페이지 마주보기'에 체크 표시를 해제한 다음 〈여백 및 단〉 버튼을 클릭합니다.

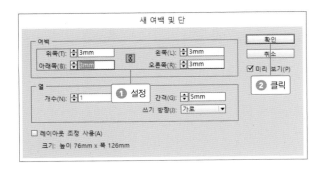

02 모든 여백을 '3mm'로 설정하고 〈확인〉
버튼을 클릭합니다.

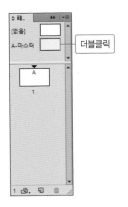

03 'A-마스터'로 들어가겠습니다. [페이지]
패널에서 'A-마스터'를 더블클릭하여 들어가
세요.

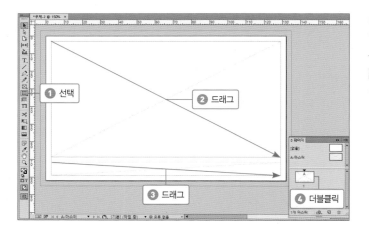

04 사각형 프레임 도구(⊠)를 선택하고 여백 선에 맞추어 드래그하여 두 개의 빈 박스를 만드세요.

[페이지] 창에서 아랫부분의 1페이지를 더블클릭하여 마스터 페이지에서 나옵니다.

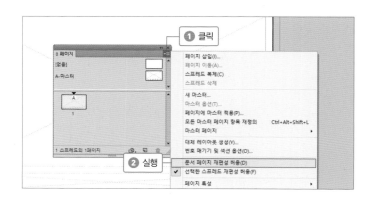

05 페이지를 4단으로 만들겠습니다. [페이지] 패널 오른쪽 윗부분 메뉴 아이콘(▼▤)을 클릭하고 **문서 페이지 재편성 허용** 선택을 해제합니다.

06 오른쪽 윗부분 메뉴 아이콘(▼▤)을 클릭하고 **페이지 삽입**을 실행합니다.

[페이지 삽입] 대화상자가 표시되면 페이지를 '3', 마스터를 'A-마스터'로 지정하고 〈확인〉 버튼을 클릭합니다.

07 4페이지가 연속으로 붙게 됩니다.

3 이미지 가져와 배치하기

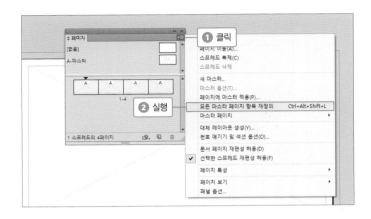

01 만들어 둔 마스터 페이지를 깨겠습니다. [페이지] 패널에서 모든 페이지가 다 선택된 채로 패널 오른쪽 메뉴 아이콘(▼≡)을 클릭하고 **모든 마스터 페이지 항목 재정의**([Ctrl]+[Alt]+[Shift]+[L])를 실행합니다.

마스터 페이지에서 만든 모든 개체의 잠금이 풀립니다.

02 이미지를 넣어보겠습니다. 선택 도구(▶)를 선택합니다. 마스터 페이지에서 풀린 프레임 사각형을 선택하고 **[파일]** → **가져오기**([Ctrl]+[D])를 실행한 다음 10 폴더에서 '1_card.jpg' 파일을 가져오세요.

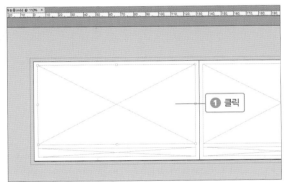

03 나머지 페이지에도 이미지를 가져와 주세요. (2_card.jpg, 3_card.jpg, 4_card.jpg)

04 이미지 크기를 조절하겠습니다. 직접 선택 도구(▶)를 선택하고 빨간색 실제 이미지가 보이는 부분을 조절하세요. Shift 키 누르면서 조절하면 비율에 맞게 줄일 수 있습니다.

05 아랫부분에 텍스트를 넣겠습니다. 문자 도구(T)를 선택하고 아랫부분 텍스트 프레임을 클릭하세요.

10 폴더의 '사진 리플릿 텍스트.txt'에서 해당 글을 복사(Ctrl+C)하여 붙이세요(Ctrl+V).

06 [문자] 패널에서 서체를 변경합니다. 예제에서는 글꼴을 'Gill Sans MT', 글꼴 스타일을 'Regular', 크기(T)를 '7pt'로 지정했습니다. [단락] 패널에서 문자를 가운데 정렬로 변경합니다. [컨트롤] 패널에서도 '가운데 정렬' 아이콘(≡)을 클릭하여 수직 가운데 정렬합니다.

4 카드 앞면 만들기

01 카드 앞면은 마스터 페이지를 사용하지 않겠습니다. [페이지] 패널에서 '[없음]'을 드래그하여 아랫부분에 놓습니다. 그리고 다시 드래그하여 옆 페이지에 붙입니다. 그렇게 네 장을 붙여서 앞면을 만듭니다.

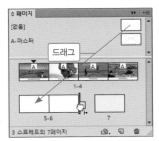 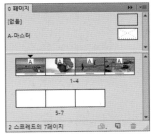 

02 표지를 만들겠습니다. 맨 오른쪽 페이지가 뒤집혔을 때 표지가 됩니다.
[파일] → 가져오기(Ctrl+D)를 실행하고 10 폴더에서 'main_card.jpg'를 가져와 배치합니다.

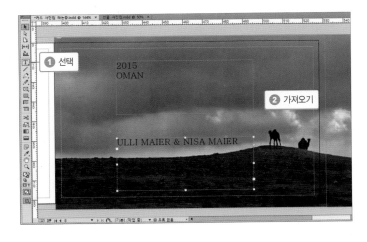

03 문자 도구(T)를 선택하고 드래그하여 텍스트 프레임을 만듭니다.
10 폴더의 '사진 리플릿 텍스트.txt'에서 텍스트를 복사(Ctrl+C)하고 인디자인 문서에 붙입니다(Ctrl+V).

04 [문자] 패널에서 글꼴을 지정합니다. 텍스트 프레임 양끝을 드래그하여 늘리고 [단락] 패널에서 가운데로 정렬합니다.

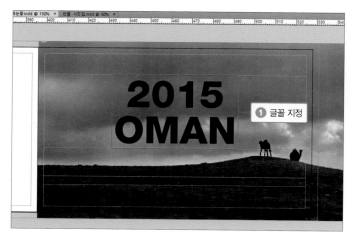
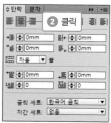

제목 • 글꼴 : Helvetica85-Heavy, 글꼴 스타일 : Heavy, 크기 : 53pt, 행간 : 51pt, 가운데 정렬
하단 • 글꼴 : Helvetica85-Heavy, 글꼴 스타일 : Heavy, 크기 : 12pt, 가운데 정렬

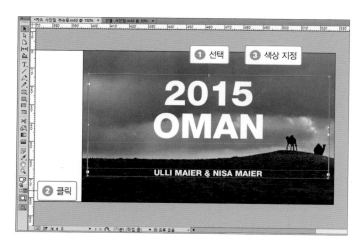

05 텍스트 색상을 바꾸겠습니다. 표지에 있는 텍스트 프레임을 모두 선택하고 [도구] 패널 아랫부분 '텍스트에 서식 적용' 아이콘(**T**)을 클릭합니다. 칠을 '[용지]'로 지정합니다.

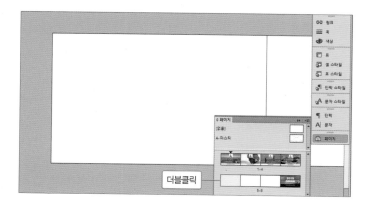

06 맨 뒷면을 만들겠습니다. [페이지] 패널에서 5페이지를 더블클릭하여 맨 왼쪽 페이지로 이동합니다.

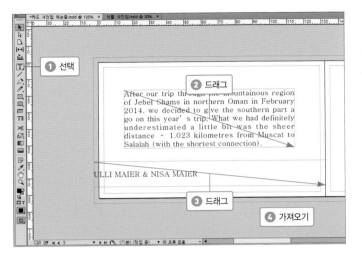

07 문자 도구(T)를 선택하고 드래그하여 텍스트 프레임을 만듭니다.
해당 텍스트를 '사진 리플릿 텍스트.txt'에서 복사(Ctrl+C)하여 가져옵니다(Ctrl+V).

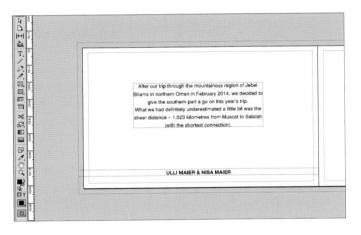

08 [문자] 패널에서 서체와 크기를 조절합니다. 그리고 [단락] 패널에서 가운데 정렬로 맞추어 줍니다.

제목 • 글꼴 : Helvetica–Normal, 글꼴 스타일 : Regular, 크기 : 8pt, 행간 : 13pt, 가운데 정렬
하단 • 글꼴 : Helvetica75, 크기 : 8pt, 가운데 정렬

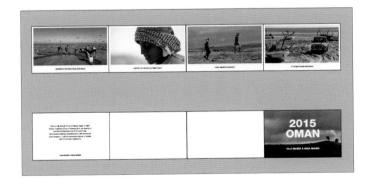

09 완성되었습니다.

5 인쇄용 PDF 파일 확인하기

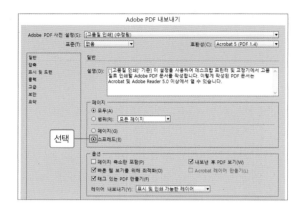

01 인쇄용 PDF 파일로 바꾸겠습니다.
[파일] → Adobe PDF 사전 설정 → 고품질
인쇄를 실행하고 저장 경로와 파일 이름을 지
정한 다음 〈저장〉 버튼을 클릭합니다.
페이지 항목에서 '스프레드'를 선택합니다.

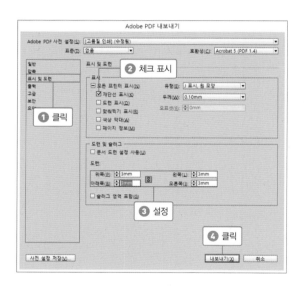

02 오른쪽에서 '표시 및 도련'을 클릭하고 표
시 항목에서 '재단선 표시'에 체크 표시합니다.
도련을 모두 '3mm'로 설정하고 〈내보내기〉 버
튼을 클릭합니다.

03 PDF 파일이 만들어집니다. 인쇄를 한다
면 이 파일 그대로 인쇄소에 보내면 됩니다.
혹은 작은 봉투를 구하고 A4로 축소하여 집에
서 프린트해도 됩니다.
이 카드를 실제 크기로 소량 출력(디지털 인쇄)
을 하기 위해서는 A2 크기로 출력해야 합니다.
하지만 A2로 출력을 하면 양면 인쇄가 안 되기
때문에 한 면에 앞면과 뒷면을 동시에 출력하
여 두 장을 붙여야 합니다.
A2 크기 종이에 앞면, 뒷면을 모두 출력하도록
이미지를 인디자인에서 다시 조정하겠습니다.

6 앞뒷면을 모두 출력하도록 조절하기

01 도련 3mm 부분을 드래그하여 지워 줍니다. 도련이 있으면 앞, 뒤를 부착하기 어렵습니다.

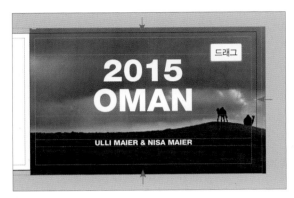
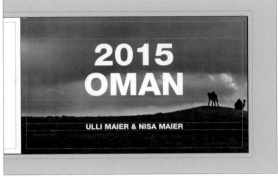

02 사각형 도구(■)를 선택하고 드래그하여 사각형을 만들어서 페이지를 완전히 덮습니다.

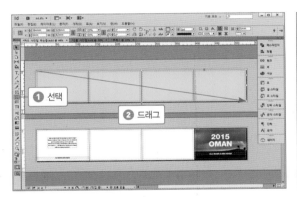
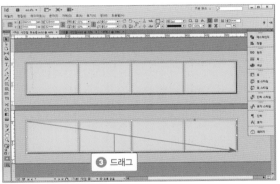

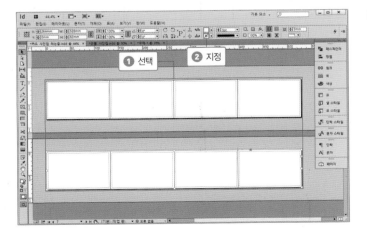

03 사각형 색을 '[용지]'로 바꿉니다.

04 마우스 오른쪽 버튼을 클릭합니다. **배치 → 맨 뒤로 보내기**(Ctrl+Shift+[)를 실행하여 이미지 뒤에 놓습니다.

 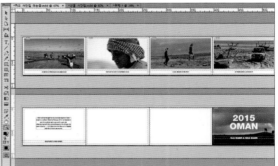

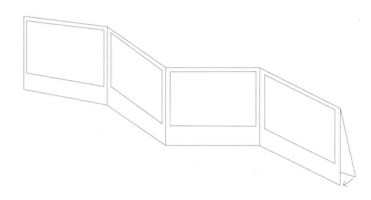

05 카드의 위가 이어진 상태에서 접어서 앞면과 뒷면을 붙여야 합니다. 그래서 별도로 재단선을 맨 밑과 가운데에에만 표시하겠습니다.

06 펜 도구(🖋)로 아랫부분과 접히는 부분에 선을 그려 줍니다.

 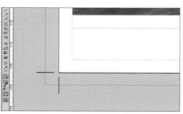 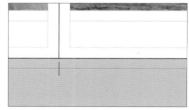

07 내지(위쪽 페이지)에 만든 재단선을 복사하여 표지에도 그대로 붙여 주겠습니다. 내지의 재단선을 복사(Ctrl+C)합니다.
[페이지] 패널에서 표지 페이지를 클릭해 줍니다.

TIP 페이지를 이동하여 개체를 붙여줄 때는 꼭 붙일 페이지를 클릭하여 페이지를 위치를 바꿉니다. 스크롤을 내려서 화면이 바뀌어도 컴퓨터는 기존 페이지로 인식합니다.

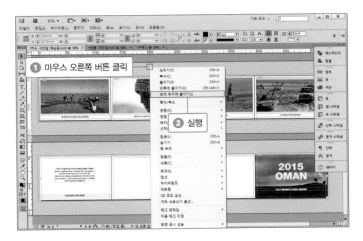

08 마우스 오른쪽 버튼을 클릭하고 **현재 위치에 붙이기**를 실행하여 같은 위치로 맞추어 줍니다.

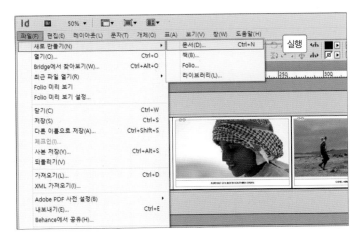

09 A2 크기의 파일을 하나 더 만들겠습니다. **[파일] → 새로 만들기 → 문서(Ctrl+N)**를 실행합니다.

10 [새 문서] 대화상자에서 페이지 크기를 'A2'로 지정하고 '페이지 마주보기'의 체크 표시를 해제한 다음 〈여백 및 단〉 버튼을 클릭합니다. [새 여백 및 단] 대화상자에서 여백을 각각 '0mm'로 설정하고 〈확인〉 버튼을 클릭합니다.

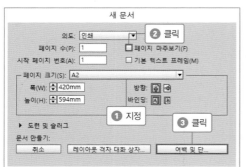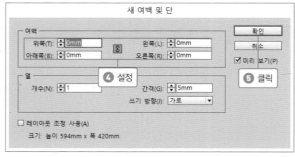

TIP 페이지 크기에 'A2'가 없을 경우 폭을 '420mm', 높이를 '594mm'로 설정합니다.

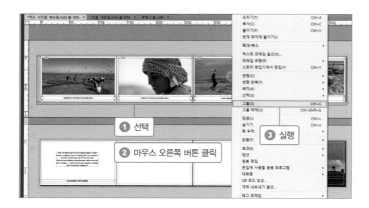

11 윗부분 카드 이미지와 만든 재단선을 모두 선택하고 마우스 오른쪽 버튼을 클릭한 다음 **그룹**([Ctrl]+[G])을 실행합니다.

12 같은 방법으로 아랫부분 표지 부분도 그룹으로 만듭니다.
그룹으로 만든 카드 이미지를 복사([Ctrl]+[C])합니다.

13 A2 크기 문서에 붙입니다(Ctrl+V).

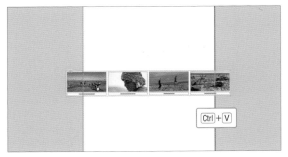

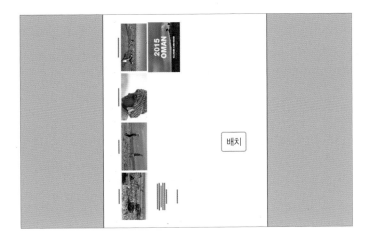

14 그림과 같이 개체를 회전한 다음 윗부분이 붙도록 붙입니다.
중간에 접히는 것을 대비해 살짝 띄워 배치합니다.

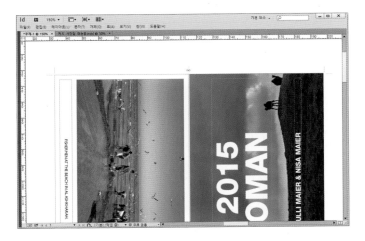

15 펜 도구(✐)를 선택하고 맨 위 가운데에 칼선을 그립니다.

16 아랫부분에 칼선을 그립니다. 한 위치를 잡기 힘들면 기존에 만들어둔 선을 Alt + Shift 키를 누르면서 마우스로 드래그하면서 복제하여 붙입니다.

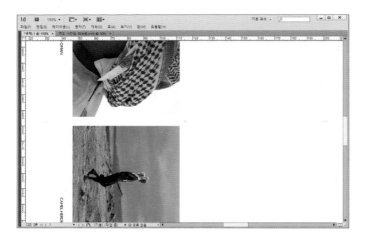

17 한가운데 부분에도 칼선을 넣어 주세요.

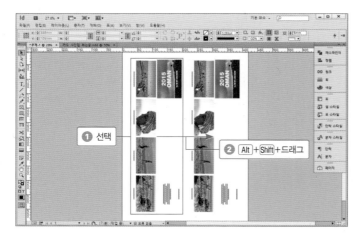

18 보통 출력 비용은 장 단위로 계산이 됩니다. 그래서 복사하여 하나 더 옆에 만들어 주겠습니다. 한 장 비용으로 두 개를 만들 수 있습니다.

7 인쇄를 위한 PDF 파일 만들기

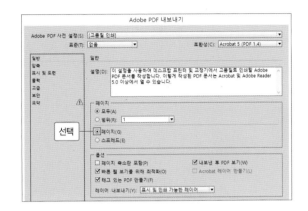

01 출력용 PDF로 만들겠습니다. **[파일]** → **Adobe PDF 사전 설정** → **고품질 인쇄**를 실행합니다. 저장 위치와 파일 이름을 지정하고 〈저장〉 버튼을 클릭합니다.
페이지 항목에서 '페이지'를 선택합니다.

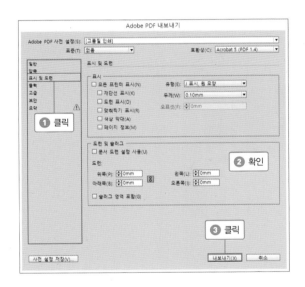

02 왼쪽에서 '표시 및 도련'을 클릭하고 아무 것도 선택하지 않은 채로 〈내보내기〉 버튼을 클릭합니다.

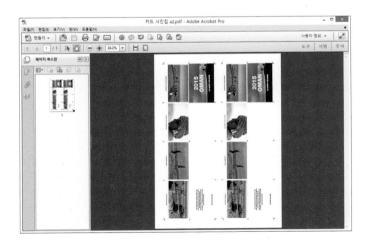

03 A2 크기 출력 파일이 완성되었습니다.

디자인 사례

리플릿 형식의 사진집은 책보다는 간단하고 엽서보다는 풍부한 느낌을 줍니다. 제본 형식도
복잡하지 않아 제작 비용도 저렴합니다.

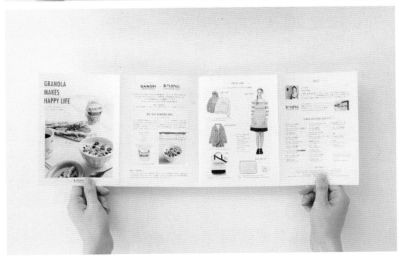

《인디자인 실용 테크닉》의 저자

이용순

이 책의 저자로, 디자인 에이전트 회사와 '페트라' 소속 디자이너로 일하고 있다. 취미로 편집 디자인을 하면서 많은 것을 배우고 도전하고 있다.

● **편집 디자인의 매력은 무엇인가요?**

편집 디자인에는 규칙이 있습니다. 예를 들어 만화책을 읽을 때도 설명은 없지만 어느 부분부터 어느 방향으로 읽어야 하는지 알 수 있고 저자가 말하고자 하는 것이 무엇인지 알 수 있는 것처럼 편집 디자인도 설명은 없지만 그 흐름이 있습니다. 여러 장의 문서에 같은 글씨, 비슷한 이미지를 사용하지만 독자가 지루하지 않게 정보를 습득하게 도와주는 편집 디자인을 흥미롭게 느끼고 있습니다.

● **편집 디자인을 할 때 가장 중요하게 생각하는 것은 무엇인가요?**

여백과 간격입니다. 개체 배치 간격으로 편집 디자인의 리듬이 정해진다고 생각합니다. 시각적인 간격도 중요하고 실제 간격도 중요합니다. 또한 여백을 어떻게 사용하느냐에 따라서 글씨가 많아도 잘 읽혀지는 경우가 있고 글씨가 적어도 답답하게 느껴지는 경우가 있습니다. 편집 디자이너는 편집물에 따라 가장 적합한 여백과 간격을 찾아야 합니다.

● **편집 디자인을 할 때 어떤 순서로 작업하나요?**

먼저 디자인 리서치를 합니다. 다른 디자이너들이 어떤 콘셉트와 추세에 맞추는지를 확인하고 클라이언트가 원하는 방향으로 작업한 다음 그 후에 디자인 형태를 결정합니다. 브로슈어 형태, 소책자 형태 등 인쇄 판형을 결정하고 제작 단가를 고려하여 부수와 인쇄 형식도 결정합니다. 그리고 내부에 들어가는 내용이 감성적인 정보인지, 이성적인 정보인지 파악하여 이미지 혹은 벡터 형태의 일러스트 사용 여부를 결정합니다. 레이아웃은 글과 이미지 양을 취합하여 정보 전달과 시각적인 흐름에 따라 배치합니다. 만약 편집물을 보는 독자 연령

대가 높다면 텍스트 크기와 이미지 크기도 조절해야 하기 때문에 주 독자층을 파악하여 구성하는 것이 좋습니다.

● **편집 디자이너가 되고 싶어 하는 후배들에게 하고 싶은 이야기가 있다면 무엇인가요?**

편집 디자이너만 되어서는 안 됩니다. 요즘에는 그래픽, 웹 등을 다루는 디자이너가 많습니다. 물론 인디자인을 사용한다면 포토샵, 일러스트레이터를 다룰 줄 알아야 하지만 편집 디자이너로만 살아가기에는 현실이 너무 혹독합니다. 제대로 할 줄 모르면서 이것저것 하는 것도 문제이지만 단 한 가지만 한다면 살아가기 힘듭니다. 저는 1년에 70%는 다른 디자인 작업을 하고 나머지 작업에서 편집 디자인을 합니다. 편집 디자인을 기본으로 알고 다른 디자인에 적용할 수 있다면 더 좋은 디자이너가 될 것입니다.

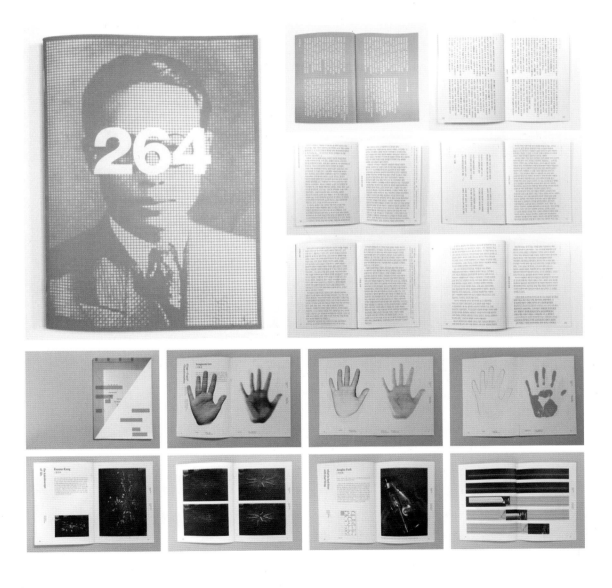

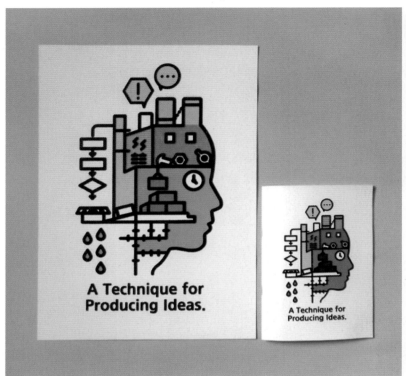

● 작업을 진행할 때 가장 힘든 부분이 무엇인가요?

이미지 사용과 제작이 가장 까다롭습니다. 저작권에 걸리지 않으면서 용량이 큰 이미지를 구하는 것은 쉽지 않습니다. 직접 촬영한 이미지를 사용하는 것이 가장 좋지만 인터넷에 있는 이미지처럼 깨끗하지 않습니다. 유료 이미지 사이트에서 이미지를 구매할 수도 있지만 구매비, 저작권비, 사용 기간에 따른 사용비, 고용량 사용비 등 다양한 명목으로 비용을 지불하는 것도 쉽지가 않습니다. 무료 이미지 사이트도 있지만 확실히 유료 이미지보다 못합니다. 해외에서 올린 이미지를 사용하는 것도 100% 안전하게 사용할 수 있는 것이 아닙니다.

● 편집 디자인을 할 때 이미지 간격과 서체 크기 등을 어떻게 결정하나요?

편집 디자인을 할 때 '왜'라는 질문을 자신에게 하면서 결정하는 것이 좋습니다. 예를 들어 '왜 9pt 크기의 서체를 사용해야 하지?'라고 자신에게 질문을 해 보면 '이 편집물은 10, 20대들이 보는 의류 브로슈어니까 서체가 더 클 필요가 없어.'와 같은 결론을 내릴 수 있습니다. 또 한 가지 예를 들자면 '왜 이 책의 주요색으로 파란색을 사용해야 하지?'라는 의문에 '전자 제품의 차갑고 금속적인 느낌을 내려면 파란색이 좋아.'라는 답을 하면서 결정을 합니다. 아무 생각 없이 느낌대로 결정하는 것보다 이유와 근거를 가지고 작업을 한다면 더 좋은 편집을 할 수 있습니다.

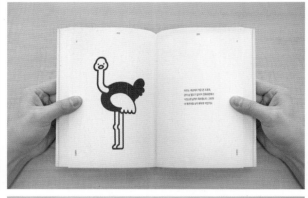

● 단은 어떤 식으로 나누나요?

판형에 따라서 가이드라인이 바뀝니다. 예를 들어서 A4 크기의 세로 판형이라면, 4단 이상으로 나누면 가독성에 문제가 생기기 때문에 3단 혹은 2단으로 단을 나눕니다. A5 세로 형태는 3단 이상이 되면 또한 가독성에 문제가 생깁니다. 판형에 따라서 가독성에 문제가 되는 단을 피하고 그 단을 중심으로 가이드라인을 넣습니다. 가장 좋은 방법은 실제로 텍스트를 넣어 보고 출력해 보는 것입니다. 일반적인 판형을 사용하는 것이 아니라면 실제로 출력해서 가장 어울리는 단을 찾아보는 것이 가장 좋은 방법입니다.

● 저렴한 인쇄소로 어디가 좋을까요?

저는 브로슈어, 스티커, 전단지 등의 용품을 인쇄할 때는 '성원애드피아(www.swadpia.co.kr)'를 이용합니다. 특가 종이를 이용하면 저렴하며 빠르게 인쇄가 가능하고 인쇄 질도 나쁘지 않습니다. 그러나 같은 색을 인쇄해도 채도가 약간 다르게 나올 수 있습니다. 또한 특가 인쇄는 종이가 한정되어 있어서 다른 재질의 종이를 이용하거나 후가공을 한다면 가격은 일반적인 수준이 됩니다. 책이나 디지털 인쇄는 저렴하다고 말하기 어렵기 때문에 견적을 잘 비교하여 인쇄하는 것이 좋습니다. 디지털 인쇄를 할 때는 '디지 프린트(www.digiprint.co.kr)'나 '태산 인디고(www.tindigo.com)'를 이용합니다. 디지털 견적이 가능하며 다양한 종이로 소제본 인쇄가 가능하기 때문에 독립 출판을 하는 분들이 자주 이용하는 인쇄소입니다.

● 편집 디자인을 잘 하고 싶습니다. 어떻게 하면 잘 할 수 있을까요?

유명한 편집 디자인 제작물을 그대로 따라 편집 디자인해 보는 것이 가장 좋은 방법입니다. 그대로 따라 하다 보면 레이아웃이나 가이드라인을 이해하게 됩니다. 특히 이미지 크기나 텍스트 길이 등이 그냥 이유 없이 배치된 것이 아니라는 것을 알게 될 겁니다.

● 좋은 편집 디자인이란 어떤 것인가요?

제가 생각하는 좋은 편집 디자인은 균형이 맞으면서 지루하지 않고 다양하면서도 통일되어 있는 디자인입니다. 예를 들어, 텍스트가 주인 소설책과 논문을 간격과 서체를 활용해 가독성을 높였다면 좋은 편집 디자인이며, 브로슈어나 리플릿 등에서 이미지, 개체, 간격, 텍스트를 활용해 정보를 이해하기 쉽게 전달했다면 좋은 편집 디자인이라고 할 수 있을 것입니다.

메뉴북 디자인

Coffee

		HOT	ICE
에스프레소	Espresso	2,500	3,000
아메리카노	Americano	2,500	3,000
카페라떼	Cafe Latte	3,000	3,300
카푸치노	Cappuccino	3,000	3,500
카페모카	Cafe Mocha (White)	4,000	4,500
카라멜 마키아또	Caramel Macchiato	4,000	4,500
카라멜 카페모카	Caramel-Cafe Mocha	4,000	4,500
아포가토	Affogato	4,000	4,500
핸드드립	Hand Drip	4,000	4,500
더치커피	Dutch Coffee (Water Drip)	4,000	4,500

5

LATTE

		HOT	ICE
우유	Milk	2,000	3,000
홍차라떼	Black Tea Latte	3,000	3,500
녹차라떼	Green Tea Latte	3,000	3,500
초코라떼	Choco Latte	3,000	3,500
민트라떼	Mint Latte	4,000	4,000
고구마라떼	Sweet Potato Latte	3,500	4,000
바닐라라떼	Vanila Latte	3,500	4,000
그린티/민트초코라떼	Greentea Mint Choco Latte	3,500	4,500
스노우레인	Snow Rain	4,000	5,500

7

TEA

		HOT	ICE
얼그레이	Earlgrey	4,000	4,500
다즐링	Darjeeling	4,000	4,500
밀크티	Milk Tea	4,000	4,500
레몬티	Lemon Tea	4,000	4,500
아이스티	Ice Tea (Lemon, Peach)	4,000	4,500
우롱티	Oolon Tea	3,000	3,500
허브티	Herb Tea	4,000	4,500
	(페퍼민트, 캐모마일, 루이보스, 레몬 그라스, 재스민)		
자몽티	Grapefruit Tea	4,500	5,000

9

Wi-Fi
ID Abraham cafe
PW AC1234

저희 아브라함 카페는 2017년에 오픈하여 진한 커피와 달콤한 차로 여러분과 함께하게 됐습니다.
1층은 커피를 마시며 사람들과 이야기 하는 곳입니다.
2층은 책을 보시거나 공부를 하시는 분들을 위한 곳입니다. 원하시는 장소에서 신선한 커피와 함께 하세요.

Cafe Open 11:00 – Close 10:00

WORKSHOP 11
메뉴북 디자인

다양한 요소를 활용한 카페 메뉴북 만들기

지금까지 배워본 것을 이용하여 메뉴판을 만들겠습니다. 텍스트, 이미지, 도형, 표를 이용하여 메뉴판에 들어가는 요소를 만들어 보겠습니다. 표지는 텍스트와 도형으로 만들고 내용에 들어가는 메뉴, 가격 등은 표로 만들겠습니다.

1 메뉴판을 위한 새 문서 만들기

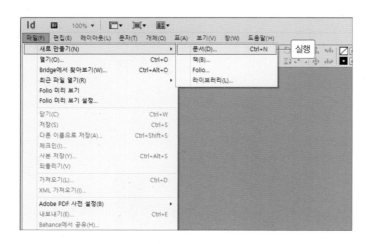

01 [파일] → 새로 만들기 → 문서(Ctrl+N)를 실행합니다. A4 크기 메뉴판을 만들겠습니다. 페이지 크기를 'A4'로 지정하고 방향을 '가로(圖)'로 지정합니다. '페이지 마주보기'에 체크 표시하고 〈여백 및 단〉 버튼을 클릭합니다.

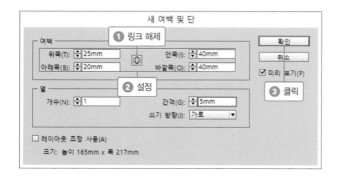

02 메뉴판은 링 제본을 하겠습니다. 링 제본은 스프링으로 제본하는 방식을 말합니다. 링 제본을 할 경우 책의 안쪽 여백을 더 줘야 합니다.

[새 여백 및 단] 대화상자에서 위쪽을 '25mm', 아래쪽을 '20mm', 안쪽을 '40mm', 바깥쪽을 '40mm'로 설정합니다.

이 메뉴판은 여백이 많이 필요하기 때문에 안쪽과 바깥쪽 여백을 많이 준 것입니다. 〈확인〉 버튼을 클릭합니다.

2 표지와 뒤표지 만들기

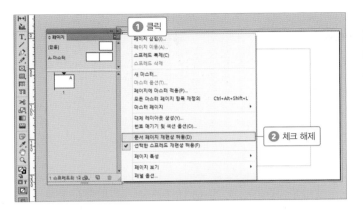

01 표지와 뒤표지를 만들겠습니다. [페이지] 패널에서 오른쪽 윗부분 메뉴 아이콘(▣)을 클릭하고 **문서 페이지 재편성 허용**의 체크 표시를 해제합니다.

02 '새 페이지 만들기' 아이콘(▣)을 클릭하여 새로운 페이지를 만듭니다. 만들어진 페이지를 드래그하여 1페이지 옆에 붙입니다.

03 표지 배경을 먼저 만들겠습니다. [컨트롤] 패널의 칠에서 마우스 오른쪽 버튼을 클릭하고 메뉴를 표시한 다음 **새 색상 견본**을 실행합니다.

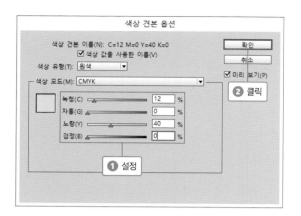

04 녹청을 '12%', 자홍을 '0%', 노랑을 '40%', 검정을 '0%'로 지정합니다.

05 만든 연녹색으로 배경을 채우겠습니다. 사각형 도구(■)를 선택하고 1페이지에 드래그하여 덮습니다. 칠 색상을 연두색으로 지정합니다. 2페이지도 같은 방법으로 배경을 만듭니다.

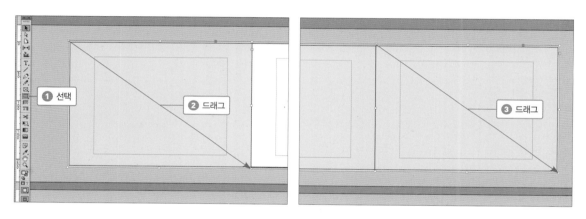

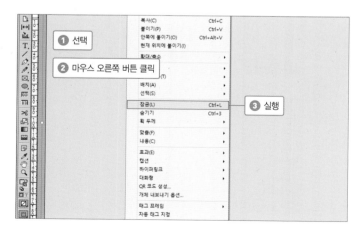

06 배경이 자주 클릭되어 내부의 개체를 조절할 때 불편합니다. 마우스 오른쪽 버튼을 클릭하고 **잠금**((Ctrl)+(L))을 실행하면 배경이 움직이지 않습니다.

TIP **잠금**을 실행하면 왼쪽 윗부분에 자물쇠 모양이 표시됩니다. 자물쇠 모양을 더블클릭하면 잠금이 해제됩니다.

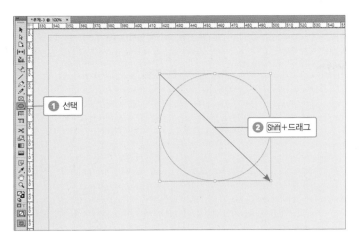

07 표지 텍스트를 둥글게 만들겠습니다.
타원 도구(◯)를 선택하고 Shift 키를 누르면서
2페이지를 드래그하여 정원을 그립니다.

① 선택

② Shift + 드래그

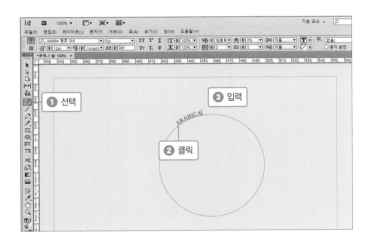

08 문자 도구(T)를 오래 누르면 도구 선택
창이 표시됩니다. 패스에 입력 도구(↙)를 선
택합니다.
정원 테두리를 클릭하고 텍스트를 입력합니다.

① 선택

③ 입력

② 클릭

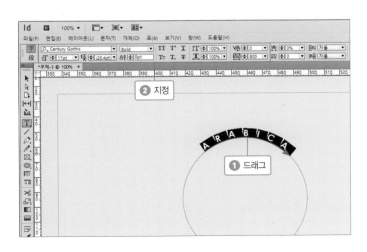

09 텍스트를 드래그하여 선택하고 글꼴
을 지정합니다. 예제에서는 글꼴을 'Century
Gothic', 글꼴 스타일을 'Bold', 크기(T)를
'17pt', 자간(VA)을 '800'으로 지정했습니다.

② 지정

① 드래그

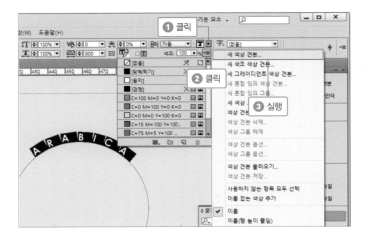

10 텍스트 색상을 만들겠습니다. 텍스트를 드래그한 상태로 [컨트롤] 패널의 칠 오른쪽에서 색상 견본을 표시합니다. 메뉴를 표시한 다음 **새 색상 견본**을 실행합니다.

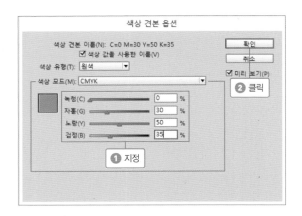

11 녹청을 '0%', 자홍을 '30%', 노랑을 '50%', 검정을 '35%'로 지정하고 〈확인〉 버튼을 클릭합니다.

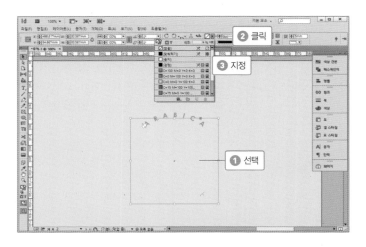

12 원을 선택합니다.
칠과 획을 '[없음]'으로 지정합니다.

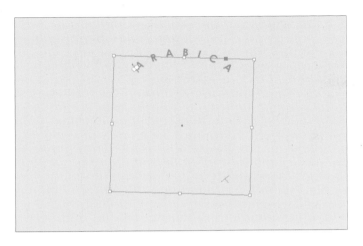

13 가운데가 안 맞으면 각도를 조절하여 맞추거나 [Space] 키와 자간을 이용하세요. 텍스트를 드래그하여 선택하고 [Alt] 키를 누른 상태에서 방향키([→])를 누르면 오른쪽으로 자간이 조절되면서 미세하게 텍스트를 움직일 수 있습니다. 움직여지지 않는다면 [Space] 키를 눌러서 한 칸 띈 다음에 적용하면 됩니다.

14 아래쪽 텍스트도 동그랗게 만들겠습니다. 하지만 아래쪽 텍스트는 원 안으로 들어오게 만들어야 해서 만드는 방법이 조금 다릅니다. 타원 도구(�É)를 선택하고 [Shift] 키를 누른 채 드래그하여 정원을 그립니다. 직접 선택 도구(▷)를 선택하고 원 윗부분 조절점을 클릭한 다음 [Delete] 키를 눌러 지웁니다.

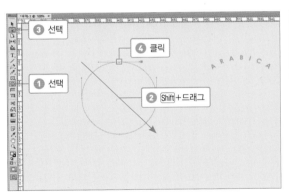

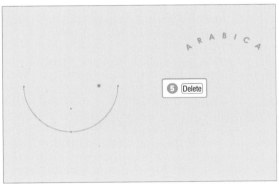

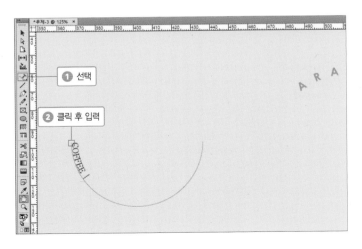

15 패스에 입력 도구(✐)를 선택하고 반원 테두리를 클릭한 다음 텍스트를 입력합니다. 원 안쪽에 텍스트가 들어간 것을 볼 수 있습니다.

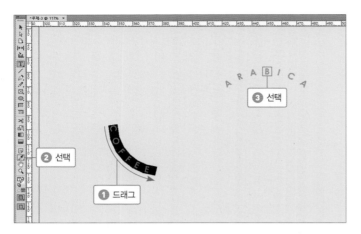

16 텍스트를 드래그하여 선택하고 스포이드 도구(🖊)로 이전에 만든 텍스트를 클릭합니다. 그러면 똑같은 스타일이 적용된 텍스트가 만들어집니다.

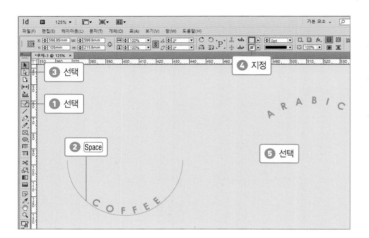

17 Space 키를 눌러서 텍스트를 가운데로 맞춥니다. 라인을 지우고 싶으면 직접 선택 도구(▶)로 원을 클릭하고 칠과 획을 모두 '[없음]'으로 지정합니다.
텍스트 두 개를 가운데에 배치하겠습니다. 텍스트 두 개를 함께 선택합니다.

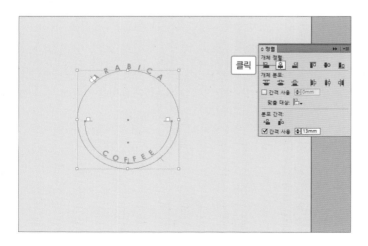

18 [정렬] 패널(Shift+F7)에서 '수평 가운데 정렬' 아이콘(🖫)을 클릭합니다.

19 가운데 텍스트를 입력하겠습니다. 문자 도구(T)를 선택하고 텍스트를 입력한 다음 글꼴을 지정합니다. 글꼴을 'Century Gothic', 글꼴 스타일을 'Bold', 크기(T)를 '40pt', 가운데 정렬(≡), 색상을 연갈색으로 지정합니다.

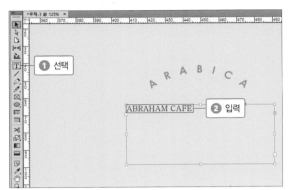

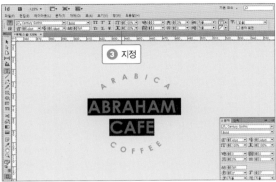

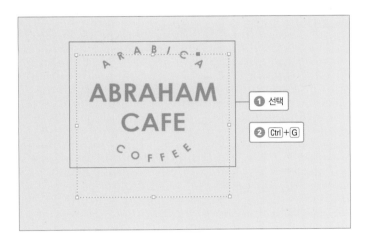

20 텍스트를 모두 선택하고 Ctrl+G 키를 눌러 그룹으로 만듭니다.

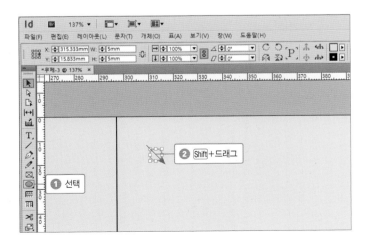

21 배경에 점을 만들겠습니다. 타원 도구(◯)를 선택하고 Shift 키를 누른 채로 드래그하여 작은 정원을 만듭니다.

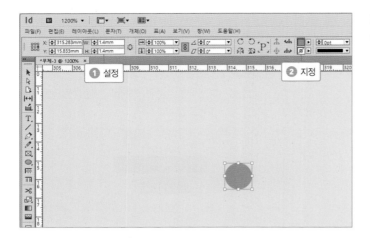

22 크기를 1.4mm로 맞추고 칠 색상을 연갈색으로 지정합니다.

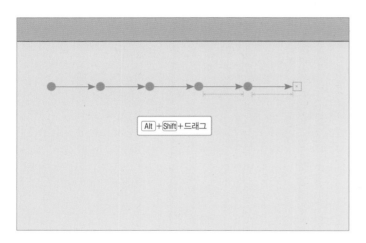

23 Alt+Shift 키를 누른 채 드래그하여 원을 복제해 줍니다.

24 [정렬] 패널에서 '수평 공간 분포' 아이콘(⬛)을 클릭하여 원을 일정한 간격으로 배치하고 Ctrl+G 키를 눌러 그룹으로 만듭니다.

25 똑같이 세로로 복사하여 붙입니다. [정렬] 패널에서 '수직 공간 분포' 아이콘()을 클릭하여 세로 간격도 일정하게 맞춥니다.

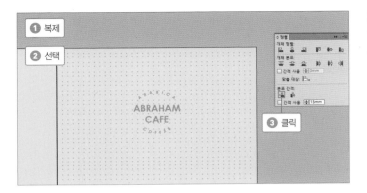

26 전체를 선택하고 [Ctrl]+[G] 키를 눌러 그룹으로 만듭니다.

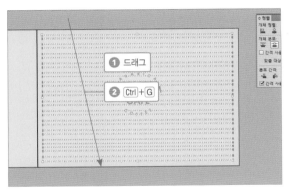 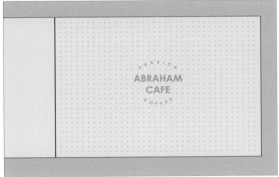

27 점을 [Alt]+[Shift] 키를 누른 채 드래그하여 복제합니다.

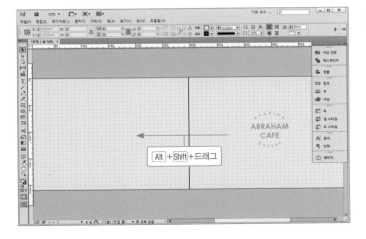

28 표지 텍스트를 마우스 오른쪽 버튼으로 클릭하고 **잠금**(Ctrl+L)을 실행합니다.

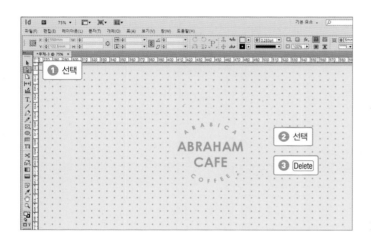

29 직접 선택 도구( )를 선택하고 텍스트 주변 점을 선택한 다음 Delete 키를 눌러 지웁니다.

TIP 드래그를 이용하여 쉽게 지울 수 있습니다.

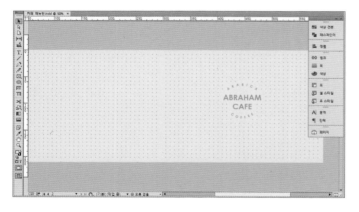

30 표지가 완성되었습니다.

3 내지 만들기

01 [페이지] 패널에서 '[없음]'을 기존 페이지 아래로 드래그합니다. 새로운 페이지가 만들어집니다.

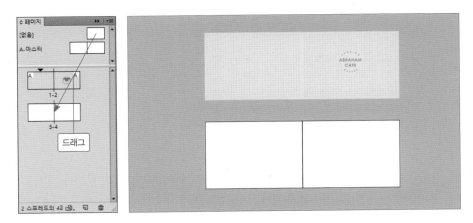

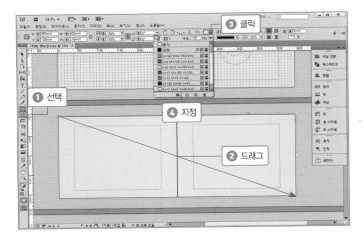

02 배경을 연두색으로 만들겠습니다.
사각형 도구(■)를 선택하고 페이지 전체를 드래그합니다.
배경을 연두색으로 지정합니다.

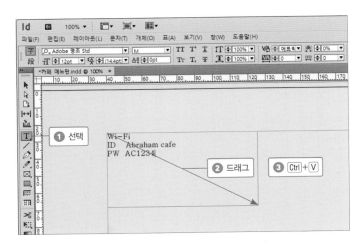

03 왼쪽 페이지에 텍스트를 넣겠습니다. 문자 도구(T.)를 선택하고 텍스트 프레임을 만든 다음 11 폴더의 '메뉴북 텍스트.txt' 파일에서 텍스트를 복사하여 붙입니다.

04 글꼴을 조절합니다. 예제에서는 글꼴을 'Yoon 윤고딕 700', 크기(🔲)를 '29pt', 색상을 연갈색으로 지정했습니다.

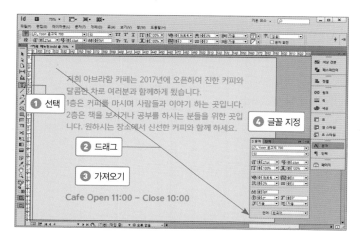

05 왼쪽 페이지에 텍스트를 넣겠습니다. 문자 도구(🔲)를 선택하고 텍스트 프레임을 만든 다음 텍스트를 복사(Ctrl+C)하고 붙입니다(Ctrl+V). 글꼴을 조절합니다.

> **❗ 주의**
>
> 배경이 있는 상태에서 텍스트 프레임을 만들려고 하면 안 그려집니다. 그때는 페이지 바깥 부분에서 드래그하여 만든 다음 원하는 위치에 배치하세요.

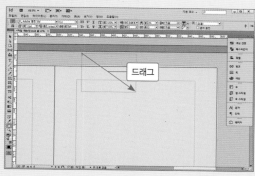

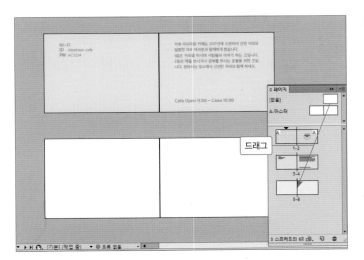

06 새로운 페이지를 더 만들겠습니다. [페이지] 패널에서 '[없음]'을 기존 페이지 아래로 드래그하여 새로운 페이지를 만듭니다.

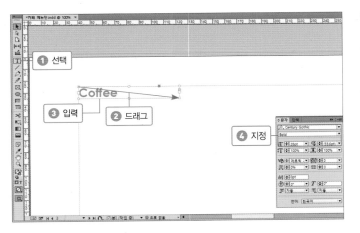

07 새 페이지를 만들고 제목을 입력하겠습니다. 문자 도구(T)를 선택하고 제목을 입력할 텍스트 프레임을 만든 다음 'Coffee'를 입력합니다. 텍스트 프레임을 안내선에 맞춰 배치하고 글꼴을 지정합니다.
예제에서는 글꼴을 'Century Gothic', 글꼴 스타일을 'Bold', 크기(T)를 '28pt', 색상을 연갈색으로 지정했습니다.

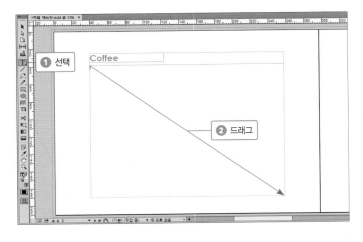

08 메뉴 부분은 표를 만들어서 넣겠습니다. 문자 도구(T)를 선택하고 드래그하여 그림과 같이 텍스트 프레임을 크게 만듭니다.

4 표로 메뉴판 정리하기

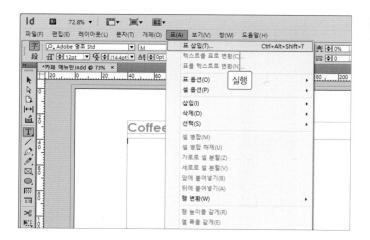

01 [표] → **표 삽입**(Ctrl + Alt + Shift + T)을 실행하여 표를 만듭니다.

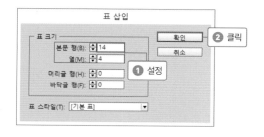

02 본문 행을 '14', 열을 '4'로 설정합니다.

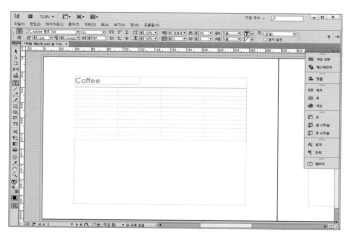

03 가로로 네 칸 세로로 열네 칸인 표가 만들어집니다.

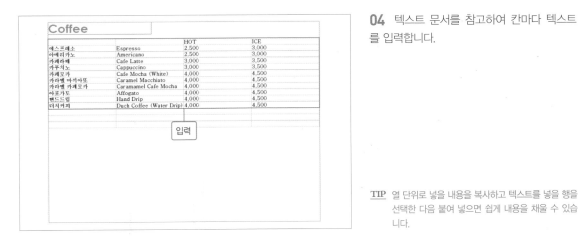

04 텍스트 문서를 참고하여 칸마다 텍스트를 입력합니다.

TIP 열 단위로 넣을 내용을 복사하고 텍스트를 넣을 행을 선택한 다음 붙여 넣으면 쉽게 내용을 채울 수 있습니다.

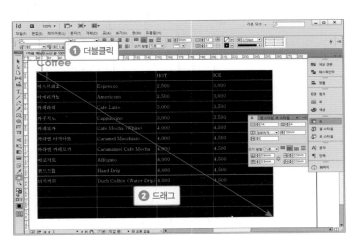

05 표를 더블클릭하면 커서가 생깁니다. 그 상태에서 표를 드래그하면 표가 전체 선택됩니다.

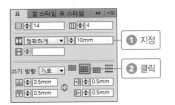

06 텍스트를 드래그하여 표를 모두 선택하고 표 높이와 가로 길이를 조절하겠습니다. [표] 패널(Shift+F9)에서 행 높이(▥)를 '정확하게', 높이를 '10mm'로 지정합니다. '가운데 정렬' 아이콘을 눌러 가운데로 맞춥니다.

TIP 패널 및 아이콘 형태는 버전에 따라 다를 수 있습니다.

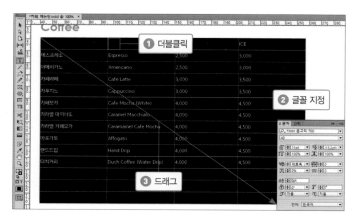

07 글꼴과 크기를 조절하겠습니다. 표를 더블클릭하고 텍스트를 모두 드래그한 다음 글꼴을 조절합니다.

예제에서는 글꼴을 'Yoon 윤고딕 700', 크기(☐)를 '10pt', 색상을 '검은색'으로 지정했습니다.

08 세로 선은 드래그하여 맞추겠습니다. 표의 선에 대고 더블클릭하면 마우스 포인터가 화살표로 바뀝니다. 그 상태에서 드래그하면 표의 세로 선이 움직입니다.

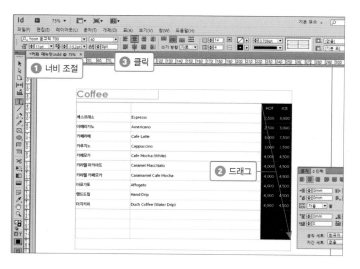

09 칸 너비를 조절하고 'HOT' 내용과 'ICE' 내용을 가운데 정렬(☐)로 바꿉니다.

10 표 내부 선을 모두 없애겠습니다.
표 텍스트를 모두 드래그한 다음 [컨트롤] 패널의 표 획 선택 창에서 마우스 오른쪽 버튼을 클릭하고 **모두 선택**을 실행합니다.

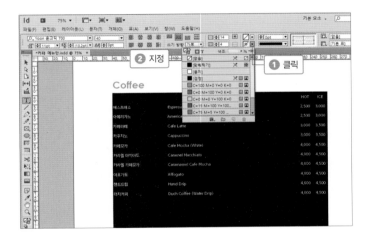

11 [컨트롤] 패널에서 획을 '[없음]'으로 지정하면 모든 선이 사라집니다.

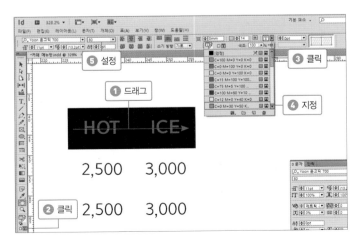

12 가격 윗부분 'HOT'와 'ICE' 글자를 굵게 만들고 갈색으로 바꾸겠습니다.
'HOT'와 'ICE' 부분을 드래그하여 선택합니다.
[도구] 패널 아랫부분에서 '텍스트에 서식 적용' 아이콘(**T**)을 클릭하고 [컨트롤] 패널에서 칠을 갈색으로 지정합니다.
예제에서는 글꼴 스타일을 '80'으로 설정했습니다.

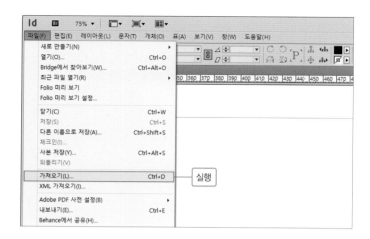

13 오른쪽에 이미지를 넣겠습니다. **[파일]** → **가져오기**(Ctrl+D)를 실행합니다.

14 11 폴더에서 'coffee.jpg' 파일을 가져와 오른쪽 페이지에 그림과 같이 사진을 드래그 하여 삽입합니다.

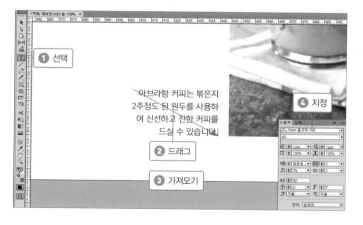

15 사진 옆에 텍스트를 입력하겠습니다. 문자 도구(T)를 선택하고 텍스트 프레임을 만든 다음 텍스트 문서에서 내용을 복사(Ctrl+C)해서 붙입니다(Ctrl+V).
글꼴을 지정합니다. 예제에서는 글꼴을 'Yoon 윤고딕 700', 크기(T)를 '10pt', 행간(A)을 '16pt', 색상을 검은색으로 지정했습니다.

5 복제를 이용해 다른 페이지 쉽게 만들기

01 기존에 만든 메뉴 페이지를 복사하여 사용하겠습니다. [페이지] 패널에서 5–6페이지를 선택합니다. 그리고 마우스 오른쪽 버튼을 클릭한 다음 **스프레드 복제**를 실행하면 페이지가 복제됩니다. 이렇게 페이지 네 장을 복제합니다.

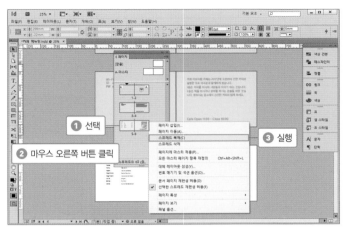
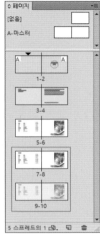

02 텍스트 파일을 참고하여 7, 9 페이지의 메뉴 가격과 이름을 바꿉니다.

03 8, 10페이지의 이미지도 교체해 보겠습니다. 교체할 이미지를 클릭하고 [링크] 패널에 들어가서 아랫부분 클립 모양의 '다시 연결' 아이콘(🔗)을 클릭합니다. 교체할 이미지를 선택하면 이미지가 바뀝니다.

아랫부분 텍스트도 다른 텍스트를 복사(Ctrl +C)하고 붙여서(Ctrl+V) 교체합니다.

6 마스터 페이지를 이용해 하시라 만들기

01 쪽 번호와 메뉴판 아랫부분 글씨를 마스터 페이지를 이용하여 만들어 보겠습니다. [페이지] 패널에서 'A-마스터' 글씨 옆의 페이지를 더블클릭합니다. 그러면 마스터 페이지로 들어가게 됩니다. 문자 도구(T)로 텍스트 프레임을 만들고 임의의 글자를 타이핑합니다.

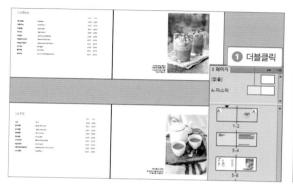
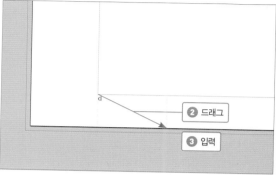

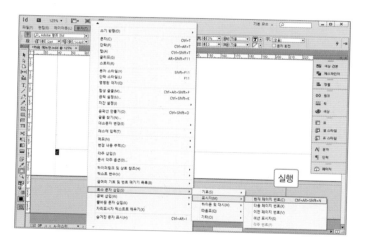

02 텍스트를 드래그하고 [문자] → 특수 문자 삽입 → 표시자 → 현재 페이지 번호(Ctrl + Alt + Shift + N)를 실행합니다.

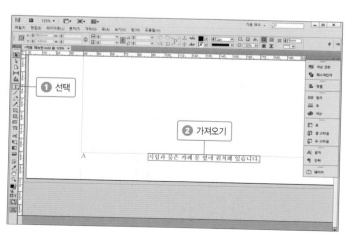

03 내용이 알파벳 'A'로 바뀝니다. 메뉴판 밑에 텍스트를 넣어 보겠습니다. 문자 도구(T)를 선택하고 드래그하여 텍스트 프레임을 만든 다음 텍스트 문서에서 텍스트를 복사하여 넣습니다.

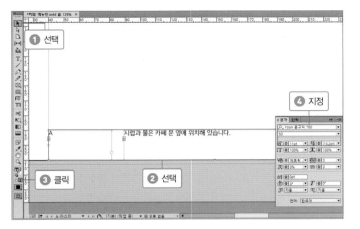

04 쪽 번호와 아랫부분 텍스트의 폰트, 크기, 위치를 바꾸겠습니다. 선택 도구(▶)를 선택하고 Shift 키를 누르면서 두 텍스트 프레임을 선택합니다.

[도구] 패널 아랫부분에서 '텍스트에 서식 적용' 아이콘(T)을 클릭하고 [문자] 패널에서 글꼴을 조절합니다.

예제에서는 글꼴을 'Yoon 윤고딕 700', 글꼴 스타일을 '50', 크기(T)를 '11pt'로 지정했습니다.

05 Alt + Shift 키를 누르고 쪽 번호를 반대 페이지에 드래그하여 복제합니다. '오른쪽 정렬' 아이콘(▤)을 클릭하여 오른쪽 정렬하고 전체 텍스트 프레임을 모두 선택한 다음 [컨트롤] 패널에서 '가운데 정렬' 아이콘(▤)을 클릭합니다.

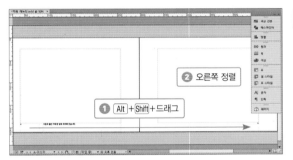

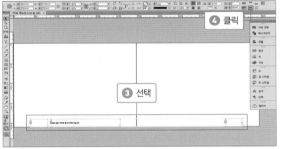

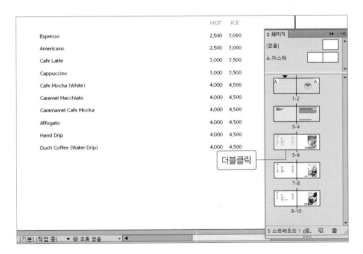

06 마스터 페이지를 다른 아랫부분 페이지에 적용하겠습니다.

[페이지] 패널에서 아랫부분 5페이지를 더블클릭하여 마스터 페이지에서 나옵니다.

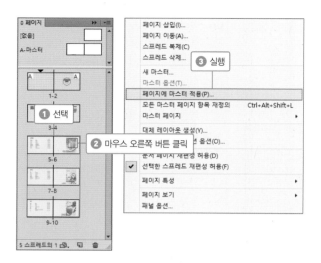

07 Shift 키를 누르고 5~10페이지를 선택한 다음 마우스 오른쪽 버튼을 클릭합니다. **페이지에 마스터 적용**을 실행합니다.

08 마스터 적용을 'A-마스터'로 지정하고 〈확인〉 버튼을 클릭합니다.

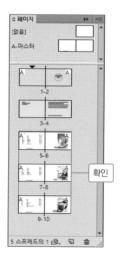

09 마스터가 적용되면 알파벳 'A'가 페이지 윗부분에 표시됩니다.

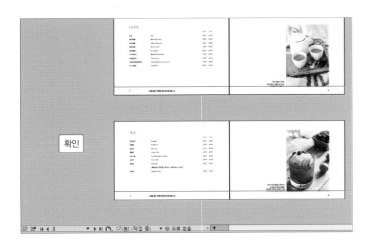

10 같은 자리에 쪽 번호와 텍스트가 적용된 것을 확인할 수 있습니다.

11 7페이지와 9페이지의 텍스트를 바꾸겠습니다. Ctrl+Shift 키를 누르면서 마스터가 적용된 곳을 클릭하면 마스터로 지정한 부분을 수정할 수 있게 됩니다.

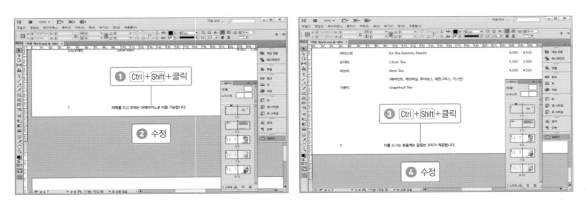

TIP 이전에 사진첩을 만들 때는 표지와 내지 종이의 재질과 두께가 달랐기 때문에 표지 파일과 내지 파일을 따로 만들었습니다. 하지만 이번 카페 메뉴판은 같은 재질과 같은 두께의 종이로 만들기 때문에 파일을 따로 만들지 않아도 됩니다. 또한 표지와 뒷면이 붙어 있는 형태가 아니기 때문에 내지를 만들 듯이 페이지를 만들면 됩니다.

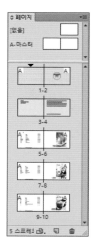

12 뒷면을 맨 뒤로 옮기겠습니다.

TIP 페이지 수정하기

표지와 뒷면 페이지가 바로 옆으로 붙어 있어야 표지와 뒷면을 같은 콘셉트로 만들기 편하고, 같은 디자인 요소들을 가져오기 편합니다. 그래서 인쇄 파일로 만들 때는 페이지 순서를 다시 조절해야 합니다.

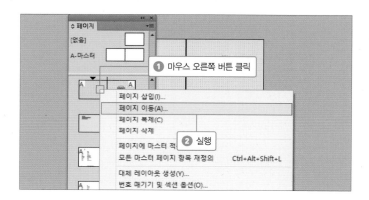

13 1페이지를 클릭하고 마우스 오른쪽 버튼을 클릭한 다음 **페이지 이동**을 실행합니다.

14 대상을 '문서 끝 위치'로 지정하고 〈확인〉 버튼을 클릭합니다.

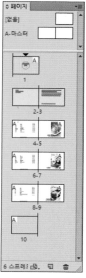

7 인쇄를 위한 PDF 만들기

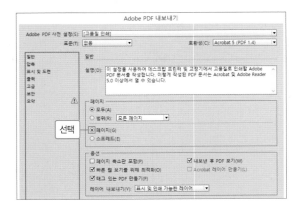

01 인쇄소 소량 출력용 PDF를 만들겠습니다. **[파일] → Adobe PDF 사전 설정 → [고품질 인쇄]**를 실행합니다.
저장 위치와 파일 이름을 지정하고 파일 형식을 'Adobe PDF(인쇄)'로 지정한 다음 〈저장〉 버튼을 클릭합니다.
페이지 항목에서 '페이지'를 선택합니다.

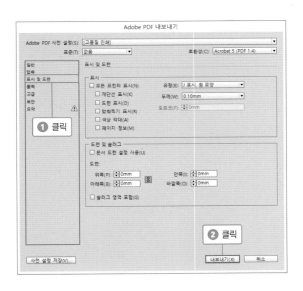

02 '표시 및 도련'에서 아무 것도 체크하지 않은 채로 〈내보내기〉 버튼을 클릭합니다.

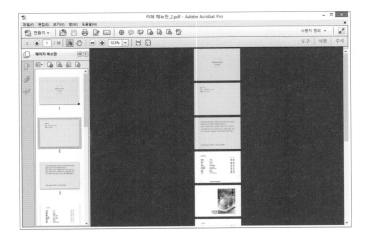

03 완성입니다.

TIP 전반적으로 프린터 인쇄는 기본 여백이 나옵니다. 배경 색상이 있는 상태에서 인쇄를 하게 되면 프린터 기본 여백이 함께 인쇄가 됩니다. 인쇄소랑 잘 이야기하여 출력하고 집에서 인쇄를 한다면 더 신경 써서 인쇄해야 합니다.

디자인 사례

카페 메뉴판이나 음식 소개 책은 요리 재료나 메뉴가 잘 나타나는 것이 좋습니다. 요리 사진을 넣을 때는 꽉 찬 느낌보다 여백을 많이 주면 더 깨끗한 느낌이 납니다. 여백을 잘 이용한다면 멋진 카페 메뉴판을 만들 수 있습니다.

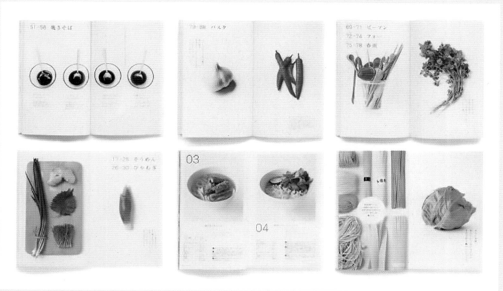

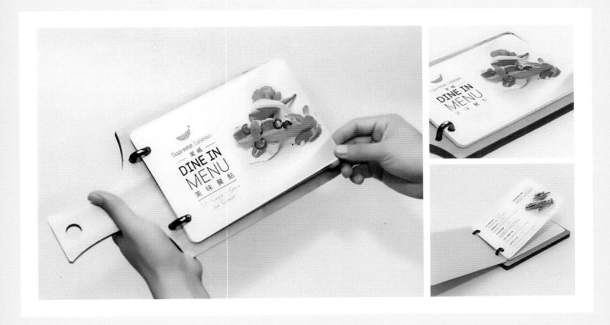

리플릿 디자인

3단 가로 리플릿 만들기

3단 리플릿을 만들어 보겠습니다. 리플릿에 이미지, 텍스트, 표를 이용하여 내부
콘텐츠를 배치하면서 배운 것을 복습해 보겠습니다. 3단 리플릿은 [페이지] 패널
에서 조절하여 만들 수 있으며 5단, 8단 리플릿도 자유롭게 만들 수 있습니다.

1 다양한 리플릿 접지 형태 살펴보기

접지 스타일과 크기에 따라서 다양한 방식의 리플릿을 만들 수 있습니다. 사진과
텍스트 양에 따라 스타일이 바뀔 수 있고 정보의 흐름에 따라 만들 수도 있습니
다. 하지만 독특한 크기를 사용하면 인쇄 비용이 많이 들기 때문에 보통 A3나 A4
크기가 두 번 접히는 3단 형식을 많이 사용합니다. 이번에는 기본적으로 가장 많
이 사용하는 A4 크기의 3단 리플릿을 만들겠습니다.

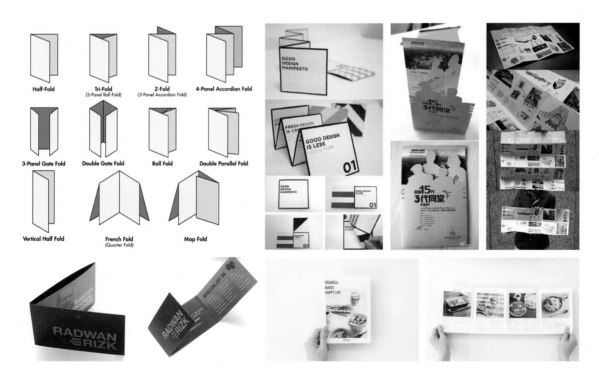

2 리플릿을 위한 새 문서 만들기

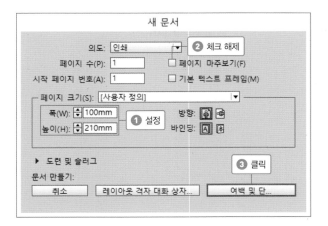

01 A4 종이가 가로로 두 번 접히는 3단 리플릿입니다. 그래서 높이가 210mm가 되어야 합니다. 폭은 일단 100mm로 하겠습니다. 폭을 '100mm', 높이를 '210mm'로 설정하고 '페이지 마주보기'에 체크 표시를 해제한 다음 〈여백 및 단〉 버튼을 클릭합니다.

여백 가이드를 만들겠습니다. 여백을 각각 '8mm'로 설정합니다. 〈확인〉 버튼을 클릭하세요.

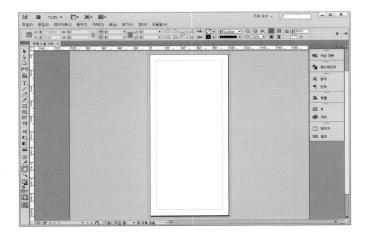

02 그림과 같은 페이지가 만들어집니다.

03 세 페이지를 만들겠습니다. [페이지] 패널에서 오른쪽 윗부분 메뉴 아이콘(▼■)을 클릭하고 **문서 페이지 재편성 허용**의 체크 표시를 해제합니다. 아랫부분 '새 페이지 만들기' 아이콘(🔳)을 두 번 클릭하여 새로운 페이지를 두 장 만듭니다. 그 후에 추가한 페이지를 천천히 드래그하여 처음 페이지 옆에 붙입니다. 천천히 움직이면 예시와 같이 페이지 옆에 꺾쇠 ']' 모양이 표시됩니다. 그때 마우스 버튼에서 손을 떼면 옆에 붙습니다.

3 리플릿 표지 만들기

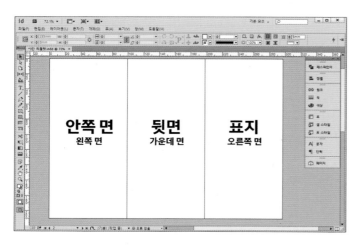

01 리플릿 표지를 만들겠습니다. 리플릿을 만들기 전에 종이에 먼저 그려 보고 만들면 디자인하기 더 수월합니다.

리플릿의 내부 명칭을 알아보기 쉽게 만들었습니다. 왼쪽부터 안쪽 면(왼쪽), 뒷면(가운데), 표지(오른쪽)입니다.

02 3단 리플릿이 접히게 하려면 안쪽으로 들어가는 페이지 크기가 작아야 합니다. 시각에 따라서 안쪽, 바깥쪽 사이즈를 잘못 설정할 수 있습니다. 실제로 접어서 만들어 보세요.

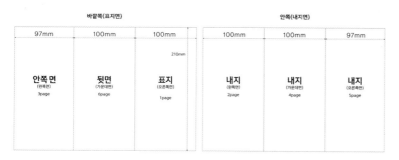
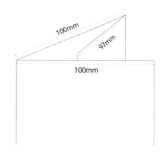

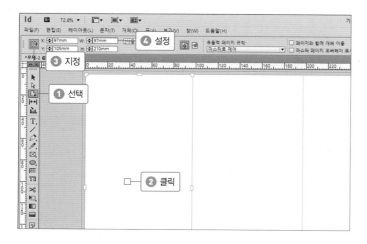

03 안으로 들어가는 페이지 크기를 바꾸겠습니다. 페이지 도구(📄)를 선택하고 안쪽으로 들어갈 안쪽 면(왼쪽 면)을 클릭합니다. 그러면 꼭짓점 표시가 페이지에 나타납니다. 윗부분 참조점을 오른쪽 가운데로 지정하고 W를 '97mm'로 설정하세요.

! 주의

참조점을 잘못 지정하면 페이지가 떨어질 수 있습니다.

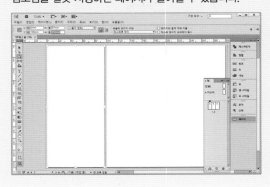

04 표지부터 만들겠습니다.

[파일] → 가져오기(Ctrl+D)를 실행하고 12 폴더에서 'back.jpg' 파일을 가져와 드래그하여 그림과 같이 배치합니다.

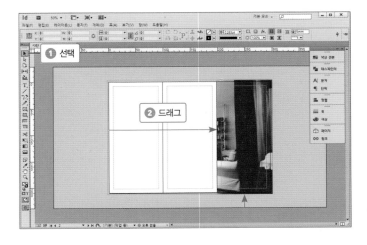

05 선택 도구(▶)를 선택하고 이미지의 파란색 선을 드래그하여 왼쪽과 가운데 페이지에 배경이 보이지 않게 합니다.

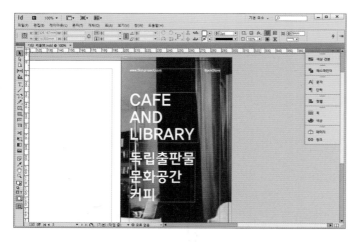

06 문자 도구(T)로 텍스트 프레임을 만듭니다. 12 폴더에서 '리플릿 텍스트.txt' 파일을 열고 인디자인 문서에 만든 텍스트 프레임에 텍스트를 가져옵니다.

상단 영문 • 글꼴 : Yoon Cre 고딕, 글꼴 스타일 : B, 크기 : 9pt
제목 영문 • 글꼴 : Yoon Cre 고딕, 글꼴 스타일 : B, 크기 : 44pt, 행간 : 46pt, 색상 : [용지]
제목 한글 • 글꼴 : Yoon Cre 고딕, 글꼴 스타일 : B, 크기 : 38pt, 행간 : 49pt, 색상 : [용지]

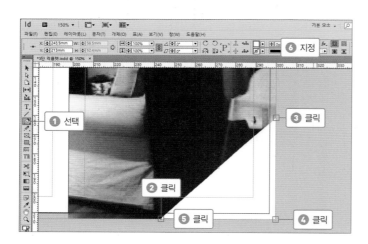

07 펜 도구로 아랫부분에 삼각형을 그리겠습니다. 펜 도구(✑)를 선택하고 네 번 클릭하여 삼각형을 그립니다. [컨트롤] 패널에서 칠을 '[용지]', 획을 '[없음]'으로 지정합니다.

08 5KM 로고를 복사하여 붙이겠습니다. **[파일] → 열기**((Ctrl)+(O))를 실행하고 12 폴더에서 '5KM_LOGO.indd(CS6 이하 : idml)' 파일을 불러옵니다. 로고를 복사((Ctrl)+(C))하고 기존 작업 파일에 붙입니다((Ctrl)+(V)).

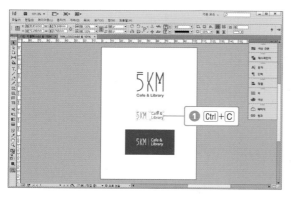

TIP 새로운 개체를 인디자인이나 일러스트레이터에서 복사하여 붙이면 그 개체에 사용한 색상이 색상 견본에 추가됩니다. 그래서 예제의 경우 로고에 사용한 보라색이 색상 견본에 추가됩니다.

4 뒷면 만들기

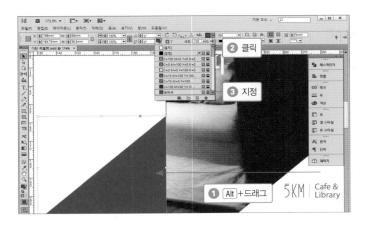

01 리플릿 뒷면(가운데 면)을 만들겠습니다. 표지(오른쪽 면)에 만든 흰색 삼각형을 Alt 키를 누르면서 드래그하여 붙입니다. 그리고 삼각형이 클릭된 상태로 칠을 보라색으로 지정하여 삼각형을 보라색으로 바꿉니다.

02 '5KM_LOGO.indd' 파일에서 로고를 복사(Ctrl+C)하여 가운데 페이지에 붙입니다(Ctrl+V). 문자 도구(T.)로 텍스트 프레임을 만들고 카페 주소도 입력합니다. 텍스트는 '리플릿 텍스트.txt' 파일에서 복사하여 붙이면 됩니다. 글꼴을 지정합니다. 예제에서는 글꼴을 'Yoon Cre 고딕', 글꼴 스타일을 'B', 크기를 '7.5pt', 행간을 '11pt', 오른쪽 정렬(▤), 색을 [용지]로 지정했습니다.

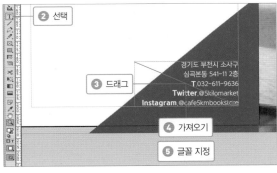

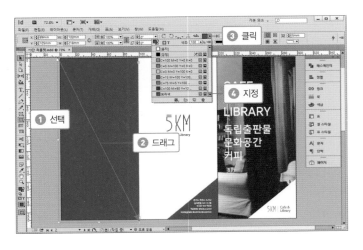

03 안쪽 면(오른쪽 면)을 만들겠습니다. 사각형 도구(▣)를 선택하고 드래그하여 사각형을 만든 다음 [컨트롤] 패널에서 칠을 보라색으로 지정합니다.

04 표지(오른쪽 면)에 있는 흰색 삼각형과 로고를 Shift 키를 눌러서 같이 선택하고 Alt 키를 누르면서 마우스로 드래그하여 복사합니다. Shift 키를 누르면 수평이 맞춰집니다. 보라색 배경을 클릭하고 맨 뒤로 보내기(Ctrl+Shift+[)를 실행하세요. 보라색 배경 뒤에 복사된 삼각형이 있어서 안 보입니다.

05 문자 도구(T)로 텍스트 프레임을 만들고 텍스트를 가져옵니다. 제목 글씨는 따로 드래그하여 선택하고 텍스트 크기를 키운 다음 두껍게 만듭니다.

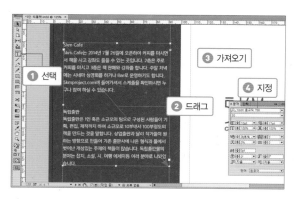
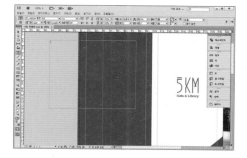

제목 • 글꼴 : Yoon 고딕 700, 굵기 : 80, 크기 : 12pt, 행간 : 17pt, 색상 : [용지]
본문 • 글꼴 : Yoon 고딕 700, 굵기 : 30, 크기 : 10pt, 행간 : 17pt, 색상 : [용지]

TIP 텍스트 프레임이 보라색 면에 올바르게 안 만들어진다면 회색 면에서 텍스트 프레임을 만들어 사용하세요.

06 윗부분에 작은 캡션을 넣기 위해 문자 도구(**T**)를 선택합니다. 작은 텍스트 프레임을 만들고 텍스트를 입력한 다음 글꼴을 지정합니다. 예제에서는 글꼴을 'Yoon Cre 고딕', 글꼴 스타일을 'B', 크기(**T**)를 '9pt', 색상을 '보라색'으로 지정했습니다. 입력한 두 개체를 선택하고 마우스 오른쪽 버튼을 클릭한 다음 **그룹**(Ctrl+G)을 실행합니다.

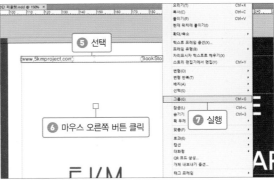

07 표지에 넣을 캡션 색은 흰색으로 바꿔서 넣겠습니다. 두 텍스트 프레임을 선택하고 [도구] 패널 아랫부분에서 '텍스트에 서식 적용' 아이콘(**T**)을 클릭한 다음 [컨트롤] 패널에서 칠을 '[용지]'로 지정하여 색상을 바꿉니다.

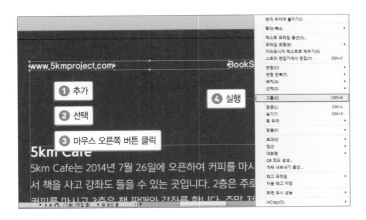

08 같은 방법으로 안쪽(왼쪽) 면에 주소를 넣습니다. Shift 키를 눌러 안쪽 면 주소 내용을 모두 선택하고 그룹으로 만듭니다.

5 표를 활용한 내지 만들기

01 [페이지] 패널에서 3페이지가 선택된 채로 아랫부분 '새 페이지 만들기' 아이콘(🗔)을 세 번 클릭하여 새 페이지를 만듭니다.

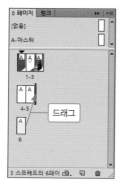 

02 드래그하여 페이지 옆에 붙입니다.

인디자인 상식

페이지가 옆에 잘 안 붙을 때

먼저 세 개의 새로운 페이지를 만듭니다. 그리고 6번 페이지를 클릭한 후에 마우스 오른쪽 버튼을 클릭하면 메뉴가 표시됩니다. 그 다음 **페이지 이동**을 실행하세요. [페이지 이동] 대화상자에서 대상을 '다음 페이지 뒤', '4'로 지정합니다. 그러면 4페이지 뒤로 붙는 게 아니라 옆에 붙게 됩니다.

 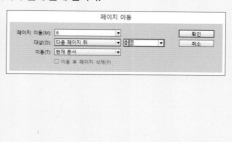

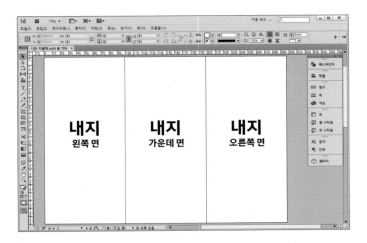

03 내지에 가명칭을 주겠습니다. 페이지에 이미지나 텍스트를 삽입할 때 참고하기 바랍니다.

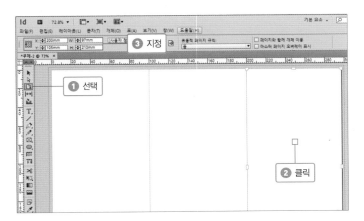

04 안으로 들어가는 페이지 크기를 바꾸겠습니다. 페이지 도구(▣)를 선택하고 안쪽으로 들어갈 내지(오른쪽 면)를 클릭합니다.
그러면 꼭짓점 표시가 페이지에 나타납니다. 그리고 [컨트롤] 패널에서 참조점을 왼쪽으로 지정하고 W를 '97mm'로 바꾸세요.

05 내지에도 배경도 앞면에 사용했던 이미지를 삽입하겠습니다. **[파일] → 가져오기**(Ctrl +D)를 실행하고 12 폴더에서 'back.jpg' 파일을 가져온 다음 드래그하여 배치합니다.
마우스 오른쪽 버튼을 클릭하고 **잠금**(Ctrl+L)을 실행하세요.

06 앞면에서 사용한 캡션을 복사하여 같은 위치에 붙이겠습니다. 안쪽(왼쪽) 면에 있는 그룹된 캡션을 복사(Ctrl+C)합니다. [페이지] 패널에서 4페이지를 더블클릭하여 내지로 이동하고 마우스 오른쪽 버튼을 누른 다음 **현재 위치에 붙이기**를 실행하면 안쪽(왼쪽) 면에 사용한 캡션이 내지의 같은 위치에 붙습니다.

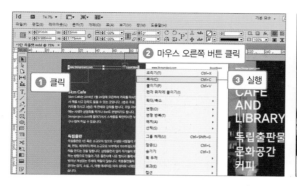

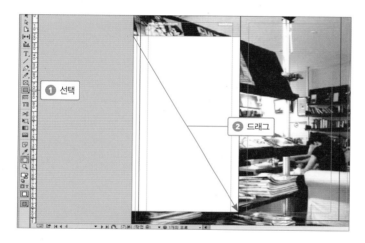

07 내지 배경에 흰색 사각형을 만들겠습니다. 사각형 도구(■)를 선택하고 드래그하여 사각형을 만든 다음 칠을 '[용지]'로 지정합니다.

TIP 사각형이 클릭된 상태에서 윗부분에 수치를 입력하면 정확한 수치로 면이 만들어집니다.

08 표를 사용하여 텍스트를 정렬하겠습니다. 문자 도구(T)로 텍스트 프레임을 만들고 **[표] → 표 삽입**(Ctrl+Alt+Shift+T)을 실행합니다. 가로 두 칸, 세로 여섯 칸의 표를 만들기 위해 본문 행을 '6', 열을 '2'로 설정하고 〈확인〉 버튼을 클릭합니다.

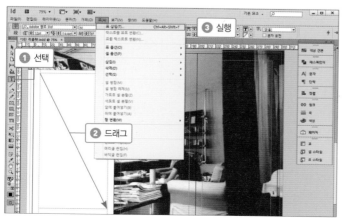
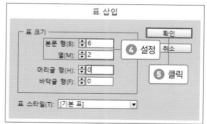

09 먼저 표의 상세 크기 및 간격을 조절하는 패널을 먼저 열어보겠습니다. **[창] → 문자 및 표 → 표**([Shift]+[F9])를 실행합니다. 표를 세부 설정할 수 있는 [표] 패널이 표시됩니다.

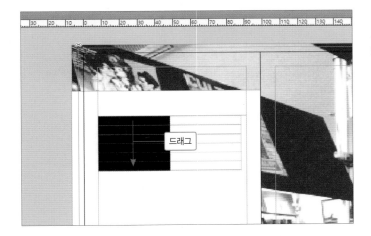

10 표 크기를 조절하겠습니다.
표를 더블클릭하여 활성화하고 왼쪽 칸을 드래그하여 선택합니다.

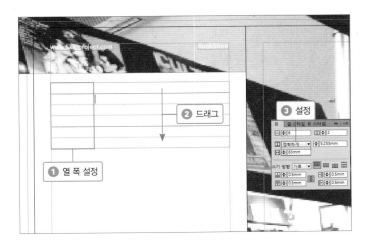

11 [표] 패널에서 행 높이(▥)를 '정확하게'로 지정하고, 열 폭(▦)을 '20mm'로 설정합니다. 오른쪽 칸을 드래그하고 열 폭(▦)을 '63mm'로 설정합니다.

12 텍스트 문서를 참고하여 텍스트를 알맞게 입력합니다. 표에 있는 텍스트 크기, 서체, 색을 변경해 보겠습니다. 표 내부를 더블클릭하여 활성화하고 텍스트를 모두 드래그하여 선택합니다. 본문 형태로 글꼴을 변경하고 왼쪽 칸을 드래그한 다음 글꼴을 변경합니다. 표 전체를 선택하고 Shift 키를 누른 채 드래그하면 표 높이를 전체적으로 늘릴 수 있습니다.

제목 • 글꼴 : Yoon 윤고딕 700, 글꼴 스타일 : 90, 크기 : 10pt
본문 • 글꼴 : Yoon 윤고딕 700, 글꼴 스타일 : 60, 크기 : 9pt, 행간 : 14pt, 왼쪽 정렬

13 텍스트 색상을 한꺼번에 변경하겠습니다. 표를 더블클릭하여 활성화하고 드래그하여 표 내부 텍스트를 선택합니다. [도구] 패널에서 '텍스트에 서식 적용' 아이콘(**T**)을 클릭하고 [컨트롤] 패널에서 칠을 보라색으로 지정합니다.
표 내부 간격을 조정하겠습니다. [표] 패널에서 '모든 설정 동일하게 만들기' 아이콘(**⊞**) 선택을 해제하고 위쪽, 왼쪽, 오른쪽 셀 인세트를 '3mm', 아래쪽 셀 인세트를 '8mm'로 설정합니다.

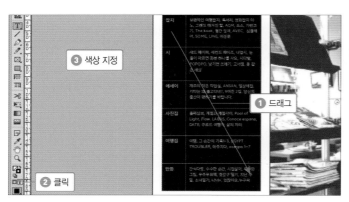

14 표의 선을 조절하겠습니다. [컨트롤] 패널의 표 획 선택 창에서 마우스 오른쪽 버튼을 클릭하고 **모두 선택**을 실행합니다. 그 다음 획을 [없음]으로 지정합니다. 그러면 모든 선이 없어집니다.

15 모든 칸의 위쪽 선만 보이게 하겠습니다. 표 내부를 드래그하여 선택하고 표 획 선택 창에서 위쪽, 가운데 라인만 선택합니다. 그리고 획을 보라색으로 지정한 다음 선 두께를 '0.25pt'로 설정합니다.

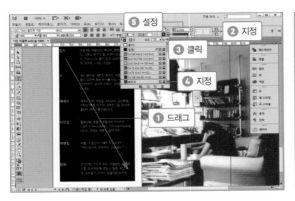

16 표 왼쪽의 텍스트가 들어가 보입니다. 왼쪽 선에 맞춰서 텍스트를 정렬하겠습니다. 표의 왼쪽 텍스트만 드래그하여 선택합니다. 왼쪽 셀 인세트(⊞)를 '0mm'로 설정합니다.

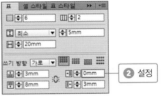

17 텍스트 프레임으로 제목 부분을 만들겠습니다. 문자 도구(T.)를 선택하고 드래그하여 텍스트 프레임을 만듭니다. 제목을 입력하고 텍스트를 드래그하여 선택한 다음 글꼴을 조절합니다. 예제에서는 글꼴을 'Yoon 고딕 700', 글꼴 스타일을 '80', 크기(T.)를 '14pt', 행간(A.)을 '21pt'로 지정했습니다.

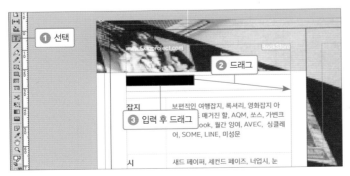

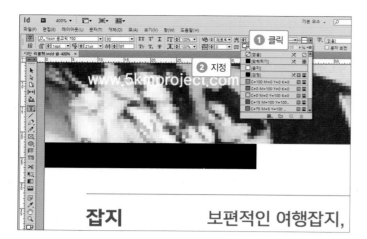

18 [컨트롤] 패널에서 칠을 '[용지]'로 지정합니다.

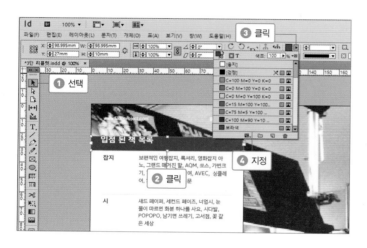

19 선택 도구(▶)를 선택하고 텍스트 프레임을 다시 선택하세요. 칠을 보라색을 지정하여 텍스트 프레임을 보라색으로 만듭니다.

20 텍스트 수직 위치를 가운데로 조정하겠습니다. 제목 맨 앞에서 Spacebar 키를 눌러 글씨 앞을 띄어 주고 텍스트 프레임이 선택된 상태로 [컨트롤] 패널에서 '가운데 정렬' 아이콘(▤)을 클릭하여 텍스트를 텍스트 프레임 가운데에 배치합니다.

6 이미지 상자 만들기

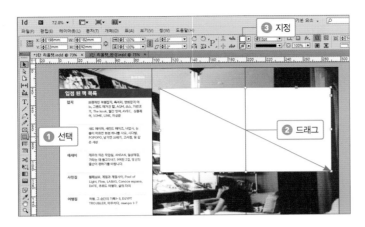

01 옆의 나머지 부분도 만들어 보겠습니다. [도구] 패널에서 사각형 도구(▣)를 선택하고 흰색 사각형을 만들겠습니다.
사각형 시작 위치는 옆의 표를 기준으로 맞춥니다.

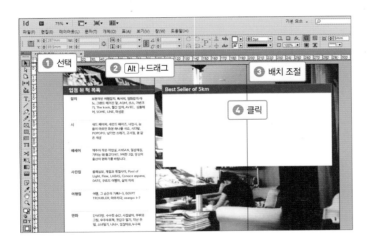

02 제목 부분을 만들겠습니다. 선택 도구(▶)를 선택하고 옆에 만들어 놓은 제목 부분을 클릭하세요. 그리고 [Alt] 키를 누른 상태에서 드래그하여 복제합니다.
복제한 개체가 뒤에 있어 보이지 않습니다. 개체가 선택된 상태에서 마우스 오른쪽 버튼을 클릭하고 **배치 → 맨 앞으로 가져오기**([Ctrl]+[Shift]+[]])를 실행합니다.
제목 크기와 내용을 수정해 주세요.

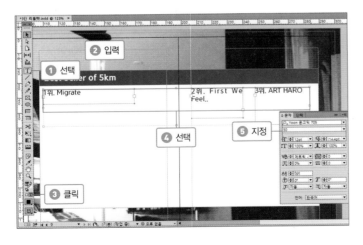

03 책 제목을 입력하겠습니다.
문자 도구([T])를 선택하고 텍스트 프레임을 만든 다음 텍스트를 입력합니다.
[Shift] 키를 누른 상태에서 텍스트 프레임을 다 선택하고 [도구] 패널 아랫부분에서 '텍스트에 서식 적용' 아이콘([T])을 클릭합니다. 그 다음 [문자] 패널에서 글꼴, 굵기, 크기를 한 번에 조절합니다.
예제에서는 글꼴을 'Yoon 윤고딕 700', 크기([T])를 '12pt'로 지정했습니다.
텍스트는 '리플릿 텍스트.txt' 파일에서 복사([Ctrl]+[C])하여 붙입니다([Ctrl]+[V]).

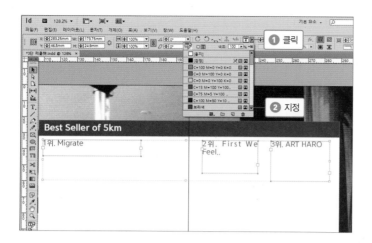

04 [컨트롤] 패널에서 문자 색상을 보라색으로 지정합니다.

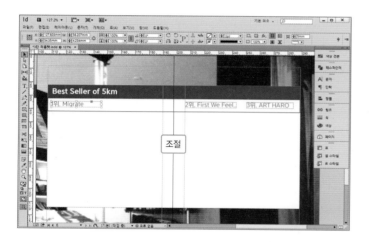

05 텍스트 프레임을 잘 조절하여 제목이 한 줄로 보이게 해 주세요.

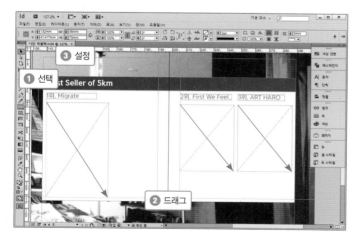

06 내용을 만들겠습니다. 프레임을 이용하여 이미지를 넣어 보겠습니다. 사각형 프레임 도구(⊠)를 선택하고 이미지 넣을 곳에 박스를 드래그하여 만듭니다. 첫 번째 프레임 박스 크기는 45×70mm, 두세 번째 프레임 박스 크기는 39×49mm입니다.

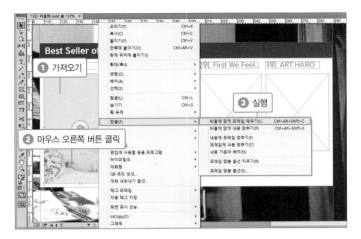

07 이미지를 넣겠습니다. 첫 번째 프레임 박스를 먼저 선택합니다. **[메뉴] → 가져오기** (Ctrl+D)를 실행하고 12 폴더에서 'book_1. jpg' 파일을 가져와 프레임 안에 배치합니다. 마우스 오른쪽 버튼을 클릭한 다음 **맞춤 → 비율에 맞게 프레임 채우기**(Ctrl+Alt+Shift +C)를 실행합니다.

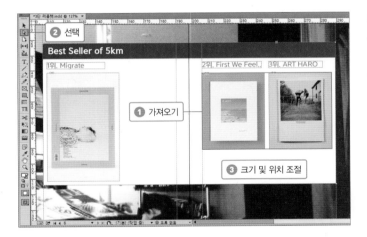

08 나머지 이미지(book_2.jpg, book_3.jpg) 도 같은 방법으로 넣습니다.
직접 선택 도구(▷)를 선택한 다음 다시 위치 와 크기를 적절히 조절합니다.

09 텍스트를 넣겠습니다. 문자 도구(T)를 선택하고 텍스트 프레임을 만든 다음 텍스트 를 가져옵니다.
Shift 키를 누른 상태에서 텍스트 프레임을 다 선택하고 [도구] 패널 아랫부분에서 '텍스트에 서식 적용' 아이콘(T)을 클릭하세요.

10 [문자] 패널에서 글꼴을 조절합니다. 예제에서는 문자 색상을 보라색으로 지정하고, 글꼴을 'Yoon 윤고딕 700', 글꼴 스타일을 '20', 크기(🔠)를 '9pt', 행간(🔠)을 '14pt'로 지정했습니다.

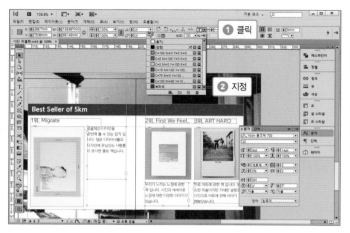

11 리플릿 아랫부분에 제목 텍스트를 넣겠습니다. 문자 도구(🇹)를 선택하고 텍스트 프레임을 드래그하여 만든 다음 제목을 입력하세요.

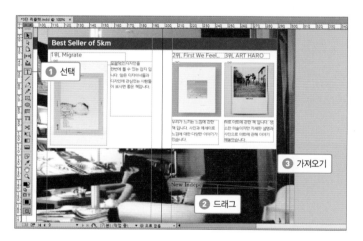

12 스포이드 도구(🖊)를 선택하고 윗부분 제목을 클릭한 다음 아랫부분 제목을 드래그하여 같은 글꼴과 색상을 입힙니다.

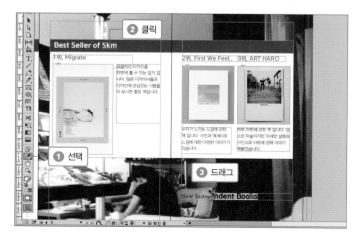

7 나머지 본문 넣기

01 선을 그리겠습니다. 펜 도구(🖊)를 선택하고 선을 그립니다. [컨트롤] 패널에서 칠을 '[없음]', 획을 '[용지]'로 지정합니다.

02 본문을 입력하겠습니다. 문자 도구(T)를 선택하고 텍스트 프레임을 만드세요. 그리고 텍스트를 '리플릿 텍스트.txt'에서 복사하여 붙이세요. 텍스트를 드래그하여 선택하고 [문자] 패널에서 글꼴을 조절합니다.
예제에서는 글꼴을 'Yoon 윤고딕 700', 글꼴 스타일을 '40', 크기(T)를 '9pt', 행간(A)을 '14pt'로 지정했습니다.

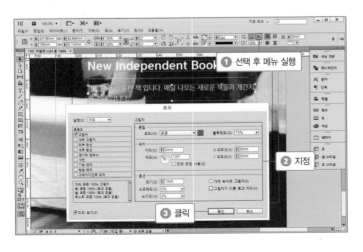

03 텍스트 뒤에 그림자를 넣겠습니다. 그림자를 넣어서 배경이 밝은 색일 때도 흰색 글씨가 잘 보이게 하겠습니다.
내용을 클릭하고 [컨트롤] 패널에서 '선택한 대상에 개체 효과 주기' 아이콘(fx.)을 클릭한 다음 **그림자**를 실행합니다.
효과를 조절합니다.

04 프레임을 이용하여 아랫부분 이미지를 넣겠습니다. 사각형 프레임 도구(⊠)를 선택하고 프레임을 만드세요. [컨트롤] 패널에서 W를 '25mm', H를 '29mm'로 설정합니다. Alt 키를 누르면서 드래그하여 프레임 박스를 두 개 더 만드세요. 프레임을 천천히 움직이면 고급 안내선이 뜨면서 일정한 간격으로 배치할 수 있습니다.

05 넣고 싶은 프레임을 클릭한 상태에서 [파일] → 가져오기(Ctrl+D)를 실행하고 이미지를 가져오면 해당 프레임에 이미지가 붙습니다. 이미지를 삽입합니다.

이미지가 프레임보다 크게 보이면, 이미지를 마우스 오른쪽 버튼으로 클릭하고 **맞춤 → 비율에 맞게 프레임 채우기**(Ctrl+Alt+Shift+C)를 실행하면 이미지가 알맞게 맞춰집니다.

06 책 제목을 넣겠습니다. 문자 도구(T)를 선택하고 텍스트 프레임을 만들어서 텍스트를 입력하세요.

07 스포이드 도구(❯)를 선택하고 내용을 클릭한 다음 드래그하여 책 제목에 같은 글꼴과 색상을 입힙니다.

08 텍스트를 가운데 정렬하겠습니다. [Shift] 키를 누르면서 텍스트 프레임을 모두 선택하고 [단락] 패널에서 '가운데 정렬' 아이콘(≡)을 클릭하여 한 번에 가운데 정렬을 합니다.

09 [파일] → **열기**([Ctrl]+[O])를 실행하고 12 폴더에서 '5KM_LOGO.indd(CS6 이하 : idml)' 파일을 엽니다. 로고를 복사([Ctrl]+[C])하고 리플릿 윗부분에 붙입니다([Ctrl]+[V]). 사각형 도구(■)를 선택한 다음 드래그하여 사각형을 만듭니다. [컨트롤] 패널에서 칠을 보라색으로 지정하고 획을 '[없음]'으로 지정합니다.

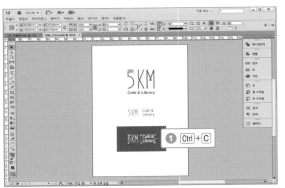

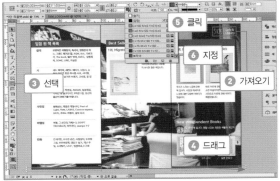

8 인쇄를 위한 PDF 파일 만들기

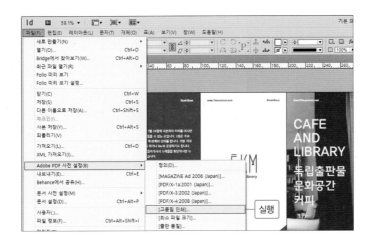

01 [파일] → Adobe PDF 사전 설정 → [고품질 인쇄]를 실행합니다.

02 [내보내기] 대화상자에서 파일 경로와 이름을 지정하고 〈저장〉 버튼을 클릭합니다. 페이지 항목에서 '스프레드'를 선택합니다.

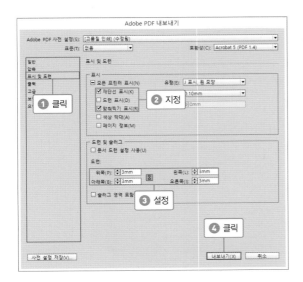

03 왼쪽에서 '표시 및 도련'을 선택한 다음 '재단선 표시'와 '맞춰찍기 표시'에 체크 표시 합니다. 도련을 각각 '3mm'로 설정합니다. 〈내보내기〉 버튼을 클릭합니다.

04 출력을 위한 PDF 파일이 만들어집니다.

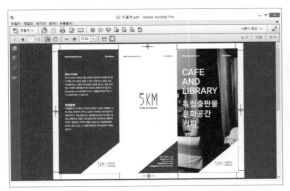
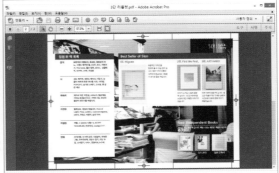

디자인 사례

리플릿 형식의 사진집은 책보다는 간단하고 엽서보다는 풍부한 느낌을 줍니다. 제본 형식도
복잡하지 않아 제작 비용이 저렴합니다.

▲ 자전거 대여 샵 리플릿입니다. 자전거 대여하는 법과 자전거 도로 등을 보여주고 있습니다. 3단 리플릿을 만들 수 있다면 다양한 판형의 리플릿을 만드는 것은 어렵지 않습니다.

매거진 디자인

BLACK AND SIMPLE

Retro Rewind Classic
Polarized Wayfarer
Sunglasses
50

Men's Fashion
Trends are all-Black
Everything

Hugo Boss Green Jumper
Zip Jacket Black
$183.00

Element
Topaz Black - Shoes
$24.00

All black not the best rugby team, but potentially the best way of getting around the problem of not knowing what to wear today. It's pretty difficult to get all black wrong. Unless you're completely incompetent of getting dressed, even a black tee, black jeans, with black sneakers is hard to screw up.

이미지 형식을 활용한 매거진 내지 만들기

잡지에 사용되는 레이아웃으로 페이지를 만들어 보겠습니다. 명확한 그리드를 설정하지 않고 자유롭게도 만들 수도 있습니다. 페이지에 삽입되는 아이템의 배경을 다양한 방법으로 삭제해 보고 다양한 확장자를 가진 파일을 익혀 보겠습니다.

1 매거진 내지를 위한 새 문서 만들기

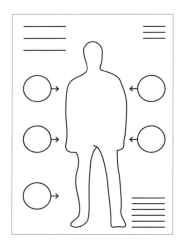

01 디자인을 할 매거진 이미지 스케치입니다. 배경에 사람 이미지를 배치하고 작은 아이템의 배경을 삭제하여 인물 주변에 배치하겠습니다.

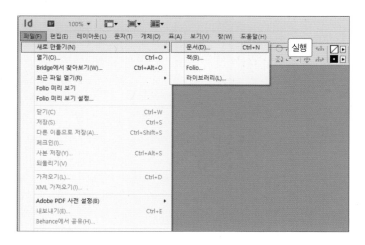

02 [파일] → 새로 만들기 → 문서(Ctrl+N)를 실행합니다.

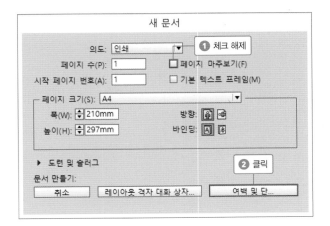

03 A4 크기로 문서를 만들겠습니다. 잡지의 한 페이지만 만들기 때문에 '페이지 마주보기'의 체크 표시를 해제하겠습니다. 실제 잡지를 만든다면 '페이지 마주보기'에 체크 표시해야 합니다. 〈여백 및 단〉 버튼을 클릭하세요.

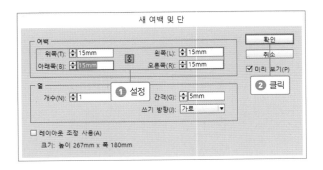

04 여백 가이드를 만들겠습니다.
위쪽, 왼쪽, 아래쪽, 오른쪽을 각각 '15mm'로 설정하고 〈확인〉 버튼을 클릭합니다.

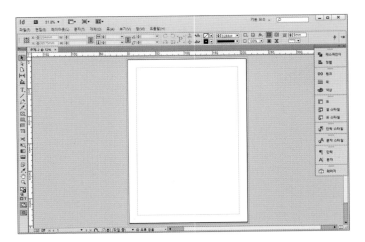

05 예제와 같은 페이지가 완성됩니다.

2 메인 인물 이미지와 타이틀 넣기

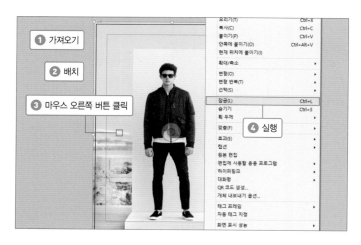

01 배경에 인물 이미지를 넣겠습니다. **[파일] → 가져오기**([Ctrl]+[D])를 실행하고 13 폴더에서 'back_image_1.jpg' 파일을 가져옵니다.

배경이 선택된 상태에서 마우스 오른쪽 버튼을 클릭하고 **잠금**([Ctrl]+[L])을 실행합니다.

02 타이틀을 넣겠습니다. 문자 도구([T])를 선택하고 텍스트 프레임을 만든 다음 'BLACK AND SIMPLE'을 입력합니다.

03 텍스트를 드래그하여 선택하고 [문자] 패널에서 글꼴을 지정합니다. 예제에서는 글꼴을 'Helvetica75', 글꼴 스타일을 'Bold', 크기([T])를 '45pt', 행간([A])을 '42pt'로 지정했습니다.

내부에 들어갈 아이템 이미지를 다양한 방법으로 수정하겠습니다. 배경을 지우고 아이템만 보이게 할 것입니다. 배경을 없애는 방법은 여러 가지가 있습니다.

01 이미지를 인디자인에 가지고 와서 마스크를 씌운다.

이미지를 가져와서 펜 도구(✎)로 테두리를 땁니다. 그리고 마스크를 씌워서 배경이 안 보이게 하는 방법입니다.

02 포토샵에서 배경을 지우고 가져온다.

포토샵에서 지우개나 펜 도구로 배경을 지울 수 있습니다. 그리고 GIF, PNG, PSD로 저장하여 이미지를 가져옵니다.

03 포토샵에서 처음부터 작업한다.

포토샵에서 배경을 배치하고 아이템 배경을 지운 다음 이미지로 저장합니다. 그리고 인디자인으로 가져 옵니다.

포토샵에서 배경과 아이템을 한 이미지로 만들어도 좋지만 이 방법은 나중에 위치를 변경하거나 수정하기 어렵습니다. 그래서 인디자인에서 수정하는 것이 좋습니다. 예제에서는 1, 2번 방법을 사용해 보겠습니다.

그래픽 파일 확장자

어떤 이미지 확장자를 사용하느냐에 따라서 이미지 질이 달라집니다. 목적에 따라서 올바른 파일을 사용해야 합니다.

① PNG

포터블 네트워크 그래픽스(Portable Network Graphics)의 약자로 'PNG'라고 불립니다. 이 파일은 웹이나 스마트폰에서 주로 사용되며 이미지 외곽이 깨끗이 지워지고 배경 삭제도 가능하며 투명도 줄 수 있습니다. GIF의 단점이 개선되어 만들어진 파일이지만 애니메이션 기능이 되지 않고 인쇄용으로는 적합하지 않은 72dpi로만 저장됩니다.

② PSD

포토샵 파일로 사용되는 확장자입니다. PSD 파일을 저장할 때 추가 압축이 없기 때문에 인쇄용 파일로도 사용되며 포토샵에서 수정, 저장이 쉽습니다. 하지만 포토샵이 없으면 수정이 불가능하고 파일 크기가 크기 때문에 저사양 컴퓨터에서는 불편합니다.

③ JPG

가장 많이 사용되는 이미지 확장자입니다. 다양한 색상과 고화질의 이미지를 보여주고 이미지의 질과 상관없이 파일이 압축 가능하여 많은 양의 이미지를 이동하고 복사할 수 있습니다. 웹, 인쇄 등 다양한 부분에서 사용되며 주로 사진, 그래픽 등으로 사용됩니다.

④ GIF

그래픽 인터체인지 포맷(Graphics Interchange Format)의 약자로 'GIF'라고 불립니다.
주로 JAVA, 플래시에 사용되며 웹에서 애니메이션 효과에 많이 사용합니다.
하지만 표현 가능한 색상이 256 색상으로 제한되어 사진 이미지로 사용하지는 않습니다.

3 이미지에 마스크 씌우기

01 인디자인에서 JPG 이미지를 가져와 마스크를 씌워서 이미지 배경을 지우겠습니다. 마스크를 씌울 이미지를 가져오겠습니다. [파일] → 가져오기(Ctrl+D)를 실행하고 13 폴더에서 'back_jumper.jpg' 파일을 가져옵니다.

02 펜 도구(✑)를 선택하고 점퍼 테두리를 따겠습니다. 펜 도구로 테두리를 딸 때는 이미지 안쪽으로 충분히 들어가 줍니다. 너무 이미지 외곽을 맞춰서 따면 흰색 테두리가 나올 가능성이 많습니다.

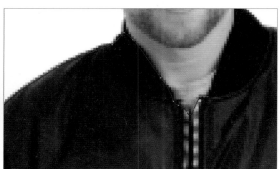

03 바지나 재킷처럼 양쪽이 대칭인 아이템은 되도록 대칭으로 보이게 따는 것이 중요합니다. 그래서 점퍼의 옷깃 부분은 왼쪽과 비슷하게 보이도록 따겠습니다. 소매 부분도 너무 퍼지게 보이지 않도록 잘 따 줍니다. 그리고 꼭 처음 선과 끝선을 맞추어서 끊어지지 않는 선으로 만듭니다.

04 재킷 외곽을 다 땄습니다. 이제 저 테두리 안에 이미지만 보이게 하겠습니다. 점퍼 이미지를 클릭하고 마우스 오른쪽 버튼을 클릭한 다음 **오리기**(Ctrl+X)를 실행하여 자릅니다.

05 선을 클릭하여 선택하고 마우스 오른쪽 버튼을 클릭한 다음 **안쪽에 붙이기**(Ctrl+Alt+V)를 실행하면 선 안쪽에 이미지가 붙습니다.

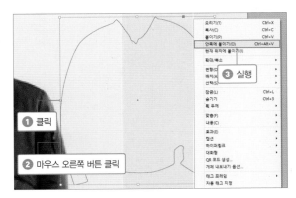

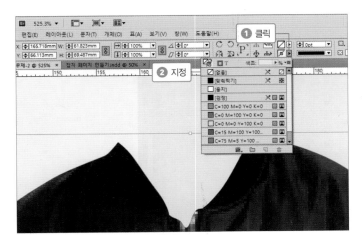

06 이미지 외곽을 딸 때 획이 검은색인 상태에서 따게 되면 검은색 선이 그대로 남습니다. 이미지가 선택된 채로 획을 '[없음]'으로 지정합니다.

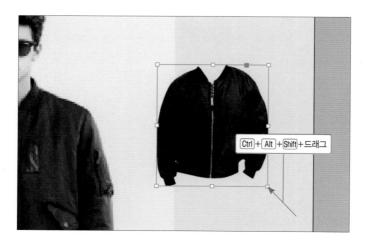

07 Ctrl + Alt + Shift 키를 누른 상태로 마스크된 이미지를 선택하고 줄입니다.

Ctrl + Alt + Shift + 드래그

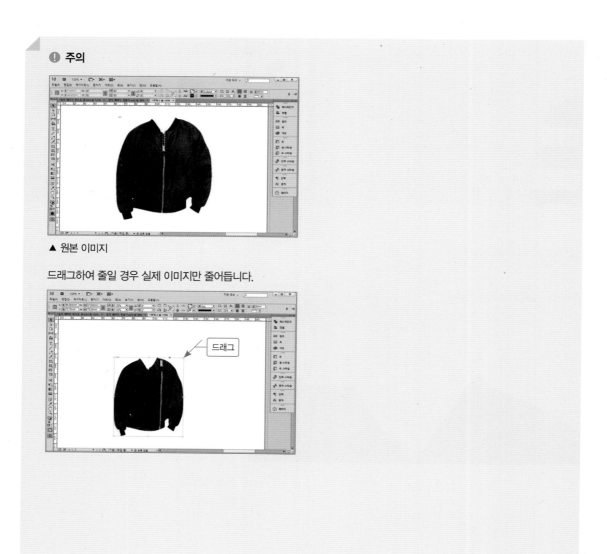

⚠ **주의**

▲ 원본 이미지

드래그하여 줄일 경우 실제 이미지만 줄어듭니다.

드래그

직접 선택 도구(⬚)로 이미지를 선택하고 줄일 경우 실제 이미지만 줄어듭니다. Ctrl + Alt + Shift 키를 누르고 줄여도 같은 결과가 나옵니다.

이미지를 더블클릭하여 실제 이미지가 선택된 경우 Ctrl + Alt + Shift 키를 누르고 줄여도 같은 결과가 나옵니다.

마스크를 씌운 이미지가 선택된 것을 확인하고 Ctrl + Alt + Shift 키를 누른 상태로 드래그하여 이미지를 줄여야만 크기가 올바르게 줄여집니다.

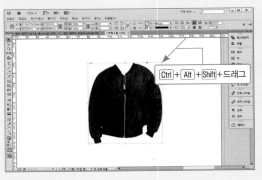

4 빈 공간이 있는 이미지 마스크 씌우기

01 선글라스 이미지를 가져오겠습니다. 선글라스는 렌즈 사이에 구멍이 뚫려 있습니다. 그 부분도 마스크를 씌우겠습니다. **[파일] → 가져오기**(Ctrl+D)를 실행하고 13 폴더에서 'sunglasses.jpg'를 가져옵니다. 펜 도구(✎)를 선택하고 선글라스를 따겠습니다. 렌즈와 렌즈 사이의 공간도 펜 도구로 따 줍니다.

02 Shift 키를 이용하여 선글라스 테두리와 렌즈 사이의 공간을 클릭하여 같이 선택해 줍니다.

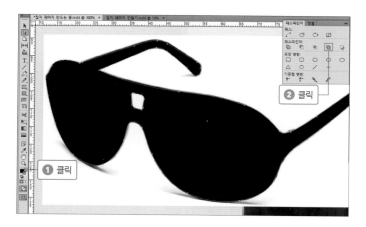

03 [도구] 패널 아랫부분에서 '칠과 획 교체' 아이콘을 클릭하여 면으로 만듭니다.
[패스파인더] 패널에서 '오버랩 제외' 아이콘(▣)을 클릭하면 두 겹쳐진 공간이 뚫어집니다.

04 [도구] 패널 아랫부분에서 '칠과 획 교체' 아이콘을 클릭하여 선으로 바꿔 줍니다. 테두리 안에 이미지만 보이게 하겠습니다. 선 글라스 이미지를 클릭하고 오리기([Ctrl]+[X])를 실행하여 자릅니다.

05 선을 클릭하여 선택된 상태에서 마우스 오른쪽 버튼을 클릭하고 **안쪽에 붙이기**([Ctrl]+[Alt]+[V])를 실행하면 선 안쪽에 이미지가 붙습니다.

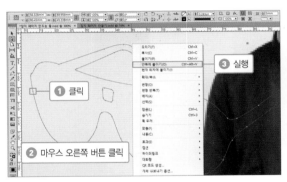

06 이미지 크기를 줄이겠습니다. [Ctrl]+[Alt]+[Shift] 키를 누른 상태로 마스크된 이미지를 선택하고 줄입니다. 마스크 씌우기 작업을 마쳤습니다.

5 PNG 이미지를 배경 없이 가져오기

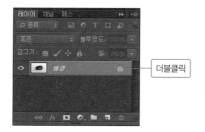

01 포토샵을 이용하여 PNG 이미지를 배경 없이 가져오겠습니다.

포토샵에서 **[파일]** → **열기**(Ctrl+O)를 실행하고 13 폴더에서 'watch.jpg' 파일을 가져옵니다.

[레이어] 패널에서 '배경' 레이어를 더블클릭합니다.

더블클릭

02 [새 레이어] 대화상자가 표시됩니다. 〈확인〉 버튼을 클릭합니다. 레이어 이름이 '레이어 0'으로 바뀝니다.

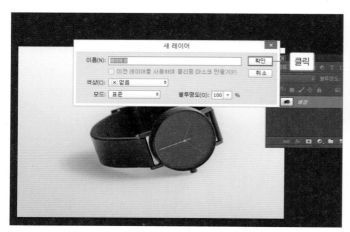

03 펜 도구(✏)를 선택하고 제품 외곽을 땁니다. 인디자인에서 펜 도구를 다루는 방식과 같습니다. [패스] 패널에서 아랫부분 점선 부분(▦)을 누릅니다. 펜 선이 점선으로 바뀌면서 이미지가 선택됩니다.

인디자인 상식

배경을 지우는 방법은 두 가지입니다. 지우개 도구()를 선택하고 배경을 지우는 방법도 있습니다. 하지만 실수로 다 못 지운 부분이 있을 수 있습니다. 뒷면 체크무늬가 나와야 제대로 지워지는 것입니다. 흰색이나 검은색이 나오면 레이어를 확인해 보세요.

04 [선택] → 반전(Shift + Ctrl + I)을 실행하면 배경이 선택됩니다.

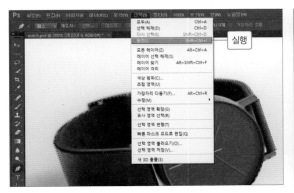

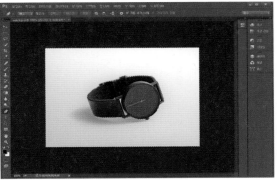

05 배경이 선택된 상태에서 Delete 키를 누르면 배경이 지워집니다.

[선택] → 선택 해제(Ctrl + D)를 실행합니다.

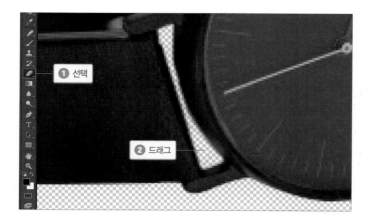

06 지우개 도구(⬛)를 선택하고 시계 이미지 사이 부분을 지웁니다.

TIP 만약 시계가 지워지지 않는다면 선택을 해제하지 않은 것입니다.

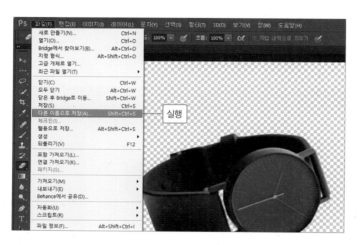

07 PNG로 저장하겠습니다.
[파일] → 다른 이름으로 저장(Shift+Ctrl+S)을 실행합니다.
저장 경로와 파일 이름을 지정하고 파일 형식을 'PNG'로 지정합니다. 〈저장〉 버튼을 클릭합니다.

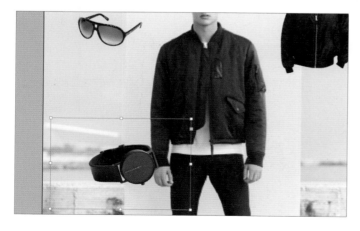

08 인디자인에서 **[파일] → 가져오기**(Ctrl+D)를 실행하고 저장한 'watch.png' 파일을 가져옵니다. Ctrl+Alt+Shift 키를 누른 상태로 이미지를 선택하고 드래그하여 크기를 조절하세요.

TIP 포토샵에서 저장한 빈 배경이 이미지 전체 크기로 지정됩니다.

6 GIF 이미지를 배경 없이 가져오기

01 포토샵을 이용하여 GIF 이미지를 배경 없이 가져오겠습니다. 포토샵에서 **[파일]** → **열기**((Ctrl)+(O))를 실행하고 13 폴더에서 'wallet.jpg' 파일을 가져옵니다. [레이어] 패널에서 '배경' 레이어를 더블클릭하면 [새 레이어] 대화상자가 표시됩니다. 〈확인〉 버튼을 클릭합니다. 레이어 이름이 '레이어 0'으로 바뀝니다.

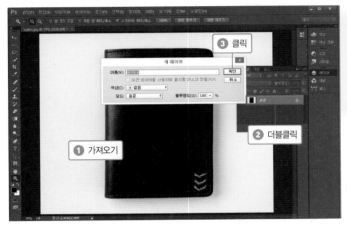

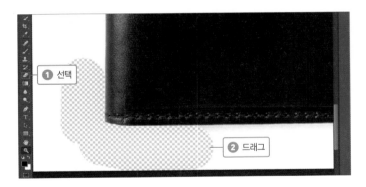

02 지우개 도구(✐)를 선택하고 배경을 지웁니다. (Shift) 키를 누른 상태에서 클릭하면 일직선으로 지워집니다.

03 펜 도구(✐)를 사용하는 경우 외곽을 따고 [패스] 패널에서 아랫부분 점선 부분(⬚)을 누릅니다.

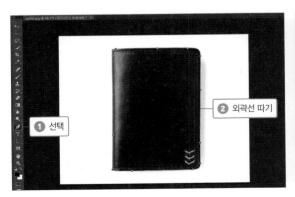

04 펜 선이 점선으로 바뀌면서 이미지가 선택됩니다. [선택] → 반전(Shift+Ctrl+I)을 실행하면 배경이 선택됩니다. 선택된 부분을 확인하고 Delete 키를 눌러 배경을 지웁니다.

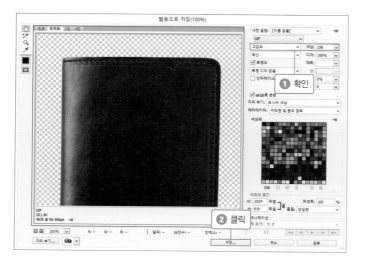

05 GIF로 저장하겠습니다. [파일] → 내보내기 → 웹용으로 저장(Alt+Shift+Ctrl+S)을 실행합니다.
GIF로 설정된 것을 확인하고 '고감도', 색상이 '256'으로 선택된 것을 확인합니다.
〈저장〉 버튼을 클릭합니다. 파일 이름을 'wellet.gif'로 지정하고 〈저장〉 버튼을 클릭합니다.

06 인디자인에서 [파일] → 가져오기(Ctrl+D)를 실행하고 'wellet.gif' 파일을 가져옵니다.
Ctrl+Alt+Shift 키를 누른 상태로 이미지를 선택하고 드래그하여 크기를 조절해 주세요.

7 JPG 이미지를 배경 없이 가져오기

01 포토샵으로 신발 배경도 지워 보겠습니다. 포토샵에서 **[파일]** → **열기**(Ctrl+O)를 실행하고 13 폴더에서 'black_shoes.jpg' 파일을 가져옵니다. [레이어] 패널에서 레이어를 더블클릭합니다. 배경으로 잠긴 레이어를 풀겠습니다. [새 레이어] 대화상자에서 〈확인〉 버튼을 클릭합니다.

02 마술봉 도구(■)를 선택하고 배경 부분을 클릭합니다. 그럼 흰색 배경이 선택됩니다. 그리고 Delete 키를 누르면 선택한 부분 배경이 지워집니다.

03 아랫부분 배경도 같은 방법으로 클릭하여 선택합니다. Delete 키를 눌러 아랫부분 배경도 지웁니다. 지우개 도구(■)를 선택하고 나머지 부분을 지웁니다.

 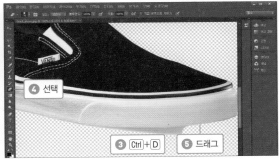

TIP 자동 선택 도구의 선택 부분이 적거나 크면 [컨트롤] 패널에서 수치를 바꿔 가면서 클릭하세요.

04 배경이 다 지워졌습니다.
[파일] → 다른 이름으로 저장(Shift+Ctrl+S)
을 실행합니다.
저장 경로를 지정하고 파일 이름은 그대로
'black_shose.psd', 파일 형식은 'PSD'로 지
정하여 저장합니다.

05 인디자인에서 [파일] → 가져오기(Ctrl
+D)를 실행하고 저장한 'black_shose.psd'
파일을 가져옵니다.
Ctrl+Alt+Shift 키를 누른 상태로 이미지를 선
택하고 드래그하여 크기를 조절해 주세요.

06 모든 이미지가 앉혀졌습니다. 이미지 배
경을 지우고 가져오는 방법은 사용 목적에 맞
게 사용하면 됩니다.
이미지 수정이 필요 없을 경우에는 인디자인
에서 펜 도구를 이용해 마스크를 씌우는 편이
좋고, 포토샵으로 수정하여 앉혀야만 한다면
포토샵 파일 PSD로 가져오는 것이 수정하기
에 편합니다.

8 텍스트 입력하기

01 이미지 밑에 텍스트를 입력하겠습니다. 문자 도구(**T**)를 선택하고 드래그하여 텍스트 프레임을 만든 다음 '매거진 텍스트.txt' 내용을 복사(Ctrl+C)하여 이미지 밑에 붙입니다(Ctrl+V).

02 [문자] 패널에서 글꼴을 조정합니다. 예제에서는 글꼴을 'Helvetica Normal', 크기(**T**)를 '10pt', 행간(**tA**)을 '14pt'로 지정했습니다.

03 가격 부분의 서체 굵기와 크기를 [문자] 패널에서 조절합니다. 스포이드 도구(✔)를 선택하고 바꾼 글씨를 드래그하여 선택합니다. 나머지 가격 부분을 드래그하여 모든 가격의 서체와 굵기를 통일시킵니다.

• 글꼴 : Helvetica 75, 글꼴 스타일 : Bold, 크기 : 12pt, 행간 : 14pt, 가운데 정렬

9 아이템과 텍스트를 묶어 주는 라인 만들기

01 아이템과 텍스트를 묶어서 인물을 가리키는 라인을 만들겠습니다.
사각형 도구(▣)를 선택하고 선글라스와 문자 높이에 맞추어서 직사각형을 만듭니다.
다각형 도구(◉)를 선택하고 배경을 클릭합니다.

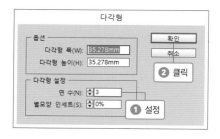

02 면 수를 '3'으로 설정하고 〈확인〉 버튼을 클릭합니다.

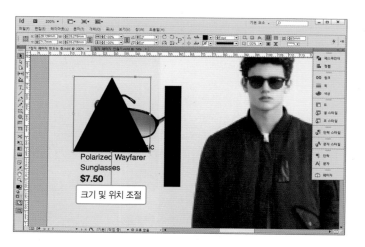

03 삼각형 도형이 표시됩니다. [Shift] 키를 누른 상태에서 드래그하여 비율에 맞게 삼각형을 줄입니다.

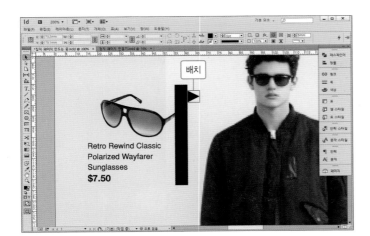

04 회전한 다음 직사각형 옆에 붙입니다.

05 Alt 키를 누르면서 도형을 드래그하여 모든 이미지와 가격 옆에 복사하여 배치합니다.

06 직사각형과 삼각형을 Shift 키를 누른 상태에서 같이 선택하고 [패스파인더] 패널에서 '더하기' 아이콘(□)을 클릭하여 두 도형을 합칩니다.

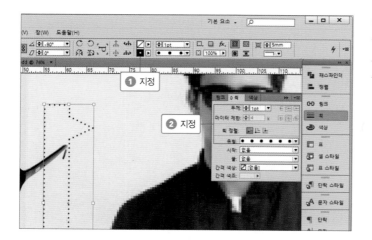

07 선을 점선으로 만들겠습니다. 합친 도형을 선택한 상태에서 칠을 '[없음]', 획을 '검정'으로 지정합니다. [획] 패널에서 두께를 '1pt', 유형을 '점선'으로 지정합니다.

08 선이 선택된 채로 펜 도구(✎)로 바깥쪽 사각형 가운데를 클릭하여 점을 만듭니다.

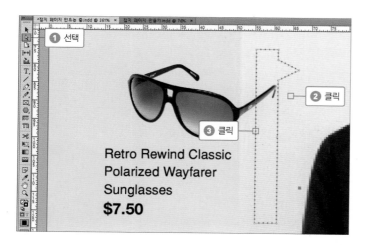

09 직접 선택 도구(▷)를 선택하고 배경을 한번 클릭한 다음 만든 점을 선택합니다. 아까 만든 점을 클릭하면 그 점만 파란색으로 선택되고 다른 점은 흰색으로 보입니다.

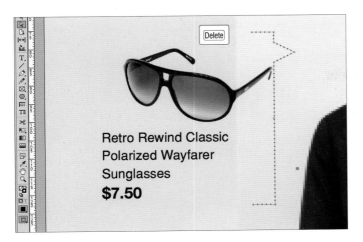

10 `Delete` 키를 누르면 점이 지워지면서 선도 지워집니다. 다른 부분도 같은 방법으로 점선으로 만듭니다.

11 선 길이를 비율에 맞게 조절해 보겠습니다. 직접 선택 도구(↖)를 선택하고 아랫부분 점 두 개를 클릭을 이용해 선택합니다.

12 드래그하여 올리면 길이가 조절됩니다.

10 나머지 글자 입력 후 작업 마무리하기

01 윗부분과 아랫부분에 텍스트를 입력하겠습니다.

문자 도구(T)로 텍스트 프레임을 만들고 '매거진 텍스트.txt'에서 문구를 복사(Ctrl+C)해서 붙이세요(Ctrl+V).

02 텍스트 프레임이 활성화된 상태에서 Ctrl+A 키를 누르면 텍스트 프레임에 내부의 모든 텍스트가 선택됩니다.

03 그 다음 스포이드 도구(ℐ)로 신발 밑의 텍스트를 클릭하면 같은 글꼴과 크기로 바뀝니다.

04 같은 방법으로 윗부분 글자도 바꾸겠습니다.
텍스트 프레임을 더블클릭하여 활성화합니다.
텍스트 프레임 안에서 Ctrl+A 키를 눌러서 모든 텍스트를 선택합니다.

05 스포이드 도구(✐)를 선택하고 원하는 폰트의 글자를 클릭하여 글꼴을 바꿉니다.

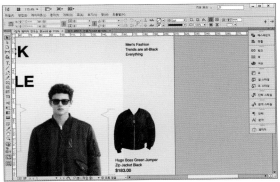

06 매거진 내지 디자인이 완성되었습니다.

디자인 사례

잡지 레이아웃은 다양하고 재미있어야 합니다. 페이지도 많고 잡지에 들어가는 광고가 강렬하기 때문에 너무 편안한 레이아웃을 사용한다면 지루할 수 있습니다.

▲ 특히 패션잡지일 경우에는 아이템이 화려하기 때문에 그에 맞는 레이아웃을 사용해야 합니다.

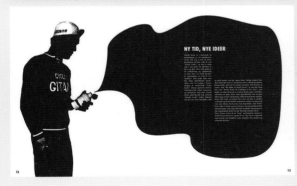

포트폴리오 디자인

St Kilda Film Festival – City of Port Phillip

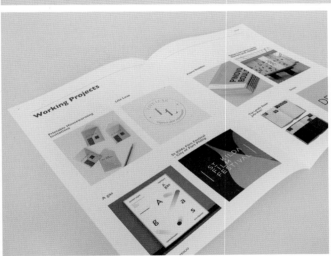

Working Projects

Printable Housewarming Invitations

그리드를 이용한 포트폴리오 만들기

작업물을 이용하여 포트폴리오를 만들겠습니다. 작품 위주로 나열된 포트폴리오 책입니다. 다양한 레이아웃을 이용하여 작품 이미지와 텍스트를 배치하세요. 가운데 접히는 부분을 피해서 작품 이미지를 배치하는 게 좋습니다. 다양한 레이아웃을 시도해 보세요.

1 안내선 만들기

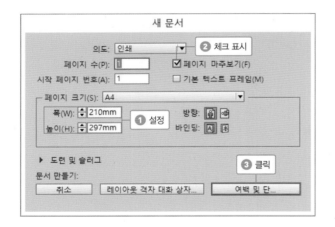

01 [파일] → 새로 만들기 → 문서(Ctrl+N) 를 실행합니다. A4 크기의 작은 책을 만들겠습니다. 폭을 '210mm', 높이를 '297mm'로 설정하고 '페이지 마주보기'에 체크 표시한 다음 〈여백 및 단〉 버튼을 클릭하세요.

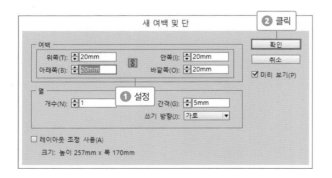

02 여백 가이드를 만들겠습니다. 여백의 위쪽, 왼쪽, 아래쪽, 오른쪽 여백을 각각 '20mm'로 설정하고 〈확인〉 버튼을 클릭하세요.

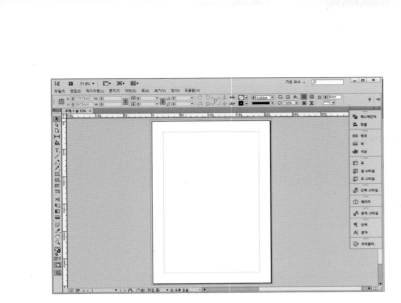

03 예제와 같은 페이지가 만들어집니다.

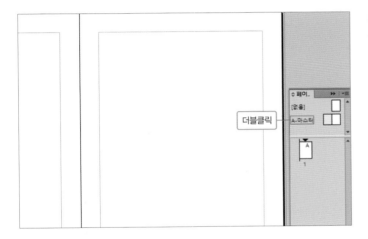

더블클릭

04 마스터 페이지에 들어가서 안내선을 만들겠습니다. [페이지] 패널에서 'A-마스터'를 더블클릭하여 마스터 페이지로 들어가세요.

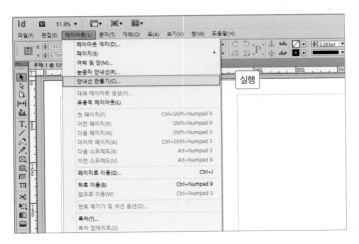

실행

05 **[레이아웃]** → **안내선 만들기**를 실행하세요.

06 안내선을 설정하겠습니다. 행 개수를 '9', 간격을 '3mm', 열 개수를 '6', 간격을 '3mm'로 설정합니다. 옵션 항목의 다음에 안내선 맞추기에서 '여백'을 선택하고 〈확인〉 버튼을 클릭합니다.

07 [페이지] 패널에서 아랫부분 1페이지를 더블클릭하여 마스터 페이지에서 나오세요. 표지를 만들겠습니다. [페이지] 패널에서 메뉴 아이콘(▾▤)을 클릭하고 **문서 페이지 재편성 허용**을 클릭하여 체크 표시를 해제합니다.

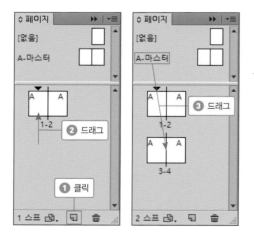

08 '새 페이지 만들기' 아이콘(🗔)을 클릭하여 새 페이지를 만들고 1페이지 왼쪽으로 드래그하여 붙입니다. 'A-마스터' 클릭하여 선택하고 드래그하여 아래 페이지를 만듭니다.

2 이미지에 색을 입혀 배경 만들기

01 1, 2페이지에 표지를 만들겠습니다. **[파일] → 가져오기**(Ctrl+D)를 실행하고 14 폴더에서 '1_front.jpg' 파일을 가져옵니다. Alt 키를 누른 채 드래그하여 그림과 같이 이미지를 복제합니다.

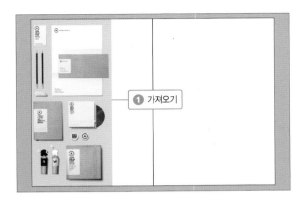
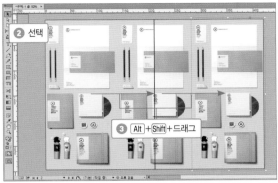

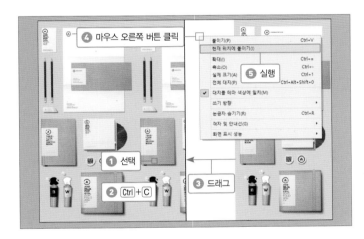

02 가운데 이미지를 선택하고 복사(Ctrl+C)합니다. 파란색 선을 드래그하여 오른쪽 이미지의 반을 가려 줍니다.
마우스 오른쪽 버튼을 클릭하고 **현재 위치에 붙이기**를 실행합니다.

03 복사한 위치에 다시 붙여 줍니다. 그리고 다시 파란색 선을 드래그하여 붙인 이미지의 왼쪽 반을 가려 줍니다. 그러면 하나의 완전한 이미지로 보입니다.

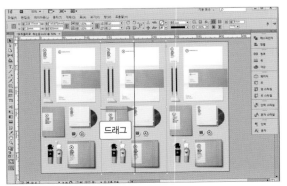
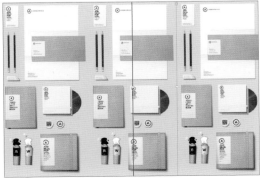

04 새로운 색상을 만들겠습니다. [컨트롤] 패널의 칠 목록을 표시한 다음 메뉴를 표시하고 **새 색상 견본**을 실행합니다. 녹청을 '40%', 자홍을 '100%', 노랑을 '0%', 검정을 '0%'로 지정하고 〈확인〉 버튼을 클릭합니다.

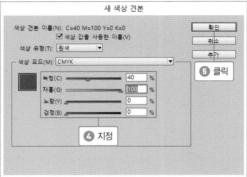

05 사각형 도구(□)를 선택하고 오른쪽 페이지를 드래그하여 도련까지 사각형을 덮습니다. 칠을 보라색, 획을 '[없음]'으로 지정합니다. 보라색 면 뒤에 있는 이미지가 보이게 곱하기 효과를 만들겠습니다. 보라색 면 이 선택된 상태로 '선택한 대상에 개체 효과 추가' 아이콘(fx)을 클릭하고 투명도를 실행합니다. 모드를 '곱하기'로 지정하고 〈확인〉 버튼을 클릭합니다.

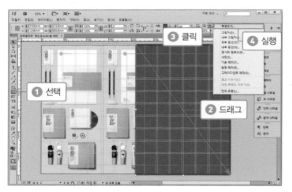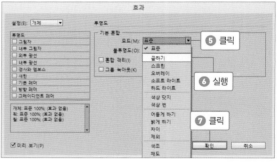

06 만들어진 보라색 면을 복제하여 오른쪽에 붙입니다.

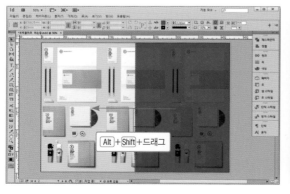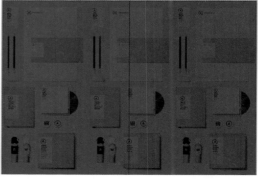

3 레이아웃을 토대로 표지 만들기

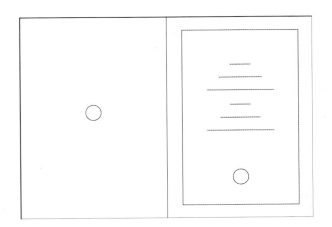

01 스케치와 같은 레이아웃으로 텍스트와 로고를 이용하여 표지를 만들겠습니다.

02 사각형 도구(■)를 선택하고 그림과 같이 드래그하여 사각형을 만듭니다. [컨트롤] 패널에서 획을 '용지', 칠을 '없음'으로 지정하고 [획] 패널에서 두께를 '7pt'로 설정합니다. 오른쪽 페이지 개체를 모두 선택하고 마우스 오른쪽 누른 다음 **잠금**(Ctrl+L)을 실행하세요.

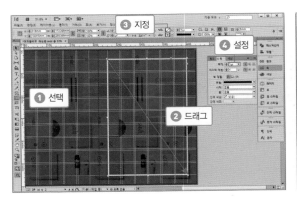

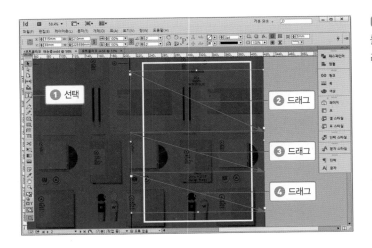

03 텍스트를 입력하겠습니다. 문자 도구(T.)를 선택하고 드래그하여 그림과 같이 텍스트 프레임을 만듭니다.

04 14 폴더의 '포트폴리오 텍스트.txt'에서 표지에 넣을 텍스트를 가져옵니다. 텍스트가 입력된 두 텍스트 프레임이 선택된 상태에서 글꼴을 조절하세요. [도구] 패널 아랫부분에서 '텍스트에 서식 적용' 아이콘(T)을 클릭하고 칠을 [용지]로 지정하여 색을 흰색으로 바꿉니다.

• 글꼴 : Gill Sans, 글꼴 스타일 : Bold, 크기 : 27pt, 행간 : 33pt, 가운데 정렬

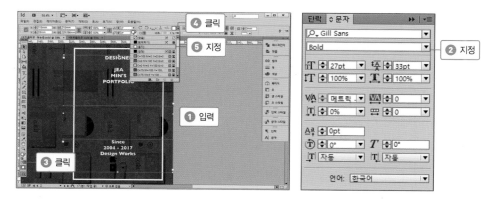

05 제목 글꼴을 바꿉니다.

• 글꼴 : Gill Sans, 글꼴 스타일 : Semi Bold, 크기 : 68pt, 행간 : 76pt, 가운데 정렬

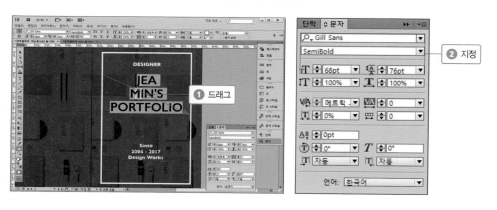

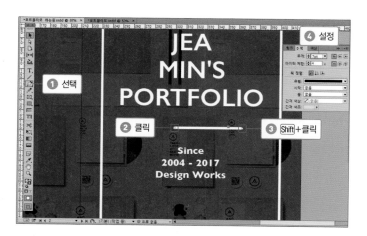

06 펜 도구(✐)를 선택하고 그림과 같이 선을 그립니다. 선이 선택된 상태로 획을 [용지], 칠을 [없음]으로 지정합니다. 두께를 '7pt'로 설정합니다.

07 선을 페이지 가운데로 배치하겠습니다. [정렬] 패널(Shift+F7)에서 맞춤 대상을 '페이지에 정렬'로 지정합니다. '수평 가운데 정렬' 아이콘(■)을 클릭하면 페이지 기준으로 가운데 정렬을 하게 됩니다.

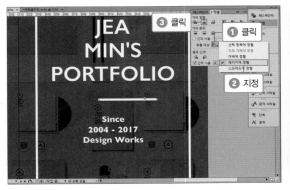 

08 원형 안에 자신만의 로고를 만들겠습니다. 타원 도구(◯)를 선택하고 Shift 키를 누른 상태에서 드래그하여 정원을 그립니다.
그 다음 펜 도구(✎)로 원하는 모양을 그립니다.

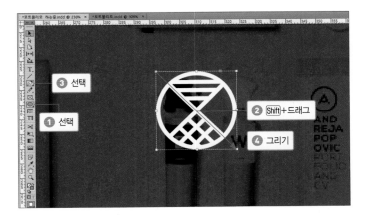

09 만든 로고를 뒷면에도 넣습니다.

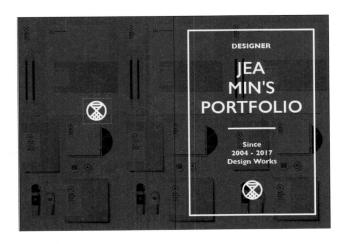

10 또한 앞면에 사용한 글씨를 복사하여 뒷면에도 넣습니다. 'DESIGNER' 텍스트는 삭제하고 Ctrl + Shift + Alt 키를 누르면서 글씨를 줄여 주면 그대로 줄어듭니다.

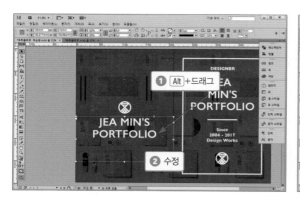
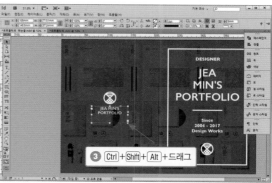

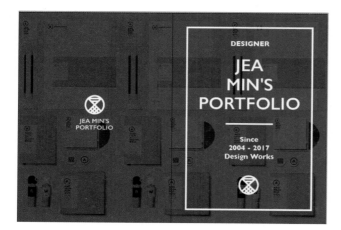

11 표지와 뒷면이 완성됩니다.

4 배경이 있는 페이지 만들기

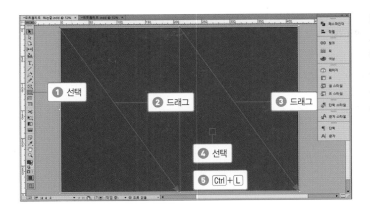

01 3, 4페이지를 디자인하겠습니다. 사각형 도구(■)를 선택하고 드래그하여 3, 4페이지에 각각 사각형을 만들겠습니다.
획을 '[없음]', 칠을 보라색으로 지정합니다. 오른쪽 페이지가 선택된 상태에서 Ctrl+L 키를 눌러 잠급니다.

02 문자 도구(T)를 선택하고 드래그하여 텍스트 프레임을 만듭니다. '포트폴리오 텍스트.txt' 파일에서 필요한 텍스트를 가져오고 글꼴을 지정합니다.

본문 • 글꼴 : Yoon 윤고딕 705, 글꼴 스타일 : 60, 크기 : 12pt, 행간 : 20pt, 가운데 정렬
이름 • 글꼴 : Yoon 윤고딕 705, 글꼴 스타일 : 80, 크기 : 12pt, 행간 : 20pt, 가운데 정렬

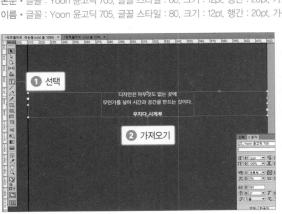

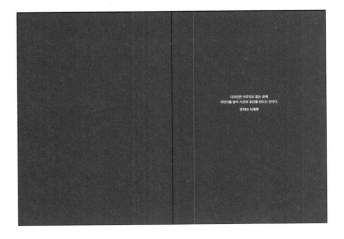

03 3, 4페이지가 완성되었습니다.

5 인물 소개 내지 디자인하기

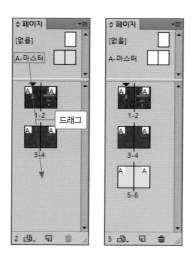

01 'A-마스터'를 아래로 드래그하여 새로운 페이지를 만듭니다.

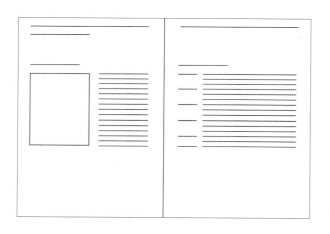

02 5, 6페이지를 스케치와 같이 만들겠습니다.

03 펜 도구(✎)로 안내선에 맞춰 보라색 선을 만듭니다. 획을 보라색, 칠을 '[없음]'으로 지정하고 양쪽을 똑같은 선으로 넣어 줍니다.

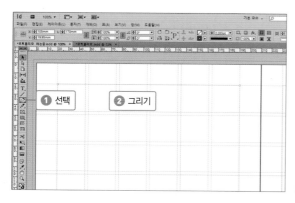

04 안내선에 맞추어서 들어갈 개체 위치에 프레임을 만들겠습니다. 사각형 프레임 도구(⊠)를 선택하고 그림과 같이 드래그하여 사각형 프레임을 만드세요.

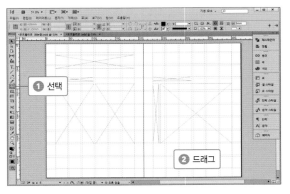
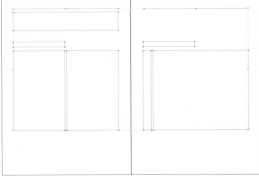

05 프레임에 맞게 텍스트를 넣겠습니다. 문자 도구(T)를 선택하고 해당 프레임을 클릭하면 프레임 박스가 텍스트 프레임으로 변합니다. 필요한 텍스트를 '포트폴리오 텍스트.txt'에서 복사하여 붙이세요. 6페이지에 있는 'WORK ON DISPLAY' 내용에서 연도만 빼서 옆 텍스트 프레임에 붙이세요.

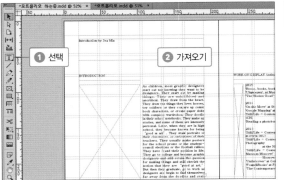

06 텍스트에 서체와 색상을 적용하겠습니다. 제목 프레임을 선택한 상태로 [문자] 패널에서 글꼴을 지정합니다.

• 글꼴 : Gill Sans, 글꼴 스타일 : Bold, 크기 : 28pt, 행간 : 29pt

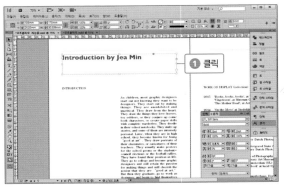

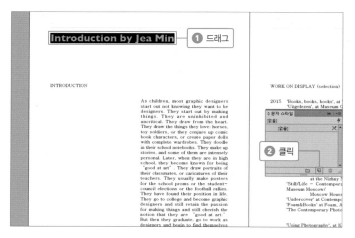

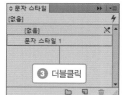

07 문자 스타일을 만들어서 쉽게 글꼴을 지정하겠습니다. 글꼴을 지정한 내용을 드래그하여 선택하고 [문자 스타일] 패널(Shift+F11)에서 '새 스타일 만들기' 아이콘(⬚)을 클릭합니다. 만들어진 '문자 스타일 1'을 더블클릭합니다.

08 스타일 이름을 '대 제목'으로 바꾸세요. '기본 문자 서식'을 클릭하면 기존에 지정한 폰트 서식과 색상이 보입니다. 〈확인〉 버튼을 클릭하면 이름이 바뀐 문자 스타일을 볼 수 있습니다.

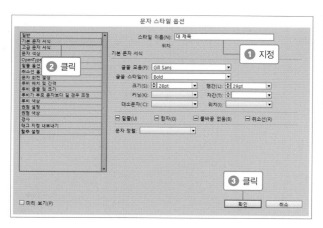

09 같은 방법으로 소제목과 스타일을 만듭니다.

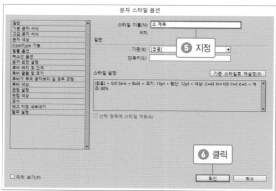

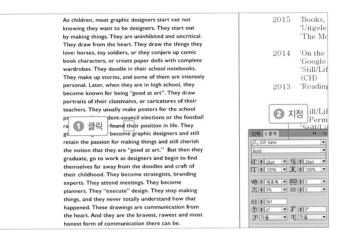

10 본문에 색상을 적용하겠습니다. 텍스트 프레임을 선택한 상태로 [문자] 패널에서 글꼴을 지정합니다.

• 글꼴 : Gill Sans, 글꼴 스타일 : Semi Bold, 크기 : 10pt, 행간 : 14pt

11 [도구] 패널에서 '텍스트에 서식 적용' 아이콘(T)을 클릭하고 [컨트롤] 패널에서 칠 색상 목록을 표시합니다. 패널 메뉴를 표시한 다음 **새 색상 견본**을 실행합니다. 검정을 '80%'로 줄이고 〈추가〉 버튼을 클릭한 다음 〈완료〉 버튼을 클릭합니다.

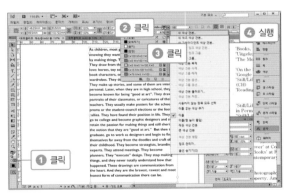

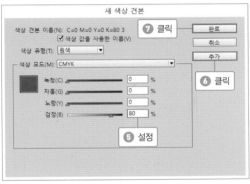

12 같은 방법으로 본문을 문자 스타일에 추가합니다.

13 문자 스타일을 사용하여 글꼴을 변경하겠습니다. 4페이지 소 제목 부분을 선택하고 [문자 스타일] 패널에서 '소 제목'을 클릭하면 지정해 둔 스타일이 적용됩니다. 본문에도 '본문' 스타일을 지정합니다.

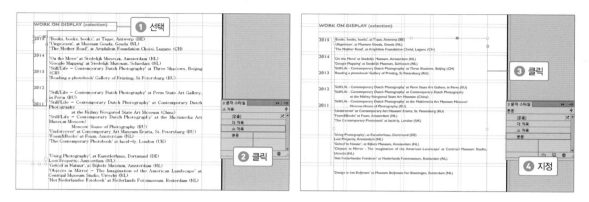

14 본문 내용에 맞게 연도 위치를 맞추어 주세요. Enter 키로 위치를 맞추기 어렵다면 [문자] 패널에서 행간을 이용하여 세밀하게 조절하면 됩니다.

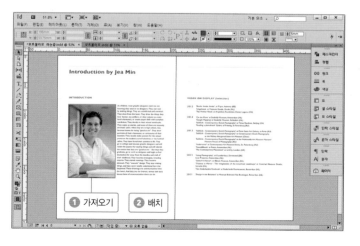

15 이미지를 넣겠습니다. 왼쪽 빈 프레임이 선택된 상태에서 가져오기(Ctrl+D)를 실행하고 14 폴더에서 '5_man.jpg' 파일을 가져옵니다. 해당 프레임에 이미지가 얹혀집니다. 가져온 이미지를 프레임에 맞춰 배치합니다.

6 작품 소개 내지 디자인하기

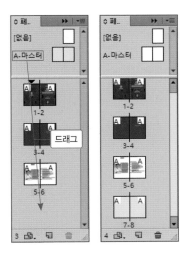

01 페이지를 추가로 만들겠습니다. [페이지] 패널에서 'A-마스터' 아랫부분으로 드래그하여 새 페이지를 만듭니다.

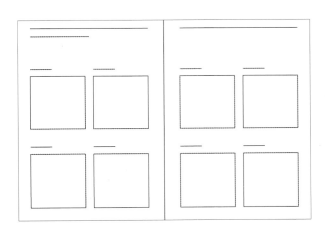

02 스케치와 같은 레이아웃으로 페이지를 디자인하겠습니다. 이 페이지는 각각의 작품을 소개하는 페이지입니다. 대표 작품 이미지와 이름이 표기되게 하겠습니다.

03 기존에 만든 선을 드래그하여 같이 선택하고 복사(Ctrl+C)합니다.

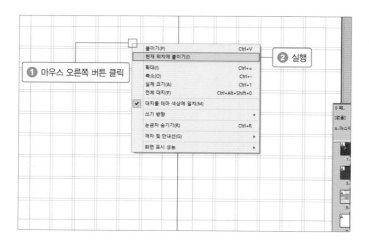

04 새로 만든 페이지에서 마우스 오른쪽 버튼을 클릭하고 **현재 위치에 붙이기**를 실행하면 같은 위치에 선이 붙습니다.

05 안내선을 하나 더 추가하겠습니다. 사각형 도구(□)를 선택하고 사각형을 그립니다. 10mm 크기로 조절하고 스마트 안내선을 이용해 페이지의 정중앙에 배치해 주세요. 그 다음 안내선을 드래그하여 선을 추가하고 사각형을 지웁니다. 양쪽 페이지에 같은 안내선을 만드세요.

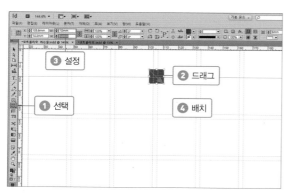

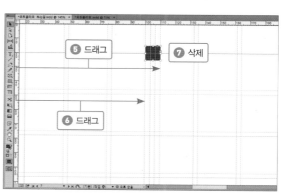

06 스케치와 같이 프레임을 만들겠습니다. 사각형 프레임 도구(☒)를 선택하고 안내선에 맞게 프레임을 그립니다.

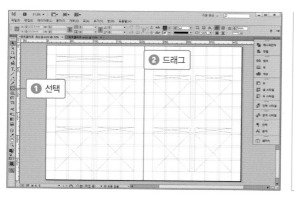

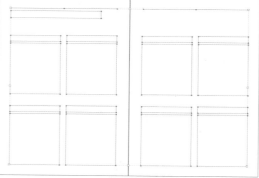

07 텍스트를 입력하겠습니다. 문자 도구(T.)를 선택하고 텍스트 프레임을 선택합니다. 입력할 문구를 가져옵니다. 페이지에서 대 제목을 선택하고 [문자 스타일] 패널에서 '대 제목'을 클릭하여 글꼴을 바꿉니다. 다른 소 제목 부분도 같은 방법으로 서체와 크기를 바꿔 주세요.

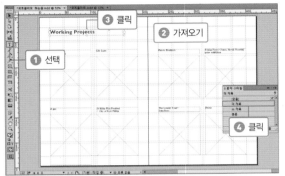 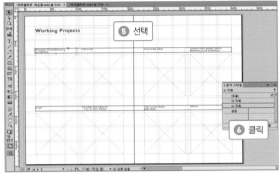

08 가져오기([Ctrl]+[D])를 이용하여 해당 프레임에 이미지를 가져와 주세요. (9_card_1.jpg, 11_LL_4.jpg, 13_gas_1.jpg, 15_festival_3.png, 17_pinovo_1.jpg, 18_exhibition_1.png, 19_The Lonely Road_2.jpg, 19_The Lonely Road_3.jpg, 21_Decus_1.png) 그리고 'The Lonely Road–John Ross' 부분에는 이미지가 두 개 들어갑니다. 별도로 프레임을 더 만들어서 이미지를 넣으세요.

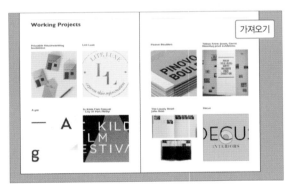 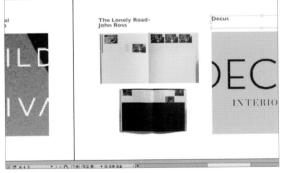

09 전체 이미지가 텍스트 프레임에 잘 맞게 조정하세요. 직접 선택 도구(▷)를 선택하고 이미지를 클릭한 다음 빨간색 선을 조절해 이미지 크기와 위치를 조절하세요. [Shift]+[Ctrl] 키를 누르면서 드래그하여 줄이면 가운데 중심으로 일정한 비율로 줄어듭니다.

7 큰 이미지가 중심에 있는 내지 디자인하기

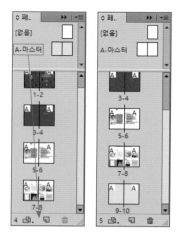

01 페이지를 추가로 만들겠습니다. [페이지] 패널에서 'A-마스터'를 아랫부분으로 드래그하여 새 페이지를 만듭니다.

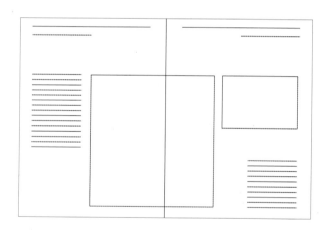

02 예제와 같은 스케치로 이미지와 텍스트를 넣겠습니다. 가운데에 큰 이미지가 중심을 잡아 주고 그 주위에 이미지와 텍스트를 배치하여 균형을 맞추겠습니다.

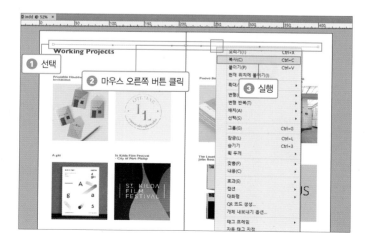

03 기존에 만든 선을 드래그하여 같이 선택하고 복사(Ctrl+C)합니다.

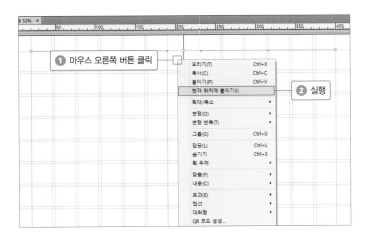

04 새로 만든 페이지에서 마우스 오른쪽 버튼을 클릭하고 **현재 위치에 붙이기**를 실행하면 같은 위치에 선이 붙습니다.

05 스케치와 같이 프레임을 만들겠습니다. 사각형 프레임 도구(⊠)를 선택하고 안내선에 맞게 프레임을 그립니다.

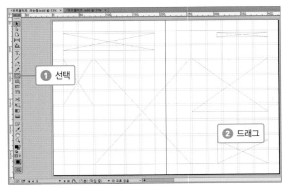

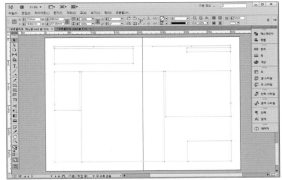

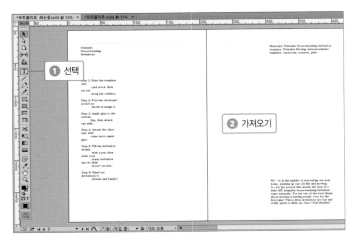

06 텍스트를 넣습니다. 문자 도구(T)를 선택하고 프레임을 클릭하면 활성화됩니다. 문서에서 필요한 텍스트를 가져옵니다.

07 [문자 스타일] 패널에서 '대 제목', '소 제목', '본문'에 맞게 스타일을 클릭하여 글꼴, 크기, 색상을 수정합니다.

08 해당 이미지(9_card_1.jpg, 9_card_2.jpg)를 넣겠습니다. 프레임을 먼저 선택하고 가져오기(Ctrl+D)를 실행하여 이미지를 가져옵니다. 이미지가 이미지 박스에 맞지 않게 위치되었다면 직접 선택 도구(🡕)를 선택하고 빨간색 선을 드래그하여 크기와 위치를 재조정하세요. Shift+Ctrl 키를 누르면서 드래그하여 줄이면 가운데를 중심으로 일정한 비율로 줄어듭니다.

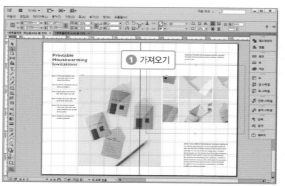

09 아랫부분 본문은 윗부분 이미지에 맞추어서 안내선을 드래그하여 하나 더 만드세요. 그리고 본문과 윗부분 텍스트를 그 안내선에 맞추어서 텍스트 프레임 크기를 조절합니다.

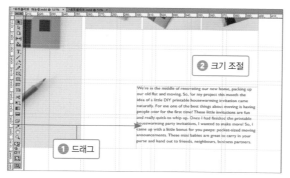

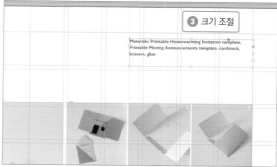

8 양쪽 페이지가 대칭을 이루는 내지 디자인하기

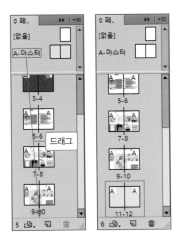

01 페이지를 추가로 만들겠습니다. [페이지] 패널에서 'A-마스터'를 아랫부분으로 드래그하여 새 페이지를 만듭니다.

02 예제와 같은 스케치를 토대로 이미지와 텍스트를 넣겠습니다. 양쪽 페이지 레이아웃을 대칭으로 만들어 균형감 있게 배치하겠습니다.

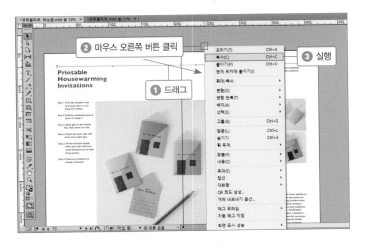

03 기존에 만든 선을 드래그하여 같이 선택하고 복사(Ctrl+C)합니다.

04 새로 만든 페이지에서 마우스 오른쪽 버튼을 클릭하고 **현재 위치에 붙이기**를 실행하면 선이 같은 위치에 붙습니다.

05 스케치와 같이 프레임을 만들겠습니다. 사각형 프레임 도구(⊠)를 선택하고 안내선에 맞게 프레임을 그립니다.

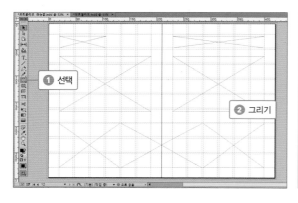
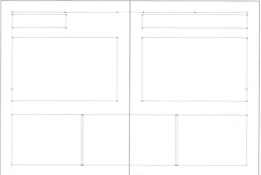

06 텍스트를 넣어 줍니다. 문자 도구(T)를 선택하고 프레임을 클릭하면 활성화됩니다. 그리고 해당되는 텍스트를 가져옵니다. [문자 스타일] 패널에서 '대 제목', '본문' 스타일을 지정하여 글꼴을 수정합니다.

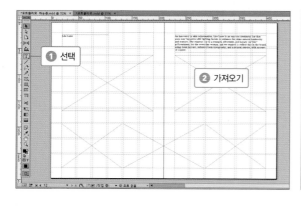

07 본문을 읽기 쉽게 2단으로 만들겠습니다. 텍스트 프레임을 드래그하여 줄이고 빨간색 + 표시를 클릭한 다음 드래그하여 이어지는 텍스트로 만들어 줍니다. 한쪽에 텍스트가 너무 많으면 프레임 크기를 줄여 주세요. 그러면 한쪽으로 텍스트가 넘어갑니다.

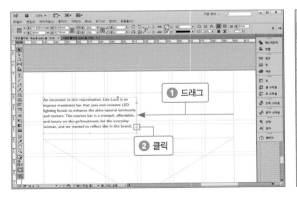
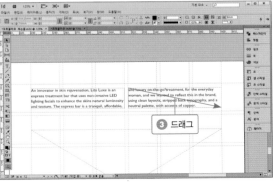

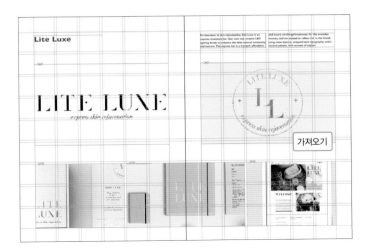

08 이미지를 넣겠습니다. 해당하는 프레임을 선택하고 가져오기(Ctrl+D)를 실행하여 이미지를 가져옵니다. (11_LL_1.jpg, 11_LL_2.jpg, 11_LL_3.jpg, 11_LL_4.jpg, 11_LL_5.jpg)

09 이미지 크기와 위치를 조절하겠습니다. 직접 선택 도구(▷)로 이미지를 클릭하고 빨간색 라인을 드래그하여 실제 이미지 크기를 줄입니다. Shift+Ctrl 키를 누르면서 드래그하여 줄이면 가운데를 중심으로 일정한 비율로 줄어듭니다.

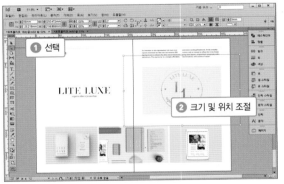

9 한쪽 페이지에 빈 공간이 있는 내지 디자인하기

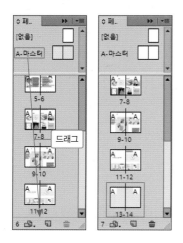

01 페이지를 추가로 만들겠습니다. [페이지] 패널에서 'A-마스터'를 아랫부분에 드래그하여 새 페이지를 만듭니다.

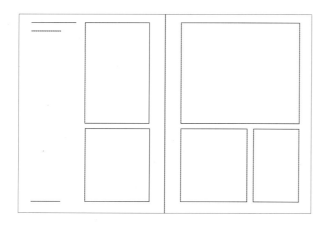

02 예제와 같은 스케치를 토대로 이미지와 텍스트를 넣겠습니다. 왼쪽 페이지의 왼쪽 공간에 텍스트와 여백을 두는 레이아웃입니다.

03 스케치와 같이 프레임을 만들겠습니다. 사각형 프레임 도구(⊠)를 선택하고 안내선에 맞게 프레임을 그립니다.

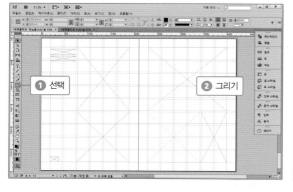

04 텍스트를 넣어 줍니다. 문자 도구(T)를 선택하고 프레임을 클릭하면 활성화됩니다. 그리고 해당되는 텍스트를 가져 옵니다. [문자 스타일] 패널에서 알맞은 스타일을 지정합니다.

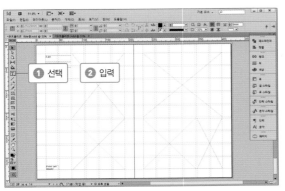

05 안내선에 맞추어서 선을 그리겠습니다. 펜 도구(펜)를 선택하고 클릭하여 그림과 같이 선을 그립니다. 획을 보라색, 칠 을 '[없음]'으로 지정합니다.

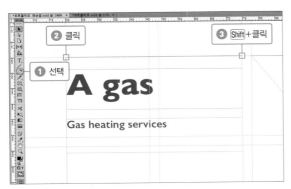

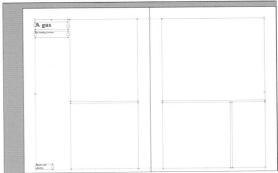

06 이미지를 넣겠습니다. 이번에는 폴더에서 드래그하여 이미지를 직접 가져오겠습니다. 14 폴더에서 이미지를 드래그하 여 인디자인에 있는 프레임 위에 놓아 주세요. 그러면 해당 이미지가 붙습니다. 다른 이미지도 동일한 방법으로 가져와 주 세요. (13_gas_1.jpg, 13_gas_2.jpg, 13_gas_3.jpg, 13_gas_4.jpg, 13_gas_5.jpg)

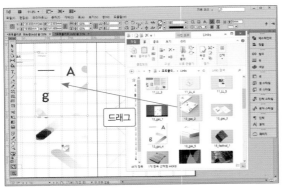

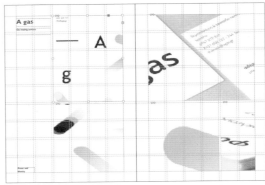

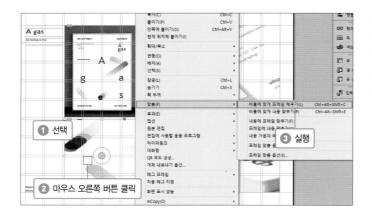

07 이미지가 프레임보다 너무 클 경우에는 이미지를 선택하고 마우스 오른쪽 버튼을 클릭한 다음 **맞춤 → 비율에 맞게 프레임 맞추기**(Ctrl+Alt+Shift+C)를 실행하여 프레임에 이미지가 딱 맞게 줄여 주세요.

08 직접 선택 도구(↖)를 선택하고 이미지를 클릭하여 빨간색 선의 실제 이미지로 조절해 주세요. Shift+Ctrl 키를 누르면서 드래그하여 줄이면 가운데를 중심으로 일정한 비율로 줄어듭니다.

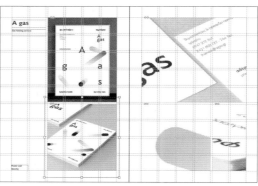

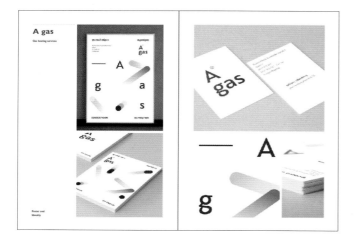

09 완성되었습니다.

10 이미지를 접히는 부분에 배치하는 내지 디자인하기

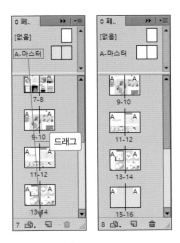

01 페이지를 추가로 만들겠습니다. [페이지] 패널에서 'A-마스터'를 클릭하여 페이지 두 개를 선택합니다. 그리고 아랫부분으로 드래 그하여 새 페이지를 만듭니다.

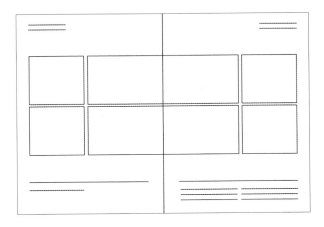

02 예제와 같은 스케치를 토대로 이미지와 텍스트를 넣겠습니다. 작품 이미지가 접히는 부분에 배치되는 레이아웃입니다. 가운데 접 히는 부분을 되도록 피해서 배치하는 것이 더 좋습니다.

03 스케치와 같이 프레임을 만들겠습니다. 사각형 프레임 도구(⊠)를 선택하고 안내선에 맞게 프레임을 그립니다.

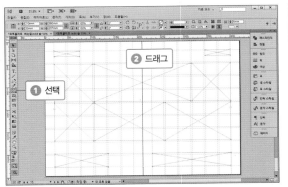

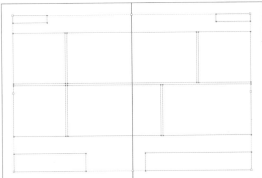

04 텍스트를 넣습니다. 문자 도구(**T.**)를 선택하고 프레임을 클릭하면 활성화됩니다. 그리고 해당되는 텍스트를 가져옵니다. [문자 스타일] 패널에서 '대 제목', '본문'에 맞게 클릭하여 스타일을 수정합니다.

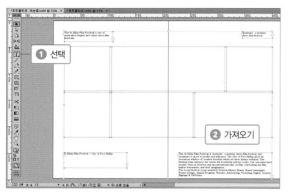 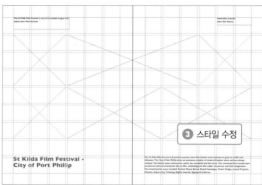

05 오른쪽 끝에 있는 텍스트를 선택하고 [단락] 패널에서 '오른쪽 정렬' 아이콘(**≡**)을 클릭합니다. 펜 도구(**✎**)를 선택하고 클릭하여 왼쪽 오른쪽 페이지 모두 선을 긋습니다. 획을 보라색, 칠을 '[없음]'으로 지정합니다.

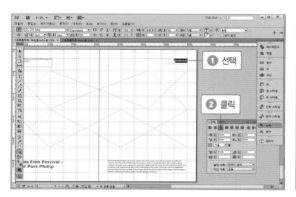 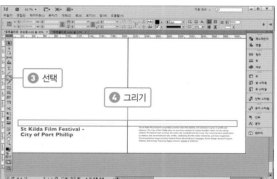

06 이미지를 넣습니다. 이번에도 폴더에서 직접 이미지를 드래그하여 가져오겠습니다. 폴더에서 이미지를 드래그하여 인디자인에 있는 프레임 위에 놓아 주세요. 그러면 해당 이미지가 표시됩니다. 다른 이미지도 동일한 방법으로 가져와 주세요. (15_festival_1.png, 15_festival_2.png, 15_festival_3.png, 15_festival_4.jpg, 15_festival_5.png)

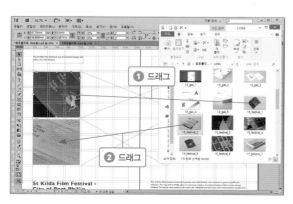 

07 이미지가 프레임보다 너무 클 경우에는 이미지를 선택하고 마우스 오른쪽 버튼을 클릭한 다음 **맞춤 → 비율에 맞게 프레임 맞추기**([Ctrl]+[Alt]+[Shift]+[C])를 실행하여 프레임에 이미지가 딱 맞게 줄입니다.

08 직접 선택 도구([])를 선택하고 이미지를 클릭하여 빨간색 선의 실제 이미지로 크기와 위치를 조절해 주세요.

TIP [Shift]+[Ctrl] 키를 누르면서 드래그하여 줄이면 가운데를 중심으로 일정한 비율로 줄어듭니다.

09 본문을 읽기 쉽게 2단으로 만들겠습니다. 텍스트 프레임을 드래그하여 줄이고 빨간색 + 표시를 클릭한 다음 드래그하여 이어지는 텍스트로 만들어 줍니다. 한쪽에 텍스트가 너무 많으면 줄여 주세요. 그러면 한쪽으로 텍스트가 넘어갑니다.

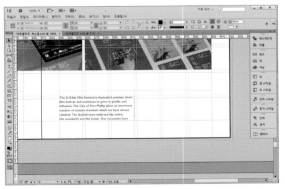
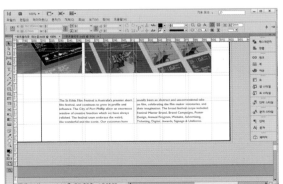

11 위아래를 나누어 보여주는 내지 디자인하기

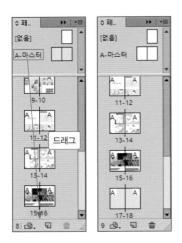

01 페이지를 추가로 만들겠습니다. 'A-마스터'를 아랫부분으로 드래그하여 새 페이지를 만듭니다.

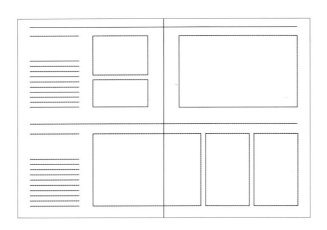

02 예제와 같은 스케치로 이미지와 텍스트를 넣겠습니다. 두 페이지에 두 가지 작품을 보여주는 페이지입니다. 그래서 라인으로 위와 아래를 나눠서 작품을 보여주겠습니다.

03 선을 먼저 그리겠습니다. 펜 도구(✏)를 선택하고 클릭하여 선을 그려 줍니다. 획을 보라색, 칠을 '[없음]'으로 지정합니다. 그린 선을 복사하여 페이지 가운데 배치합니다.

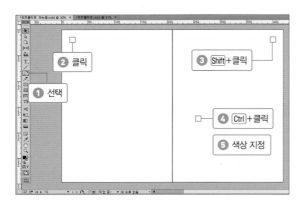

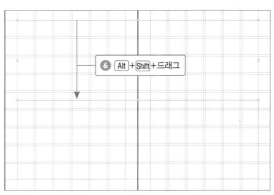

04 스케치와 같이 프레임을 만들겠습니다. 사각형 프레임 도구(⊠)를 선택하고 안내선에 맞춰 프레임을 그립니다.

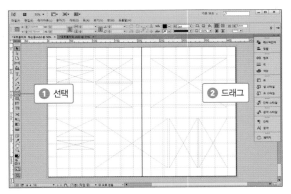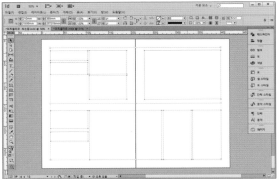

05 텍스트를 넣어 줍니다. 문자 도구(T.)를 선택하고 프레임을 클릭하면 활성화됩니다. 그리고 해당되는 텍스트를 가져옵니다. [문자 스타일] 패널에서 '대 제목', '본문'에 맞게 클릭하여 스타일을 지정합니다.

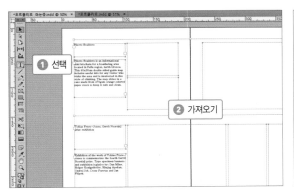

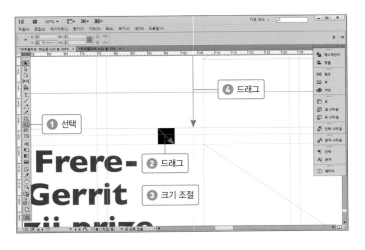

06 아랫부분 텍스트에 맞추어서 선 위치를 조정하겠습니다. 사각형 도구(■)를 선택하고 사각형을 만든 다음 크기를 5mm로 조절합니다. 대 제목 위에 놓고 눈금자를 드래그하여 안내선을 하나 더 만드세요.

07 사각형을 지우고 그 선에 맞추어서 선 위치를 내려 주세요.

08 이미지를 넣어 보겠습니다. 폴더에서 드래그하여 직접 이미지를 가져오겠습니다. 폴더에서 이미지를 드래그하여 인디자인에 있는 프레임 위에 놓아 주세요. 그러면 해당 이미지가 붙습니다. 다른 이미지도 동일한 방법으로 가져와 주세요. (17_pinovo_1.jpg, 17_pinovo_2.jpg, 17_pinovo_3.jpg, 18_exhibition_1.png, 18_exhibition_3.jpg)

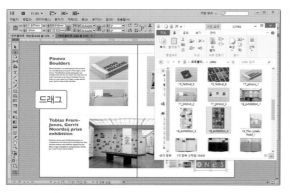

09 이미지 크기와 위치를 조절하겠습니다. 직접 선택 도구(⬀)를 선택하고 이미지를 클릭합니다. 빨간색 선을 드래그하여 실제 이미지 크기를 줄여줍니다. Shift + Ctrl 키를 누르면서 드래그하여 줄이면 가운데를 중심으로 일정한 비율로 줄어듭니다.

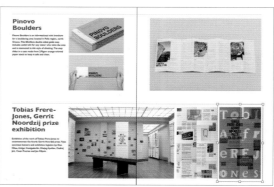

12 여러 장의 이미지를 보여주는 내지 디자인하기

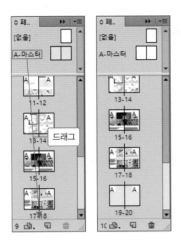

01 페이지를 추가로 만들겠습니다. [페이지] 패널에서 'A-마스터'를 아래로 드래그하여 새 페이지를 만듭니다.

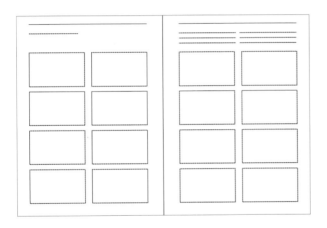

02 그림과 같은 스케치로 이미지와 텍스트를 넣겠습니다. 책을 보여주는 페이지이므로 여러 장의 내지 이미지를 펼침 페이지에 배치하여 보여주겠습니다.

03 기존에 만든 선을 드래그하여 같이 선택하고 복사(Ctrl+C)합니다. 그리고 새로 만든 페이지에서 마우스 오른쪽 버튼을 누르고 **현재 위치에 붙이기**를 실행하면 같은 위치에 선이 붙습니다.

04 스케치와 같이 프레임을 만들겠습니다. 사각형 프레임 도구(⊠)를 선택하고 안내선에 맞게 프레임을 그립니다.

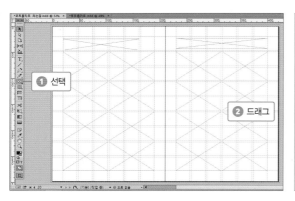 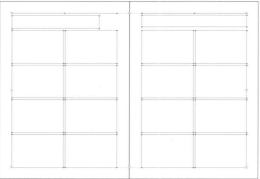

05 텍스트를 넣습니다. 문자 도구(T)를 선택하고 프레임을 클릭하면 활성화됩니다. 그리고 해당되는 텍스트를 가져옵니다. [문자 스타일] 패널에서 '대 제목', '본문' 스타일을 지정합니다.

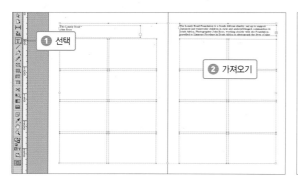 

06 이미지를 넣겠습니다. 폴더에서 드래그하여 이미지를 직접 가져오겠습니다. 폴더에서 이미지를 드래그하여 인디자인에 있는 프레임 위에 놓아 주세요. 그러면 해당 이미지가 붙습니다. 다른 이미지도 동일한 방법으로 가져와 주세요. (왼쪽 페이지 : 19_The Lonely Road_1.jpg~19_The Lonely Road_8.jpg, 오른쪽 페이지 : 19_The Lonely Road_9.jpg~19_The Lonely Road_16.jpg)

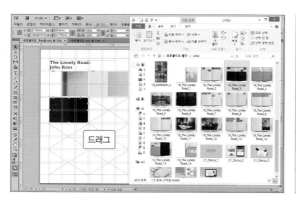 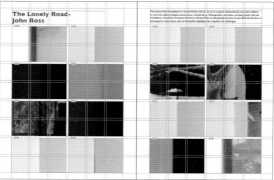

07 이미지가 프레임보다 너무 클 경우에는 이미지를 선택하고 마우스 오른쪽 버튼을 클릭한 다음 **맞춤 → 비율에 맞게 프레임 맞추기**(Ctrl+Alt+Shift+C)를 실행하여 프레임에 이미지가 딱 맞게 줄입니다.

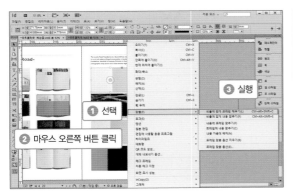 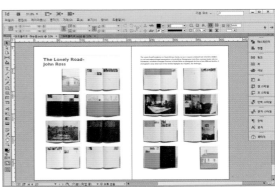

08 본문을 읽기 쉽게 2단으로 만들겠습니다. 텍스트 프레임을 드래그하여 줄이고 빨간색 + 표시를 클릭한 다음 드래그 하여 이어지는 텍스트로 만들어 줍니다. 한쪽에 텍스트가 너무 많으면 줄여 주세요. 그러면 한쪽으로 텍스트가 넘어갑니다.

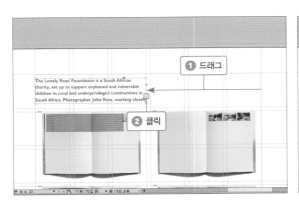 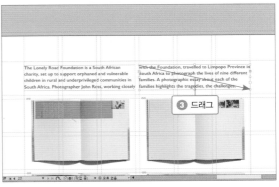

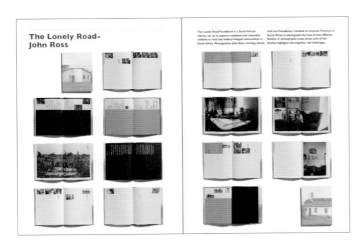

09 완성되었습니다.

13 크기가 다른 이미지가 균형을 이루는 내지 디자인하기

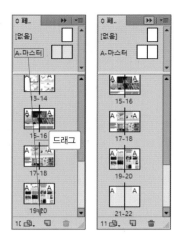

01 페이지를 추가로 만들겠습니다. [페이지] 패널에서 'A-마스터'를 클릭하여 페이지 두 개를 선택합니다. 그리고 아랫부분으로 드래그하여 새 페이지를 만듭니다.

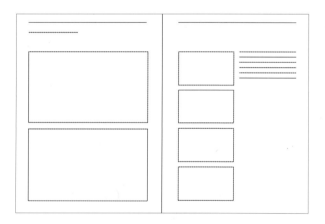

02 예제와 같은 스케치로 이미지와 텍스트를 넣겠습니다. 왼쪽 페이지에 큰 이미지 두 개를 배치하고 오른쪽 페이지에 작은 이미지 네 개를 배치하겠습니다. 이미지 크기는 다르지만 개수로 양 페이지 균형을 맞추겠습니다.

03 기존에 만든 선을 드래그하여 같이 선택하고 복사합니다. 그리고 새로 만든 페이지에서 마우스 오른쪽 버튼을 클릭하고 **현재 위치에 붙이기**를 실행하면 같은 위치에 선이 붙습니다.

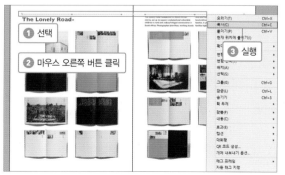
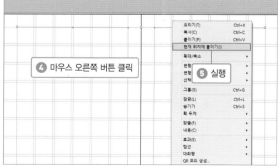

04 스케치와 같이 프레임을 만들겠습니다. 사각형 프레임 도구(⊠)를 선택하고 안내선에 맞게 프레임을 그립니다.

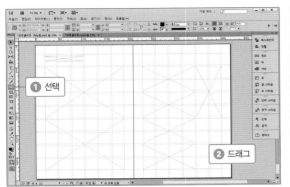
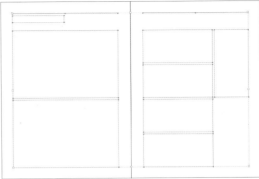

05 텍스트를 넣습니다. 문자 도구(T)를 선택하고 프레임을 클릭하면 활성화됩니다. 그리고 해당되는 텍스트를 가져옵니다. [문자 스타일] 패널에서 '대 제목', '본문' 스타일을 지정합니다.

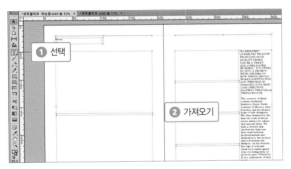

06 본문 윗부분 텍스트를 보라색으로 바꾸겠습니다. 더블클릭하여 텍스트 프레임을 활성화하고 드래그하여 선택합니다. 그리고 [컨트롤] 패널에서 칠을 보라색으로 지정합니다.

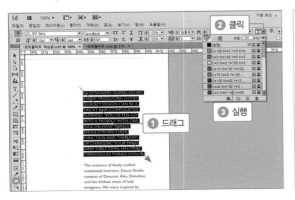

07 이미지를 넣겠습니다. 폴더에서 드래그하여 이미지를 직접 가져오겠습니다. 폴더에서 이미지를 드래그하여 인디자인에 있는 프레임 위에 놓아 주세요. 그러면 해당 이미지가 붙습니다. 다른 이미지도 동일한 방법으로 가져와 주세요. (왼쪽 페이지 : 21_Decus_1.png~21_Decus_2.jpg, 오른쪽 페이지 : 21_Decus_3.jpg~21_Decus_6.png)

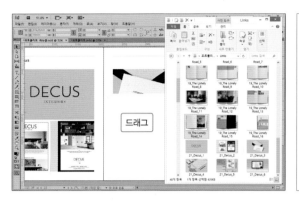

08 이미지가 프레임보다 너무 클 경우에는 이미지를 선택하고 마우스 오른쪽 버튼을 클릭한 다음 **맞춤 → 비율에 맞게 프레임 맞추기**(Ctrl+Alt+Shift+C)를 실행하여 프레임에 이미지가 딱 맞게 줄입니다. 직접 선택 도구(▷)를 선택하고 이미지를 클릭하여 빨간색 선의 실제 이미지로 크기와 위치를 조절해 주세요. Shift+Ctrl 키를 누르면서 드래그하여 줄여주면 가운데를 중심으로 일정한 비율로 줄어듭니다.

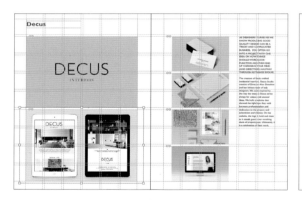

09 완성되었습니다.

14 뒷면 디자인하기

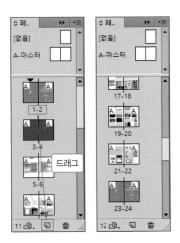

01 [페이지] 패널에서 1–2페이지를 '새 페이지 만들기' 아이콘(🗇)으로 드래그합니다.

02 왼쪽 페이지의 로고와 텍스트를 지워 줍니다. 그리고 오른쪽 페이지의 선과 텍스트를 지워 줍니다. 혹시 잠겨 있어서 안 지워지면 자물쇠 모양을 클릭하여 풀어 주거나 Ctrl + Alt + L 키를 눌러서 풀어 줍니다. 뒷면이 완성되었습니다.

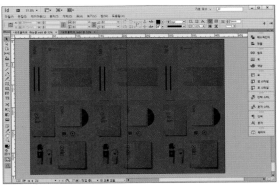

TIP 마지막 두 페이지를 만든 이유는 4의 배수로 페이지 수를 만들어야 하기 때문이며 표지 뒷면과 구분해 주기 위해서 입니다.

15 캡션 넣고 PDF로 출력하기

01 마스터 페이지에 캡션을 넣겠습니다. [페이지] 패널에서 'A-마스터'를 더블클릭해서 마스터 페이지로 들어가세요. 문자 도구(T)를 선택하여 텍스트 프레임을 만들고 텍스트를 가져옵니다. [문자 스타일] 패널에서 '본문' 스타일을 적용하고 왼쪽오른쪽 정렬을 적절하게 적용한 다음 '가운데 정렬' 아이콘(☰)을 클릭하여 높이를 맞춥니다.

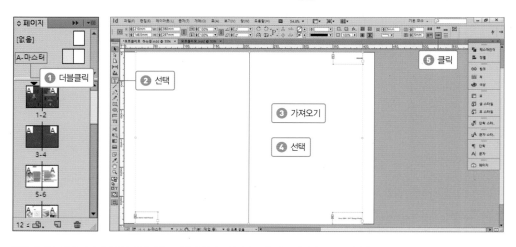

TIP 캡션을 넣게 되면 레이아웃이 단단하고 짜임새 있어 보입니다. 또한 읽는 사람이 잊지 말아야 할 책 제목이나 중요 문장들을 반복해서 보여줄 수 있습니다. 캡션 부분에 쪽 번호를 넣어도 좋습니다.

02 캡션과 본문 이미지, 텍스트 등이 겹치지 않는지 확인해 보세요. 겹쳤으면 마스터 페이지에 가서 다시 확인해야 합니다.

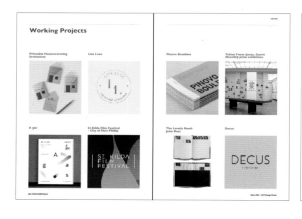

03 포트폴리오가 완성되었습니다. 먼저 파일을 '포트폴리오 내지'라는 이름으로 저장해 주세요.

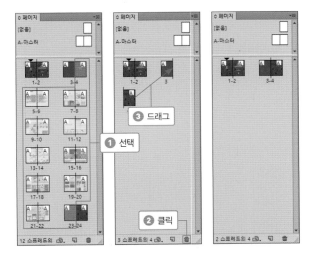

1 선택

2 클릭

3 드래그

04 인쇄 파일을 만들겠습니다. 표지를 내지보다 두꺼운 종이로 만들 것입니다. 그래서 표지를 따로 PDF로 만들겠습니다. '포트폴리오 표지'라는 이름으로 파일을 한 번 더 저장하세요. 그러면 '포트폴리오 내지' 파일과 '포트폴리오 표지' 두 파일이 생깁니다.

'포트폴리오 표지' 파일이 켜진 상태로 [페이지] 패널에서 Shift 키를 누른 상태로 4페이지부터 23페이지까지를 선택합니다. 그리고 [페이지] 패널 아랫부분에서 '삭제' 아이콘(🗑)을 클릭하여 페이지를 지웁니다. 4페이지를 드래그하여 3페이지 옆에 놓습니다.

05 [파일] → Adobe PDF 사전 설정 → [고품질 인쇄]를 실행합니다.

06 〈저장〉 버튼을 클릭하면 [Adobe PDF 내보내기] 대화상자가 표시됩니다. 페이지에서 '스프레드'를 선택하고 왼쪽에서 '표시 및 도련'을 선택합니다. 표시 항목에서 '재단선 표시'에 체크 표시합니다. 도련 및 슬러그 항목에서 도련을 각각 '3mm'로 설정하고 〈내보내기〉 버튼을 클릭합니다.

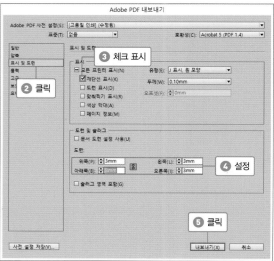

07 표지 PDF가 완성됩니다.

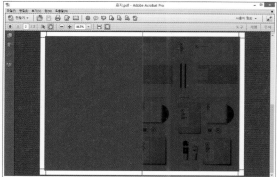

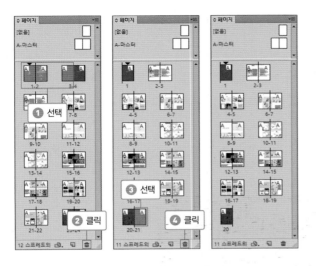

08 '포트폴리오 내지' 파일을 여세요. [페이지] 패널에서 Shift 키를 이용하여 1, 2, 3페이지를 선택하고 아랫부분에서 '삭제' 아이콘(🗑)을 클릭하여 페이지를 삭제합니다. 21페이지를 선택하고 '삭제' 아이콘을 클릭합니다. 내지만 남게 됩니다.

09 [파일] → Adobe PDF 사전 설정 → 고품질 인쇄를 실행합니다. 〈저장〉 버튼을 클릭하면 [Adobe PDF 내보내기] 대화상자가 표시됩니다. 페이지에서 '페이지'를 선택하고 왼쪽에서 '표시 및 도련'을 선택합니다. 표시 항목에서 아무 것도 선택하지 않고 도련 및 슬러그 항목에서 각각 '3mm'로 설정한 다음 〈내보내기〉 버튼을 클릭합니다.

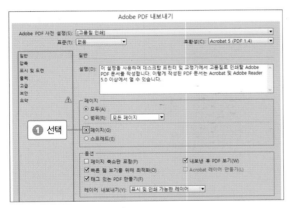

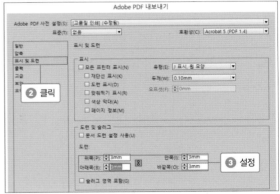

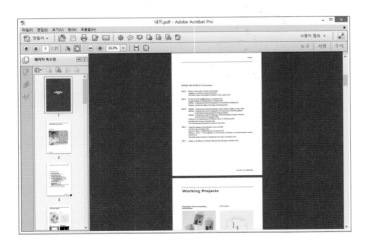

10 낱장 내지 PDF가 표시됩니다. 인쇄소에 연락하게 되면 3mm 도련을 주었다고 말하면 됩니다.

디자인 사례

작품 포트폴리오의 주인공은 작품입니다. 작품을 한 개만 넣는 것도 좋지만 다양한 각도에서 촬영한 이미지가 있다면 더 풍부한 느낌의 포트폴리오를 만들 수 있습니다.

▲ 포트폴리오는 글씨가 많은 것보다 사진이 많은 것이 좋습니다.
또한 큰 이미지를 크게 넣으면 작품이 더 돋보입니다.

▲ 포트폴리오는 일반적인 표지와 목차를 사용하기보다
자신만의 색을 입힌 작품집이 되어야 합니다.

사보 디자인

We are wanderers and adventurers and we believe the best way to build a travel guide is to spend as much time as possible traveling to strange lands and discovering new places.

SEARCHING

CRAWLING

PARSING

MATCHING

RANKING

MAKING GUIDES

DESTINATIONS 1
Europe
France - Paris

CHATEAUX ET CHARME
It's one of the most visited cities in the world but are you looking to escape crowds and see the other side of Paris, this is for you.

PARIS OFF THE BEATEN PATH
The French chateaux are some of the most remarkable and regarded structures in the country.

FABULOUS FRENCH WINE
Wine is synonymous with French culture and cuisine. Take some time in Paris to enjoy a wine tasting in tours, or explore the wines in the nearby regions with an easy day trip.

8 BREWPUBS IN PARIS
BBQ Joint, Pub, Brewery Tap Bières Ginger Twist Scotch Ale Dunkelblond Pearl Pale Ale Maison Blanche

TRIPOSO THE APP FOR TRAVELERS
EXPLORE WITH TRIPOSO

WANDER FREELY

JOIN THE COMMUNITY

GET INSPIRED AND MAKE A PLAN

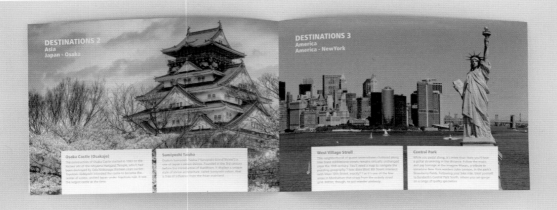

DESTINATIONS 2
Asia
Japan - Osaka

DESTINATIONS 3
America
America - NewYork

Osaka Castle (Osakajo)
The construction of Osaka Castle started in 1583 on the former site of the Ishiyama Honganji Temple, which had been destroyed by Oda Nobunaga thirteen years earlier. Toyotomi Hideyoshi intended the castle to become the center of a new, unified Japan under Toyotomi rule. It was the largest castle at the time.

Sumiyoshi Taisha
Osaka's Sumiyoshi Taisha ("Sumiyoshi Grand Shrine") is one of Japan's oldest shrines. Founded in the 3rd century before the introduction of Buddhism, it displays a unique style of shrine architecture, called Sumiyoshi-zukuri, that is free of influences from the Asian mainland.

West Village Stroll
This neighborhood of quaint townhouses cluttered along tree-lined cobblestone streets remains virtually unchanged since the 19th century. You'll need a map to navigate the puzzling geography (how does West 4th Street intersect with West 10th Street, exactly?) as it's one of the few areas in Manhattan that strays from the orderly street grid below, though, to get lost is a joy.

Central Park
While you stroll along, it's more than likely you'll hear a guitar strumming in the distance. Follow the music and pay homage at the Imagine Mosaic, a tribute to Lennon in New York western John Lennon. In the park's Strawberry Fields, following your bike ride, treat yourself to Sarabeth's Central Park South, where you can gorge on a range of quality specialties.

WORKSHOP 15
샤보 디자인

레이아웃을 활용한 회사 소개서 만들기

지금까지 배운 기능을 이용하여 회사 소개서를 만들어 보겠습니다. 이 회사 소개서의 주 색상은 파란색이며 풍경 사진이 주로 사용됩니다. 사진은 파란색이 많이 포함된 이미지로 선택하여 주 색상과 어울리게 하였습니다. 사진을 이용하여 회사 소개서를 만들 때는 콘셉트, 사진, 색상이 잘 어울리게 만들어야 합니다.

1 새 문서와 마스터 페이지 안내선 만들기

01 [파일] → **새로 만들기** → **문서**(Ctrl+N)를 실행합니다. A4 크기의 메뉴판을 만들겠습니다. 페이지 크기를 'A4'로 지정합니다. 방향을 '가로'로 지정하고 '페이지 마주보기'에 체크 표시한 다음 〈여백 및 단〉 버튼을 클릭하세요.

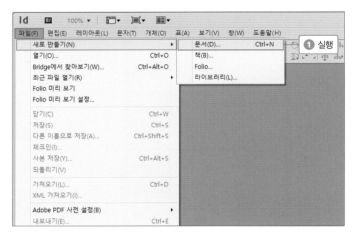

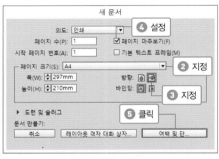

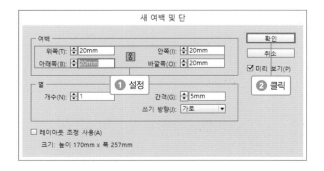

02 모든 여백을 '20mm'로 설정하고 〈확인〉 버튼을 클릭하세요.

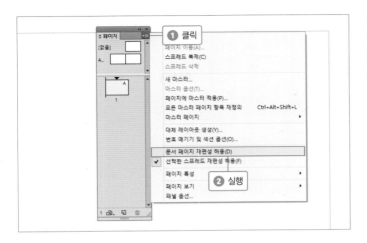

03 표지를 만들겠습니다. [페이지] 패널에서 오른쪽 윗부분 메뉴 아이콘(▼≡)을 클릭하고 **문서 페이지 재편성 허용**을 실행하여 선택을 해제합니다.

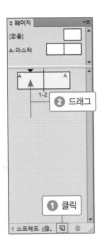

04 패널 아랫부분에서 '새 페이지 만들기' 아이콘(◨)을 클릭하여 페이지를 만들고 드래그하여 1페이지와 2페이지를 그림과 같이 붙여주세요.

05 마스터 페이지에 안내선을 그리겠습니다. [페이지]에서 'A–마스터'를 더블클릭하여 들어갑니다.

06 [레이아웃] → **안내선 만들기**를 실행합니다. [안내선 만들기] 대화상자가 표시됩니다. 행 항목에서 개수를 '4', 간격을 '5mm', 열 항목에서 개수를 '8', 간격을 '5mm', 옵션 항목에서 다음에 안내선 맞추기를 '페이지'로 지정한 다음 〈확인〉 버튼을 클릭합니다.

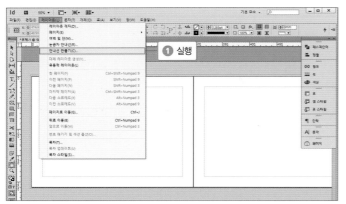

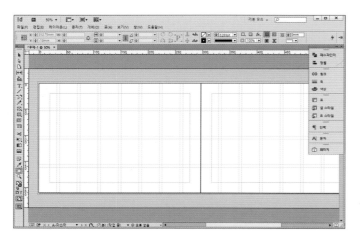

07 이미지와 같이 안내선이 그려집니다. 이제 이 안내선을 이용하여 표지와 뒷면을 만들어 보겠습니다.

08 [페이지] 패널에서 아랫부분 1페이지를 더블클릭하여 마스터 페이지에서 나옵니다.

2 앞면 표지 개체 배치하기

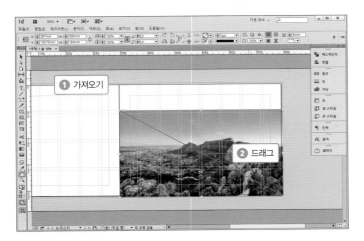

01 **[파일] → 가져오기**(Ctrl+D)를 실행하고 15 폴더에서 'main_front.jpg' 파일을 가져옵니다. 드래그해서 안내선에 맞게 이미지를 배치하세요.

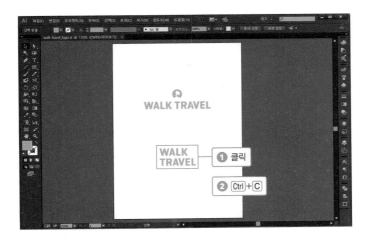

02 일러스트레이터에서 회사 로고를 가져오겠습니다. 15 폴더에서 'walk travel_logo.ai' 파일을 여세요. 그리고 밑 부분에 있는 WALK TRAVEL 벡터 이미지를 복사(Ctrl+C)합니다.

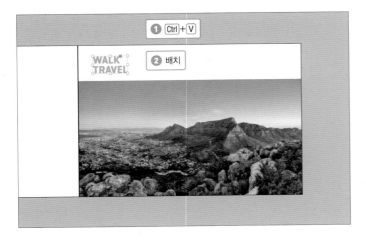

03 인디자인 파일에 붙입니다(Ctrl+V). 벡터인 상태로 그대로 인디자인에 붙습니다. 크기를 적당히 조절하고 배치해 주세요.

04 표지에 텍스트를 넣겠습니다. '사보 텍스트.txt' 파일을 열고 표지 부분에서 텍스트를 복사합니다(Ctrl+C).

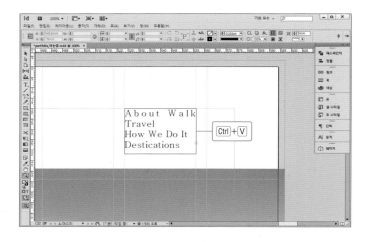

05 텍스트를 붙입니다.

06 텍스트 창 밑에 빨간색 + 모양을 누르고 드래그하여 텍스트 프레임을 또 만듭니다. 그러면 아까 나오지 못했던 텍스트가 표시됩니다. 위치와 텍스트 프레임 크기를 적절히 조절해 줍니다. 예제에서는 글꼴을 'Frutiger LT 55 Roman', 크기(🔠)를 '9.5pt', 행간(🔠)을 '13.5pt'로 지정했습니다.

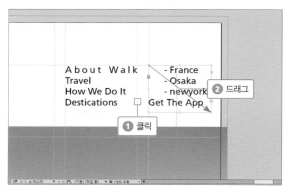

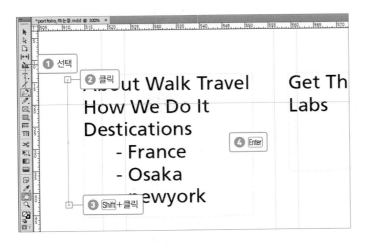

07 펜 도구()를 이용하여 텍스트 옆에 선을 만들겠습니다. 클릭으로 선을 만들고 [Enter] 키를 눌러 선을 완성합니다.

08 선택 도구()를 선택하고 [Alt]+[Shift] 키를 누른 채 드래그하여 선을 복제합니다.

09 글씨와 선에 들어갈 색을 만들겠습니다. 획 오른쪽 메뉴 아이콘을 클릭하고 **새 색상 견본**을 실행합니다. 녹청을 '60%', 자홍을 '15%', 노랑을 '0%', 검정을 '0%'로 설정하고 〈확인〉 버튼을 클릭합니다.

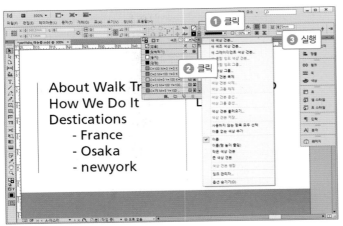

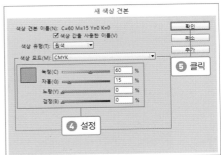

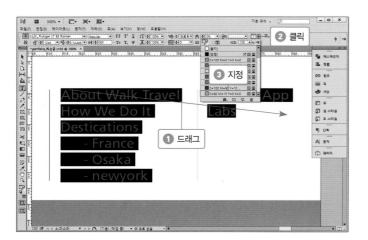

10 텍스트를 드래그하여 선택하고 칠을 파란색으로 지정합니다.

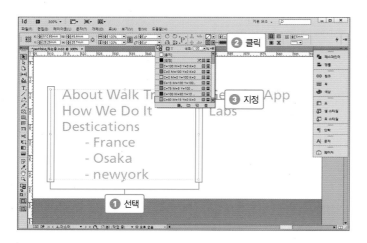

11 Shift 키를 누른 상태에서 선 두 개를 클릭하여 같이 선택하고 획을 파란색으로 지정합니다.

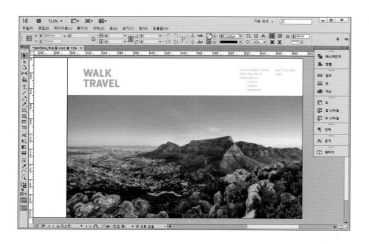

12 표지가 완성되었습니다.

3 뒷면 디자인하기

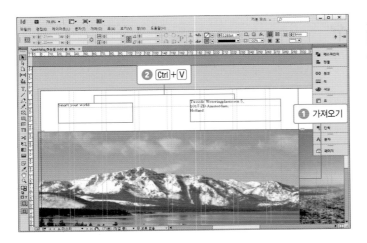

01 뒷면도 같은 방법으로 만들겠습니다.
[파일] → 가져오기(Ctrl+D)를 실행하고 15
폴더에서 뒷면 이미지인 'main_back.jpg' 파
일을 가져옵니다.
선택 도구(⬚)를 선택하고 이미지를 드래그하
면서 위치를 조절하세요.
뒷면에도 텍스트를 넣겠습니다. 15 폴더의 '사
보 텍스트.txt'에서 텍스트를 복사(Ctrl+C)하고
문서에 복사한 텍스트를 붙입니다(Ctrl+V).

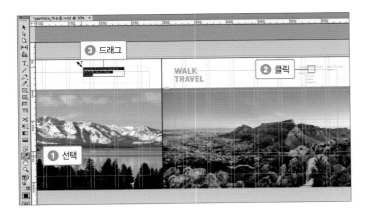

02 텍스트의 크기, 서체, 색상을 스포이드를
이용하여 바꾸겠습니다. 스포이드 도구(⬚)를
선택하고 표지에 만든 텍스트를 클릭합니다.
그리고 뒷면 텍스트를 드래그합니다.

03 'Smart your world' 텍스트 크기(⬚)를 '20pt'로 바꾸고 텍스트를 적절히 배치합니다. 뒷면이 완성되었습니다.

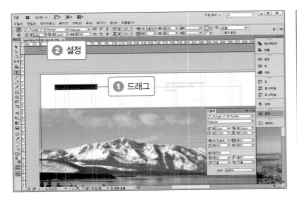

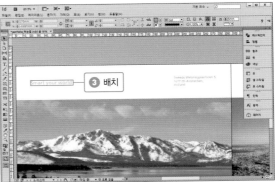

4 페이지 한쪽에 텍스트가 들어가는 본문 디자인하기

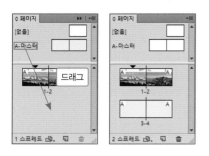

01 새 페이지를 만들겠습니다. [페이지] 패널에서 'A−마스터' 아랫부분에 드래그하여 새 페이지를 만듭니다.

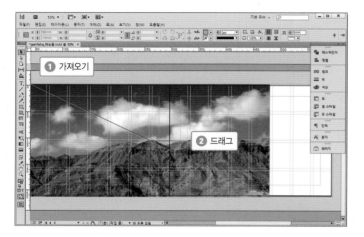

02 이미지를 넣겠습니다.
[파일] → 가져오기(Ctrl+D)를 실행하고 15 폴더에서 '2_mountain.jpg' 파일을 가져와 안내선에 맞춰 배치합니다. 불필요한 이미지 부분은 선택 도구(▶)를 선택하고 드래그하면서 조절합니다.

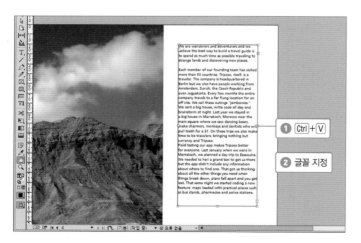

03 '사보 텍스트.txt'에서 필요한 글씨를 복사(Ctrl+C)하고 문자 도구(T)로 텍스트 프레임을 만들어 텍스트를 붙입니다(Ctrl+V).
예제에서는 글꼴을 'Frutiger LT 55 Roman', 크기(T)를 '10pt', 행간(A)을 '13.5pt'로 지정했습니다.

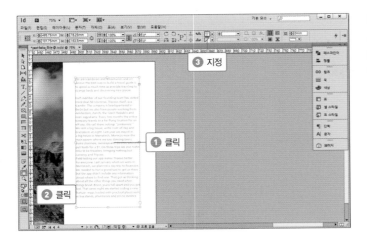

04 글씨색도 하늘색으로 바꾸겠습니다. 텍스트 프레임을 클릭하고 [도구] 패널 아랫부분에서 '텍스트에 서식 적용' 아이콘(**T**)을 클릭합니다. 칠을 하늘색으로 지정합니다.

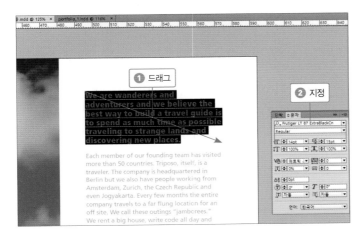

05 제목을 다른 서체의 다른 크기로 적용하겠습니다. 제목만 드래그하여 선택하고 [문자] 패널에서 글꼴과 크기를 조절합니다. 예제에서는 글꼴을 'Frutiger LT 87 ExtraBlackCn', 크기(**T**)를 '14pt', 행간(**A**)을 '15pt'로 지정했습니다.

06 문자 스타일을 이용하여 앞으로 사용할 텍스트의 서체, 크기, 행간을 편하게 적용하겠습니다. [문자 스타일] 패널(Shift +F11)을 표시합니다.

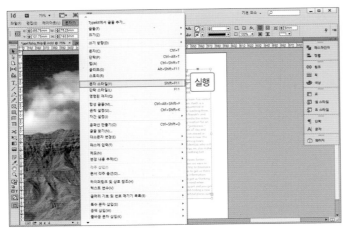

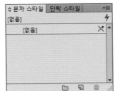

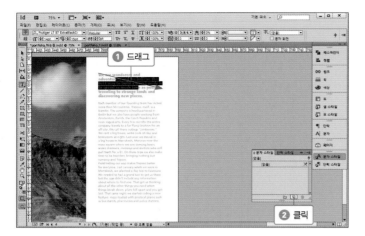

07 제목 부분을 드래그하여 선택하고 [문자 스타일] 패널에서 '새 페이지 만들기' 아이콘 (🗐)을 클릭하여 문자 스타일을 만듭니다.

08 '문자 스타일 1'을 더블클릭합니다.

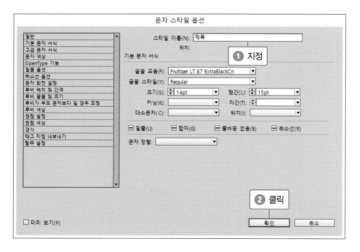

09 [문자 스타일 옵션] 대화상자가 표시되면 스타일 이름을 '제목'으로 지정합니다. 〈확인〉 버튼을 클릭합니다.

TIP 왼쪽에서 '기본 문자 서식'을 클릭하면 미리 설정된 글꼴, 크기 등의 정보를 볼 수 있습니다.

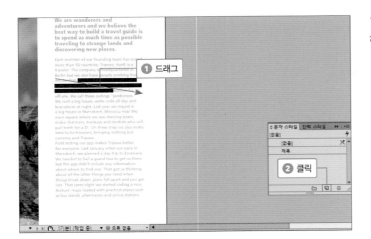

10 같은 방법으로 본문 글자 스타일도 지정하겠습니다.

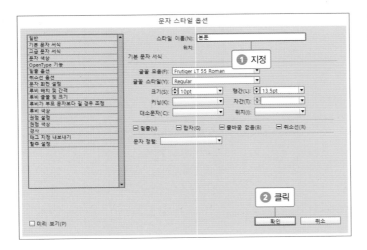

11 스타일 이름을 '본문'으로 지정하고 〈확인〉 버튼을 클릭합니다.

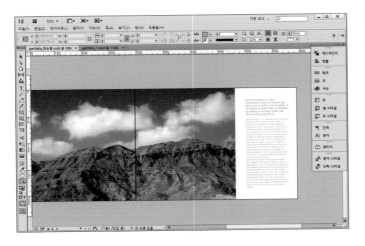

12 문자 스타일 지정이 완료되었습니다. 3, 4 페이지가 완성되었습니다.

5 아랫부분에 텍스트가 들어가는 본문 디자인하기

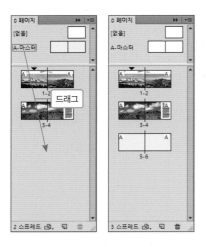

01 새로운 파일을 만들겠습니다. [Shift] 키를 이용해 'A-마스터'를 선택하세요. 그리고 아랫부분에 드래그하면 새로운 페이지가 만들어집니다.

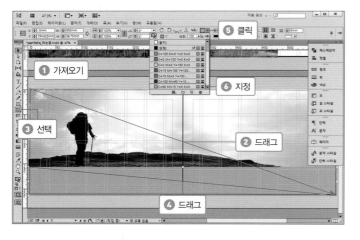

02 배경 이미지를 넣겠습니다.
[파일] → 가져오기([Ctrl]+[D])를 실행하고 15 폴더에서 '3_mountain and people.jpg' 파일을 가져오고 드래그해서 배치하세요.
아랫부분에 파란색 박스를 넣겠습니다.
사각형 도구(□)를 선택하고 드래그해서 사각형을 만드세요. [컨트롤] 패널에서 칠을 하늘색, 획을 [없음]으로 지정합니다.

03 배경 이미지와 파란색 프레임을 움직이지 않게 하겠습니다. 이미지를 클릭하고 마우스 오른쪽 버튼을 클릭한 다음 **잠금**([Ctrl]+[L])을 실행합니다. 파란색 프레임도 같은 방법으로 잠급니다.

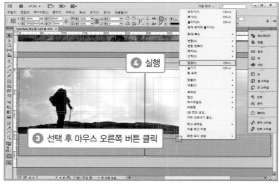

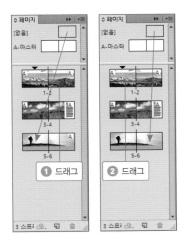

04 한 페이지에 텍스트를 3단으로 넣으려고 합니다. 현재 가이드의 세로 라인이 여덟 칸으로 설정되어 있습니다. 'A-마스터'를 지우고 5, 6페이지만 안내선을 다시 만들겠습니다. [페이지] 패널에서 '[없음]'을 5, 6페이지에 드래그합니다. 그러면 5, 6페이지에 있는 'A' 알파벳이 없어지면서 'A-마스터' 설정이 없어집니다.

05 [페이지] 패널에서 5, 6페이지 둘 다 선택합니다. **[레이아웃] → 안내선 만들기**를 실행합니다. 행 항목에서 간격을 '5mm', 열 항목에서 개수를 '3', 간격을 '5mm'로 설정하고 옵션 항목에서 다음에 안내선 맞추기를 '여백'으로 지정한 다음 〈확인〉 버튼을 클릭합니다. 안내선이 선택된 페이지에 다 들어갑니다.

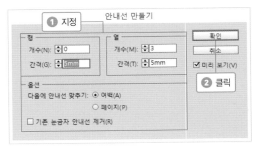

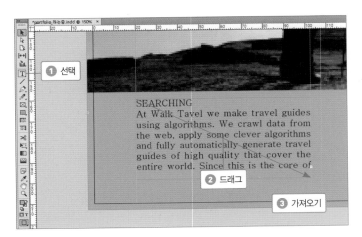

06 텍스트를 입력하겠습니다. '사보 텍스트.txt'에서 해당 텍스트를 복사(Ctrl+C)하고 문자 도구(T.)를 선택한 다음 텍스트 프레임을 만듭니다. 만든 텍스트 프레임에 복사한 내용을 붙입니다(Ctrl+V).

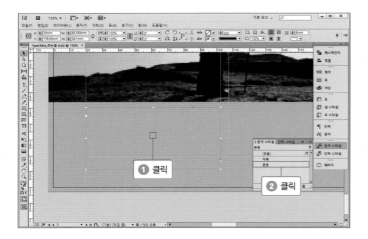

07 텍스트 프레임을 선택하고 전에 만든 문자 스타일에서 '본문'을 선택합니다. 배경도 파란색이라서 보이지 않습니다.

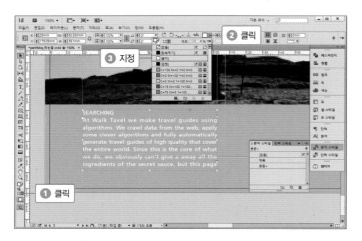

08 [도구] 패널 아랫부분에서 '텍스트에 서식 적용' 아이콘(**T**)을 클릭한 다음 [컨트롤] 패널에서 칠을 '[용지]'로 지정하여 글씨를 보이게 합니다.

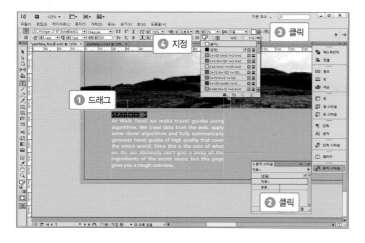

09 제목 서식도 바꾸겠습니다. 드래그하여 제목을 선택하고 [문자 스타일] 패널에서 '제목'을 클릭합니다.
[컨트롤] 패널에서 칠을 '[용지]'로 지정하면 글자 색상이 바뀝니다.

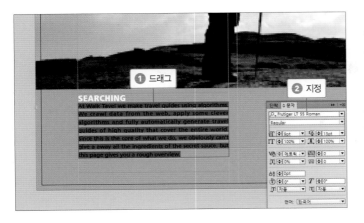

10 본문 글씨가 너무 커서 파란색 상자에 맞게 크기를 줄이겠습니다. 본문을 드래그하여 선택하고 [문자] 패널([Ctrl]+[T])에서 크기와 행간을 조절합니다.

예제에서는 글꼴을 'Frutiger LT 55 Roman', 크기([T])를 '9pt', 행간([A])을 '13pt'로 지정했습니다.

11 조절한 본문을 문자 스타일로 새로 지정하겠습니다. 본문이 선택되어 있는 상태로 [문자 스타일] 패널에서 '새 스타일 만들기' 아이콘([I])을 클릭합니다. 그러면 '문자 스타일 1'이 새로 생깁니다. '문자 스타일 1'를 더블클릭합니다.

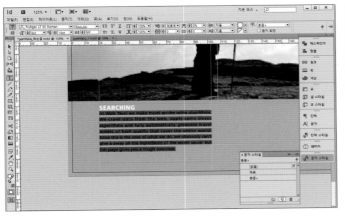

12 스타일 이름을 '작은 본문'으로 지정하고 〈확인〉 버튼을 클릭합니다. '작은 본문' 문자 스타일이 만들어집니다.

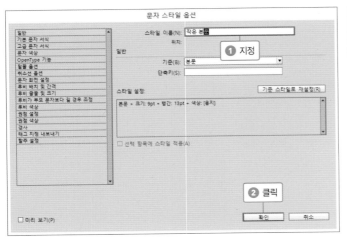

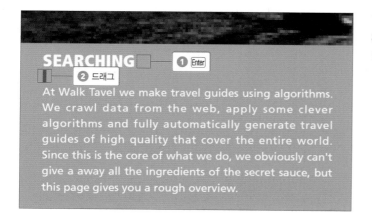

13 제목과 본문의 간격을 떨어뜨리겠습니다. SEARCHING 뒤에서 Enter 키를 누릅니다. 만든 공간을 드래그하여 선택하세요.

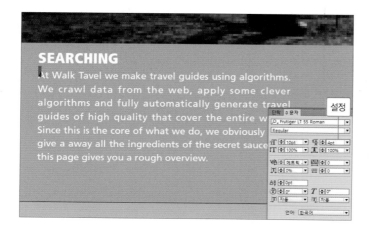

14 [문자] 패널에서 행간(⟨📏⟩)을 '4pt'로 조정 하면 간격이 맞춰집니다.

15 만든 텍스트 프레임을 Alt + Shift 키를 누 르면서 드래그하여 복제합니다. 안내선에 맞 추면서 나머지 부분도 같은 텍스트 프레임을 복제하세요.

16 텍스트를 수정하겠습니다. 수정할 텍스트를 드래그하여 선택하고 '사보 텍스트.txt'에서 알맞은 텍스트를 복사(Ctrl+C)해서 붙입니다(Ctrl+V). 제목과 본문을 따로따로 복사해서 붙여야 합니다. 별도로 텍스트의 서체, 크기, 색상을 조절하지 않아도 됩니다.

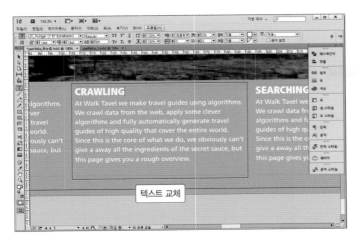

17 텍스트 위치를 적절하게 조절하겠습니다. 여섯 개의 텍스트 프레임을 모두 선택하고 그룹을 만듭니다.

18 이미지가 하늘색이기 때문에 잘 안보일 수 있습니다. 자물쇠 모양을 클릭하여 풀어 주고 직접 선택 도구( )를 선택한 다음 드래그하면서 이미지를 세부적으로 조절합니다.

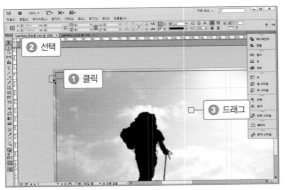

6 박스 안에 다양한 개체가 들어가는 본문 디자인하기

01 새로운 페이지를 만들겠습니다. Shift 키를 이용하여 'A-마스터' 페이지를 선택하세요. 그리고 아랫부분에 드래그하면 새로운 페이지가 만들어집니다.

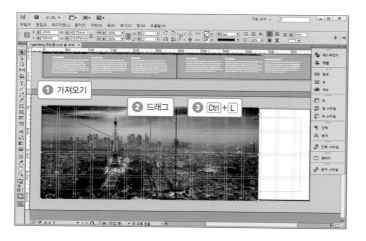

02 [파일] → 가져오기(Ctrl+D)를 실행하고 15 폴더에서 '4_paris.jpg' 파일을 드래그하여 안내선에 맞게 배치합니다.
움직이지 않게 하기 위해 Ctrl+L 키를 눌러 잠급니다.

03 제목을 입력하겠습니다. '사보 텍스트.txt'에서 7페이지 문구를 복사(Ctrl+C)하세요. 문자 도구(T)로 텍스트 프레임을 만들고 텍스트를 붙이세요(Ctrl+V).

04 텍스트 프레임이 선택되어 있는 상태에서 [문자 스타일] 패널의 '제목'을 클릭하세요. 그러면 해당 스타일이 적용됩니다.

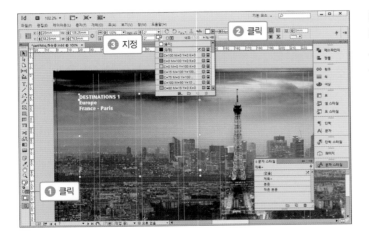

05 글씨를 세부 조정하겠습니다. 텍스트 프레임이 선택된 상태로 [도구] 패널 아랫부분에서 '텍스트 서식 적용' 아이콘(**T**)을 클릭하고 색을 [용지]로 지정합니다.

06 [문자] 패널에서 크기와 행간을 재조정합니다. 예제에서는 글꼴을 'Frutiger LT 87 ExtraBlackCn', 크기(**T**)를 '25pt', 행간(**A**)을 '25pt'로 지정하였습니다.

07 'Europe', 'France – paris' 텍스트를 별도로 드래그하여 선택하고 크기와 행간을 조절합니다. 예제에서는 크기(T)를 '19pt', 행간(A)을 '20pt'로 지정했습니다.

08 방금 고친 제목 부분을 문자 스타일로 새로 저장하겠습니다.
'DESTINATIONS 1'을 드래그하여 선택하고 [문자 스타일] 패널에서 '새 스타일 만들기' 아이콘(□)을 클릭합니다. '문자 스타일 1'를 더블클릭합니다.

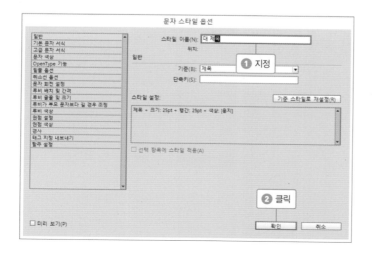

09 스타일 이름을 '대 제목'으로 지정하고 〈확인〉 버튼을 클릭합니다.

10 아랫부분에 본문 텍스트를 입력하겠습니다. '사보 텍스트.txt'에서 본문을 복사(Ctrl+C)하고 문자 도구(T)를 선택한 다음 드래그하여 텍스트 프레임을 만듭니다. 본문을 붙이고(Ctrl+V) 텍스트 프레임을 선택한 다음 [문자 스타일] 패널에서 '작은 본문'을 클릭하면 새로운 스타일이 입혀집니다.

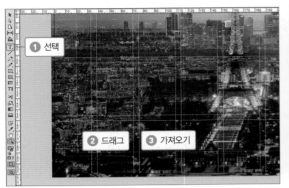

11 그림과 같이 텍스트 프레임 크기를 조절하세요.

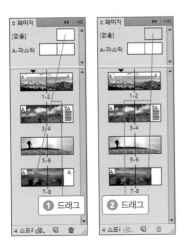

12 오른쪽 페이지 안내선을 재조정하겠습니다. [페이지] 패널에서 '없음'을 7-8페이지에 드래그합니다. 마스터 페이지에 만들어 놓았던 안내선이 사라집니다.

13 안내선을 다시 만들겠습니다. **[레이아웃] → 안내선 만들기**를 실행합니다. 행 항목에서 개수를 '4', 열 항목에서 개수를 '4'로 지정하고 〈확인〉 버튼을 클릭합니다.

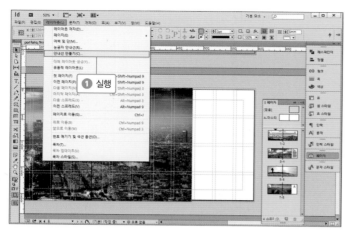

14 자물쇠를 눌러서 잠가 둔 배경을 풀어 주고 이미지를 안내선에 맞게 조절합니다.

15 선택 도구(▶)를 선택하고 이미지를 드래그하여 크기를 적절하게 조절합니다.

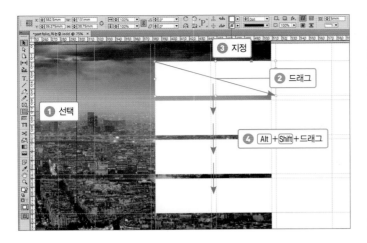

16 텍스트와 그림을 넣을 흰색 프레임을 만들겠습니다. 사각형 도구(▣)를 선택하고 드래그합니다. 칠을 '[용지]', 획을 '[없음]'으로 지정하고 안내선에 맞게 배치합니다.

TIP 잠금으로 프레임을 잠그면 좋습니다.

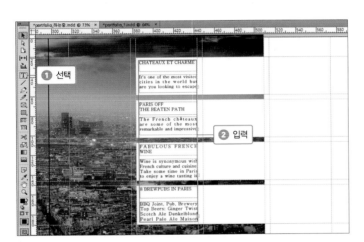

17 텍스트를 먼저 넣겠습니다. 문자 도구(T)를 선택하고 텍스트 프레임을 만든 다음 텍스트를 입력합니다. '사보 텍스트.txt'에서 알맞은 텍스트를 복사하여 붙입니다. 제목과 본문을 따로따로 입력하겠습니다.

18 제목을 클릭하여 선택하고 문자 스타일 패널에서 '제목'을 선택합니다. 제목의 서체, 크기, 색상이 바뀝니다.

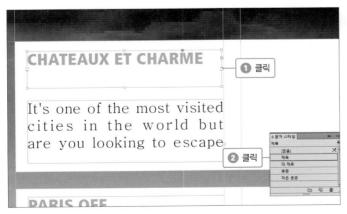

19 본문을 클릭하고 '본문'을 클릭하세요. 본문의 서체, 크기, 색상이 바뀝니다.

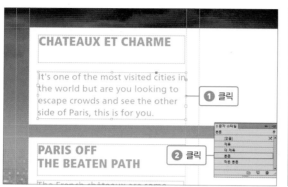
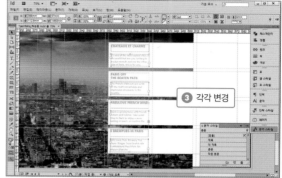

20 텍스트 프레임을 정리해 주세요. 텍스트보다 큰 텍스트 프레임은 아랫부분 점을 더블클릭하여 줄이고, 넘치는 텍스트 프레임을 늘려서 빨간색 + 표시를 없앱니다.

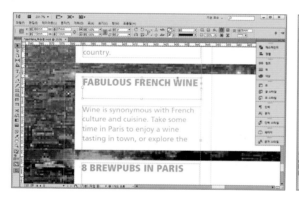

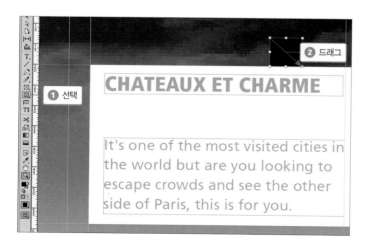

21 제목과 본문의 간격을 일정하게 맞추겠습니다. 사각형 도구(□)를 선택하고 사각형을 그립니다.

22 Shift 키를 누른 상태로 사각형, 제목, 본문을 클릭하여 선택합니다. [정렬] 패널(Shift+F7)의 '분포 간격 사용'에 체크 표시하고 '3mm'로 설정한 다음 '수직 공간 분포' 아이콘(⊟)을 클릭합니다. 3mm 간격으로 떨어집니다.

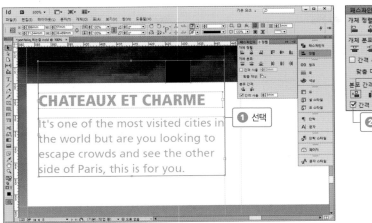

23 같은 방법으로 다른 프레임도 정렬합니다.

TIP [정렬] 패널을 이용해 간격을 맞출 때는 텍스트 프레임 기준으로 간격이 맞춰집니다. 그래서 제목과 본문의 간격을 맞출 때는 별도로 본문을 위로 올려줘야 합니다.

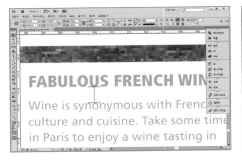

24 사진을 넣겠습니다. **[파일] → 가져오기**(Ctrl+D)를 실행합니다. 15 폴더에서 '4_farm.jpg' 파일을 가져오고 드래그하여 이미지를 배치합니다.

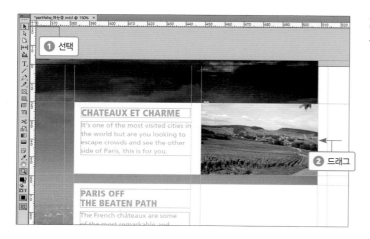

25 선택 도구(⬆)를 선택하고 가이드 안내선에 맞게 드래그하여 줄입니다.

26 같은 방법으로 두 번째 이미지를 제외한 나머지 이미지(4_park.jpg, 4_beer.jpg)도 넣습니다.

27 두 번째 이미지에 벡터로 만든 지도를 넣겠습니다. 15 폴더에서 'Pari map.ai' 파일을 더블클릭하여 일러스트레이터에서 열고 모든 개체를 선택한 다음 복사(Ctrl+C)합니다.

28 인디자인에서 붙입니다(Ctrl+V). 크기를 맞게 줄이겠습니다. Ctrl+Shift 키를 누르면서 드래그하면 적당한 같은 비율로 이미지가 줄어듭니다. 두 번째 이미지로 배치합니다.

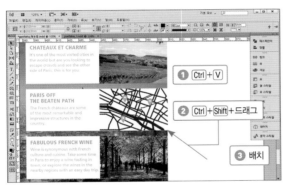
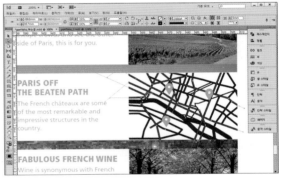

TIP '가져오기'가 아닌 일러스트레이터에서 복사하여 붙이면 인디자인 안에서도 수정이 가능합니다.

---

❶ 주의

Ctrl+Shift 키를 누르지 않고 그냥 드래그하면 그림처럼 이상하게 변합니다.

29 텍스트를 새로 입력하겠습니다. 문자 도구(T)를 선택하고 텍스트 프레임을 만든 다음 '사보 텍스트.txt'에서 8페이지 텍스트를 복사(Ctrl+C)하여 붙이세요(Ctrl+V).

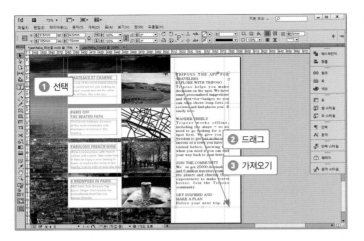

30 텍스트 프레임을 선택하고 [문자 스타일] 패널에서 '본문'을 클릭하여 스타일을 입히세요.

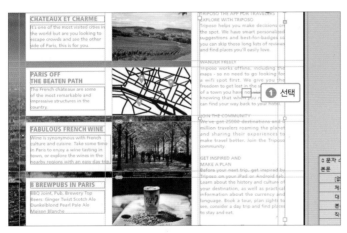

31 제목을 드래그하여 선택하고 [문자 스타일] 패널에서 '제목'을 클릭하여 서체, 색상, 크기를 바꾸세요.

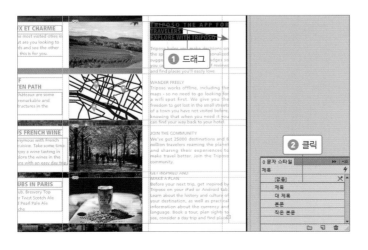

32 본문에서 글자 두께를 바꿀 부분을 드래그하여 선택하고 [문자] 패널에서 폰트를 바꿔 굵기를 굵게 합니다. 예제에서는 글꼴을 'Frutiger LT 87 ExtraBlackCN'으로 지정했습니다.

33 스포이드 도구( )를 선택하고 나머지 소제목들을 드래그하여 같은 글꼴로 바꿉니다.

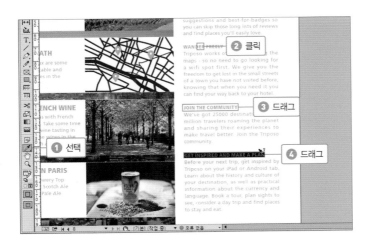

34 왼쪽 정렬로 수정하겠습니다. 텍스트 프레임이 선택된 상태로 [단락] 패널에서 '왼쪽 정렬' 아이콘( )을 클릭하세요. 그리고 텍스트 프레임을 흰색 배경 가운데 위치하도록 위치와 크기를 잘 조절합니다.

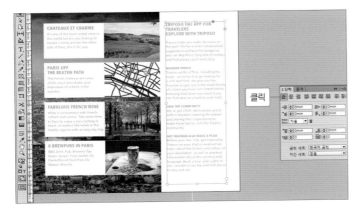

7 페이지에 각각 이미지가 배치되는 본문 디자인하기

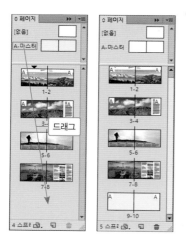

01 'A-마스터'를 드래그하여 페이지 아래에 놓으면 새로운 페이지 생깁니다.

02 배경 이미지를 가져오겠습니다. **[파일] → 가져오기**(Ctrl+D)를 실행하고 '5_osaka.jpg', '5_newyork.jpg' 이미지를 가져오세요. 드래그하여 그림과 같이 이미지를 배치하고 직접 선택 도구(↘)로 이미지 위치를 적절히 조절합니다.

03 제목 텍스트를 가져오겠습니다. 문자 도구(T)로 드래그하여 텍스트 프레임을 만들고 제목을 '사보 텍스트.txt'에서 붙입니다. 그리고 텍스트 창이 선택된 상태로 [문자 스타일] 패널에서 '대 제목'을 클릭하여 텍스트를 바꿉니다.

04 제목 밑에 있는 글씨를 드래그하여 선택하고 글씨 크기와 행간을 조절합니다. 그리고 옆 페이지 제목도 수정합니다. 예제에서는 크기(🔠)를 '19pt', 행간(🔠)을 '20pt'로 지정했습니다.

05 사각형 도구(▣)로 사각형을 그리고 [컨트롤] 패널에서 칠을 [용지], 획을 '[없음]'으로 지정합니다. 안내선에 맞게 사각형을 그립니다.

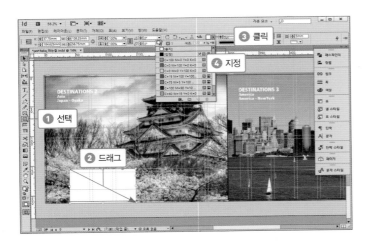

06 안내선에 맞추어 그림과 같이 사각형을 복제하고 잠급니다(Ctrl+L).

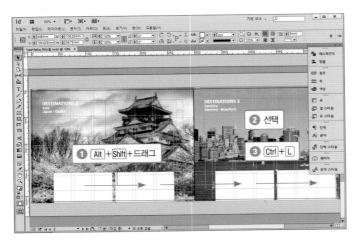

07 텍스트를 입력하겠습니다. 문자 도구(T) 를 선택하고 텍스트 프레임을 만들어서 해당 텍스트를 복사(Ctrl+C)하여 붙입니다(Ctrl+V).

08 Shift 키를 누르고 아랫부분 본문 텍스트 프레임을 모두 클릭하여 선택한 다음 [문자 스타일] 패널에서 '본문'을 클릭하여 글자 스타일을 바꿉니다.

09 제목을 바꾸겠습니다. 제목을 드래그하여 선택하고 [문자 스타일] 패널에서 '제목'을 클릭하여 선택합니다. 그리고 제목에서 한번 Enter 키를 누릅니다. 공간이 만들어진 부분을 드래그하여 선택하고 [문자] 패널에서 행간(▲)을 '6pt'로 지정합니다.

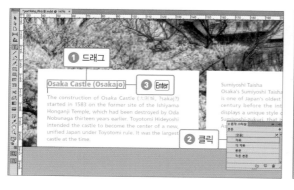

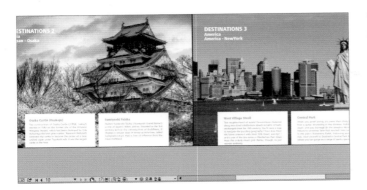

10 같은 방법으로 다른 제목 부분을 수정합니다.

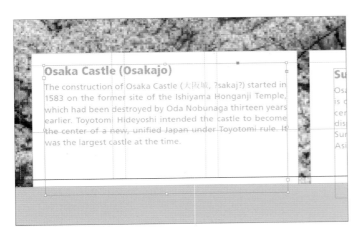

11 흰색 사각형 안 텍스트 프레임 크기를 알맞게 조절하겠습니다. 박스 위쪽에 있는 안내선을 기준으로 텍스트 프레임 위치를 조절합니다.

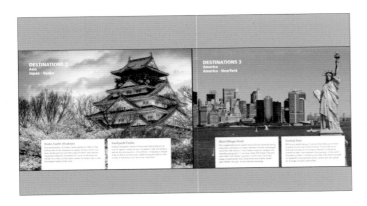

12 9~10페이지가 완성되었습니다.

8 원형 개체 안에 텍스트를 넣는 본문 디자인하기

01 페이지 패널에서 'A-마스터'를 아랫부분에 드래그하면 페이지 생깁니다.

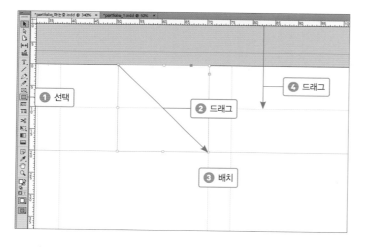

02 이미지를 넣을 기준 안내선을 별도로 만들겠습니다. 사각형 도구(■)로 윗면 여백 공간에 사각형을 만듭니다.
위 눈금자를 드래그하여 안내선을 사각형 가운데에 맞추어서 배치합니다.

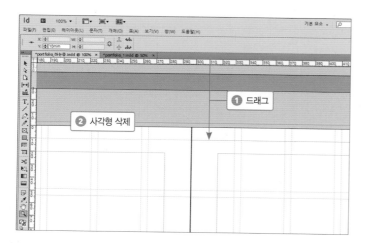

03 왼쪽 페이지 안내선에 맞추어서 오른쪽 페이지에도 안내선을 만들고 만들었던 사각형을 지웁니다.

04 이미지를 가져오고 크기를 조절하겠습니다. **[파일] → 가져오기**(Ctrl+D)를 실행하고 15 폴더에서 '6_iphone.jpg' 파일을 가져온 다음 왼쪽 페이지에 배치합니다.

선택 도구(▶)를 이용하여 파란색 박스를 줄여 이미지를 가립니다.

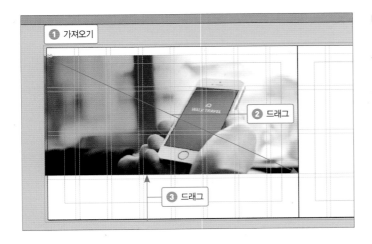

05 텍스트를 넣겠습니다. 문자 도구(T)를 선택하고 텍스트 프레임을 만든 다음 해당 텍스트를 넣습니다.

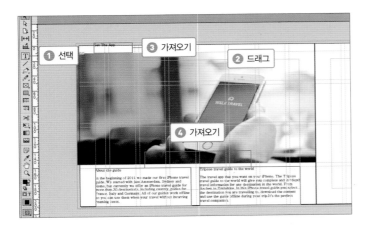

06 Shift 키를 누른 상태에서 텍스트 프레임을 클릭하여 모두 선택합니다. [문자 스타일] 패널에서 '본문'을 클릭하여 본문 스타일을 입힙니다.

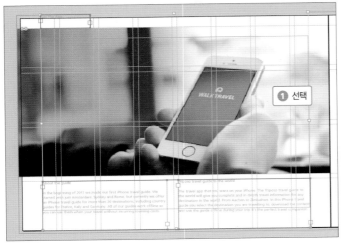

07 맨 위에 텍스트 높이의 간격을 가운데로 조절하겠습니다. 텍스트 프레임을 선택하고 [컨트롤] 패널의 '가운데 정렬' 아이콘(▬)을 클릭하여 높이 간격을 조절합니다.

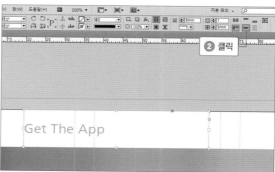

08 텍스트의 제목을 드래그하여 선택하고 [문자 스타일] 패널에서 '제목'을 클릭하여 폰트 크기와 서체를 바꿉니다. 제목 뒤에서 Enter 키를 누릅니다.

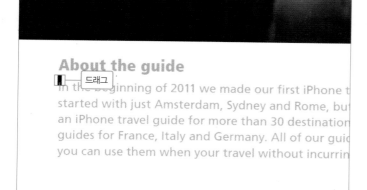

09 공간이 만들어진 부분을 드래그하여 선택합니다.

10 [문자] 패널에서 행간()을 '6pt'로 지정합니다. 그 후에 옆 텍스트 부분에도 동일하게 적용합니다.

행간 조절

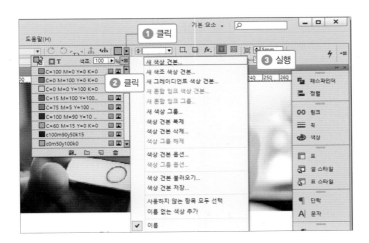

11 텍스트 색상을 바꾸겠습니다. [컨트롤] 패널에서 칠 오른쪽 메뉴로 들어가서 **새 색상 견본**을 실행합니다.

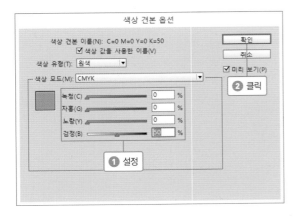

12 [색상 견본 옵션] 대화상자에서 녹청을 '0'%, 자홍을 '0'%, 노랑을 '0'%, 검정을 '50%'로 설정하고 〈확인〉 버튼을 클릭합니다.

13 텍스트 색상을 한꺼번에 바꾸겠습니다. Shift 키를 누른 상태에서 텍스트 프레임을 클릭하여 모두 선택합니다. [도구] 패널에서 '텍스트에 서식 적용' 아이콘(T)을 클릭합니다.

14 [컨트롤] 패널에서 칠을 회색으로 지정합니다.

15 제목을 입력하겠습니다. 문자 도구(T)로 텍스트 프레임을 만들고 텍스트 파일에서 제목을 복사한 다음(Ctrl+C) 붙입니다(Ctrl+V). 제목 텍스트 프레임을 선택합니다.

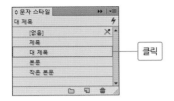

16 [문자 스타일] 패널에서 '대 제목'을 클릭하여 제목 스타일을 입힙니다.

17 이미지를 가져오고 크기를 조절하겠습니다. **[파일] → 가져오기**(Ctrl+D)를 실행하고 15 폴더에서 '6_notebook.jpg' 파일을 오른쪽 페이지에 가져옵니다.

18 이미지가 선택된 상태로 [컨트롤] 패널에서 '가로로 뒤집기(⬕)' 아이콘을 클릭하여 뒤집습니다.
선택 도구(▶)를 이용하여 프레임을 줄여 이미지를 가리고 그림과 같이 배치합니다.

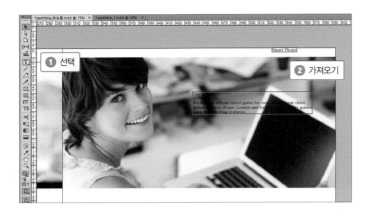

19 텍스트를 넣겠습니다. 문자 도구(T.)로 텍스트 프레임을 만들고 12페이지 텍스트를 넣습니다.

20 Shift 키를 누른 상태에서 텍스트 프레임을 클릭하여 모두 선택합니다. [문자 스타일] 패널에서 '본문'을 클릭하여 본문 스타일을 입힙니다.

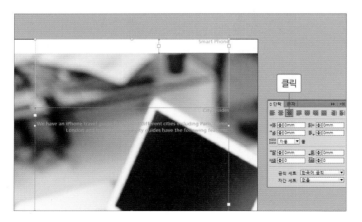

21 [단락] 패널에서 '오른쪽 정렬' 아이콘 (▣)을 클릭하세요.

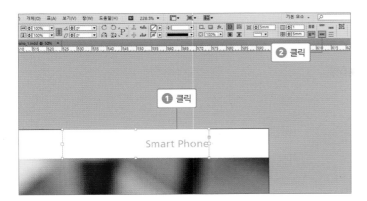

22 맨 위 텍스트 프레임을 클릭하여 선택하고 [컨트롤] 패널에서 '가운데 정렬' 아이콘(▤)을 클릭합니다.

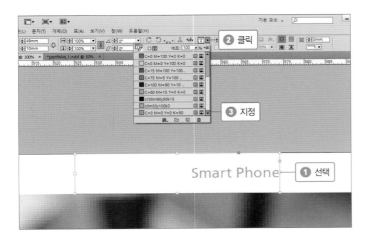

23 텍스트 프레임이 선택된 상태로 [도구] 패널에서 '텍스트에 서식 적용' 아이콘(**T**)을 클릭하고 [컨트롤] 패널에서 칠을 회색으로 지정합니다.

24 이미지 위에 있는 텍스트를 선택하고 [문자] 패널에서 폰트 크기와 행간을 조절합니다. 예제에서는 크기(**T**)를 '16pt', 행간(**A**)을 '19pt'로 지정했습니다.

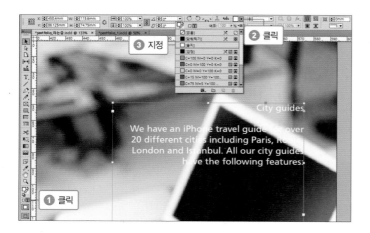

25 텍스트 프레임이 선택되어 있는 상태로서 [도구] 패널에서 '텍스트에 서식 적용' 아이콘(**T**)을 클릭하고 [컨트롤] 패널에서 칠을 '[용지]'로 지정하여 흰색으로 바꿉니다.

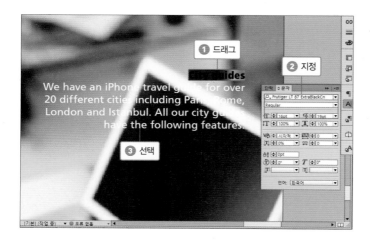

26 제목만 굵기를 조절하겠습니다. 제목을 드래그하여 선택하고 [문자] 패널에서 글꼴을 지정합니다. 예제에서는 글꼴을 'Frutiger LT 87 ExtraBlack CN', 크기(**T**)를 '16pt', 행간(**A**)을 '19pt'로 지정했습니다. 제목 밑에 빈 공간을 없앱니다.

이미지 위에 있는 텍스트에 그림자를 주겠습니다. 텍스트 프레임을 선택합니다.

27 컨트롤 패널에서 '선택한 대상에 개체 효과 추가' 아이콘(***fx.***)을 클릭하고 **그림자**를 실행합니다. [효과] 대화상자에서 모드 옆에 있는 검은색 사각형을 클릭합니다. [효과 색상] 대화상자에서 하늘색을 클릭하고 〈확인〉 버튼을 클릭합니다.

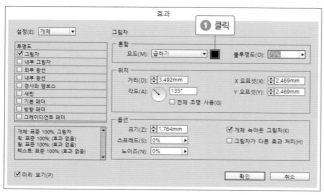

28 텍스트가 더 잘 보이게 하겠습니다. 불투명도를 '100%'로 조정하고 X 오프셋과 Y 오프셋(그림자 위치 값)을 '0'mm로 만드세요. 그리고 옵션에서 크기(그림자 확산 크기)를 '3mm'로 조절하고 〈확인〉 버튼을 클릭합니다.

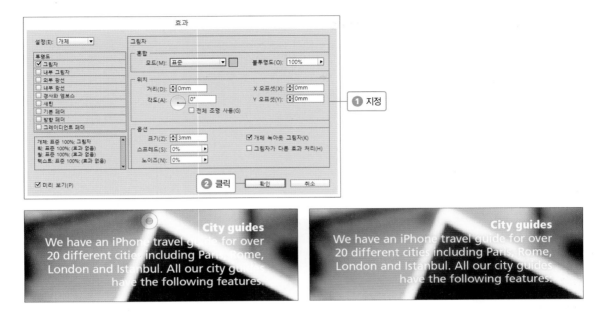

29 동그란 도형 위에 텍스트를 올리겠습니다. [도구] 패널에서 타원 도구(◯)를 선택하고 Shift 키를 누르면서 드래그하여 정원을 그립니다. 그리고 원 크기를 폭과 높이 수치를 조정하여 '35mm'로 만듭니다.

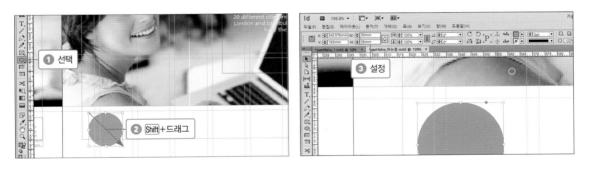

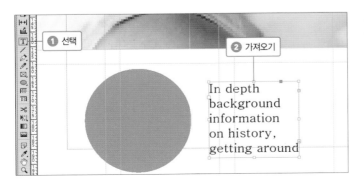

30 문자 도구(T)를 선택하고 텍스트 프레임을 만듭니다. '사보 텍스트.txt' 파일 12페이지에 있는 해당 문구를 복사하고(Ctrl+C) 붙입니다(Ctrl+V).

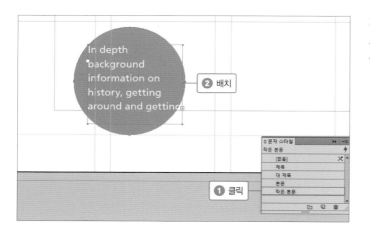

31 텍스트 프레임이 선택된 상태로 [문자 스타일] 패널에서 '작은 본문'을 눌러서 글꼴을 바꾸고 그림과 같이 배치합니다.

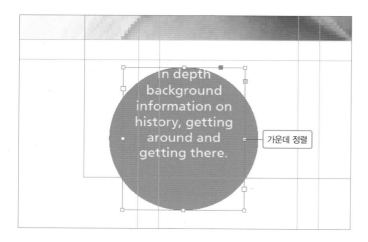

32 [단락] 패널에서 '가운데 정렬' 아이콘(🎚)을 클릭하여 글자를 가운데 정렬합니다.

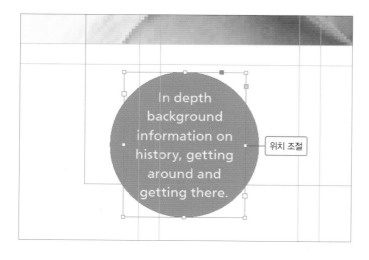

33 높이를 조절합니다.

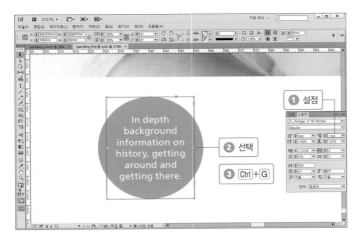

34 [문자] 패널에서 행간()을 '11pt'로 조절하여 행 사이의 공간을 줄입니다.
원과 텍스트를 같이 선택하고 그룹([Ctrl]+[G])을 실행합니다.

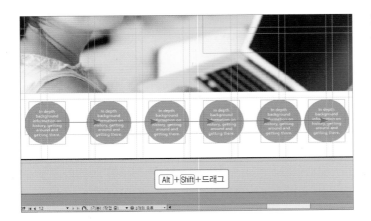

35 [Alt]+[Shift] 키를 누르면서 드래그하여 회색 원과 글씨 여섯 개를 복제합니다.

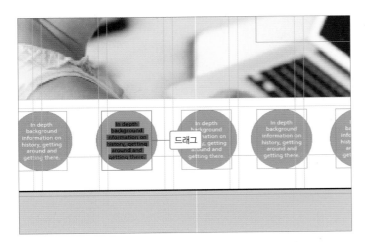

36 내용을 바꿀 부분을 드래그합니다.

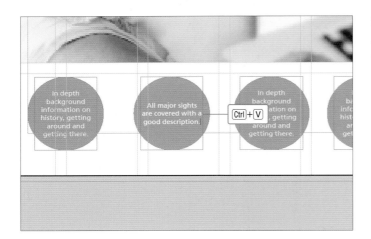

37 '사보 텍스트.txt'의 12페이지 내용에서 교체할 내용을 복사(Ctrl+C)하고 인디자인에 붙입니다(Ctrl+V).

38 같은 방법으로 여섯 개의 동그라미 안에 있는 텍스트를 수정합니다. 여섯 개의 동그라미의 간격을 동일하게 만들겠습니다. 여섯 개의 동그라미를 드래그하여 모두 선택하고 [정렬] 패널(Shift+F7)에서 '수평 공간 분포' 아이콘(🔳)을 클릭합니다.

39 12페이지가 완성되었습니다.

9 개체를 이용해 인물을 설명하는 본문 디자인하기

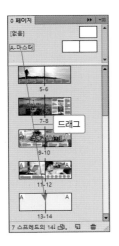

01 [Shift] 키를 누른 상태로 'A-마스터'를 아래로 드래그하여 새로운 페이지를 만듭니다.

02 리뷰가 들어갈 박스를 만들겠습니다. 사각형 도구(▣)를 선택하고 왼쪽 페이지 안내선에 맞게 사각형을 만듭니다. 칠을 하늘색, 획을 '[없음]'으로 지정합니다. 하늘색 사각형 안에 안내선에 맞게 회색 박스를 만듭니다.

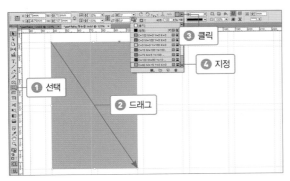

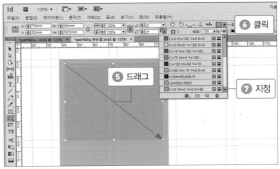

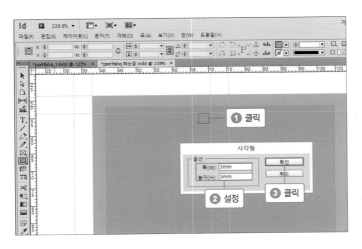

03 하늘색 박스와 회색 박스 사이에 3mm의 간격을 주겠습니다. 사각형 도구(▣)를 선택하고 화면 아무 데다 클릭하면 [사각형] 대화상자가 표시됩니다.
폭과 높이를 '3mm'로 설정하고 〈확인〉 버튼을 클릭하세요.

04 만들어진 작은 사각형을 하늘색 사각형 끝에 배치하고 눈금자에서 드래그하여 안내선을 가져옵니다. 안내선에 맞게 회색 사각형 크기를 조절합니다. 만들었던 작은 사각형을 삭제합니다.

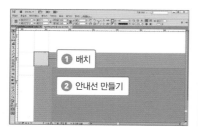

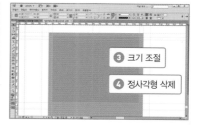

05 이미지가 들어가는 프레임 박스를 만들겠습니다. 이전 과정과 같은 방법으로 3mm의 간격을 주고 3mm 박스는 지워줍니다.

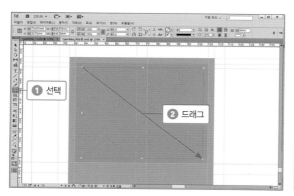
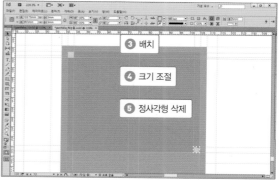

06 프레임 안에 해당 이미지를 넣겠습니다. 프레임이 선택된 상태로 **[파일] → 가져오기**(Ctrl+D)를 실행합니다. 15 폴더에서 '7_man_1.jpg' 파일을 가져옵니다.
직접 선택 도구(☐)를 선택하고 이미지의 크기와 위치를 적절히 조절합니다.

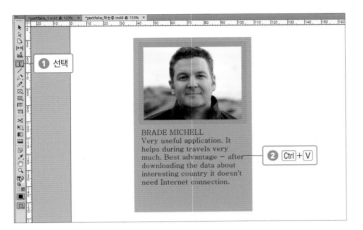

07 문자 도구(T.)를 선택하고 드래그하여 텍스트 프레임을 만든 다음 '사보 텍스트.txt' 13페이지에 들어가는 텍스트를 복사하여 붙입니다.

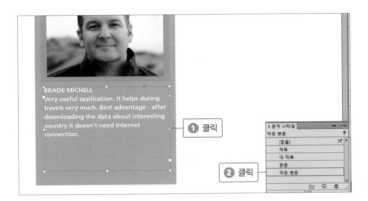

08 텍스트 프레임을 선택하고 [문자 스타일] 패널에서 '작은 본문'을 클릭하여 텍스트의 글꼴과 색상을 조절합니다.

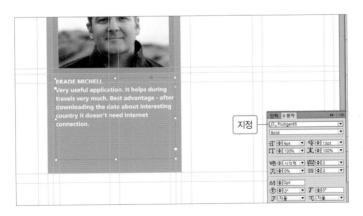

09 글자 서체를 바꾸겠습니다. 텍스트 프레임이 선택된 상태로 [문자] 패널에서 글꼴을 'Frutiger65'로 지정했습니다.

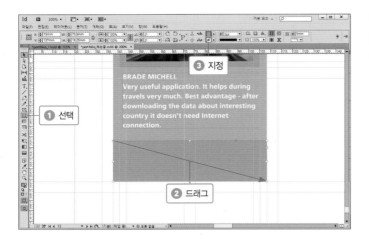

10 사각형 도구(□)로 파란색 사각형 밑에 회색 사각형을 드래그하여 넣습니다. 칠을 회색, 확을 '[없음]'으로 지정합니다.

11 문자 도구(T)를 선택하고 텍스트 프레임을 만든 다음 '사보 텍스트.txt'에서 텍스트를 복사해(Ctrl+C) 붙이세요(Ctrl+V).

12 스포이드 도구(✎)로 하늘색 사각형에 있는 본문을 클릭하고 회색 사각형에 있는 텍스트를 드래그하여 같은 서체로 변경합니다. 회색 사각형 크기를 텍스트에 맞게 조절하세요.

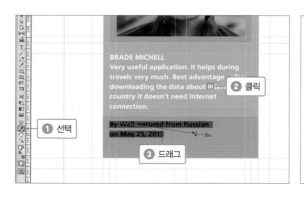

13 말풍선 느낌이 나도록 회색 박스 밑에 삼각형을 놓겠습니다. 다각형 도구(⬤)를 선택하고 문서를 클릭합니다.

14 [다각형] 대화상자에서 면수를 '3'으로 설정하고 〈확인〉 버튼을 클릭하면 삼각형 도형이 만들어집니다.

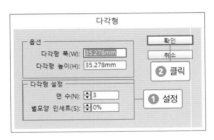

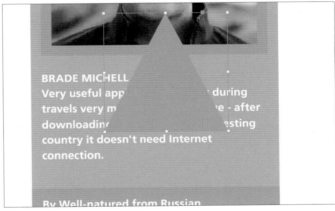

TIP 다각형 폭과 높이가 0mm로 되어 있다면 다각형이 만들어지지 않으므로 주의합니다.

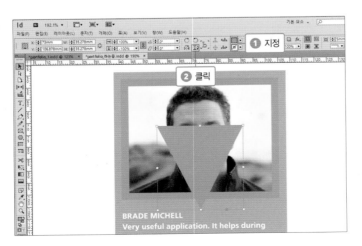

15 삼각형 도형이 선택된 상태에서 칠을 회색으로 바꿔 주고 '세로로 뒤집기' 아이콘(⬚)을 클릭하여 삼각형의 뾰족한 부분이 밑으로 향하게 합니다.

16 삼각형의 끝에 있는 흰 점 부분을 Shift 키를 누르면서 줄이고 그림 밑에 배치합니다.

① 크기 조절

② 배치

① 드래그

② Alt + Shift + 드래그

17 만든 리뷰 박스 부분을 복사하겠습니다. 박스를 모두 드래그하여 선택하고 Alt + Shift 키를 누르면서 드래그하여 두 개를 더 복제합니다. 안내선에 맞추면서 복제해 주세요.

① 클릭

② 클릭

18 사진을 먼저 바꾸겠습니다. 두 번째 박스에 있는 사진을 클릭하여 선택하고 [링크] 패널 아랫부분 '다시 연결' 아이콘(⊝)을 클릭합니다.

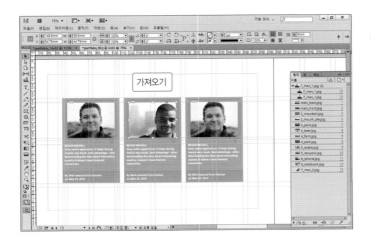

19 15 폴더에서 '7_man_2.jpg' 파일을 가져옵니다.

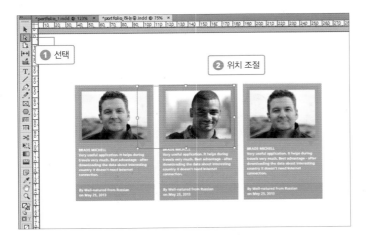

20 직접 선택 도구(￼)를 선택하고 사람 이미지의 크기와 위치를 적절히 조절합니다.

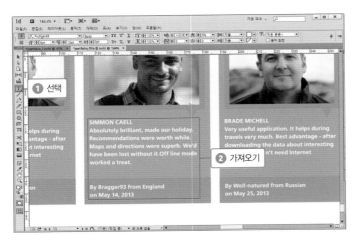

21 '사보 텍스트.txt' 파일에서 수정할 텍스트를 복사(Ctrl+C)하고 인디자인에서 문자 도구(T.)를 선택한 다음 복사한 텍스트를 붙입니다(Ctrl+V).

22 같은 방법으로 세 번째 리뷰도 수정합니다. 사진은 '7_girl_3.jpg' 파일로 바꿉니다.

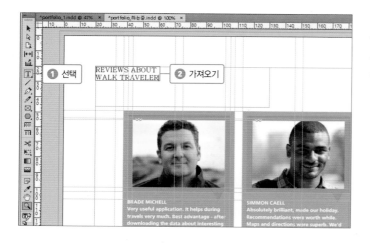

23 제목을 입력하겠습니다. 문자 도구(T.)를 선택하여 텍스트 프레임을 만들고 텍스트 문서에서 해당 텍스트를 복사(Ctrl+C)한 다음 붙입니다(Ctrl+V).

24 텍스트 프레임을 선택하고 [문자 스타일] 패널에서 '대 제목'을 클릭하여 글꼴과 크기를 바꿉니다. 흰색 글씨여서 안 보입니다.

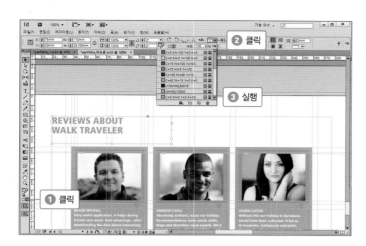

25 [도구] 패널 아랫부분에서 '텍스트에 서식 적용' 아이콘(T)을 클릭하고 칠을 회색으로 지정합니다.

26 회색 사각형을 맨 위와 맨 밑에 각각 만들겠습니다. 사각형 도구(□)를 선택하고 드래그하여 사각형을 만듭니다. 칠을 회색, 획은 '[없음]'으로 지정합니다. 맨 위에 회색 사각형을 만들 때는 여백에 사각형을 만들고 사각형 가운데 있는 점을 기준으로 눈금자를 드래그하여 만드세요. 그리고 그 안내선을 기준으로 사각형의 높이를 맞춥니다. 만든 작은 사각형은 삭제하고 그림과 같이 아랫부분을 드래그하여 사각형을 만듭니다.

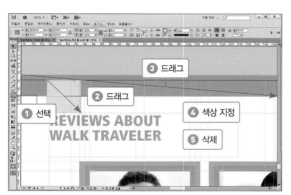

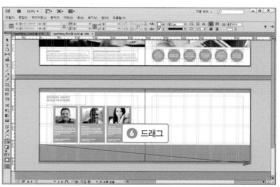

27 문자 도구(T)를 선택하고 드래그하여 텍스트 프레임을 만든 다음 해당 텍스트를 '사보 텍스트.txt'에서 복사(Ctrl+C)하고 붙입니다(Ctrl+V).

28 텍스트 프레임을 선택하고 문자 스타일 패널에서 '본문'을 클릭하여 문자 스타일을 수정하세요.

29 텍스트 프레임이 선택되어 있는 상태로 [도구] 패널에서 '텍스트에 서식 적용' 아이콘(T)을 클릭하고 칠을 '[용지]'로 지정하여 색상을 바꿉니다.

30 [컨트롤] 패널에서 '가운데 정렬' 아이콘(▤)을 클릭하여 텍스트 프레임 높이의 가운데 오게 만듭니다.

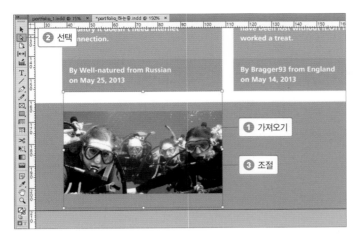

31 아랫부분에 들어갈 이미지를 가져오겠습니다.

[파일] → 가져오기(Ctrl+D)를 실행하고 15 폴더에서 '7_sea.jpg' 파일을 가져옵니다.

직접 선택 도구(⇲)를 선택하고 이미지의 크기와 위치를 적절히 조절합니다.

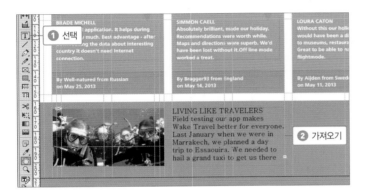

32 문자 도구(T)로 텍스트 프레임을 만들고 '사보 텍스트.txt'에서 텍스트를 복사(Ctrl+C)한 다음 붙입니다(Ctrl+V).

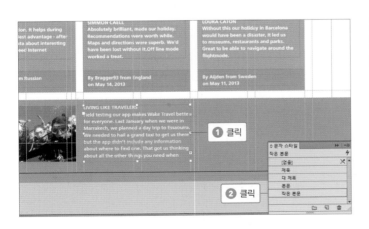

33 텍스트 프레임을 선택하고 [문자 스타일] 패널에서 '작은 본문'을 클릭하여 글꼴을 바꿉니다.

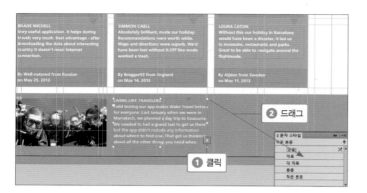

34 아랫부분에 있는 빨간색 + 표시를 클릭하고 드래그하여 텍스트 프레임을 만듭니다.

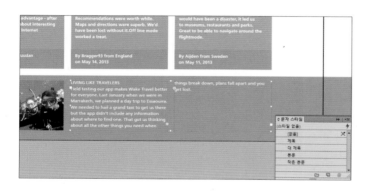

35 텍스트가 이어져 나타납니다.

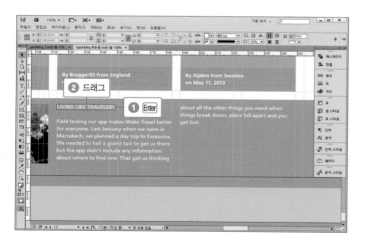

36 제목 뒷부분에서 Enter 키를 눌러 한 칸 뗍니다. 제목을 드래그하여 선택합니다.

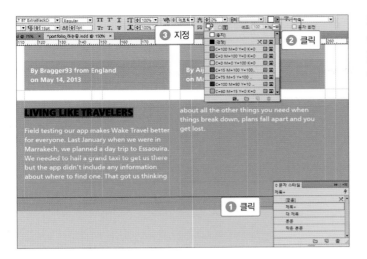

37 [문자 스타일] 패널에서 '제목'을 클릭하여 제목 서체를 적용합니다. 그리고 그 상태로 [컨트롤] 패널에서 칠을 '[용지]'로 지정하여 글자 색을 흰색으로 바꿉니다.

38 제목 밑의 공간을 드래그하여 선택합니다.

39 [문자] 패널에서 행간(⬛)을 '4pt'로 바꿉니다.

40 텍스트 프레임을 이미지에 맞게 줄이고 옆에 텍스트 프레임을 본문 높이에 맞추어서 내려 주세요.

TIP 두 텍스트 프레임이 떨어져있지만 드래그해 보면 하나로 이어져있는 것을 알 수 있습니다.

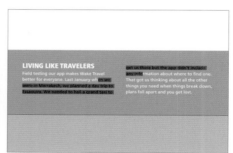

41 13페이지가 완성되었습니다.

10 단순한 아이콘을 이용한 본문 디자인하기

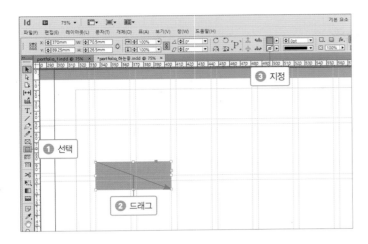

01 14페이지는 픽토그램을 이용하여 편집을 해 보겠습니다. 내용이 들어갈 부분에 사각형을 만들겠습니다.

사각형 도구(■)를 선택하고 안내선에 맞게 사각형을 그립니다.

칠을 회색, 획을 '[없음]'으로 지정합니다.

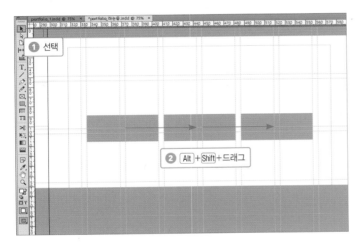

02 Alt + Shift 키를 누른 채 드래그하여 사각형을 두 개 더 만드세요.

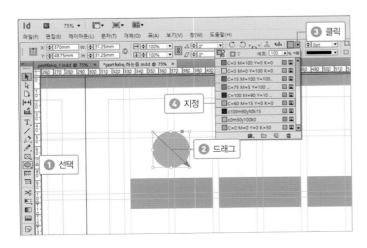

03 픽토그램이 들어갈 파란색 원을 그리겠습니다. 타원 도구(●)를 선택하고 드래그하여 원을 그립니다.

칠을 하늘색, 획을 '[없음]'으로 지정합니다.

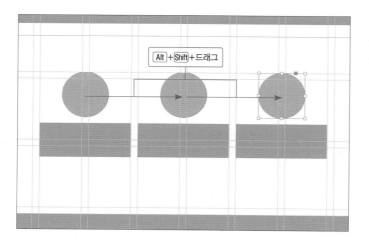

04 Alt+Shift 키를 누른 채 드래그하여 원형을 두 개 더 만듭니다. 원을 안내선과 회색 사각형을 기준으로 잘 맞추어 배치하세요.

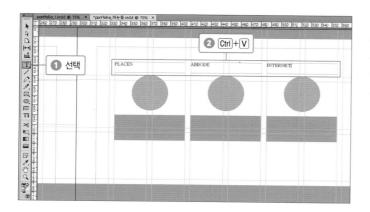

05 하늘색 원형 위에 제목을 넣겠습니다. 문자 도구(T)를 선택하고 회색 사각형과 같은 폭으로 텍스트 프레임을 만드세요. 그리고 해당 글씨를 '사보 텍스트.txt'에서 복사하여 붙입니다.

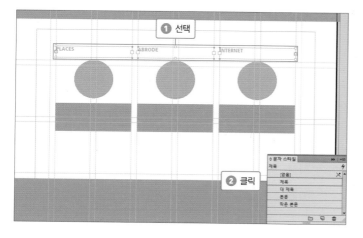

06 세 개의 텍스트 프레임을 모두 선택하고 문자 스타일에서 '제목'을 클릭하세요. 글꼴과 색상이 바뀝니다.

07 제목을 정렬하고 크기를 조절하겠습니다. 텍스트 프레임 세 개를 모두 선택한 상태로 [문자] 패널에서 크기(🔠)를 '20pt'로 설정합니다. [단락] 패널에서 가운데 정렬' 아이콘(🔳)을 클릭하여 정렬하세요. 텍스트 프레임 아랫부분 점을 더블 클릭하여 텍스트 프레임 크기를 줄이고 파란색 원형과 제목 사이의 간격을 좁힙니다.

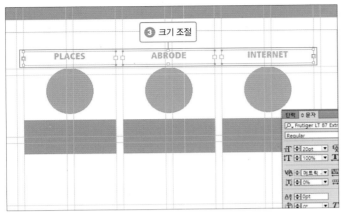

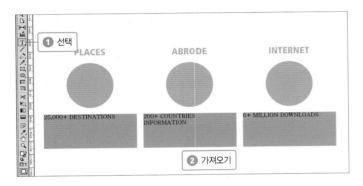

08 회색 사각형 안에도 텍스트를 넣겠습니다. 문자 도구(T)를 선택하고 사각형을 클릭하면 회색 사각형 안에 텍스트를 넣을 수 있게 활성화됩니다. 그리고 해당 문구를 메모장에서 복사(Ctrl+C)하여 붙이면(Ctrl+V) 텍스트가 들어가게 됩니다.

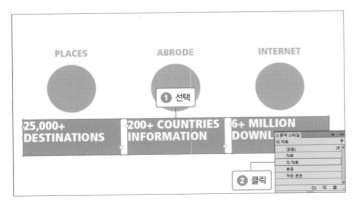

09 회색 사각형을 다 선택합니다. [문자 스타일] 패널에서 '대 제목'을 클릭하여 글꼴과 크기를 바꿉니다.

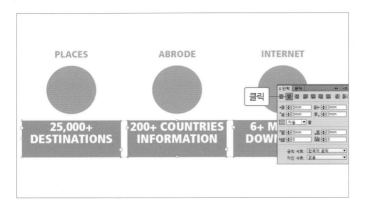

10 [단락] 패널에서 '가운데 정렬' 아이콘(▤)을 클릭하여 텍스트를 가운데로 맞춥니다.

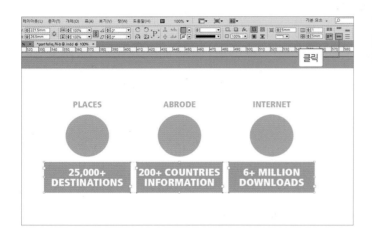

11 윗부분에 있는 '가운데 정렬' 아이콘(▤)을 클릭하여 텍스트와 사각형 사이의 간격을 가운데로 맞춥니다.

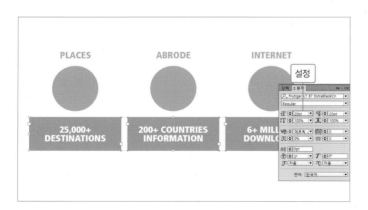

12 회색 사각형이 모두 선택된 상태에서 [문자] 패널에서 크기(𝕋)를 '20pt'로 바꿉니다.

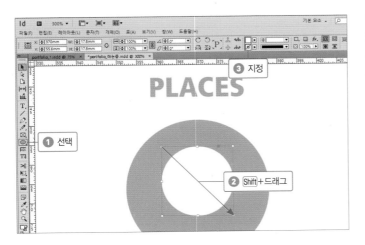

13 PLACE에 들어갈 아이콘을 만들겠습니다. 타원 도구(◯)를 선택하고 드래그하여 흰색 원형을 만듭니다. 칠을 '[용지]', 획을 '[없음]'으로 지정합니다.

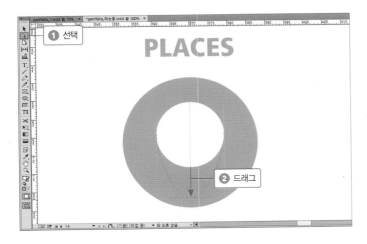

14 직접 선택 도구(▷)를 선택하고 흰색 원형의 아랫부분의 점을 드래그하여 내려 주면 달걀 형상으로 바뀝니다.

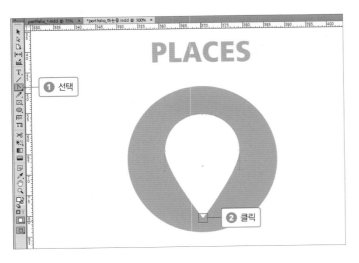

15 펜 도구(✑)를 꾹 눌러 도구 선택 창을 표시하고 방향점 전환 도구(◣)를 선택합니다. 흰색 원형의 맨 밑의 점을 클릭하면 뾰족해집니다.

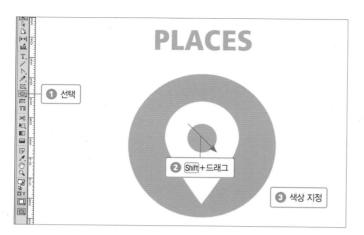

16 파란색 원형을 안에 넣어 줍니다.

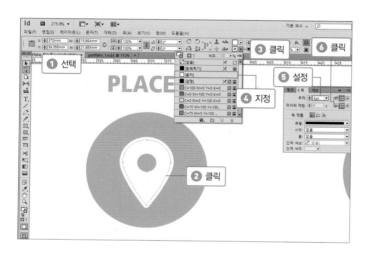

17 아이콘이 너무 뾰족해서 둥글게 만들겠습니다. 선택 도구(▶)로 방금 만든 흰색 모양을 선택한 다음 획을 '[용지]'로 선택합니다. 그리고 [획] 패널에서 획을 '5pt'로 설정하고, '원형' 아이콘(◉)과 '원형 연결' 아이콘(◉)을 클릭합니다.

18 파란색 원형과 흰색 뾰족한 형태를 Shift 키를 이용해 함께 선택하고 마우스 오른쪽 버튼을 클릭한 다음 **그룹**(Ctrl+G)을 실행합니다. 파란색 원형 가운데로 위치를 조절합니다.

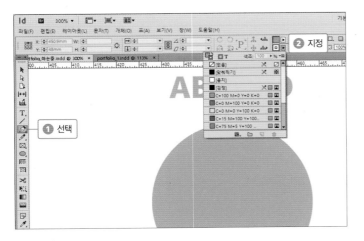

19 ABRODE에 국기 모양 아이콘을 펜 도 구를 이용하여 만들겠습니다. 펜 도구(✎)를 선택하고 선택된 개체가 없는 상태로 칠을 회 색, 획을 '[용지]'로 지정합니다.

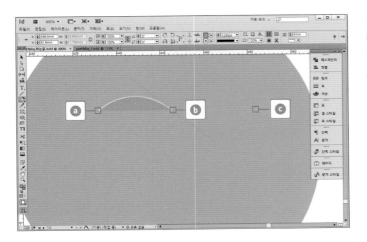

20 ⓐ를 클릭하고 Shift 키를 누른 상태에서 ⓑ 부분에 마우스 왼쪽 버튼을 누르고 띄지 않은 상태에서 반달이 나오게 드래그해 주세 요. 그리고 ⓒ를 클릭하면 S모양이 됩니다.

21 선택 도구(▶)를 선택하고 방금 그린 S 모양을 Alt + Shift 키를 누르면서 아래로 드래그하여 복제합니다. 그리고 ⓐ와 ⓑ를 펜 도구(✎)로 클릭하여 이어줍니다.

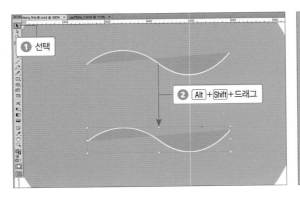

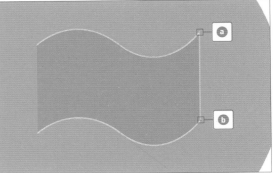

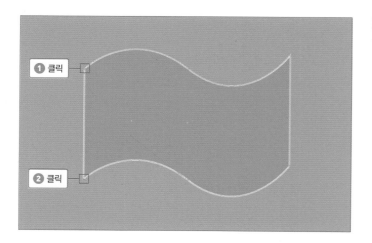

22 펜 도구(🖉)로 왼쪽도 이어 줍니다.

1 클릭

2 클릭

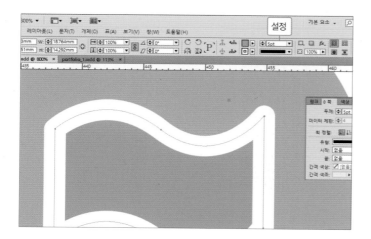

23 만든 국기가 선택된 상태에서 획을 '5pt'로 조절합니다.

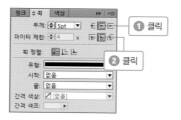

1 클릭

2 클릭

24 '원형' 아이콘(🔲)과 '원형 연결' 아이콘(🔲)을 클릭합니다.

25 펜 도구(⬚)로 선을 그리고 칠을 '[없음]', 획을 '[용지]'로 지정합니다. Shift 키를 누르면서 원형과 방금 만든 두 개체(국기, 대)를 선택하고 마우스 오른쪽 버튼을 클릭한 다음 **그룹**(Ctrl+G)을 실행합니다.

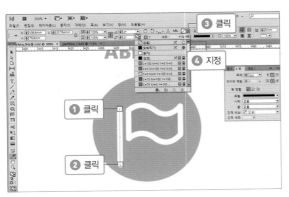
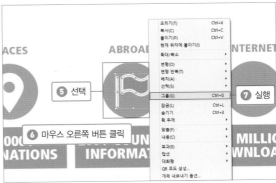

26 사각형 도구(▣)를 선택하고 사각형을 만들겠습니다. 획을 '[용지]', 칠을 '[없음]'으로 지정하세요. 선 두께와 형태 설정은 국기와 같게 합니다.

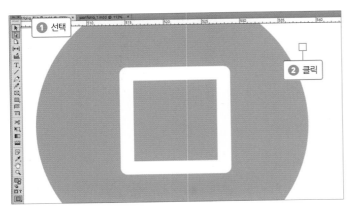

27 선택 도구(▶)를 선택하고 흰색 배경을 클릭하여 선택을 해제합니다.

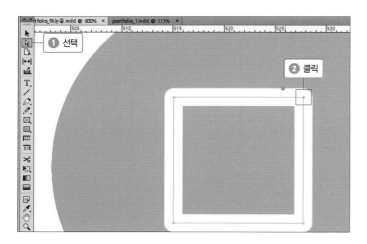

28 직접 선택 도구(▶)를 선택하고 사각형의 꼭짓점을 클릭하면 한 점만 선택됩니다.

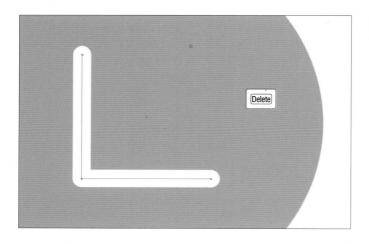

29 Delete 키를 누르면 해당 점 부분이 없어집니다.

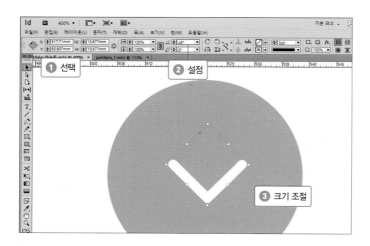

30 선택 도구(▶)로 개체를 클릭하고 45도 회전한 다음 크기를 줄인 다음 가운데에 배치합니다.

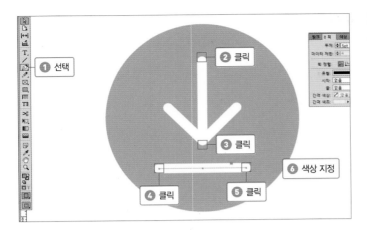

31 그림과 같이 펜 도구(✏)로 선을 만들고 획을 '[용지]'로 지정합니다.

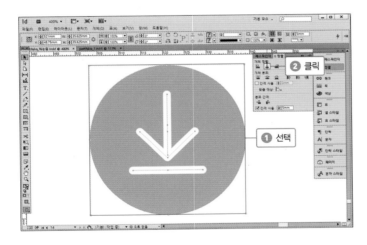

32 원과 만든 선을 모두 드래그하여 선택하고 [정렬] 패널(Shift+F7)에서 '수평 가운데 정렬' 아이콘(🖩)을 클릭합니다.

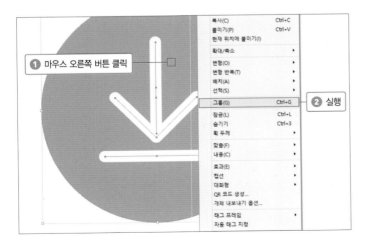

33 화살표와 선을 모두 선택한 채로 마우스 오른쪽 버튼을 클릭한 다음 **그룹**(Ctrl+G)을 실행합니다.

34 아이콘이 완성되었습니다.

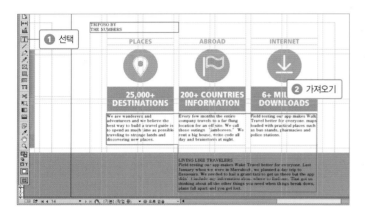

35 내부에 들어가는 텍스트를 모두 넣겠습니다. 문자 도구(T.)를 선택하여 텍스트 프레임을 만들고 텍스트를 복사(Ctrl+C)한 다음 붙입니다(Ctrl+V).

TIP 텍스트 프레임을 만드는 배경에 사각형이 있으면 텍스트가 사각형에 붙게 됩니다. 빈 배경에서 텍스트 프레임을 만들고 가지고 오면 됩니다.

36 [문자 스타일] 패널에서 텍스트의 서체와 색상을 하나하나 변경하겠습니다. 왼쪽 페이지 'REVIEWS'에 '작은 본문' 문자 스타일을 지정합니다.

37 오른쪽 페이지 제목에 '대 제목' 문자 스타일을 지정하고 색상을 회색으로 지정합니다.

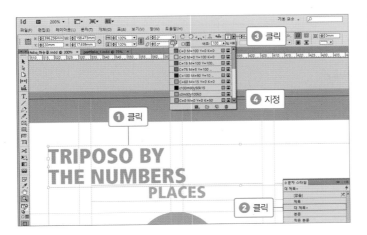

38 오른쪽 페이지 아랫부분 내용에 '작은 본문' 문자 스타일을 지정하고 제목만 드래그하여 '제목' 문자 스타일을 지정한 다음 문자 색상을 [용지]로 지정합니다.

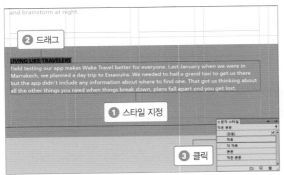
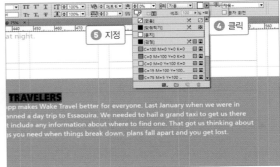

39 제목 밑 부분에서 Enter 키를 눌러 한 칸 내리고 그 부분을 드래그한 다음 [문자] 패널에서 행간(⬛)을 '4pt'로 설정합니다.

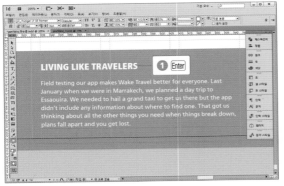
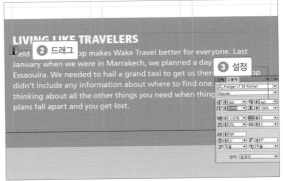

40 아랫부분 텍스트 프레임을 왼쪽으로 배치하고 텍스트 프레임을 줄입니다. 그리고 빨간색 + 표시를 클릭하고 드래그하여 이어지는 텍스트를 만듭니다.

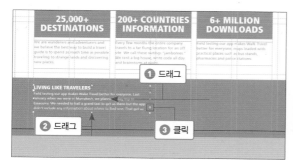

41 아이콘 부분의 간격을 적절히 조절하겠습니다. 첫 번째 'PLACES' 부분을 드래그하여 모두 선택합니다. [정렬] 패널의 분포 간격에서 '간격 사용'을 클릭하고 '3mm'로 설정한 다음 '수직 공간 분포' 아이콘(▤)을 클릭하여 간격을 3mm로 맞추어 줍니다. 같은 방법으로 옆 아이콘들의 간격도 맞춥니다.

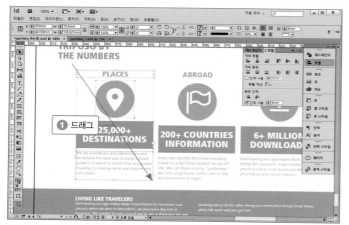

42 14페이지가 완성되었습니다.

11 표를 이용한 본문 디자인하기

01 'A-마스터'를 아랫부분으로 드래그하여 새로운 페이지를 만듭니다.

02 15, 16페이지 배경에 이미지 가져오겠습니다. **[파일] → 가져오기**(Ctrl+D)를 실행하고 15 폴더에서 'back_image.jpg' 파일을 가져와 그림과 같이 배치합니다. 사각형 도구(□)를 선택하고 15페이지에 드래그하여 사각형 박스를 만든 다음 칠을 하늘색, 획을 '[없음]'으로 지정합니다.

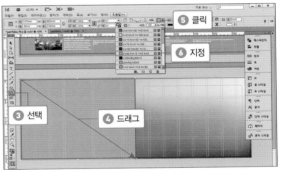

03 안내선을 만들겠습니다. 사각형 도구(□)로 사각형을 만들고 [컨트롤] 패널에서 W와 H를 '10mm'로 설정합니다. 사각형을 페이지 왼쪽 윗부분과 오른쪽 아랫부분에 놓고 사각형에 맞춰 눈금자를 드래그하여 안내선을 배치하세요.

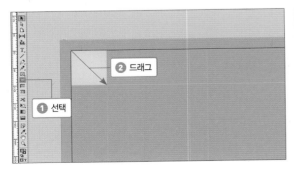

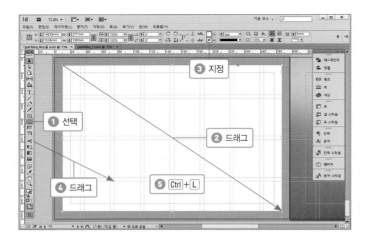

04 안내선에 맞추어서 사각형 도구(▣)로 흰색 사각형을 그립니다. 칠을 '[용지]', 획을 '[없음]'으로 지정합니다.

배경 모두 드래그하여 선택하고 잠금(Ctrl+L)을 실행합니다.

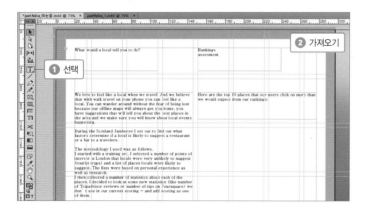

05 들어갈 텍스트를 먼저 입력하세요.

문자 도구(T)로 텍스트 프레임을 만들고 텍스트 문서에서 15페이지에 해당하는 내용을 복사(Ctrl+C)한 다음 붙입니다(Ctrl+V).

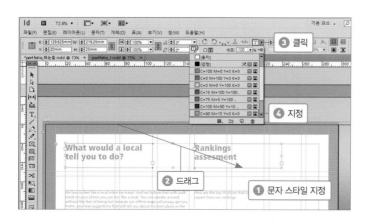

06 제목에 '대 제목' 문자 스타일을, 본문에 '본문' 문자 스타일을 지정합니다.

제목을 드래그하여 같이 선택하고 [도구] 패널 아랫부분에서 '텍스트에 서식 적용' 아이콘(T)을 클릭한 다음 칠을 하늘색으로 지정합니다.

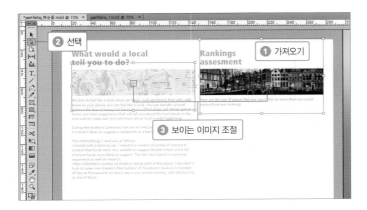

07 이미지를 가져오겠습니다.

[파일] → 가져오기(Ctrl+D)를 실행하고 15 폴더에서 '8_map.jpg', '8_europ.jpg' 파일을 가져와 그림과 같이 배치합니다.

직접 선택 도구(▷)를 선택하고 실제 이미지를 조정합니다. 두 이미지 크기는 스마트 안내선을 이용하여 맞추세요.

08 제목, 이미지, 본문의 간격을 조절하겠습니다. 왼쪽에서 제목, 이미지, 본문을 선택하고 [정렬] 패널에서 분포 간격에 '3mm'를 입력한 다음 '수직 공간 분포' 아이콘(몸)을 클릭하여 간격을 조절합니다. 오른쪽도 같은 방법으로 간격을 조절합니다.

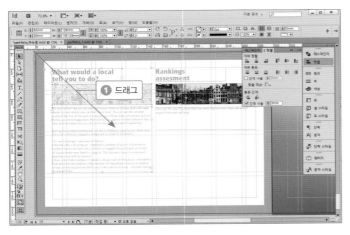

09 표를 만들겠습니다. 문자 도구(T.)를 선택하고 드래그하여 텍스트 프레임을 만듭니다.

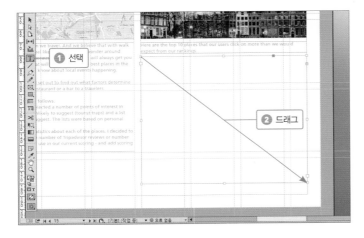

10 [표] → 표 삽입([Ctrl]+[Alt]+[Shift]+[T])을 실행하여 표를 만듭니다. 본문 행을 '11', 열을 '3'으로 설정하고 〈확인〉 버튼을 클릭합니다.

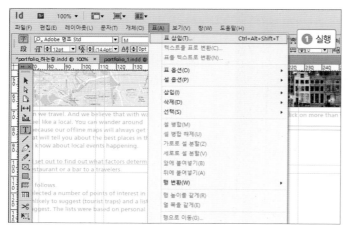

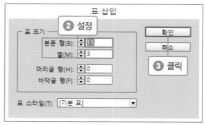

11 텍스트를 '사보 텍스트.txt'에서 복사([Ctrl]+[C])하여 붙여 줍니다([Ctrl]+[V]).

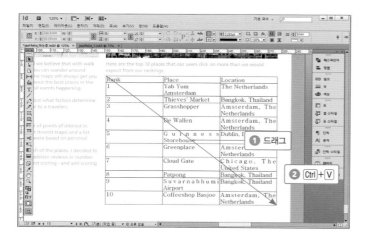

TIP 표에 넣을 내용을 전체 선택하고 복사한 다음, 표를 전체 선택하고 붙이면 표 안에 내용을 한번에 넣을 수 있습니다.
이렇게 붙일 경우 위치가 잘못 들어가는 경우가 있으니 확인한 다음 잘못된 내용은 수정해 줍니다.

12 표를 더블클릭하여 활성화하고 드래그하여 표를 전체 선택하세요.
[문자 스타일] 패널에서 '본문'을 클릭하여 글꼴과 색상을 바꿉니다.

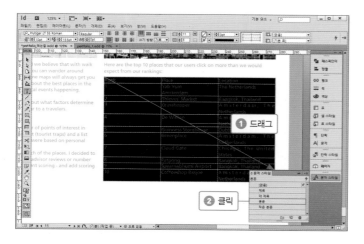

TIP 글자 정렬이 안 되면 [문단] 패널에서 '왼쪽 정렬' 아이콘(▤)을 클릭하세요.

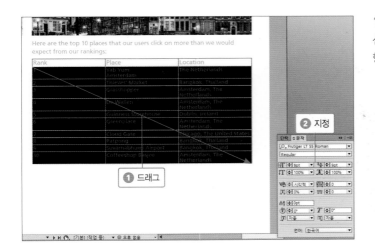

13 표의 제목을 제외한 부분을 드래그하여 선택하고 [문자] 패널에서 크기(Ⅱ)를 '9pt', 행간(▲)을 '9pt'로 수정하세요.

14 표를 모두 선택하고 표의 내부 간격을 조절하겠습니다. 위아래 셀 인센트는 '1mm'로 하고 왼쪽 '2mm'로 조절하세요.

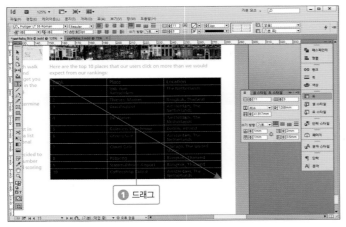

Here are the top 10 places that our users click on more than we would expect from our rankings:

Rank	Place	Location
1	Yab Yum Amsterdam	The Netherlands
2	Thieves' Market	Bangkok, Thailand
3	Grasshopper	Amsterdam, The Netherlands
4	De Wallen	Amsterdam, The Netherlands
5	Guinness Storehouse	Dublin, Ireland
6	Greenplace	Amsterdam, The Netherlands
7	Cloud Gate	Chicago, The United States
8	Patpong	Bangkok, Thailand
9	Suvarnabhumi Airport	Bangkok, Thailand
10	Coffeeshop Basjoe	Amsterdam, The Netherlands

드래그

15 표의 칸 크기를 조절하겠습니다. 더블클릭해서 표를 활성화하고 Rank 칸 칸막이 부분을 드래그하여 표 크기를 조절하세요.

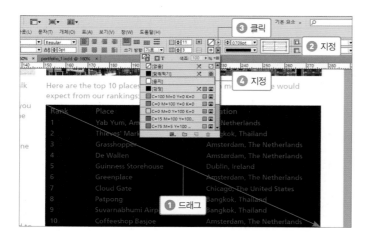

16 표를 모두 선택합니다. [컨트롤] 패널의 표 획 선택 창을 마우스 오른쪽 버튼으로 클릭하고 **모두 선택**을 실행합니다. 획을 '[용지]'로 바꾸어 선이 안 보이게 합니다.

17 표의 맨 위와 맨 아래 선만 보이게 하겠습니다. 표가 선택된 상태에서 표 획 선택 창의 위, 아래만 선택하고 획을 하늘색으로 지정합니다. 그리고 선 굵기를 '0.25pt'로 조절하세요. 제목 부분을 드래그하여 선택하고 칠을 하늘색, 색조를 '20%'로 설정합니다.

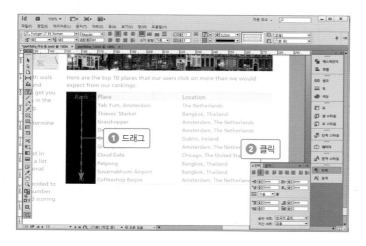

18 Rank 부분을 드래그하여 선택하고 [단락] 패널에서 '가운데 정렬' 아이콘(▤)을 클릭합니다.
표를 본문에 맞게 적절히 배치하세요.

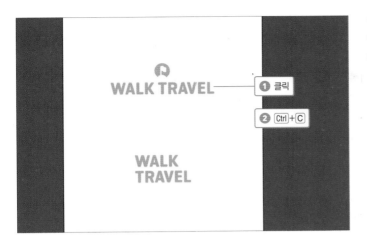

19 마지막 페이지에 로고를 붙이겠습니다. 일러스트레이터에서 'walk travel_logo.ai' 일러스트 파일을 열고 로고를 선택한 다음 Ctrl +C 키를 눌러 복사합니다.

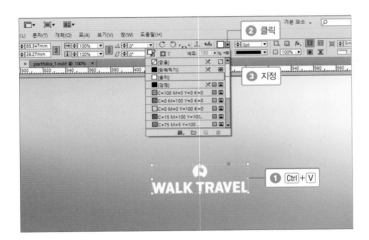

20 인디자인 창에서 Ctrl+V 키를 눌러 붙이고 칠을 '[용지]'로 지정합니다.

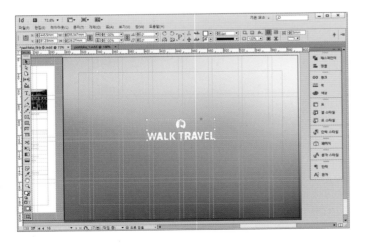

21 크기도 적절히 키우고 안내선에 맞추어서 가운데에 잘 배치합니다.
마지막 페이지가 완성되었습니다.

12 인쇄를 위한 PDF 파일 만들기

01 회사 소개서 파일은 표지와 내지를 같은 종이로 만들겠습니다. 그래서 표지, 내지를 한 PDF 파일로 만듭니다. 다른 두께와 종류의 표지를 사용하고 싶으면 앞면과 뒷면이 붙은 상태에서 따로 PDF 파일로 만드세요.
지금 만든 파일은 앞면과 뒷면이 이어져 있습니다. 뒷면을 맨 뒤로 보내야 인쇄 브로슈어 뒷면으로 올바르게 인쇄됩니다. 뒷면(1페이지)을 클릭하여 선택하고 마우스 오른쪽 버튼을 클릭한 다음 **페이지 이동**을 실행합니다. 대상을 '문서 끝 위치'로 지정하고 〈확인〉 버튼을 클릭합니다.

02 페이지 이동이 완료되었습니다. 이 상태에서 인쇄 PDF로 만들겠습니다.

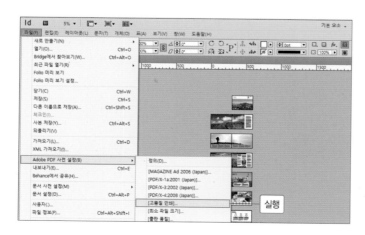

03 인쇄소의 대량 인쇄용 PDF를 만들겠습니다. **[파일] → Adobe PDF 사전 설정 → [고품질 인쇄]**를 실행합니다.
파일 형식이 PDF로 설정이 되었는지 확인하고 〈저장〉 버튼을 클릭합니다.

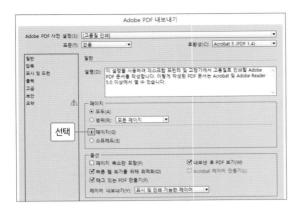

04 '일반'의 페이지 항목에서 '페이지'를 선택합니다.

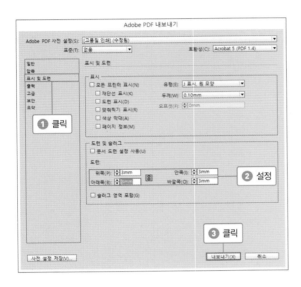

05 '표시 및 도련'을 클릭합니다. 도련 및 슬러그 항목에서는 위쪽, 아래쪽, 안쪽, 바깥쪽에 '3mm' 도련을 주고 〈내보내기〉 버튼을 클릭합니다.

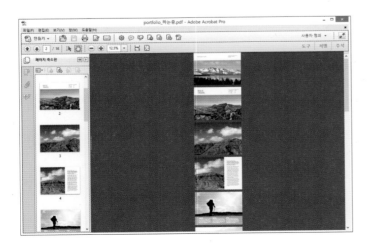

06 인쇄소마다 설정이 달라질 수도 있습니다. 인쇄소에 3mm 도련 값을 주었다고 전화로 말하거나 인쇄소에서 제공하는 템플릿이나 틀을 보고 다시 확인하면 인쇄 사고를 막을 수 있습니다.
인쇄 PDF 파일이 완성되었습니다.

디자인 사례

회사소개서는 재미있는 것보다는 정리되어 있는 느낌이 중요합니다. 회사의 콘셉트를 나타내는 사진도 잘 선택해야 하고 텍스트 정리도 잘 해야 합니다. 독창적인 느낌보다는 안정적인 느낌으로 만들어야 합니다.

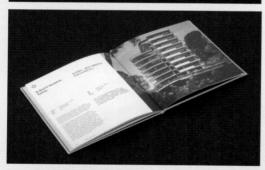

▲ 텍스트를 많이 사용하는 회사소개서라면 통일성이 있는 레이아웃과 개체를 이용하는 것이 좋습니다.

◀ 회사소개서에 들어가는 이미지는 회사의 아이덴티티를 나타내는 이미지를 사용해야 합니다.

▲ 여러 페이지의 흐름이 일치해야 합니다. 또한 브랜드를
잘 나타낼 수 있는 색상을 사용하면 좋습니다.

10년차 편집 디자이너
서현경

더디 디자인 팀, 비씨카드 광고 디자인 팀을 거쳐, 현재 월드비전 커뮤니케이션 팀 디자이너로 있으며, 대전대학교, 한동대학교에서 포트폴리오와 실무 디자이너에 대한 특강을 진행하였다.

● **대표 디자인을 설명해 주세요.**

2009년 삼성중공업 애뉴얼 리포트 프로젝트입니다. 그래픽 요소나 장식적인 요소를 최소화하고, 역동적이고 공간감 있는 현장 이미지로 주요 성과와 기술 역량을 부각했습니다. 현장에서 일하는 직원들의 모습을 직접적이고 자연스럽게 표현하였고, 판형의 변화로 많은 이야기를 담을 수 있도록 디자인하였습니다. 또한 디자인 기획과 콘셉트를 잡는 작업부터 참여하였으며, 3박 4일 동안 거제도에 있는 삼성중공업 본사에서의 사진 촬영 디렉팅, 인쇄, 품질 검수까지 전 영역에 직접 참여하였습니다. 그 결과 기업 이념과 비전을 충실하게 전달할 수 있었고, 진취적이고 친환경 기업으로서의 모습을 보여주었다는 긍정적인 평가를 받았습니다.

● **편집 디자이너가 갖추어야 할 가장 중요한 능력이나 요소는 무엇일까요?**

가장 중요한 것은 '서체'를 다루는 능력입니다. 사람마다 목소리가 다르듯이, 글도 각각의 역할이 있고 목소리가 다릅니다. 다른 메시지를 각각 다르게, 그리고 목적에 맞게 디자인으로 보여주는 능력이 기본인데, 그것은 서체를 다루는 능력에서 비롯됩니다. 젊고 유행을 따르는 잡지라면, 서체 크기는 줄이고 자간을 좁히더라도 스타일이 있는 그래픽적인 표현을 중요시해야 하고 나이 드신 분들이 주 타깃인 책이나 잡지라고 했을 때는 충분히 읽힐 수 있도록 크기를 키우고, 자간과 장평도 넉넉하게 설정을 해야겠죠. 글 구조도 많지 않게 단순한 구조로 가되, 더 명확하게 설정해야 할 것입니다.

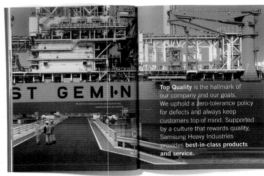

◀ 2009년 삼성 중공업 애뉴얼 리포트

● 디자인 작업을 할 때 디자인적인 아이디어 발상을 어떻게 하나요?

저는 클라이언트의 필요를 파악하고 디자인과 아이디어를 생각하는 것을 가장 중요시합니다. 클라이언트가 직접적으로 요구한 것과 말하지 않지만 그들에게 꼭 필요한 것을 파악하는 것인데요. 가장 처음에 하는 것이 클라이언트 회사의 현재와 앞으로의 사업, 그리고 그 분야의 동향 등 전반적인 현황을 파악하는 것입니다. 그것들을 공부하다 보면 자연스럽게 아이디어가 떠오릅니다. 표현에 있어서는 디자인 매체가 있는 현장을 직접 가서 체험하고, 물건을 구입하고, 고객의 입장에서 느낍니다. 예를 들어, 모 통신사의 BTL 프로모션 디자인 의뢰가 있었을 때, 통신사 매장 안팎에서 몇 시간이고 사람들을 관찰하고 무엇을 하는지 지켜보았습니다. 직접적으로 인디자인 작업을 할 때는 평소에 모아 둔 편집이 잘된 책, 매거진, 브로슈어, 리플릿 등을 꺼내어 어떤 방향으로 작업할지 참고합니다.

▲ 비씨카드 2013 캘린더

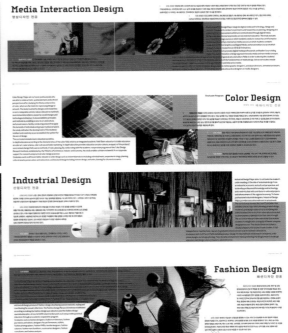

▲ 이화여대 조형예술학부 브로슈어

● **학교나 학원에서 배우는 과정과 실무 작업에서의 차이가 있나요?**

대학교 3학년을 마치고 약 1년 동안 디자인 전문회사에서 인턴을 했었는데요. 그 이유가 대학교 3학년 여름 방학 때 2개월 동안 아르바이트를 하면서 학교에서 배운 것과 실무의 차이가 매우 컸음을 알았기 때문이었습니다. 학생 때는 내가 하고 싶은 것을 맘껏지만, 실무에서는 클라이언트가 요구하는 문제를 해결하는 것이 목표입니다. 또한 기본적인 어도비 도구를 사용하는 것만 해도 실무에서는 훨씬 다양하고 넓은 기술을 사용하고, 디자인만 하는 것이 아니라 기획, 디자인, 사진, 인쇄, 납품 등 전반적인 것을 모두 다뤄야 하기 때문에 학생 때와는 많은 차이가 있습니다. 그리고 무엇보다 '디자인에 대한 책임감'도 다르죠. '내가 담당한 디자인은 나의 브랜드다'라고 생각하며 클라이언트를 설득하고, 이해하게 하고, 최종적인 결과물까지 책임지고 진행해야 하기 때문에 그 무게감은 학생 때는 상상조차 할 수 없을 정도로 클 때가 많습니다.

● 편집 디자인의 매력은 무엇인가요?

모든 디자인의 기초는 '편집 디자인'이라고 생각합니다. 0.1pt의 미세한 차이에 따라 사람들에게 전달하는 이미지나 메시지가 달라집니다. 아무리 좋은 글이라도 그것을 전하는 '편집'이 잘못되면 사람들은 읽지도, 보지도 않습니다. 화려하고 수려한 좋은 그림이라도 그 그림을 설명하는 '편집'이 엉망이라면 가치는 떨어지게 됩니다. 편집 디자인이야 말로 결과물의 질을 가름하는 중요한 디자인 분야입니다. 부족해 보이는 이미지나 내용을 '편집'으로 전혀 다른 것으로 보이게 만들 수도 있습니다. 요리사의 실력에 따라 같은 재료의 맛이 달라지는 것처럼, '편집'은 재료를 맛있게 만드는 요리사의 능력이라고 볼 수 있습니다.

● 편집 디자인 전망과 미래를 어떻게 생각하나요?

기본적으로 편집 디자인은 오프라인 책, 매거진, 브로슈어 등이 중심입니다. 현재는 스마트폰이 대중화되면서 많은 매체가 모바일이나 온라인으로 옮겨지고 있는 상황입니다. 오프라인 중심에서 편집을 배우고, 모바일이나 온라인 환경에서의 편집도 함께 배워야 합니다. 온 오프라인 관계없이 모든 환경에서 그 환경에 맞는 편집 디자인을 제안할 수 있는 능력이 필요합니다.

● 프로젝트 하나당 기간이 얼마나 걸리나요?

프로젝트 성격에 따라 다른데요. 첫 번째 질문 답변의 애뉴얼 리포트의 경우, 경쟁 PT를 포함하여 6개월 정도 소요되었습니다. 경쟁 PT는 2주 정도 소요되었고 그 후 시안을 수정하고 기획하여 콘텐츠를 디자인하는 데만 수개월이 걸립니다. 모든 콘텐츠를 확정하고 나면 촬영, 마무리 디자인, 인쇄, 납품이 진행되는데 그 기간이 1개월 정도 걸립니다. 반면, 단행본 서적의 경우, 콘텐츠가 다 완성된 상태에서 진행하기 때문에 빠르면 1개월 안에 완료되기도 합니다.

당신과 지구를 위한 최상의 선택
HYBRID SYNERGY DRIVE 4 Benefits

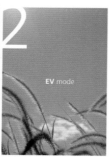

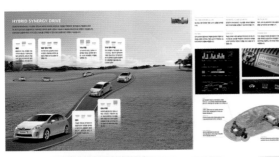

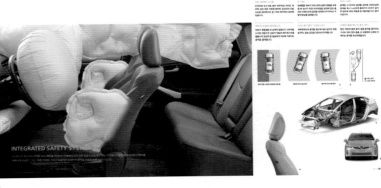

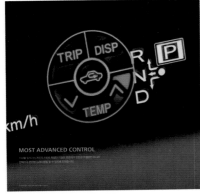

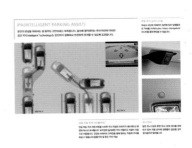

▲ 토요타 프리우스 카탈로그

PART
02

인디자인 마스터를
위해 꼭 알아 두기

인디자인은 어도비에서 만든 페이지 디자인 및 레이아웃 도구로, 디자이너의 필수 도구로 자리매김하고 있습니다. Part 02에서는 실무 작업을 위한 인디자인 핵심 기능에 대해 알아보겠습니다.

SOLUTION 01
Q&A

작업화면은 어떻게 구성되나요?

작업화면 살펴보기

인디자인 작업화면은 포토샵이나 일러스트레이터와 비슷한 구성을 가지나, 페이지를 효율적으로 디자인할 수 있도록 구성되어 있으며 드래그하거나 패널을 추가로 표시할 수도 있습니다.

❶ **응용 프로그램/화면 조절 도구 모음** : 이미지를 다루기 좋은 브리지, 고품질 이미지를 얻을 수 있는 스톡을 실행할 수 있고, 화면 배율을 조절하거나 눈금자 또는 안내선을 표시하거나, 창의 배치를 조절할 수 있습니다.

❷ **메뉴 표시줄** : 실행할 수 있는 명령이 탭으로 묶여 있습니다.

❸ **[컨트롤] 패널(옵션바)** : 선택한 개체의 속성을 지정할 수 있습니다.

❹ **[도구] 패널** : 요소를 만들고 편집할 수 있는 도구가 있습니다. 화살표가 있는 도구를 길게 누르면 묶인 도구가 표시됩니다.

❺ **제목 표시줄** : 작업 문서 제목이 표시되며, 클릭하여 작업 문서를 전환할 수 있습니다.

❻ **작업 영역** : 페이지가 표시되는 작업 영역입니다. 여기에 원하는 내용을 배치합니다.

❼ **패널 모음(도크)** : 패널 모음으로, 따로 분리하거나 닫을 수 있으며, [창] 메뉴를 이용해 필요한 패널을 추가로 표시할 수 있습니다.

❽ **상태 표시줄** : 페이지와 작업 상태가 표시됩니다.

SOLUTION 02

Q&A

문서는 어떻게 만드나요?

[새 문서] 대화상자 살펴보기

[파일] → 새로 만들기 → 문서(Ctrl+N)를 실행하면 [새 문서] 대화상자가 표시됩니다.

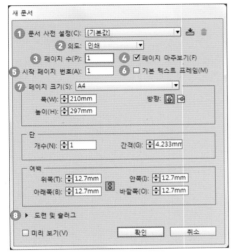 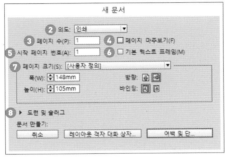

TIP 버전과 운영체제에 따라 [새 문서] 대화상자의 형태가 다를 수 있습니다.

'도련 및 슬러그' 앞의 화살표를 클릭하거나 인디자인 CS6 이하 버전에서 〈옵션 확장〉 버튼을 클릭하면 도련 및 슬러그를 표시할 수 있습니다.

❶ **문서 사전 설정** : 문서 설정을 만든 다음 '문서 사전 설정 저장' 아이콘(📥)을 클릭하여 저장할 수 있습니다.

❷ **의도** : 인쇄, 웹, 디지털 출판 중에서 용도를 지정하면 그에 맞춰 설정 값이 변경됩니다.

❸ **페이지 수** : 시작할 때 페이지 수를 설정합니다.

❹ **페이지 마주보기** : 체크할 경우 페이지가 펼침 면이 되도록 만들 수 있습니다. 체크 표시하지 않으면 단면 페이지가 만들어집니다.

❺ **시작 페이지 번호** : 페이지 시작 번호를 지정합니다. 지정한 페이지 번호는 [페이지] 패널에 표시되며, 자동 페이지 번호를 매길 때 적용됩니다.

❻ **기본 텍스트 프레임** : 작업 문서 크기에 기본 텍스트 프레임이 만들어집니다.

❼ **페이지 크기** : 페이지의 폭과 높이, 방향과 바인딩(제본) 위치를 조절합니다.

❽ **도련 및 슬러그** : 도련(재단 여백)과 슬러그(개체 또는 상황을 표시할 수 있는 여유 공간)의 너비를 조절합니다.

여백 및 단 알아보기

[새 문서] 대화상자에 단 항목과 여백 항목이 없는 경우 〈여백 및 단〉 버튼을 클릭하여 여백 및 단을 설정해야 합니다.

여백은 문서를 둘러싼 내부 빈 부분으로 '페이지 마주보기'에 체크 표시를 해제하면 안쪽과 바깥쪽이 왼쪽과 오른쪽으로 표시됩니다.

열은 그리드를 이용한 작업을 할 때 설정을 하며 잡지나 신문을 편집할 때 유용하게 사용할 수 있습니다.

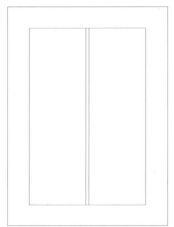

▲ 여백 각각 : 30mm, 열 개수 : 2 　　　▲ 여백 각각 : 10mm, 열 개수 : 3

▲ 인디자인 CS6의 시작 창

TIP　버전에 따라서 시작 창이 표시되는 경우가 있습니다. 이때 새로 만들기 항목에서 '문서'를 클릭하면 [새 문서] 대화상자가 표시됩니다.

SOLUTION 03

Q&A

파일을 다 만든 후에 페이지 여백, 크기를 재조정할 수 있나요?

페이지 크기, 도련 크기 재설정

[파일] → 문서 설정(Ctrl + Alt + P)을 실행하면 페이지 크기와 도련 크기를 바꿀 수 있습니다.

▲ 페이지 크기를 'A3'로 바꾸게 되면 그림과 같이 페이지 크기가 커집니다.

페이지의 여백 크기 재설정

문서를 만든 후 [레이아웃] → 여백 및 단을 실행하면 여백 및 단을 변경할 수 있습니다.

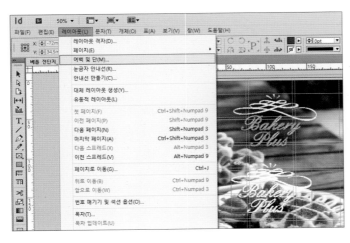

SOLUTION 04
Q&A

작업 문서는 어떻게 구성되나요?

작업 문서 알아보기

앞에서 대략적으로 여백과 단을 살펴보았는데요. 인디자인에서 보기 모드를 표준으로
지정할 경우 작업 문서에서 여백과 단 외에 여러 선 또는 사각 박스를 볼 수 있습니다.
작업 전에 작업 문서가 어떻게 구성되는지, 각각의 용도가 무엇인지 살펴보겠습니다.

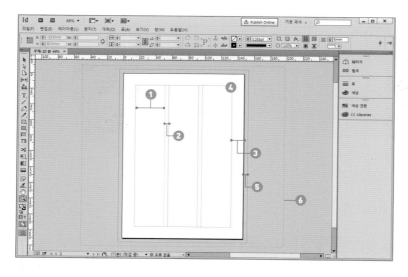

❶ 단 : 그리드 작업을 유용하게 하기 위해 나눈 단입니다.

❷ 간격 : 단 사이 간격입니다.

❸ 여백 : 여백을 활용해 가독성을 높일 수 있습니다.

❹ 페이지 : 실제 인쇄되는 영역입니다.

❺ 도련 : 페이지 크기를 넘어서 인쇄될 경우를 대비한 영역으로, 페이지 끝까지 배치할 이미지 혹은
바탕색의 경우 도련 영역까지 배치합니다.

❻ 슬러그 : 인쇄되지 않는 영역으로 인쇄소에 코멘트를 전달하거나 개체를 활용할 때 사용합니다.

SOLUTION 05
Q&A

작업 전에 해야 할 환경 설정이 있나요?

작업 전에 알아두면 좋은 환경 설정이 있습니다. 다음을 살펴보고 필요한 사항을 설정하면 작업이 훨씬 편리해집니다. 여기서는 모든 환경 설정을 다루지는 않았습니다. 이외에 필요한 환경 설정이 있다면 작업을 하면서 터득해 가기를 권합니다.

단축키 설정하기

[편집] → 단축키를 실행하고 세트를 원하는 값으로 설정합니다. 이전에 쿼크 익스프레스를 사용했다면 세트를 '[QuarkXPress 4.0 단축키]'로 지정하는 것이 더 편할 수 있습니다. 이 책에서는 '[기본값]'을 기준으로 단축키를 표기하였습니다.

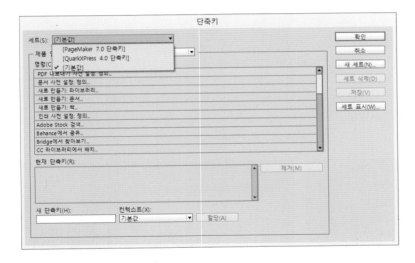

작업화면 색 수정하기

인디자인 CC의 기본 작업화면 색상은 어두운 회색입니다. 이전 버전을 사용해서 익숙하지 않다면 작업화면 색을 수정할 수 있습니다.

[편집] → 환경 설정 → 인터페이스를 실행하거나 [환경 설정] 대화상자의 [인터페이스] 탭 화면에서 색상 테마를 변경하면 됩니다. 이 책에서는 '밝게'를 사용하였습니다. 비율이 높을수록 밝아지며, 사용자가 직접 밝기 비율을 입력하여 조절할 수도 있습니다.

비율을 '100%'로 설정해도 완전한 흰색이 되지 않으며, 비율을 높이면 눈이 편안해지고, 비율을 낮추면 편집물이 잘 보인다는 장점이 있습니다.

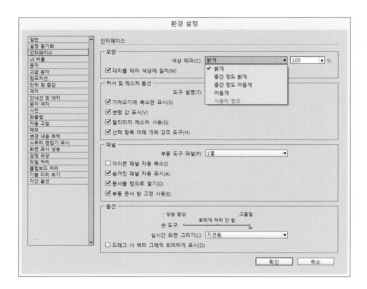

▲ 밝게(100%)

▲ 중간 정도 밝게(67%)

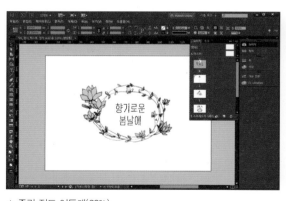

▲ 중간 정도 어둡게(33%)

▲ 어둡게(0%)

다른 프레임 혹은 스토리 편집기로 텍스트 드래그하여 놓기

[편집] → 환경 설정 → 문자를 실행하거나 [환경 설정] 대화상자 [문자] 탭 화면을 표시합니다. 텍스트 드래그하여 놓기 항목에서 '레이아웃 보기에서 사용'과 '스토리 편집기에서 사용'에 체크 표시하면 다른 텍스트 프레임 혹은 스토리 편집기로 텍스트를 드래그하여 이동할 수 있어 좀 더 빠른 작업을 할 수 있습니다.

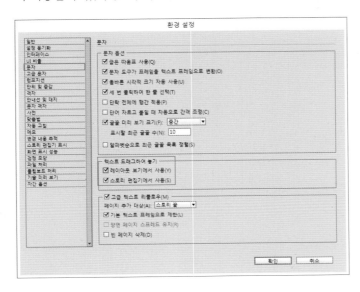

정밀한 조절을 위한 수정하기

[편집] → 환경 설정 → 단위 및 증감을 실행하거나 [환경 설정] 대화상자에서 '단위 및 증감' 화면을 표시합니다. 키보드 증감 항목에서 기준선 이동, 크기/행간, 커닝/자간을 기본 값보다 낮추는 것이 좋습니다. 이를 설정하여 작업에서 키보드를 이용한 정밀한 수정을 할 수 있습니다.

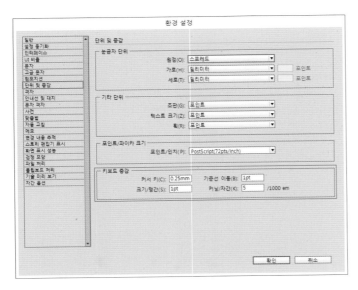

작은 문자도 보이게 하기

인디자인을 초기 설정대로 사용하면 7pt 이하의 작은 글자는 회색 띠로 표시됩니다. **[편집] → 환경 설정 → 화면 표시 성능**을 실행하거나 [환경 설정] 대화상자에서 '화면 표시 성능' 화면을 표시합니다. 다음 크기 이하일 때 흐리게 처리를 낮추면, 낮춘 크기 이상의 문자를 작업 화면에서 볼 수 있습니다.

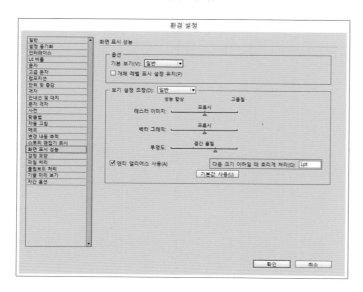

환경 설정 초기화하기

환경을 설정하다 보면, 의도하지 않은 설정을 하게 될 수도 있습니다. 어떤 설정을 바꿨는지 알고 있다면 해당 설정을 수정하면 되지만, 알지 못할 경우 인디자인 환경 설정을 초기화할 수도 있습니다. 인디자인을 종료하고 다시 실행한 다음 로고 창이 표시되기 전에 Ctrl + Alt + Shift 키(매킨토시의 경우 Command + Ctrl + option + Shift 키)를 누르면 환경 설정 파일을 삭제할지 묻는 대화상자가 표시됩니다. 〈예〉 버튼을 클릭하면 인디자인 환경 설정이 초기화됩니다.

SOLUTION 06

Q&A

도구는 어떻게 구성되나요?

[도구] 패널 한눈에 보기

인디자인 작업화면 오른쪽에 기본적으로 [도구] 패널이 표시됩니다.
도구 위치와 이름을 살펴보겠습니다. 화살표가 있는 도구를 길게 누르면 묶인 도구가 표시됩니다.

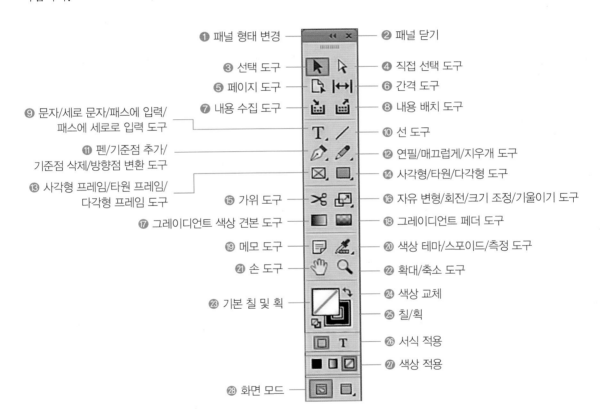

❶ 패널 형태 변경　　　　　❷ 패널 닫기
❸ 선택 도구　　　　　❹ 직접 선택 도구
❺ 페이지 도구　　　　　❻ 간격 도구
❼ 내용 수집 도구　　　　　❽ 내용 배치 도구
❾ 문자/세로 문자/패스에 입력/
패스에 세로로 입력 도구
❿ 선 도구
⓫ 펜/기준점 추가/
기준점 삭제/방향점 변환 도구
⓬ 연필/매끄럽게/지우개 도구
⓭ 사각형 프레임/타원 프레임/
다각형 프레임 도구
⓮ 사각형/타원/다각형 도구
⓯ 가위 도구
⓰ 자유 변형/회전/크기 조정/기울이기 도구
⓱ 그레이디언트 색상 견본 도구
⓲ 그레이디언트 페더 도구
⓳ 메모 도구
⓴ 색상 테마/스포이드/측정 도구
㉑ 손 도구
㉒ 확대/축소 도구
㉓ 기본 칠 및 획
㉔ 색상 교체
㉕ 칠/획
㉖ 서식 적용
㉗ 색상 적용
㉘ 화면 모드

도구 자세히 알아보기

앞에서 살펴본 도구의 기능을 자세히 알아봅니다.

❶ 패널 형태 변경

화살표를 클릭하면 [도구] 패널을 한 줄, 두 줄, 가로 형태로 바꿀 수 있습니다.

❷ 패널 닫기

[도구] 패널을 닫습니다. **[창] → 도구**를 실행하면 [도구] 패널을 다시 표시할 수 있습니다.

❸ 선택 도구

개체를 편집하기 위해 선택할 수 있으며, 다른 도구가 선택된 상태로 Ctrl 키를 누르면 마우스 포인터가 선택 도구로 변경됩니다.

❹ 직접 선택 도구

패스나 기준점을 선택하고 원하는 대로 변형할 수 있습니다.

❺ 페이지 도구

페이지를 선택하고 크기를 변경할 수 있습니다.

❻ 간격 도구

개체 사이 간격을 설정하면서 개체 크기도 변경할 수 있습니다.

❼ 내용 수집 도구

재사용이 필요한 개체를 컨베이어에 수집합니다.

❽ 내용 배치 도구

컨베이어에 수집한 개체를 문서에 배치합니다.

❾ 문자/세로 문자/패스에 입력/패스에 세로로 입력 도구

방향을 선택해 문자를 입력하거나 도형 또는 패스를 따라 문자를 입력할 수 있습니다.

❿ 선 도구

선을 그립니다. 그린 선은 [획] 패널에서 세부 설정을 할 수 있습니다.

⓫ 펜/기준점 추가/기준점 삭제/방향점 변환 도구

벡터 형식의 형태를 그리고 기준점이나 방향점을 편집할 수 있습니다.

⓬ 연필/매끄럽게/지우개 도구

벡터 형식의 선을 자유롭게 그리고 매끄럽게 하거나 지울 수 있습니다.

⓭ 사각형 프레임/타원 프레임/다각형 프레임 도구

도형 형태의 투명한 프레임을 그립니다. 색을 입힐 수 있습니다. 내부에 × 표시가 나타납니다.

⓮ 사각형/타원/다각형 도구

도형을 그립니다. 색을 입힐 수 있으며, 내부가 비어 있습니다.

⓯ 가위 도구

패스를 잘라 별도의 개체를 만듭니다.

⑯ **자유 변형/회전/크기 조정/기울이기 도구**

개체를 선택한 도구에 따라 변형합니다.

⑰ **그레이디언트 색상 견본 도구**

그러데이션 색상을 입힙니다.

⑱ **그레이디언트 페더 도구**

반투명한 그러데이션 색상을 입힙니다.

⑲ **메모 도구**

텍스트 프레임에 메모를 만듭니다.

⑳ **색상 테마/스포이드/측정 도구**

개체에서 색상 또는 스타일을 추출하여 CC 라이브러리에 추가하거나 다른 개체에 적용할 수 있습니다.

측정 도구로 선을 그어, 위치와 길이, 너비를 측정할 수 있습니다.

㉑ **손 도구**

문서가 크거나 크게 확대되어 있을 경우 보이지 않는 부분을 드래그하여 보이게 할 수 있습니다. 다른 도구가 선택된 채로 Spacebar 키를 누르면 일시적으로 손 도구가 표시됩니다.

㉒ **확대/축소 도구**

문서를 확대하거나 축소할 수 있습니다.

㉓ **색상 교체**

칠과 획 색상을 교체합니다.

㉔ **칠/획**

각 색을 더블클릭하면 색을 조절할 수 있는 [색상 피커] 대화상자를 표시할 수 있습니다.

㉕ **기본 칠 및 획**

칠 색상을 흰색, 획 색상을 검은색으로 지정합니다.

㉖ **서식 적용**

개체에 속성을 적용할지, 문자에 속성을 적용할지 지정합니다.

㉗ **색상 적용**

단색을 채울지, 그러데이션을 채울지, 색상을 없앨지를 지정합니다.

㉘ **화면 모드**

모든 안내선을 볼 수 있는 '표준', 인쇄된 형태를 볼 수 있는 '미리 보기', 도련까지 볼 수 있는 '도련', 슬러그까지 볼 수 있는 '슬러그', 인쇄된 형태를 검은색 바탕에서 볼 수 있는 '프레젠테이션'을 선택할 수 있습니다.

SOLUTION 07
Q&A

패널은 어떻게 효율적으로 사용하나요?

필요한 패널 표시하고 작업 영역 저장하기

필요한 패널은 [창] 메뉴에서 실행할 수 있으며, 해당 패널 단축키를 눌러도 표시됩니다.

필요한 패널이 표시된 상태에서 작업 영역을 저장하려면 [창] → 작업 영역 → 새 작업 영역을 실행합니다.

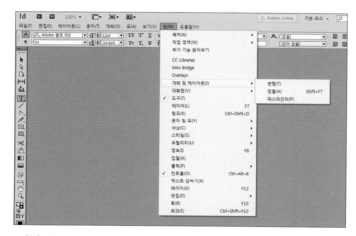

▲ [창] 메뉴

패널 확장/축소하기

패널 오른쪽 윗부분에 있는 '패널 확장(▶▶)'/'아이콘으로 축소(◀◀)' 아이콘을 이용하면 패널을 확장 또는 축소할 수 있습니다.

▲ 축소된 [색상 견본] 패널

▲ 확대된 [색상 견본] 패널

TIP 버전에 따라 축소된 패널이 아이콘 형식으로 표시될 수도 있습니다.

패널 묶기/분리하기

패널 윗부분을 드래그하면 한 묶음으로 묶거나 붙일 수 있으며, 인디자인 작업화면 왼쪽
이나 오른쪽에도 붙일 수 있습니다.

패널 묶음에서 패널 제목 탭을 드래그하면 분리할 수도 있습니다.

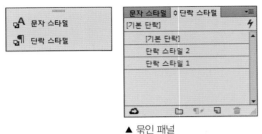

▲ 묶인 패널

패널 메뉴 사용하기

메뉴 아이콘(▼≡)을 클릭하면 패널 관련 메뉴가 표시됩니다. 메뉴를 통해 각 요소 또는
패널과 관련된 세부 설정을 할 수 있습니다.

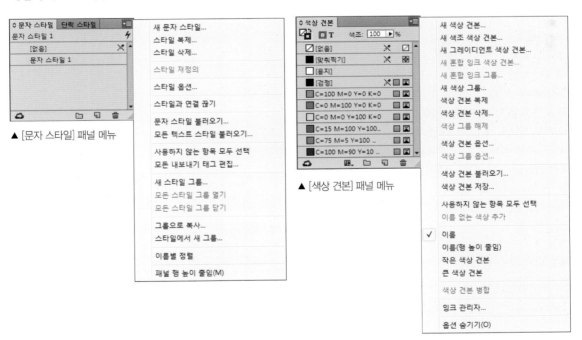

▲ [문자 스타일] 패널 메뉴

▲ [색상 견본] 패널 메뉴

[컨트롤] 패널은 어떻게 사용하나요?

[컨트롤] 패널은 선택한 개체에 따라 설정할 수 있는 옵션이 바뀝니다.

프레임을 선택했을 때

프레임이나 이미지를 선택했을 때 표시되는 기능입니다.

❶ **참조점** : 설정값을 적용할 기준을 정합니다.

❷ **X/Y 위치** : 페이지 왼쪽 윗부분 원점으로부터의 위치를 설정합니다.

❸ **폭(W)/높이(H)** : 개체나 이미지 크기를 설정합니다.

❹ **X/Y 비율(%)** : 개체 크기를 비율로 조절합니다.

❺ **회전 각도** : 개체를 설정한 각도만큼 회전합니다.

❻ **기울이기 X 각도** : 개체를 설정한 각도만큼 기울입니다.

❼ **시계 방향/시계 반대 방향 90° 회전** : 개체를 회전합니다.

❽ **가로/세로로 뒤집기** : 개체를 뒤집습니다. 오른쪽 P자를 통해 현재 상태가 어떤지 알 수 있습니다.

❾ **컨테이너/내용 선택** : 프레임 상자를 선택할지 이미지를 선택할지 지정합니다.

❿ **이전/다음 개체 선택** : 개체를 순서대로 선택합니다.

⓫ **칠/획** : 개체의 칠 색상과 획 색상을 지정합니다.

⓬ **두께** : 두께 값을 설정합니다.

⓭ **유형** : 외곽선 유형을 지정합니다. 실선, 파선, 점선 등 다양한 선이 있습니다.

⓮ **효과** : 개체를 선택하고 투명도, 그림자, 광선, 페더 등 다양한 효과를 설정합니다.

⓯ **감싸기 유형** : 텍스트와 개체를 어떻게 배치할지 지정할 수 있습니다.

⓰ **모퉁이 옵션** : 모서리 형태와 크기를 지정합니다.

⓱ **맞춤** : 프레임과 내용의 맞춤 방식을 선택합니다.

선을 선택했을 때

선을 선택했을 때 표시되는 기능입니다.

❶ **L(선 길이)** : 선 길이를 설정합니다.

문자를 선택했을 때

문자를 선택하고 왼쪽 윗부분 '문자 서식 컨트롤' 아이콘을 클릭했을 때 표시되는 기능입니다.

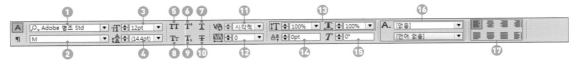

❶ **글꼴** : 글꼴을 지정합니다.

❷ **글꼴 스타일** : 글꼴에는 각각의 스타일이 있습니다. 굵기, 폭, 기울기가 다릅니다.

❸ **글꼴 크기** : 문자 크기를 설정합니다.

❹ **행간** : 글줄 사이 간격을 설정합니다.

❺ **모두 대문자** : 선택한 소문자를 모두 대문자로 바꿉니다. 해제하면 다시 소문자로 바뀝니다.

❻ **위 첨자** : 선택한 내용을 모두 위 첨자로 바꿉니다. 해제하면 다시 원래대로 바뀝니다.

❼ **밑줄** : 선택한 내용에 밑줄을 긋습니다. 해제하면 다시 원래대로 바뀝니다.

❽ **작은 대문자** : 선택한 영문을 작은 대문자로 바꿉니다. 해제하면 다시 원래대로 바뀝니다.

❾ **아래 첨자** : 선택한 내용을 모두 아래 첨자로 바꿉니다. 해제하면 다시 원래대로 바뀝니다.

❿ **취소선** : 선택한 내용에 취소선을 긋습니다. 해제하면 취소선이 사라집니다.

⓫ **커닝** : 커서가 있는 위치 왼쪽과 오른쪽 문자 사이 간격을 설정합니다.

⓬ **자간** : 문자 사이 간격을 설정합니다.

⓭ **세로/가로 비율** : 문자 가로세로 비율을 설정합니다.

⓮ **기준선 이동** : 기준선 기준으로 단어나 낱자를 위아래로 이동합니다.

⓯ **기울이기(이탤릭체 모방)** : 설정한 각도만큼 문자를 기울입니다.

⓰ **문자 스타일** : 문자 스타일이 있는 경우 간편하게 지정합니다.

⓱ **정렬** : 문자 정렬 위치를 지정합니다.

단락을 선택했을 때

문자를 선택하고 왼쪽 아랫부분 '단락 서식 컨트롤' 아이콘을 클릭했을 때 표시되는 기능입니다.

❶ **들여쓰기** : 들여쓰기 위치와 간격을 지정합니다.

❷ **이전/이후 공백** : 선택한 단락의 이전 공백이나 이후 공백을 설정합니다.

❸ **단락 시작표시문자 높이(줄 수)** : 선택한 단락 시작 부분 문자 높이를 설정합니다.

❹ **단락 시작표시문자 수** : 단락 시작표시문자 높이(줄 수)를 설정할 문자 수를 설정합니다.

❺ **글머리 기호 목록** : 선택한 단락 앞에 기호를 붙입니다.

❻ **번호 매기기 목록** : 선택한 단락 앞에 숫자를 붙입니다.

❼ **음영** : 선택한 문자의 줄 단위로 음영을 만듭니다. 색상 견본에 있는 색상을 선택할 수 있습니다.

❽ **단락 스타일** : 단락 스타일이 있는 경우 간편하게 지정할 수있습니다

⑨ **기준선 격자** : 기준선 격자에 정렬할지, 정렬하지 않을지 지정합니다.

⑩ **열 수** : 텍스트 프레임 열 수를 설정합니다.

⑪ **열 확장** : 커서가 있는 부분의 열을 확장하거나 분할합니다.

⑫ **간격** : 열 간격을 설정합니다.

⑬ **가로 커서 위치** : 열 시작 부분을 기준으로 가로 커서 위치가 나타납니다.

표를 선택했을 때

문자 도구(T.)가 선택된 상태에서 표 안을 드래그했을 때 표시되는 기능입니다.

① **정렬** : 표 안에서 텍스트를 정렬할 기준을 지정합니다.

② **텍스트 회전** : 표 안에서 텍스트 쓰기 방향을 지정합니다.

③ **행 수/열 수** : 표의 행 수와 열 수를 설정합니다.

④ **셀 병합** : 드래그하여 선택한 셀을 병합합니다.

⑤ **셀 병합 해제** : 병합한 셀의 병합을 해제합니다.

⑥ **셀의 선 선택** : 굵기나 색을 조절할 셀의 선을 선택합니다.

⑦ **셀 스타일** : 셀 스타일이 있는 경우 셀 스타일을 지정합니다.

⑧ **표 스타일** : 표 스타일이 있는 경우 표 스타일을 지정합니다.

⑨ **행 높이** : 선택한 칸의 행 높이를 설정합니다.

⑩ **열 폭** : 선택한 칸의 열 폭을 설정합니다.

페이지를 선택했을 때

페이지 도구(🗔)로 페이지를 선택했을 때 표시되는 기능입니다.

① **페이지 크기** : 페이지 크기를 설정합니다.

② **방향** : 문서 방향을 지정합니다. 방향을 바꿔도 내용까지 회전되지는 않습니다.

③ **유동적 페이지 규칙** : 페이지 크기를 변경할 경우 개체도 함께 변경되어 어울리도록 만듭니다.

④ **페이지와 함께 개체 이동** : 페이지 크기를 조절할 때 개체가 페이지와 함께 이동하도록 합니다.

⑤ **마스터 페이지 오버레이 표시** : 선택한 페이지 위에 마스터 페이지를 오버레이하여 표시합니다.

컨트롤 패널에 필요한 요소가 없을 경우 제어판 사용자 정의 사용하기

필요한 기능이 보이지 않을 때는 패널 메뉴 아이콘(▼≡)을 클릭하고 **사용자 정의**를 실행한 다음 필요한 기능에 체크 표시합니다.

SOLUTION 09
Q&A

작업한 파일을 어떤 형식으로 저장하나요?

[파일] → 저장(Ctrl+S) 또는 [파일] → 다른 이름으로 저장(Ctrl+Shift+S)을 실행하면 파일 형식이 표시됩니다.

인디자인 CC 버전으로 저장을 하게 되면 하위 버전에서는 열리지 않습니다. 다른 버전에서 수정하고 싶으면 저장할 때 파일 형식을 'InDesign CS4 이상(IDML) (*.idml)'으로 지정해야 수정이 가능합니다.

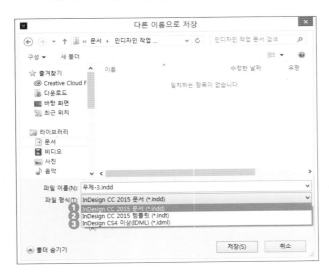

❶ *.indd : 원본 인디자인 문서 파일입니다. 인디자인으로 실행할 수 있습니다.

❷ *.indt : 템플릿 파일로, 레이아웃과 스타일을 만들어 저장하고 문서 디자인을 할 때 사용할 수 있습니다.

❸ *.idml : 인디자인 CS4 이상에서 열 수 있는 하위 버전 파일입니다. 이미지 링크가 유실된 채 저장하면, 하위 버전 파일에서 이미지를 볼 수 없습니다. 인디자인 CS5까지는 버전을 한 단계만 내릴 수 있습니다.

하위 버전으로 내린 파일에서는 상위 버전의 기능이 잘 나타나지 않을 수 있습니다. 하위 버전으로 낮춘 파일을 인디자인 기본 확장자인 INDD 파일로 저장하려면 하위 버전에서 다시 저장해야 합니다.

SOLUTION 10
Q&A

외부 개체(이미지)를 어떻게 삽입하나요?

[파일] → 가져오기(Ctrl+D)를 실행하면 다양한 파일을 가져올 수 있으며, PSD, TIFF, JPEG, GIF, BMP, EPS, AI, PDF TXT, RTF, DOC, EXL, INDD 등의 파일을 가져올 수 있습니다.

❶ **가져오기 옵션 표시** : 각 파일에 대한 가져오기 옵션을 표시하여 세부적인 설정을 합니다.
❷ **선택한 항목 바꾸기** : 프레임을 선택했을 경우 가져온 개체가 프레임 안에 들어갑니다.
❸ **정적 캡션 만들기** : 파일을 가져온 다음 드래그하여 파일 이름을 캡션으로 붙일 수 있습니다.
❹ **격자 서식 적용** : 텍스트를 가져올 때 격자 서식을 적용합니다. 격자는 보기 모드가 '표준'일 경우에만 확인할 수 있습니다.

▲ 가져올 레이어를 선택할 수 있는 PSD 파일 가져오기

▲ 가져올 페이지를 선택할 수 있는 PDF 가져오기

이미지를 불러올 때 [가져오기]와
Ctrl + C / Ctrl + V의 차이점이 뭔가요?

일반적으로 이미지를 가져올 때 [**파일**] → **가져오기**(Ctrl+D)를 실행하여 이미지를 가져옵니다. '가져오기'로 파일을 가져오면 인디자인 파일 크기가 작아서 이동이 편리하고 아무리 큰 이미지를 가져와도 프로그램이 무리 없이 돌아갑니다. 하지만 이미지를 일러스트레이터나 포토샵에서 복사하여 가져오게 되면(Ctrl+C/Ctrl+V) 파일 크기가 커져서 프로그램이 꺼질 가능성이 높습니다. 작은 크기의 이미지를 가져오거나 쪽수가 적은 문서 파일을 만든다면 복사/붙이기로 이미지를 가져오는 것도 괜찮습니다.

▲ 같은 파일의 이미지 크기 차이

SOLUTION 12
Q&A

도형은 어떻게 그리나요?

도형 도구로 도형 그리기

프레임 도구나 도형 도구를 선택하고 드래그하면 도형을 만들 수 있습니다. 도구를 선택한 채로 작업 화면을 클릭하면 폭, 높이, 면 수, 별모양 인세트 등을 설정할 수 있는 대화상자가 표시됩니다. 별모양 인세트 값이 클수록 안쪽으로 들어가는 폭이 깊어집니다.

프레임 도구로 만들 경우 프레임 안쪽에 × 표시가 나타납니다.

펜 도구로 선 또는 도형 그리기

펜 도구를 선택하고 시작점을 클릭한 다음 다른 지점을 클릭하면 시작점과 이어진 직선이 만들어집니다. 손가락을 떼지 않은 채 다음 지점을 클릭하고 드래그하면 곡선이 그려지며 양쪽 방향선이 나타납니다.

시작점을 클릭하면 닫힌 패스가 만들어지고 시작점을 클릭하지 않았다면 열린 패스가 만들어집니다. Shift 글쇠를 누른 채로 클릭하면 수평선, 수직선, 또는 45도 각도의 직선을 그릴 수 있습니다. 곡선에 이어 직선을 그리거나 방향을 전환할 때는 Alt 글쇠를 누른 채 이전 기준점을 다시 클릭하여 방향선을 없애고 그립니다.

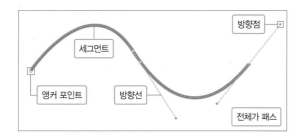

패스파인더로 도형 모양 바꾸기

프레임이나 도형, 이미지 모양을 바꿔야 할 경우가 있습니다. 그럴 경우 [패스파인더] 패널을 사용하면 패스를 편집하거나, 모양을 결합 및 교차하거나, 모양을 바꾸거나, 기준점을 변환할 수 있습니다.

① **패스 연결** : 패스를 선택하고 클릭하면 패스가 연결됩니다.

② **패스 열기** : 닫힌 패스가 열립니다.

③ **패스 닫기** : 열린 패스가 닫힙니다.

④ **패스 반전** : 여러 개의 패스를 결합할 경우, 패스가 안쪽과 바깥쪽으로 구분되는 경우가 있습니다. 패스 반전을 이용해 방향을 바꿀 수 있습니다.

⑤ **더하기** : 겹친 개체를 합칩니다.

⑥ **빼기** : 아래 개체에서 위 개체와 겹치는 부분을 지웁니다.

⑦ **교차** : 겹친 부분만 남깁니다.

⑧ **오버랩 제외** : 겹친 부분만 지웁니다.

⑨ **이면 개체 제외** : 아래 개체와 겹친 부분과 아래 개체를 지웁니다.

⑩ **모양 변환** : 도형, 이미지, 프레임 모양을 바꿉니다. [개체] → **모양 변환**을 실행해도 모양을 변경할 수 있습니다.

⑪ **일반** : 기준점에서 방향 점과 방향 선을 없앱니다.

⑫ **모퉁이** : 기준점을 변형 가능하도록 바꿉니다.

⑬ **매끄럽게** : 매끄러운 곡선이 되도록 변경합니다.

⑭ **대칭** : 방향 선을 동일하게 만듭니다.

모퉁이 옵션으로 모서리 모양 변경하기

[컨트롤] 패널에서는 선택한 개체의 모퉁이 형태를 일괄적으로 변경할 수 있으며, 인디자인 CS5부터는 [개체] → **모퉁이 옵션**을 실행하여 모퉁이 모양을 각각 변경할 수 있습니다.

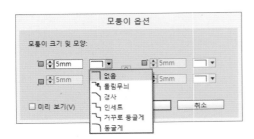

SOLUTION 13

Q&A

펜선, 문자, 도형 그리기 완료는
어떻게 하나요?

펜선을 다 그리고 다른 곳을 클릭하면 계속 이어질 때가 있습니다. 텍스트를 다 쓰고 단축키를 눌렀지만 단축키가 그대로 문자로 찍히는 경우도 있습니다. 원하는 작업을 한 다음 Enter 키 혹은 Esc 키와 같은 키를 눌러 줘야 작업이 완료가 됩니다.

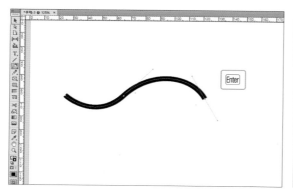
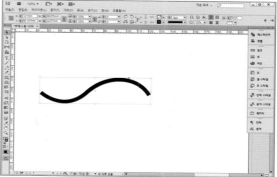

▲ 펜선을 그린 다음 Enter 키를 누르거나 선택 도구를 선택해야 펜선이 추가로 그려지지 않습니다.

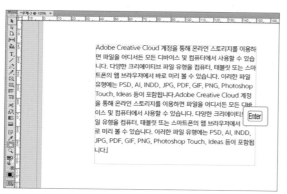
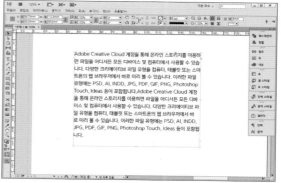

▲ 텍스트를 쓴 후에는 Esc 키를 눌러 주거나 선택 도구를 선택해야 작업이 완료됩니다.

개체를 쉽게 다루기 위해 알아야 할 것이 있을까요?

단계 및 반복

반복할 개체를 선택하고 **[편집] → 단계 및 반복**(Alt + Ctrl + U)을 실행한 다음 반복 개수, 간격을 설정하면 선택한 개체가 반복됩니다.

회전/회전 복제

[컨트롤] 패널을 이용해도 개체를 회전할 수 있지만, 회전 기준점을 지정해 주어야 할 경우가 있습니다. 회전할 개체를 선택하고 회전 도구(⟳)를 선택한 다음 개체 기준점을 조절합니다. 다시 회전 도구를 더블클릭했을 때 표시되는 [회전] 대화상자에서 각도를 설정합니다. 〈확인〉 버튼을 클릭하면 선택한 개체가 복제되고 〈복사〉 버튼을 클릭하면 선택한 개체가 회전하여 복제됩니다.

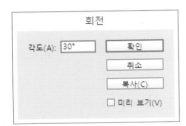

TIP 회전 도구는 자유 변형 도구와 묶여 있습니다.

일러스트레이터의 이동 반복하기
(Ctrl + D) 기능이 인디자인에도 있나요?

인디자인에도 같은 기능이 있습니다. 개체를 Alt 키를 누른 상태에서 드래그하여 개체
를 이동하여 복제하고 마우스 오른쪽 버튼을 클릭한 다음 **변형 반복 → 변형 순차 반복**
(Ctrl + Alt + 4)을 실행합니다.

개체가 일정한 간격으로 복제됩니다.

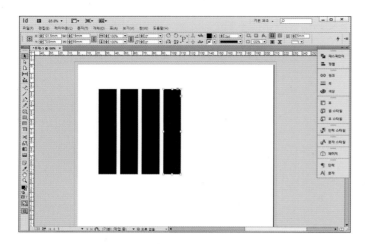

안내선 삽입 및 삭제는 어떻게 하나요?

눈금자에서 드래그하여 안내선을 추가할 수 있습니다. 안내선을 지우려면 선을 드래그
하여 다시 눈금자로 집어 넣으면 사라집니다.

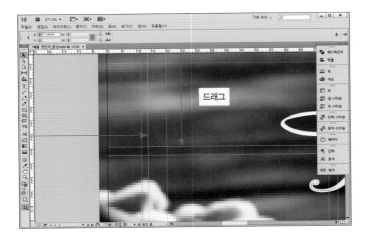

모든 안내선을 삭제하려면 [보기] → 격자 및 안내선 → 스프레드의 모든 안내선 삭제를
실행하면 됩니다.

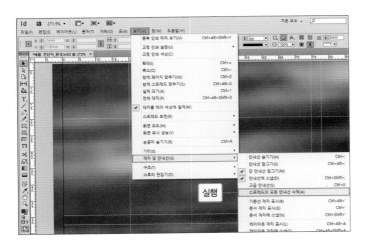

페이지는 어떻게 사용하나요?

[페이지] 패널로 페이지 다루기

[페이지] 패널에서 페이지와 마스터 페이지를 다룰 수 있습니다. [페이지] 패널은 마스터
페이지 영역과 일반 페이지 영역이 나눠져 있습니다.

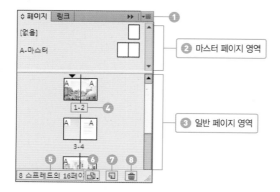

❶ **메뉴 아이콘** : 페이지와 관련된 모든 메뉴를 사용할 수 있습니다.

❷ **마스터 페이지 영역** : 마스터 페이지 영역으로, 마스터 페이지를 만들 때 지정한 접두어에 따라 해
  당 마스터가 적용된 페이지를 알 수 있습니다. 마스터 페이지를 일반 페이지 영역으로 드래그하여
  쉽게 해당 마스터가 적용된 페이지를 만들 수 있습니다.

❸ **일반 페이지 영역** : 주요 작업을 하게 되는 페이지입니다.

❹ **페이지 번호** : 지정한 페이지 번호입니다. 여기 표시되는 번호가 페이지 번호를 삽입할 경우 표시됩
  니다.

❺ **전체 페이지 수** : 전체 펼침면 페이지와 단면 페이지 수가 표시됩니다.

❻ **페이지 크기 편집** : 선택한 페이지 크기를 변경합니다.

❼ **새 페이지 만들기** : 클릭하면 새 페이지가 만들어집니다.

❽ **선택한 페이지 삭제** : 선택한 페이지를 삭제합니다. Shift 키나 Ctrl 키를 이용하면 페이지를 다중 선
  택할 수 있습니다.

짝수 쪽에서 시작할 수 있게 변형하기

작업을 나누어 할 경우 짝수 쪽에서 시작해야 할 때가 있습니다. 페이지를 마우스 오른
쪽 버튼으로 클릭하고 **문서 페이지 재편성 허용**을 실행하면 페이지를 원하는 위치로 드
래그할 수 있습니다. 이 방법으로 짝수에서 시작하게 하거나 여러 페이지가 있는 접이식
리플릿 페이지도 만들 수 있습니다.

SOLUTION 18

Q&A

개체에 특수 효과를 줄 수 있나요?

개체를 마우스 오른쪽 버튼으로 누른 다음 **효과** 메뉴를 실행하거나 [컨트롤] 패널에서 '선택한 대상에 개체 효과 추가' 아이콘(*fx.*)을 클릭하면 개체에 특수 효과를 줄 수 있는 효과 메뉴가 표시됩니다. 메뉴를 실행하면 [효과] 대화상자가 표시됩니다.

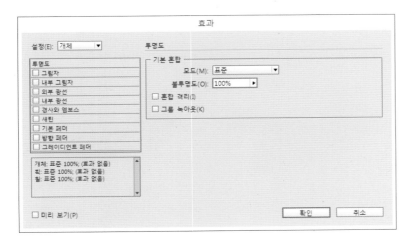

❶ 투명도

불투명도를 설정하여 개체를 투명하게 합니다. 불투명도를 지정할 수 있습니다.

❷ 그림자

그림자를 만듭니다. 배경이 투명한 개체일 경우 개체를 따라 그림자가 만들어집니다. 그림자 색상, 불투명도, 거리, 각도, 크기 등을 설정할 수 있습니다.

❸ 내부 그림자

내부에 그림자가 나타납니다.

❹ 외부 광선

외부에 광선 효과를 만듭니다. 노이즈를 입히거나 각 설정을 조절할 수 있습니다.

❺ 내부 광선

내부에 광선 효과를 만듭니다. 노이즈를 입히거나 각 설정을 조절할 수 있습니다.

❻ 경사와 엠보스

밝은 부분과 그림자를 만들어 입체적으로 보이게 합니다.

❼ 새틴

안쪽에 매끈하게 보이는 음영을 만듭니다.

⑧ 기본 페더

가장자리를 반투명하게 만듭니다.

⑨ 방향 페더

지정한 방향부터 반투명하게 만듭니다.

⑩ 그레이디언트 페더

점차적으로 투명하게 하여 부드러운 느낌을 줍니다.

원본 이미지

투명도

그림자

내부 그림자

외부 광선

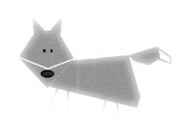
내부 광선

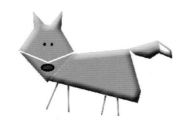
경사와 엠보스

새틴

기본 페더

방향 페더

그레이디언트 페더

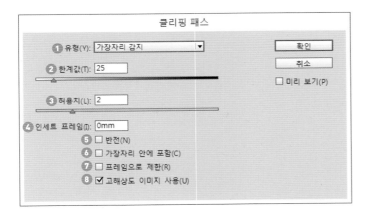

SOLUTION 19
Q&A

이미지의 바탕색을 제거할 수 있나요?

매거진 편집의 경우 이미지 바탕을 지우고 배치하는 기능이 있는데, 일일이 펜 도구로
따면 깔끔하지만, 시간이 촉박한 경우 클리핑 패스를 이용할 수 있습니다.

이미지를 선택하고 [개체] → 클리핑 패스 → 옵션(Alt+Shift+Ctrl+K)을 실행하면 클
리핑 패스를 만들 수 있는 [클리핑 패스] 대화상자가 표시됩니다.

클리핑 패스를 사용하면 외곽이 깔끔하지 않을 수 있으니 꼭 확인이 필요합니다.

❶ **유형** : 무엇을 기준으로 외곽선을 만들지 지정합니다. 이미지와 함께 저장된 알파 채널이나 패스가
있을 경우 외곽선을 만들기 수월하며, 없다면 '가장자리 감지'로 지정하고 미리 보기를 이용해 확인
해 가며 외곽을 조절합니다.

❷ **한계값** : 적용할 밝기 범위를 지정합니다. 값을 올리면 더 많은 영역이 투명해집니다.

❸ **허용치** : 얼마나 유사한 픽셀을 한계값으로 사용할지 설정합니다.

❹ **인세트 프레임** : 한계값과 허용치 값으로 만들어진 클리핑 패스를 균일하게 줄입니다.

❺ **반전** : 보이는 영역과 보이지 않는 영역을 바꿉니다.

❻ **가장자리 안에 포함** : 내부에도 한계값, 허용치를 적용합니다.

❼ **프레임으로 제한** : 그래핑 가장자리에서 멈추는 클리핑 패스를 만듭니다.

❽ **고해상도 이미지 사용** : 원본 파일을 기준으로 영역을 정밀하게 계산합니다.

SOLUTION 20

Q&A

색상 견본은 어떻게 만들고 사용하나요?

[색상 견본] 패널 살펴보기

[색상 견본] 패널에 주요색을 만들고 사용하면 나중에 색을 한꺼번에 바꿀 수 있어서 편리합니다. 페이지가 두꺼운 책을 편집할수록 색상 견본을 만들어 활용하기 바랍니다.

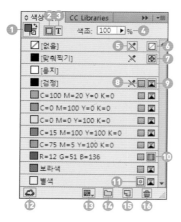

❶ 칠/획 변환 : 칠 색상을 지정할지 획 색상을 지정할지 선택합니다.

❷ 컨테이너에 서식 적용 : 프레임이나 개체 색상을 편집합니다.

❸ 텍스트에 서식 적용 : 문자 색상을 편집합니다.

❹ 색조 : 색의 농도를 조절합니다.

❺ 편집 불가능 : 인디자인에서 만들어져 있는 기본 색입니다.

❻ 색상 없음 : 색상이 없을 경우 표시됩니다.

❼ 재단선 표시 : CMYK 모든 판에 나타나는 잉크 표시입니다.

❽ 회색 네모 : 원색 표시입니다.

❾ 4색 : CMYK 잉크 표시로, 인쇄용으로 적합합니다.

❿ 3색 : RGB 잉크 표시로, 인쇄용으로 사용할 수 없습니다.

⓫ 별색 : 별색 표시로, 1도 필름이 추가됩니다.

⓬ 현재 내 CC 라이브러리에 선택한 견본 추가 : [CC Libraries] 패널에 선택한 색상을 추가합니다.

⓭ 견본 보기 : 어떤 색상 견본을 표시할지 지정합니다.

⓮ 새 색상 그룹 : 색상 견본을 묶어 사용할 수 있는 폴더를 추가합니다.

⓯ 새 색상 견본 : 새로운 색상 견본을 만듭니다.

⓰ 색상 견본 삭제 : 선택한 색상 견본을 삭제합니다.

TIP 맞춰찍기는 검정(K)뿐만 아니라 다른 색(CMY)까지 농도가 있는 색으로, 모니터에서는 차이가 없지만 인쇄할 때 일반 검정에 비해 더 진하게 나옵니다.

SOLUTION 21

Q&A

별색은 어떻게 사용하나요?

CMYK 색 외에 별도의 색이 필요한 경우 별색을 사용합니다. 별색의 경우 인쇄되었을 때와 화면에서 볼 때 차이가 크므로 색상 견본집을 통해 미리 확인하고 사용하는 것이 좋습니다.

[색상 견본] 패널에서 메뉴 아이콘(▼)을 클릭하고 **새 색상 견본**을 실행한 다음 [색상 견본 옵션] 대화상자에서 색상 유형을 '별색'으로 지정하면 별색을 사용할 수 있습니다.

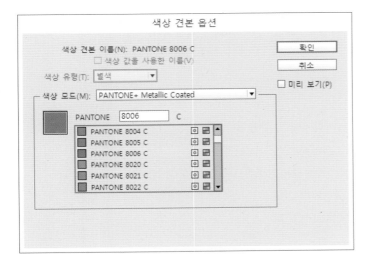

SOLUTION 22

Q&A

필요한 글꼴을 어디에 설치하죠?

편집을 하다보면 글꼴에 한계를 느끼고 다른 글꼴을 사용해야 하는 경우가 많습니다. 이때 글꼴 종류에 따라 설치하는 경로가 다릅니다.

글꼴의 종류

대표적으로 글꼴은 어도비에서 개발한 포스트스크립트(PS), 애플에서 개발한 트루타입 글꼴(TTF), 어도비와 마이크로소프트가 개발한 오픈타입 글꼴(OTF) 등이 있습니다.

트루타입 글꼴은 전각을 사용하며, 오픈타입 글꼴은 반각을 사용해 따옴표나 쉼표 등을 반각으로 사용합니다.

글꼴 설치 위치

오픈타입 글꼴과 트루타입 글꼴의 설치 위치는 각각 다음과 같습니다.

❶ 트루타입(TTF) 글꼴 설치 경로 : 드라이브\Windows\Fonts
❷ 오픈타입(OTF) 글꼴 설치 경로 : 드라이브\Program Files (시스템 종류)\Adobe\Adobe InDesign (버전)\Fonts

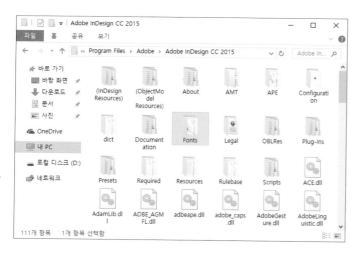

SOLUTION 23
Q&A

텍스트 프레임은 어떻게 사용하나요?

텍스트 프레임

텍스트 프레임을 사용하다보면 여러 가지 표시를 볼 수 있습니다.

각 형태의 의미를 이미지를 통해 알아보겠습니다.

비어있는 사각형은 시작이나 끝을 의미하며, 화살표가 있는 사각형은 다른 프레임과 연결되었다는 것을 의미합니다. + 표시가 있는 빨간색 사각형은 배치해야 할 내용이 더 있는데 프레임이 작아서 내용이 보이지 않는다는 것을 의미합니다. 이 사각형을 클릭하고 다른 부분을 드래그하면 나머지 텍스트를 표시할 수 있습니다.

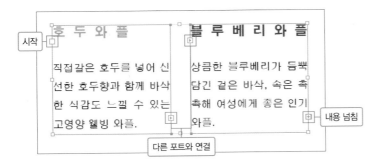

텍스트 흘리기

Alt 키를 누른 채 클릭하면 모든 텍스트가 흐를 때까지 마우스 포인터가 텍스트 섬네일로 변경되고, Shift 키를 누른 채 클릭하면 새로운 텍스트 프레임이 만들어지면서 페이지와 프레임이 추가되며, Shift + Alt 키를 누른 채 클릭하면 페이지가 추가되지 않고 모든 텍스트가 이어 흐르며 프레임이 부족하면 넘치는 텍스트가 생깁니다.

복잡한 텍스트 프레임 연결 확인하기

화면 모드가 '표준'인 상태에서 [보기] → 기타 → 텍스트 스레드 표시(Alt + Ctrl + Y)를 실행하고 텍스트 프레임을 선택하면 텍스트 스레드가 표시됩니다. 텍스트 프레임이 많거나 복잡할 때는 스레드를 표시해 놓고 편집하면 편리합니다.

텍스트 프레임 옵션

텍스트 프레임을 마우스 오른쪽 버튼으로 클릭하고 **텍스트 프레임 옵션**을 실행하면 텍스트 프레임과 관련된 설정을 할 수 있는 [텍스트 프레임 옵션] 대화상자가 표시됩니다.

❶ 일반

ⓐ 열 : 텍스트 프레임을 열로 나눌 수 있습니다.

ⓑ 인세트 간격 : 텍스트와 프레임 사이 간격을 설정합니다.

ⓒ 수직 균등 배치 : 텍스트를 어느 지점을 기준으로 배치할지 지정합니다.

ⓓ 텍스트 감싸기 무시 : 텍스트와 이미지가 함께 있을 때 텍스트가 이미지 안에 표시되도록 할 수 있습니다.

❷ 기준선 옵션

ⓐ 첫 번째 기준선 : 문자 프레임 시작 위치를 지정합니다.

ⓑ 기준선 격자 : 문서 전체에 기준선 격자를 표시할 경우, 해당 프레임에 별도의 기준선 격자를 표시합니다.

❸ 자동 크기 조정

ⓐ 자동 크기 조정 : 텍스트 양에 따라 텍스트 프레임 크기가 바뀝니다.

ⓑ 제한 : 자동 크기 조정의 최소 높이와 너비, 줄 바꿈 여부를 지정합니다.

스토리 편집기는 어떻게 사용하나요?

스토리 편집기

원고가 넘치는 부분을 선택하고 메뉴에서 **[편집] → 스토리 편집기에서 편집**(Ctrl+Y)
을 실행합니다. 스토리 편집기에서 수정되는 원고를 미리 볼 수 있습니다.

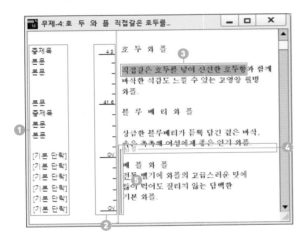

① **단락 스타일** : 텍스트에 작용된 스타일입니다.
② **원고 위치** : 원고 위치가 값으로 표시됩니다.
③ **선택한 텍스트** : 선택한 텍스트가 파란색으로 표시됩니다.
④ **넘침** : 어디부터 넘치는지 표시합니다.
⑤ **넘치는 원고** : 넘치는 원고를 표시합니다.

[변경 내용 추적] 패널

[창] → 편집 → 변경 내용 추적을 실행하면 [변경 내용 추적] 패널을 이용해 스토리 편
집기에서 변경한 내용을 추적하고 적용하거나 취소할 수 있습니다.

[변경 내용 추적] 패널은 인디자인 CS5에서 추가된 패널입니다.

이어진 텍스트를 끊을 수 있나요?

텍스트를 서로 이어서 책을 편집하게 되면 아래와 같이 텍스트가 꼬일 경우가 생깁니다.
이럴 경우에 텍스트를 끊어서 수정하기 편하게 만드는 방법을 알아보겠습니다.

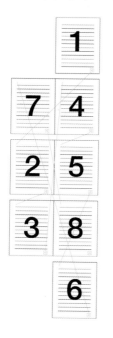

[창] → 유틸리티 → 스크립트(Ctrl + Alt + F11)를 실행하고 [스크립트] 패널에서
'SplitStory'를 찾습니다. 그리고 Shift 키를 누른 상태로 [페이지] 패널에서 모든 페이지
를 선택한 다음 'SplitStory'를 더블클릭하면 텍스트가 이어진 부분이 깨지게 됩니다.

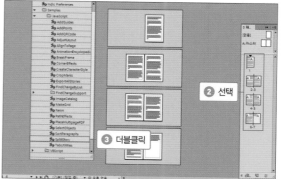

스타일은 어떻게 사용하나요?

단락 스타일은 단락 단위로 적용하는 스타일이고, 문자 스타일은 문자 단위로 적용하는 스타일로, 두 스타일을 함께 적용할 수 있습니다. 그러나, 단락 스타일보다 문자 스타일이 우선시됩니다.

스타일은 목차를 삽입할 때나 하시라를 만들 때 도움이 되며, 디자인을 일괄적으로 유지할 수 있기 때문에 만들어 사용하는 것이 좋습니다.

단락 스타일 만들기

문자 도구(T,)로 단락 스타일을 적용할 단락을 선택한 다음 [단락 스타일] 패널(F11)을 표시하고 '새 스타일 만들기' 아이콘(⬛)을 클릭합니다.

스타일을 적용할 부분을 드래그하고 [단락 스타일] 패널에서 만든 단락 스타일을 클릭하여 단락 스타일을 지정할 수 있습니다.

만든 단락 스타일을 더블클릭하거나 마우스 오른쪽 버튼을 클릭한 다음 "○○○" **편집**을 실행하면 단락 스타일을 편집할 수 있는 [단락 스타일 옵션] 대화상자가 표시됩니다.

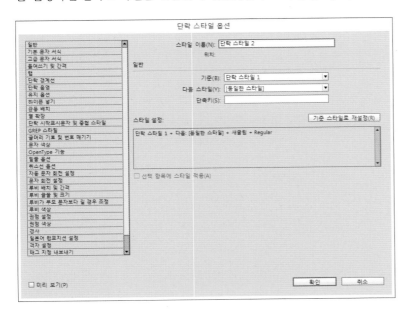

문자 스타일 만들기

문자 도구(T)로 문자 스타일을 적용할 단락을 선택한 다음 [문자 스타일] 패널(Shift+F11)을 표시하고 '새 스타일 만들기' 아이콘(🗔)을 클릭합니다.

지정한 문자 스타일은 적용할 부분을 드래그하고 문자 스타일을 클릭하여 지정할 수 있습니다.

만든 문자 스타일을 더블클릭하거나 마우스 오른쪽 버튼을 클릭한 다음 "○○○" **편집**을 실행하면 문자 스타일을 편집할 수 있는 [문자 스타일 옵션] 대화상자가 표시됩니다.

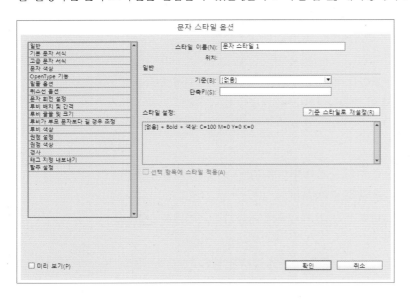

단락 스타일과 문자 스타일 전체 바꾸기

단락 스타일을 바꾸면서 문자 스타일을 초기화할 경우 Alt+Shift 키를 누르면서 변경할 단락 스타일을 클릭하면 됩니다.

SOLUTION **27**
Q&A

문자를 좀 더 효율적으로 사용하는 방법이 있나요?

합성 글꼴

글꼴을 사용하다보면 한글과 영문, 문자와 숫자의 조합이 부자연스러울 경우가 있습니다. 이럴 때 각각 속성에 따라 글꼴을 다르게 설정하는 합성 글꼴을 사용할 수 있습니다. **[문자] → 합성 글꼴**(Ctrl+Alt+Shift+F)을 실행하면 [합성 글꼴 편집기] 대화상자가 표시됩니다.

〈새로 만들기〉 버튼을 클릭하고 합성 글꼴 이름을 지정한 다음 각각의 글꼴을 지정하면 됩니다. 만들어진 합성 글꼴은 글꼴 선택 창 윗부분에서 찾을 수 있습니다.

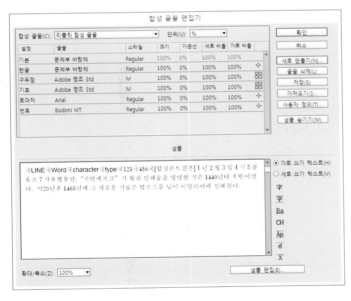

각주

페이지 아랫부분에 특정 부분 설명을 더하기 위해 삽입하는 것으로 본문 오른쪽 윗부분에 숫자가 붙고 페이지 아래에 부가 설명이 붙습니다.

각주를 삽입할 부분을 마우스 오른쪽 버튼으로 클릭하고 **각주 삽입**을 실행하면 됩니다.

할주

특정 부분 설명을 더하기 위해 작은 글자로 바꾸는 것으로 한글보다는 일본어 입력에서 많이 사용합니다. 할주로 사용하려는 내용을 드래그하고 마우스 오른쪽 버튼으로 클릭한 다음 **할주**([Ctrl]+[Alt]+[W])를 실행하면 할주가 만들어집니다.

TIP [문자] 패널 보조 메뉴에서 **할주 설정**([Alt]+[Ctrl]+[Z])을 실행하면 세부 설정을 할 수 있는 [할주 설정] 대화상자가 표시됩니다.

루비

글자 위에 다른 글자를 작게 표시하는 기능으로, 루비를 만들 글자를 마우스 오른쪽 버튼으로 클릭하고 **루비 → 루비**(Ctrl+Alt+R)를 실행합니다.

[루비] 대화상자에서 속성을 지정하고 〈확인〉 버튼을 클릭하면 루비가 만들어집니다.

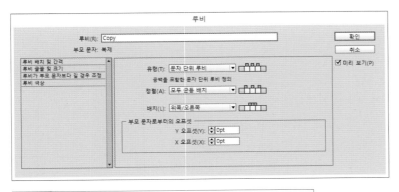

권점

글자 위에 약물을 표시하는 기능으로, 권점을 만들 글자를 마우스 오른쪽 버튼으로 클릭하고 **권점** 메뉴에서 만들려는 권점을 선택합니다. **권점 → 권점**(Ctrl+Alt+R)을 실행하면 [권점] 대화상자에서 속성을 지정할 수 있습니다.

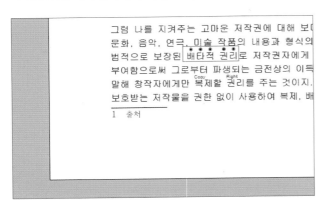

표는 어떻게 사용하나요?

표 만들기

문자 도구(T)를 선택하고 드래그하여 텍스트 프레임을 만듭니다.

커서가 텍스트 프레임 안에 있는 상태로 메뉴에서 [표] → 표 삽입((Alt)+(Shift)+(Ctrl)+(T))을 실행한 다음 [표 삽입] 대화상자가 표시되면 행과 열을 설정하고 〈확인〉 버튼을 클릭합니다.

설정한 값에 맞게 표가 만들어진 것을 확인합니다. 문자 크기에 따라 행 높이가 맞추어집니다. 표에는 텍스트나 이미지(인디자인 CC 2015 이상)를 삽입할 수 있습니다.

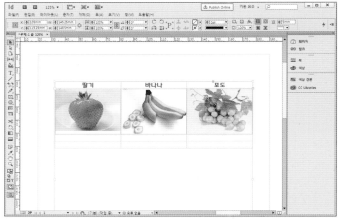

[표] 패널에서 표 수정하기

[창] → 문자 및 표 → 표((Shift)+(F9))를 실행합니다. [표] 패널에서 행 개수, 열 개수, 너비와 높이 등을 설정할 수 있습니다.

SOLUTION 29

Q&A

페이지 번호는 어떻게 매기나요?

본문 마스터 페이지에서 페이지가 들어갈 위치에 텍스트 프레임을 만들고 [문자] → 특
수 문자 → 표시자 → 현재 페이지 번호(Alt + Shift + Ctrl + N)를 실행합니다.

만들어지는 문자는 마스터 페이지의 접두어로, 실제 본문 페이지에서는 각 페이지 번호
에 맞게 표시됩니다.

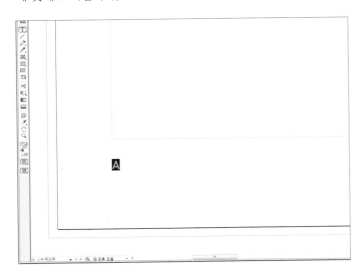

SOLUTION 30

Q&A

목차는 어떻게 매기나요?

[레이아웃] → 목차를 실행하고 가장 최상위 단락 스타일을 지정한 다음 〈추가〉 버튼을 클릭합니다. 그리고 다음 단계 스타일을 클릭하고 〈추가〉 버튼을 클릭합니다. 차례로 단계를 선택하고 〈확인〉 버튼을 클릭하면 목차가 만들어집니다.

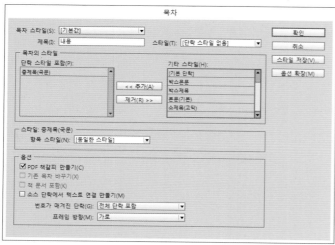

색인은 어떻게 만드나요?

색인은 책에서 핵심 단어를 모아 쉽게 찾을 수 있도록 본문 맨 뒤에 페이지와 함께 기록하는 것입니다. 그러므로 본문 작업이 다 끝난 다음 색인 작업을 하면 됩니다. [색인] 패널(Shift + F8)을 표시하고 본문에서 색인에 추가할 단어를 드래그하여 선택합니다. Ctrl + Shift + Alt + [[]] 키를 누르면 [색인] 패널에 등록됩니다.

색인을 삽입할 페이지에서 '색인 생성' 아이콘(🖼)을 클릭하면 색인이 만들어집니다.

색인으로 등록할 단어가 여러 페이지에 걸쳐 있다면, 해당 단어를 선택하고 [색인] 패널 아랫부분에서 '새 색인 엔트리 만들기' 아이콘(🖼)을 클릭합니다.

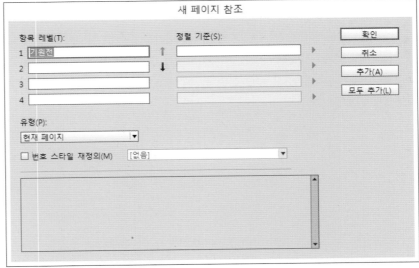

SOLUTION 32

Q&A

본문 제목에 따라 자동으로 페이지 옆 제목(하시라)을 변경할 수 있나요?

페이지 아래나 위에 페이지 번호와 함께 삽입되는 책 제목이나 파트 제목, 섹션 제목 등을 하시라라고 합니다. 일반적으로 왼쪽 페이지에 좀 더 큰 단위가 들어가고 오른쪽 페이지에 한 단계 작은 단위가 들어갑니다. 책 제목이 삽입되는 경우 마스터 페이지에 입력하면 되지만, 파트나 섹션별로 달라질 경우 텍스트 변수를 활용할 수 있습니다.

텍스트 변수를 사용하려면 [**문자**] → **텍스트 변수** → **정의**를 실행하고 [텍스트 변수] 대화상자가 표시되면 〈새로 만들기〉 버튼을 클릭합니다. 이름, 유형, 스타일, 사용을 지정한 다음 대화상자를 모두 닫습니다.

파트나 섹션 제목이 들어갈 부분에 텍스트 프레임을 만들고 [**문자**] → **텍스트 변수** → **변수 삽입** 메뉴에서 지정한 이름의 텍스트 변수를 클릭하여 제목을 삽입합니다.

이 같은 과정을 거치면 본문 제목을 변경하면 페이지 아랫부분에 추가한 텍스트 변수도 자동으로 변경됩니다.

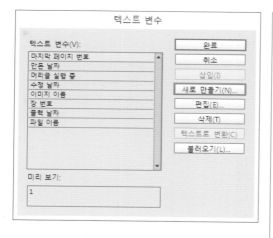

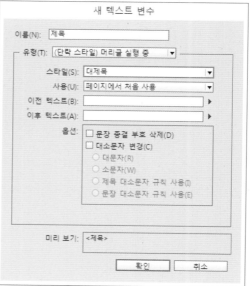

SOLUTION 33

Q&A

인쇄는 어떻게 설정하나요?

[인쇄] 대화상자

문서 작업이 완료되면 [파일] → 인쇄(Ctrl + P)를 실행하여 [인쇄] 대화상자를 표시합니다. [인쇄] 대화상자에서 필요한 내용을 설정하고 〈인쇄〉 버튼을 클릭합니다.

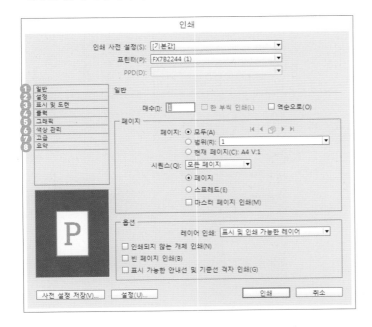

❶ **일반** : 페이지 수를 지정하고 펼침 페이지로 인쇄할지 낱장으로 인쇄할지 지정합니다.

❷ **설정** : 용지 크기와 비율을 설정합니다.

❸ **표시 및 도련** : 도련, 맞춰찍기 표시, 색상 막대, 재단선의 표시 여부를 지정하고 도련 및 슬러그를 설정합니다.

❹ **출력** : 색상과 잉크에 대해 설정합니다. '중복 인쇄 시뮬레이션'은 잉크가 겹쳐지는 정도가 나타나는 것으로, 개인 프린터에서는 영향을 받지 않습니다.

❺ **그래픽** : 이미지와 글꼴 출력에 관한 설정을 합니다.

❻ **색상 관리** : 색상 처리를 어떻게 할지 지정합니다.

❼ **고급** : 프린터 완성도를 높이는 고급 설정을 합니다.

❽ **요약** : 설정한 내용을 확인합니다.

나눠진 파일은 어떻게 합치나요?

[책] 패널

큰 파일의 경우 나누어 편집했다면, 하나로 모아서 출력해야 합니다. **[파일] → 새로 만들기 → 책**을 실행하고 INDB 파일을 저장하면 [책] 패널이 표시됩니다. 파일을 페이지 구성에 맞게 [책] 패널로 드래그하고 저장하면 이후 [책] 패널 목록을 한꺼번에 출력할 수 있습니다.

[책] 패널 목록 오른쪽에는 페이지 번호가 나타나며, 파일을 가져오면 페이지 번호가 자동으로 맞춰집니다.

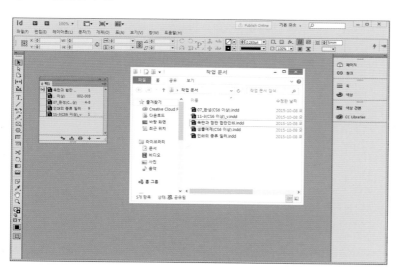

작업한 인디자인 파일을 전달하려면 어떻게 하나요?

패키지

패키지를 이용해 링크된 파일과 글꼴을 포함하여 편리하게 전달할 수 있습니다.

[파일] → 패키지를 실행합니다. [패키지] 대화상자가 표시되면 글꼴, 링크, 이미지, 색상 등의 설정을 하고 '요약'에서 문제가 되는 부분을 체크한 다음 〈패키지〉 버튼을 클릭합니다.

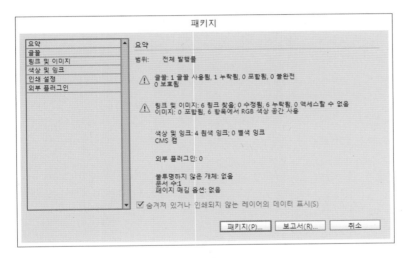

[발행물 패키지] 대화상자가 표시되면 저장 위치를 지정하고 아랫부분 옵션을 지정한 다음 〈패키지〉 버튼을 클릭합니다.

Document fonts 폴더에는 문서에서 사용한 글꼴이, Links 폴더에는 사용한 이미지가 저장됩니다.

❶ 글꼴 복사 : 필요한 영문 글꼴을 복사합니다.
❷ 연결된 그래픽 복사 : 링크된 이미지 파일을 복사합니다.
❸ 패키지의 그래픽 링크 업데이트 : 그래픽 링크를 패키지 폴더 위치로 변경합니다.
❹ 숨겨져 있거나 인쇄되지 않는 내용의 글꼴 및 링크 포함 : 숨겨진 레이어 및 내용까지 패키지됩니다.

출력용 PDF는 어떻게 내보내나요?

PDF 사전 설정

인쇄를 할 때 PDF 파일로 넘기게 되는데 이때 각 출력소와 상황에 맞는 PDF 설정이 필요합니다.

[파일] → Adobe PDF 사전 설정 → 정의를 실행하면 PDF 관련하여 설정할 수 있는 [Adobe PDF 사전 설정] 대화상자가 표시됩니다.

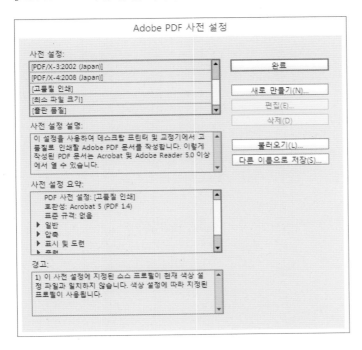

〈새로 만들기〉 버튼을 클릭하면 호환성, 표시 및 도련, 압축, 색상 등을 설정하여 새로운 사전 설정을 만들 수 있습니다.

PDF 내보내기

[파일] → 내보내기([Ctrl]+[E])를 실행합니다. [내보내기] 대화상자가 표시되면 저장 위치를 지정하고 파일 형식을 'Adobe PDF(인쇄)'로 선택한 다음 〈저장〉 버튼을 클릭합니다.

[Adobe PDF 내보내기] 대화상자가 표시되면 Adobe PDF 사전 설정 항목을 지정하고 〈내보내기〉 버튼을 클릭합니다.

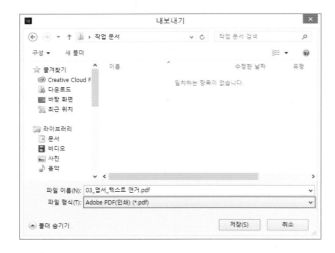

SOLUTION 37

Q&A

인쇄용, 디지털 인쇄용, 프린트 출력 파일의 차이는 무엇인가요?

브로슈어나 카드 인쇄 파일을 만드는 방법은 인쇄, 디지털, 출력용 모두 동일합니다. 집에서 프린트로 출력할 경우엔 잘리는 부분을 잘 감안하여 재단선 유무를 결정하면 됩니다.

책 인쇄용, 디지털 인쇄용 파일

인쇄용 책의 경우는 PDF를 '페이지'로 지정하여 각각 떨어진 파일로 만들어야 합니다.

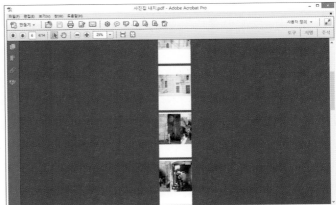

프린트 출력 파일

집에서 출력을 할 경우 페이지네이션(하리꼬미)를 직접하거나 PDF에서 제공하는 '소책자'로 인쇄를 하면 됩니다.

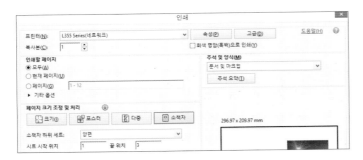

인디자인 파일을 일러스트레이터에 불러올 수 있나요?

일러스트레이터에서 인디자인 파일을 불러오기로 가져올 수는 없습니다. 세부적으로 파일을 수정할 수는 없지만 인쇄에 무리가 가지 않을 정도로 수정은 가능합니다. 인디자인에서 PDF로 저장을 하고 일러스트레이터에서 그 PDF 상태로 파일을 엽니다.

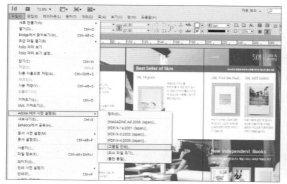

일러스트레이터에서 PDF 파일을 열게 되면 열어야 할 페이지를 선택해야 합니다. 그리고 색상 모드는 'CMYK'로 선택해야 인쇄할 때 무리가 없습니다. RGB에서 CMYK로 변환하면 약간의 색상 변화가 있습니다.

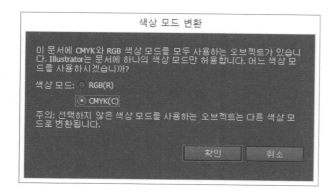

PDF 파일을 일러스트로 가져오면 수정에 문제가 있습니다. 직접 선택 도구(🔍)로 개체를 하나하나 클릭하여 수정해야 하며 글줄이 각각 끊어지기 때문에 세밀한 텍스트 수정은 어려울 수 있습니다. 하지만 도형을 수정하거나 추가할 때는 인디자인과 비슷하게 수정 가능합니다. 만약 버전이 다른 PDF 파일을 가져오면 개체 선택이 안 될 수 있습니다. 그럴 때는 직접 선택 도구로 개체 겉 표면 마스크를 클릭하고 Delete 키를 눌러 삭제해야 개체 선택이 가능합니다.

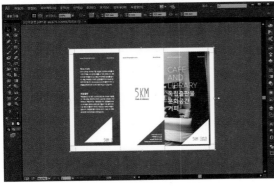

TIP 일러스트레이터와 인디자인 사이 이미지를 자주 옮기게 되면 해상도가 떨어질 수 있으니 이미지를 별도로 조정하거나 한 두 번 정도만 옮기는 게 좋습니다.

SOLUTION 39
Q&A

왜 모든 색을 CMYK로 작업해야 하나요?

CMYK는 Cyan, Magenta, Yellow, Black 네 가지 색을 말합니다. 인쇄기에 들어 있는 색은 이 네 가지 색을 혼합하여 만들기 때문에 인쇄용으로 만들기 위해서는 이 색상을 사용하여 만들어야 합니다.

출력할 때는 어떤 모드로 출력하면 좋을까요?

인쇄를 할 때는 CMYK로 작업을 해야 합니다. RGB로 작업하여 인쇄를 하면 사진 같은 경우 굉장히 어둡게 나오거나 화면과 다른 색상이 나오게 됩니다. 또한 기존 색상과 많이 달라지기 때문에 인쇄하기 전에 확인하는 것이 좋습니다. 하지만 가정용 프린트 기계로 출력을 할 때는 RGB 모드가 오히려 색상이 더 밝고 잘 나올 수도 있습니다. 그래서 소량 출력하거나 배너를 출력할 때 몇몇 출력소는 RGB로 요청하는 하는 경우도 있기 때문에 업체에 직접 물어보는 것이 좋습니다.

CMYK와 RGB 색상을 구별할 수 있는 방법은 없나요?

[링크] 패널에서 링크된 파일을 선택하고 마우스 오른쪽 버튼을 클릭한 다음 **링크 정보 표시**를 실행하세요. 아랫부분에 CMYK, RGB 여부가 표기가 됩니다.

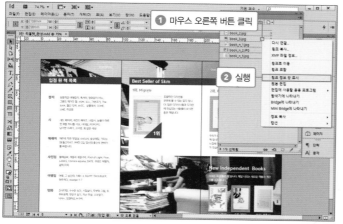

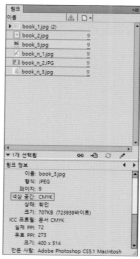

디지털 프린트(출력용 고급 레이저 프린트)할 때와 가정용 프린트로 출력할 때는 색상이 많이 다른가요?

출력 기기마다 색상이 약간씩 다르게 나옵니다. 삼성, 캐논, 후지 등 업체마다 색상이 미묘하게 다르게 출력됩니다. 또한 레이저 프린트, 잉크젯 프린트 같이 전혀 다른 방식의 출력기일 경우에는 그 차이가 더 심합니다. 그래서 디지털 출력 업소의 레이저 프린트와 가정용 프린터(잉크젯 프린트)의 색상 차이가 있을 수밖에 없습니다. 일반적으로 레이저 프린트 출력물이 실제 색상과 비슷하게 출력됩니다. 잉크젯은 밝고 환하게 나오며 종이에 따라서 다르게 나오기 때문에 잉크젯 프린트를 사용하면 원하는 색상이 안 나올 수 있습니다.

인쇄 색상과 출력 색상은 같은가요?

날씨, 계절, 잉크 말리는 시간, 인쇄기 압력 등 여러 가지 요인으로 완전히 똑같은 색상이 나오는 건 어렵기 때문에 숙련된 기술을 가진 인쇄 관리자와 업체를 잘 선정하는 것이 좋습니다.

RGB 이미지로 책을 만들 경우 한꺼번에 CMYK로 변환할 수 있나요?

인쇄용으로 저장한 PDF 파일을 엽니다. 그리고 **[보기] → 도구 → 인쇄물 제작**을 실행합니다. 그리고 '색상 변환'에 들어가면 CMYK로 변환할 수 있는 창이 뜹니다. 색상 유형을 'CMYK'로 지정하고 〈확인〉 버튼을 클릭합니다. 그리고 저장을 하면 이미지가 CMYK로 변경됩니다. 이미지 색상이 달라지기 때문에 미리 이미지 색상을 CMYK로 변환하는 것이 더 좋습니다.

디자인 사례 도판 목록

찾아보기